SCHRIFTENREIHE ZUM URHEBER- UND KUNSTRECHT

Herausgegeben von Thomas Hoeren

BAND 20

PL ACADEMIC RESEARCH

Personenbilder im Spannungsfeld
von Datenschutzgrundverordnung und Kunsturhebergesetz

Florian Klein

Personenbilder im Spannungsfeld von Datenschutzgrundverordnung und Kunsturhebergesetz

PL ACADEMIC RESEARCH

Bibliografische Information der Deutschen Nationalbibliothek
Die Deutsche Nationalbibliothek verzeichnet diese Publikation in der Deutschen Nationalbibliografie; detaillierte bibliografische Daten sind im Internet über http://dnb.d-nb.de abrufbar.

Zugl.: Münster (Westfalen), Univ.,
Diss. der Rechtswissenschaftlichen Fakultät, 2017

D 6
ISSN 1860-076X
ISBN 978-3-631-73451-3 (Print)
E-ISBN 978-3-631-73501-5 (E-PDF)
E-ISBN 978-3-631-73502-2 (EPUB)
E-ISBN 978-3-631-73503-9 (MOBI)
DOI 10.3726/b11824

PL Academic Research ist ein Imprint der Peter Lang GmbH.

Peter Lang – Frankfurt am Main · Bern · Bruxelles ·
New York · Oxford · Warszawa · Wien

Diese Publikation wurde begutachtet.

www.peterlang.com

Vorwort

Die vorliegende Arbeit wurde im Wintersemester 2016/2017 von der Rechtswissenschaftlichen Fakultät der Westfälischen Wilhelms-Universität Münster als Dissertation angenommen. Gesetzgebung, Rechtsprechung und Literatur befinden sich auf dem Stand von Februar 2017.

Mein besonderer Dank gilt meinem Doktorvater, Herrn Prof. Dr. Thomas Hoeren, für seine wertvollen Denkanstöße und die unkomplizierte Unterstützung bei der Erstellung der Arbeit. Die mehrjährige Tätigkeit in der Forschungsstelle Recht des DFN-Vereins in seiner zivilrechtlichen Abteilung des Instituts für Informations-, Telekommunikations- und Medienrecht (ITM) hat mich fachlich und persönlich sehr bereichert. Ebenfalls danke ich Herrn Prof. Dr. Gernot Sydow, M.A. für die zügige Zweitbegutachtung meiner Dissertation.

Großen Dank richte ich zudem an meine Kollegen vom ITM, die über die Jahre zu Freunden geworden sind und meine Dissertationszeit in Münster zu einer Episode meines Lebens gemacht haben, an die ich mich immer gerne erinnern werde. Dies gilt in besonderem Maße für meine Bürokollegen Julian Fischer, Philipp Roos und Lennart Sydow.

Bedanken möchte ich mich auch herzlich bei Cara Steinke, die mir in den entscheidenden Momenten meiner Zeit als Doktorand zur Seite gestanden, meine Launen in schwierigen Phasen und bei Zweifeln geduldig ertragen und mich vielfach bestärkt hat.

Einen nicht zu unterschätzenden Beitrag haben außerdem meine Geschwister sowie meine engsten Freunde aus dem Studium geleistet, die immer ein offenes Ohr für mich hatten und deren Beistand ich mir gewiss sein konnte.

Der größte Dank gebührt jedoch meinen Eltern, die mich jederzeit selbst- und bedingungslos unterstützt haben. Ihr habt stets an mich geglaubt, mich ermutigt und mir in jeder Lebenslage neue Kraft und Rückhalt gegeben. Dafür kann ich Euch nicht genug danken.

Düsseldorf, Juli 2017 — Florian Klein

Inhaltsverzeichnis

Literaturverzeichnis

Albrecht, Jan-Philipp, Das neue EU-Datenschutzrecht – von der Richtlinie zur Verordnung, CR 2016, 88–98.

Albrecht, Jan-Philipp/Jotzo, Florian, Das neue Datenschutzrecht der EU, Baden-Baden 2016.

Alexander, Christian, Urheber- und persönlichkeitsrechtliche Fragen eines Rechts auf Rückzug aus der Öffentlichkeit, ZUM 2011, 382–389.

Alich, Stefan/Nolte, Georg, Zur datenschutzrechtlichen Verantwortlichkeit (außereuropäischer) Hostprovider für Drittinhalte, CR 2011, 741–745.

Allendorf, Jörg, Videoüberwachung aus Fahrzeugen, SVR 2015, 171–174.

Alter, Maximilian J., Rechtsprobleme betrieblicher Videoüberwachung, NJW 2015, 2375–2380.

Artikel-29-Datenschutzgruppe, WP 136, Stellungnahme 4/2007 zum Begriff „personenbezogene Daten", angenommen am 20. Juni 2007, Brüssel 2007.

Artikel-29-Datenschutzgruppe, WP 163, Stellungnahme 5/2009 zur Nutzung sozialer Online-Netzwerke, angenommen am 12. Juni 2009, Brüssel 2009.

Artikel-29-Datenschutzgruppe, WP 192, Stellungnahme 2/2012 zur Gesichtserkennung bei Online- und Mobilfunkdiensten, angenommen am 22. März 2012, Brüssel 2012.

Artikel-29-Datenschutzgruppe, WP 193, Stellungnahme 3/2012 zu Entwicklungen im Bereich biometrischer Technologien, angenommen am 27. April 2012, Brüssel 2012.

Atzert, Michael/Franck, Lorenz, Zulässigkeit und Verwertbarkeit von Videoaufzeichnungen durch Dashcams, RDV 2014, 136–140.

Auernhammer, Herbert (Begr.), Eßer, Martin/Kramer, Philipp/von Lewinski, Kai (Hrsg.), BDSG. Bundesdatenschutzgesetz und Nebengesetze. Kommentar, 4. Aufl., Köln 2014.

Bachmann, Birgit, Der Gerichtsstand der unerlaubten Handlung im Internet, IPrax 1998, 179–187.

Bager, Jo, Mächtiger Bilder-Manager. „Gmail für Fotos": Googles überarbeiteter Fotodienst, c't 2015, Heft 14, S. 30.

Balzer, Thomas/Nugel, Michael, Minikameras im Straßenverkehr – Datenschutzrechtliche Grenzen und zivilprozessuale Verwertbarkeit der Videoaufnahmen, NJW 2014, 1622–1627.

Bamberger, Heinz Georg/Roth, Herbert (Hrsg.), Beck'scher Online-Kommentar BGB, 41. Edition, Stand 1.11.2016, München 2016 (zitiert als: *Bearbeiter,* in: BeckOK BGB).

Bär, Wolfgang, Anmerkung zu *BGH,* Beschl. v. 28.10.2014 – VI ZR 135/13, in: MMR 2015, 134–136.

Bauer, Jobst-Hubertus/Schansker, Mareike, (Heimliche) Videoüberwachung durch den Arbeitgeber. Notwendige Maßnahme oder unzulässige Bespitzelung?, NJW 2012, 3537–3541.

Beater, Axel, Bildinformationen im Medienrecht, AfP 2005, 133–139.

Benecke, Alexander/Wagner, Julian, Öffnungsklauseln in der Datenschutz-Grundverordnung und das deutsche BDSG – Grenzen und Gestaltungsspielräume für ein nationales Datenschutzrecht, DVBl 2016, 600–608.

Benecke, Martina/Groß, Nadja, Das Recht am eigenen Bild im Arbeitsverhältnis. Voraussetzungen und rechtliche Probleme einer Einwilligung durch den Arbeitnehmer, NZA 2015, 833–839.

Bergmann, Lutz/Möhrle, Roland/Herb, Armin, Datenschutzrecht. Kommentar, 50. EL., Stuttgart 2016.

Bihari Vass, Katharina, Minikamera am Pkw zu Beweiszwecken – rechtliche Einordnung!, DAR 2010, 504–507.

Boehme-Neßler, Volker, Multimedia und Recht. Auswirkungen der Bilderkultur auf das Recht, K&R 2003, 530–534.

Boehme-Neßler, Volker, Das Ende der Anonymität. Wie Big Data das Datenschutzrecht verändert, DuD 2016, 419–423.

Börner, Fritjof, Datenschutz im Auto der Zukunft, K&R 2015, Beihefter 2/2015 zu Heft 6, 2–6.

Brink, Stefan, Videoüberwachung in Wohnungseigentums-Anlagen, ZWE 2013, 73–80.

Brühann, Ulf, Die Veröffentlichung personenbezogener Daten im Internet als Datenschutzproblem, DuD 2004, 201–209.

Buchner, Benedikt, Grundsätze und Rechtmäßigkeit der Datenverarbeitung unter der DS-GVO, DuD 2016, 155–161.

Bundesministerium der Justiz, Handbuch der Rechtsförmlichkeit, 3. Aufl., Bonn 2008.

Busch, Ralf, Strafrechtlicher Schutz gegen Kinderpornographie und Missbrauch, NJW 2015, 977–981.

Calliess, Christian/Ruffert, Matthias (Hrsg.), EUV/AEUV. Das Verfassungsrecht der Europäischen Union mit Europäischer Grundrechtecharta. Kommentar, 5. Aufl., München 2016.

Caspar, Johannes, Geoinformationen und Datenschutz am Beispiel des Internetdienstes Google Street View, DÖV 2009, 965–973.

Dammann, Ulrich, Der EuGH im Internet – Ende des internationalen Datenschutzes? Anmerkung zu *EuGH,* Urt. v. 6.11.2003 – Rs. C-101/01, in: RDV 2004, 19–21.

Dammann, Ulrich, Erfolge und Defizite der EU-Datenschutzgrundverordnung. Erwarteter Fortschritt, Schwächen und überraschende Innovationen, ZD 2016, 307–314.

Dasch, Norbert, Die Einwilligung zum Eingriff in das Recht am eigenen Bild, München 1990.

Däubler, Wolfgang/Klebe, Thomas/Wedde, Peter/Weichert, Thilo, Bundesdatenschutzgesetz. Kompaktkommentar zum BDSG, 5. Aufl., Frankfurt am Main 2016.

Degenhart, Christoph, Die Neuordnung der Gesetzgebungskompetenzen durch die Föderalismusreform, NVwZ 2006, 1209–1216.

Der Hamburgische Beauftragte für Datenschutz und Informationsfreiheit, 23. Tätigkeitsbericht Datenschutz 2010/2011, Hamburg 2012.

Der Hamburgische Beauftragte für Datenschutz und Informationsfreiheit, 24. Tätigkeitsbericht Datenschutz 2012/2013, Hamburg 2014.

Der Hamburgische Beauftragte für Datenschutz und Informationsfreiheit, 25. Tätigkeitsbericht Datenschutz 2014/2015, Hamburg 2016.

Deusch, Florian, Digitales Sterben: Das Erbe im Web 2.0, ZEV 2014, 2–8.

Dreier, Horst (Hrsg.), Grundgesetz Kommentar, Band I: Präambel, Artikel 1–19, 3. Aufl., Tübingen 2013.

Dreier, Horst (Hrsg.), Grundgesetz Kommentar, Band III: Artikel 83–146, 2. Aufl., Tübingen 2008.

Dreier, Thomas/Schulze, Gernot, Urheberrechtsgesetz, 5. Aufl., München 2015.

Dreyer, Gunda/Kotthoff, Jost/Meckel, Astrid, Urheberrecht, 3. Aufl., Heidelberg 2013.

Duhr, Elisabeth/Naujok, Helga/Peter, Martina/Seiffert, Evelyn, Neues Datenschutzrecht für die Wirtschaft. Erläuterungen und praktische Hinweise zu § 1 bis § 11 BDSG, DuD 2002, 5–36.

Düwell, Franz Josef/Brink, Stefan, Die EU-Datenschutz-Grundverordnung und der Beschäftigtendatenschutz, NZA 2016, 665–668.

Epping, Volker/Hillgruber, Christian (Hrsg.), Beck'scher Online-Kommentar Grundgesetz, 31. Edition, Stand: 1.12.2016, München 2016 (zitiert als: *Bearbeiter,* in: BeckOK GG).

Erman, Walter (Begr.), Bürgerliches Gesetzbuch. Kommentar, 14. Aufl., Köln 2014.

Ernst, Stefan, Zur Un-Zulässigkeit von Dash-Cams, CR 2015, 620–624.

Fechner, Frank, Medienrecht, 17. Aufl., Tübingen 2016.

Flechsig, Norbert P., Schutz gegen Verletzung des höchstpersönlichen Lebensbereichs durch Bildaufnahmen, ZUM 2004, 604–617.

Franck, Lorenz, Das System der Betroffenenrechte nach der Datenschutz-Grundverordnung (DS-GVO), RDV 2016, 111–119.

Frömming, Jens/Peters, Butz, Die Einwilligung im Medienrecht, NJW 1996, 958–962.

Fuchs, Daniel, Verwendung privater Kameras im öffentlichen Raum. Datenschutz bei Dash-Cams, Helm-, Wildkameras & Co., ZD 2015, 212–217.

Gersdorf, Hubertus/Paal, Boris P. (Hrsg.), Beck'scher Online-Kommentar Informations- und Medienrecht, 14. Edition, Stand 1.11.2016, München 2016 (zitiert als: *Bearbeiter,* in: BeckOK InfoMedienR).

Gierschmann, Sibylle, Was „bringt" deutschen Unternehmen die DS-GVO? Mehr Pflichten, aber die Rechtsunsicherheit bleibt, ZD 2016, 51–55.

Gola, Peter, Beschäftigtendatenschutz und EU-Datenschutz-Grundverordnung, EuZW 2012, 332–336.

Gola, Peter/Klug, Christoph, Videoüberwachung gemäß § 6b BDSG – Anmerkungen zu einer verunglückten Gesetzeslage, RDV 2004, 65–74.

Gola, Peter/Lepperhoff, Niels, Reichweite des Haushalts- und Familienprivilegs bei der Datenverarbeitung. Aufnahme und Umfang der Ausnahmeregelung in der DS-GVO, ZD 2016, 9–12.

Gola, Peter/Pötters, Stephan/Thüsing, Gregor, Art. 82 DSGVO: Öffnungsklausel für nationale Regelungen zum Beschäftigtendatenschutz – Warum der deutsche Gesetzgeber jetzt handeln muss, RDV 2016, 57–61.

Gola, Peter/Schomerus, Rudolf, Bundesdatenschutzgesetz. Kommentar, 12. Aufl., München 2015.

Golla, Sebastian J./Herbort, Nina Elisabeth, Zivilrechtlicher Bildnisschutz im Vorfeld von Weitergabe und Veröffentlichung. Wann müssen digitale Abzüge gelöscht werden?, GRUR 2015, 648–654.

Gossen, Heiko/Schramm, Marc, Das Verarbeitungsverzeichnis der DS-GVO. Ein effektives Instrument zur Umsetzung der neuen unionsrechtlichen Vorgaben, ZD 2017, 7–13.

Grabitz, Eberhart/Hilf, Meinhard (Hrsg.), Das Recht der Europäischen Union, Band I EUV/EGV, 40. Aufl., München 2009.

Grabitz, Eberhart/Hilf, Meinhard/Nettesheim, Martin (Hrsg.), Das Recht der Europäischen Union, Band I EUV/AEUV, 60. EL. Oktober 2016, München 2016.

Grau, Timon/Schaut, Andreas, Neue Spielregeln für die Verwendung von Bilddateien von Arbeitnehmern, NZA 2015, 981–984.

Gsell, Beate/Krüger, Wolfgang/Lorenz, Stefan/Mayer, Jörg (Gesamt-Hrsg.), Budzikiewicz, Christine/Weller, Marc-Philippe/Wurmnest, Wolfang (Hrsg.), beck-online. GROSSKOMMENTAR EGBGB, München 2017 (zitiert als: *Bearbeiter,* in: BeckOGK EGBGB).

Härting, Niko, Datenschutz-Grundverordnung, ITRB 2016, 36–40.

Heiderhoff, Bettina, Transnationaler Schutz der Privatsphäre im internationalen Privatrecht, S. 35–72, in: *Dethloff, Nina/Nolte, Georg/Reinisch, August (Hrsg.),*

Freiheit und Regulierung in der Cyberwelt. Rechtsidentifikation zwischen Quelle und Gericht, Heidelberg 2016.

Herberger, Maximilian/Martinek, Michael/Rüßmann, Helmuth/Weth, Stephan (Gesamt-Hrsg.), Würdinger, Markus (Hrsg.), juris Praxiskommentar BGB, Band 6 – Internationales Privatrecht, 7. Aufl., Saarbrücken 2014 (zitiert als: *Bearbeiter,* in: jurisPK-BGB).

Herbrich, Tilman Walter/Beyvers, Eva Miriam Alexandra, Anwendbares Recht bei Bezugnahme auf materielles Datenschutzrecht, RDV 2016, 3–10.

Helle, Jürgen, Besondere Persönlichkeitsrechte im Privatrecht, Tübingen 1991.

Helle, Jürgen, Die Einwilligung beim Recht am eigenen Bild, AfP 1985, 93–101.

Hildebrand, Angela, Abbildungen von Personen bei künstlerischer Street Photography, ZUM 2016, 305–314.

Hochrathner, Uwe J., Hidden Camera – Ein zulässiges Einsatzwerkzeug des investigativen Journalismus? Rechtliche Aspekte bei der Arbeit mit versteckter Kamera, ZUM 2001, 669–672.

Hornung, Gerrit/Desoi, Monika, "Smart Cameras" und automatische Verhaltensanalyse, K&R 2011, 153–158.

Hornung, Gerrit/Sädtler, Stephan, Europas Wolken. Die Auswirkungen des Entwurfs für eine Datenschutz-Grundverordnung auf das Cloud Computing, CR 2012, 638–645.

Horst, Hans Reinold, Der Nachbar als „Big Brother". Grenzen zulässiger Videoüberwachung, NZM 2000, 937–945.

Hubmann, Heinrich/Rehbinder, Manfred, Urheber- und Verlagsrecht, 8. Aufl., München 1995.

Jandt, Silke/Roßnagel, Alexander, Social Networks für Kinder und Jugendliche. Besteht ein ausreichender Datenschutz?, MMR 2011, 637–642.

Jandt, Silke/Roßnagel, Alexander, Datenschutz in Social Networks. Kollektive Verantwortlichkeit für die Datenverarbeitung, ZD 2011, 160–166.

Jarass, Hans D., Charta der Grundrechte der Europäischen Union, 3. Aufl., München 2016.

Jauernig, Othmar (Begr.), Bürgerliches Gesetzbuch. Kommentar, 16. Aufl., München 2015.

Jerchel, Kerstin/Schubert, Jens M., Neustart im Datenschutz für Beschäftigte. Möglichkeit von Kollektivvereinbarungen zur Regelung des Datenschutzes nach der DS-GVO, DuD 2016, 782–786.

Jotzo, Florian, Gilt deutsches Datenschutzrecht auch für Google, Facebook & Co. bei grenzüberschreitendem Datenverkehr?, MMR 2009, 232–237.

Karg, Moritz, Anmerkung zu *BGH,* Urt. v. 13.1.2011 – III ZR 146/10, in: MMR 2011, 345–346.

Kaufmann, Noogie C., Stille Beobachter. Rechtliche Grenzen der Videoüberwachung am Arbeitsplatz, c't 2013, Heft 3, S. 142–145.

Keppeler, Lutz Martin, „Objektive Theorie" des Personenbezugs und „berechtigtes Interesse" als Untergang der Rechtssicherheit? Eine Analyse der Schlussanträge des Generalanwalts in der Rechtssache C-582/14 (Speicherung dynamischer IP-Adressen), CR 2016, 360–367.

Keppeler, Lutz Martin, Personenbezug und Transparenz im Smart Meter-Datenschutz zwischen europäischem und nationalem Recht, EnZW 2016, 99–106.

Klann, Thomas, Zur Zulässigkeit der Verwendung privater Verkehrsüberwachungskameras zu Beweiszwecken, DAR 2013, 188–191.

Klar, Manuel, Der Rechtsrahmen des Datenschutzrechts für Visualisierungen des öffentlichen Raums. Ein taugliches Konzept zum Schutz der Betroffeneninteressen?, MMR 2012, 788–795.

Klar, Manuel, Räumliche Anwendbarkeit des (europäischen) Datenschutzrechts, ZD 2013, 109–115.

Klar, Manuel, Anmerkung zu *EuGH*, Urt. v. 11.12.2014 – C-212/13 – Ryneš, in: NJW 2015, 464–465.

Kloepfer, Michael, Datenschutz in Redaktionen. Bilanz und Perspektiven, AfP 2005, 118–127.

Koch, Frank A., Schutz der Persönlichkeitsrechte im Internet: spezifische Gefährdungen. Neue technische Formen der Persönlichkeitserfassung und die Frage der „PostPrivacy", ITRB 2011, 158–162.

Kolb, Stefan, Anmerkung zu *BAG*, Urt. v. 11.12.2014 – 8 AZR 1010/13, in: GRUR 2015, 925–927.

Körner, Marita, Die Datenschutz-Grundverordnung und nationale Regelungsmöglichkeiten für Beschäftigtendatenschutz, NZA 2016, 1383–1386.

Kort, Michael, Arbeitnehmerdatenschutz gemäß der EU-Datenschutz-Grundverordnung, DB 2016, 711–716.

Kort, Michael, Die Zukunft des deutschen Beschäftigtendatenschutzes Erfüllung der Vorgaben der DS-GVO, ZD 2016, 555–560.

Krings, Markus/Marosi, Johannes, Ein Elefant im Porzellanladen – Der EuGH zu Personenbezug und berechtigtem Interesse, K&R 2016, 773–776.

Krüger, Stefan/Maucher, Svenja-Ariane, Ist die IP-Adresse wirklich ein personenbezogenes Datum? Ein falscher Trend mit großen Auswirkungen auf die Praxis, MMR 2011, 433–439.

Kühling, Jürgen/Martini, Mario et al., Die Datenschutz-Grundverordnung und das nationale Recht. Erste Überlegungen zum innerstaatlichen Regelungsbedarf, Münster 2016 (abrufbar unter: http://www.foev-speyer.de/files/de/downloads/Kuehling_Martini_et_al_Die_DSGVO_und_das_nationale_Recht_2016.pdf).

Kühling, Jürgen/Martini, Mario, Die Datenschutz-Grundverordnung: Revolution oder Evolution im europäischen und deutschen Datenschutzrecht?, EuZW 2016, 448–454.

Kühling, Jürgen/Klar, Manuel, Anmerkung zu *EuGH,* Urt. v. 19.10.2016 – C-582/14 – Breyer, in: ZD 2017, 27–29.

Kutzki, Jürgen, Die EU-Datenschutzgrundverordnung (DSGVO) und Auswirkungen auf den öffentlichen Dienst, öAT 2016, 115–118.

Lachenmann, Matthias/Schwiering, Sebastian, Betrieb von Videokameras in PKW. Datenschutzrechtliche (Un-)Zulässigkeit des Betriebs von On-Board-Kameras in PKWs, NZV 2014, 291–297.

Lauber-Rönsberg, Anne, Internetveröffentlichungen und Medienprivileg. Verhältnis zwischen datenschutz- und medienzivilrechtlichem Persönlichkeitsschutz, ZD 2014, 177–182.

Lauber-Rönsberg, Anne, Das Recht am eigenen Bild in sozialen Netzwerken, NJW 2016, 744–750.

Libertus, Michael, Die Einwilligung als Voraussetzung für die Zulässigkeit von Bildnisaufnahmen und deren Verbreitung, ZUM 2007, 621–628.

Lindner, Christian, Persönlichkeitsrecht und Geo-Dienste im Internet – z. B. Google Street View/Google Earth, ZUM 2010, 292–301.

Loewenheim, Ulrich (Hrsg.), Handbuch des Urheberrechts, 2. Aufl., München 2010.

Löffler, Martin (Begr.), Presserecht. Kommentar, 6. Aufl., München 2015.

Lorenz, Bernd, Das Schriftformerfordernis für das Veröffentlichen von Bildnissen. Verhältnis der Datenschutzgesetze zum KUG, ZD 2012, 367–371.

Lorenz, Bernd, Einwilligungserklärungen im Fotorecht, K&R 2016, 450–456.

Maaßen, Wolfgang, Bildzitate in Gerichtsentscheidungen und juristischen Publikationen, ZUM 2003, 830–842.

Mankowski, Peter, Das Internet im Internationalen Vertrags- und Deliktsrecht, RabelsZ 1999, 203–294.

Mantz, Reto, Anmerkung zu *LG Berlin,* Urt. v. 31.1.2013 – 57 S 87/08, in: ZD 2013, 625–626.

Masing, Johannes, Herausforderungen des Datenschutzes, NJW 2012, 2305–2311.

Maunz, Theodor/Dürig, Günter, Grundgesetz. Kommentar, Band I, 78. EL September 2016, München 2016.

Metha, Anisha, „Bring your own Glass": the privacy implications of Google Glass in the workplace, 30 J. Marshall J. Info. Tech. & Privacy L., p. 607–638.

Meyerdierks, Per, Sind IP-Adressen personenbezogene Daten?, MMR 2009, 8–13.

Möhring, Philipp/Nicolini, Käte (Begr.), Ahlberg, Hartwig/Götting, Horst-Peter (Hrsg.), Urheberrecht, 3. Aufl., München 2014.

Möhrke-Sobolewski, Christine/Klas, Benedikt, Zur Gestaltung des Minderjährigendatenschutzes in digitalen Informationsdiensten, K&R 2016, 373–378.

Moos, Flemming, Datenschutzrecht Schnell erfasst, Berlin 2006.

Moos, Flemming/Rothkegel, Tobias, Anmerkung zu *EuGH,* Urt. v. 19.10.2016 – C-582/14 – Breyer, in: MMR 2016, 845–847.

Moritz, Hans-Werner, Zur Zulässigkeit von Google StreetView unter dem Aspekt des Deutschen Datenschutzrechts, K&R Beihefter 2/2010, 1–10.

Ohler, Christoph, Europäische Kapital- und Zahlungsverkehrsfreiheit. Kommentar, Heidelberg 2002.

Ohly, Ansgar, Verändert das Internet unsere Vorstellung von Persönlichkeit und Persönlichkeitsrecht, AfP 2011, 428–438.

Ohly, Ansgar, Zwölf Thesen zur Einwilligung im Internet, GRUR 2012, 983–992.

Paal, Boris P./Pauly, Daniel A. (Hrsg.), Datenschutz-Grundverordnung. Kommentar, München 2017.

Pahlen-Brandt, Ingrid, Zur Personenbezogenheit von IP-Adressen, K&R 2008, 288–290.

Paschke, Marian/Berlit, Wolfgang/Meyer, Claus, Hamburger Kommentar. Gesamtes Medienrecht, 3. Aufl., Baden-Baden 2016.

Petershagen, Jörg, Der Schutz des Rechts am eigenen Bild vor Hyperlinks, NJW 2011, 705–708.

Piltz, Carlo, Anmerkung zu *LG Berlin,* Urt. v. 30.4.2013 – 15 O 92/12, in: K&R 2013, 413–415.

Piltz, Carlo, Die Datenschutz-Grundverordnung. Teil 1: Anwendungsbereich, Definitionen und Grundlagen der Datenverarbeitung, K&R 2016, 557–567.

Piltz, Carlo, Die Datenschutz-Grundverordnung. Teil 3: Rechte und Pflichten des Verantwortlichen und Auftragsverarbeiters, K&R 2016, 709–717.

Plath, Kai-Uwe (Hrsg.), BDSG. Kommentar, Köln 2013.

Plath, Kai-Uwe (Hrsg.), BDSG/DSGVO. Kommentar, 2. Aufl., Köln 2016.

Prinz, Matthias/Peters, Butz, Medienrecht. Die zivilrechtlichen Ansprüche, München 1999.

Raue, Peter/Hegemann, Jan, Münchener Anwaltshandbuch Urheber- und Medienrecht, München 2011.

Redeker, Helmut, IT-Recht, 6. Aufl., München 2017.

Reibach, Boris, Private Dashcams & Co. – Household Exemption ade? Können sich Betreiber von privaten Minikameras noch auf die Ausnahme der Household Exemption berufen?, DuD 2015, 157–160.

Renner, Cornelius, Schriftform der Einwilligung nach § 22 KUG? Anmerkung zu *BAG,* Urt. v. 11.12.2014 – 8 AZR 1010/13, in: ZUM 2015, 608–610.

Retzer, Karin/Ritter, Cyril, Anmerkung zu *EuGH,* Urt. v. 6.11.2003 – Rs. C-101/01 – Lindqvist, in: CRi 2004, 23–25.

Ricker, Reinhart/Weberling, Johannes, Handbuch des Presserechts, 6. Aufl., München 2012.

Rose, Edgar, Datenbrillen, Drohnen, Dashcams... Smart Cams im öffentlichen Raum allein durch Rechtsprechung nicht beherrschbar, DuD 2017, 137–141.

Rose, Edgar, „Smart Cams" im öffentlichen Raum. Regulierungsdefizite und Optionen künftiger Regulierung, ZD 2017, 64–69.

Roßnagel, Alexander, Handbuch Datenschutzrecht, München 2003.

Roßnagel, Alexander, Europäische Datenschutz-Grundverordnung. Vorrang des Unionsrechts – Anwendbarkeit des nationalen Rechts, Baden-Baden 2017.

Roßnagel, Alexander, Anmerkung zu *EuGH,* Urt. v. 6.11.2003 – Rs. C-101/01 – Lindqvist, in: MMR 2004, 99–100.

Roßnagel, Alexander, Wie zukunftsfähig ist die Datenschutz-Grundverordnung? Welche Antworten bietet sie für die neuen Herausforderungen des Datenschutzrechts?, DuD 2016, 561–565.

Roßnagel, Alexander/Kroschwald, Steffen, Was wird aus der Datenschutzgrundverordnung? Die Entschließung des Europäischen Parlaments über ein Verhandlungsdokument, ZD 2014, 495–500.

Roßnagel, Alexander/Nebel, Maxi/Richter, Philipp, Was bleibt vom Europäischen Datenschutzrecht? Überlegungen zum Ratsentwurf der DS-GVO, ZD 2015, 455–460.

Roßnagel, Alexander/ Richter, Philipp/Nebel, Maxi, Besserer Internetdatenschutz für Europa. Vorschläge zur Spezifizierung der DS-GVO, ZD 2013, 103–108.

Sachs, Michael (Hrsg.), Grundgesetz Kommentar, 7. Aufl., München 2014.

Säcker, Franz Jürgen/Rixecker, Roland/Oetker, Hartmut/Limperg, Bettina (Hrsg.), Münchener Kommentar zum Bürgerlichen Gesetzbuch (zitiert als: *Bearbeiter,* in: MüKo BGB)

- Band 1: Allgemeiner Teil, 7. Aufl., München 2015
- Band 4: Schuldrecht – Besonderer Teil II, 7. Aufl., München 2016
- Band 7: Sachenrecht, 7. Aufl., München 2017
- Band 10: Internationales Privatrecht I. Europäisches Kollisionsrecht. Einführungsgesetz zum Bürgerlichen Gesetzbuche (Art. 1–24), 6. Aufl., München 2015.
- Band 11: Internationales Privatrecht II. Internationales Wirtschaftsrecht. Einführungsgesetz zum Bürgerlichen Gesetzbuche (Art. 25–248), 6. Aufl., München 2015.

Sarunski, Maik, Big Data – Ende der Anonymität? Fragen aus Sicht der Datenschutzaufsichtsbehörde Mecklenburg-Vorpommern, DuD 2016, 424–427.

Sauren, Jürgen, Bedrohung der freien Berichterstattung durch den neuen § 201a StGB?, ZUM 2005, 425–432.

Schaffland, Hans-Jürgen/Wiltfang, Noeme, Bundesdatenschutzgesetz. Kommentar, EL. 5/16, Berlin 2016.

Schantz, Peter, Die Datenschutz-Grundverordnung – Beginn einer neuen Zeitrechnung im Datenschutzrecht, NJW 2016, 1841–1847.

Schertz, Christian, Die wirtschaftliche Nutzung von Bildnissen und Namen Prominenter, AfP 2000, 495–505.

Schertz, Christian, Bildnisse, die einem höheren Interesse der Kunst dienen. Die Ausnahmevorschrift des § 23 I Nr. 4 KUG, GRUR 2007, 558–565.

Schierbaum, Bruno, Beschäftigten-Daten auf der Homepage der Dienststelle. Risiken und Zulässigkeit, PersR 2010, 268–273.

Schiffbauer, Björn, Steckbrief 2.0 – Fahndungen über das Internet als rechtliche Herausforderung, NJW 2014, 1052–1057.

Schild, Hans-Hermann, Anmerkung zu *EuGH,* Urt. v. 9.11.2010 – Rs. C 92/09, in: GewA 2011, 28–29.

Schnabel, Christoph, Das Recht am eigenen Bild und der Datenschutz. Die richterrechtliche Dogmatik zur Einwilligung vor dem Hintergrund europarechtlicher Einflüsse des Datenschutzes, ZUM 2008, 657–662.

Schöbener, Burkhard, Das Verhältnis des EU-Rechts zum nationalen Recht der Bundesrepublik Deutschland, JA 2011, 885–894.

Schönewald, Hanno, Die rechtliche Zulässigkeit von Fanfoto-Diensten bei Sport- und Musikveranstaltungen, ZUM 2013, 862–870.

Schönke, Adolf/Schröder, Horst (Hrsg.), Strafgesetzbuch. Kommentar, 29. Aufl., München 2014.

Schricker, Gerhard/Loewenheim, Ulrich (Hrsg.), Urheberrecht, 4. Aufl., München 2010.

Schröder, Markus, Anmerkung zu *AG München,* Urt. v. 6.6.2013 – 343 C 4445/13, in: ZD 2014, 40–41.

Schulze, Reiner, Bürgerliches Gesetzbuch. Handkommentar, 9. Aufl., Baden-Baden 2017.

Schwartmann, Rolf (Hrsg.), Praxishandbuch Medien-, IT- und Urheberrecht, 3. Aufl., Heidelberg 2014.

Schwenke, Thomas, Google Glass – Eine Herausforderung für das Recht, K&R 2013, 685–691.

Schwenke, Thomas, Schnittstellen zum „Cyborgspace" – Erkenntnisse zu Datenbrillen nach Ende des „Google Glass"-Experiments. Warum das Konzept der Privatsphäre in einer physisch-virtuellen Welt überdacht werden muss, DuD 2015, 161–166.

Simitis, Spiros (Hrsg.), Bundesdatenschutzgesetz, 8. Aufl., Baden-Baden 2014.

Soehring, Jörg/Hoene, Verena, Presserecht, 5. Aufl., Köln 2013.

Solmecke, Christian/Kocatepe, Sibel, Google Glass – Der Gläserne Mensch 2.0. Die neueste technische Errungenschaft – ein Fluch oder eine Herausforderung?, ZD 2014, 22–27.

Solmecke, Christian/Nowak, Fabian, Zivile Drohnen – Probleme ihrer Nutzung Rechtliche Bewertung eines künftigen Milliardenmarkts, MMR 2014, 431–435.

Sonnenberger, Hans Jürgen, Der Persönlichkeitsrechtsschutz nach den Art. 40–42 EGBGB, S. 575–591, in: *Gottwald, Peter/Jayme, Erik/Schwab, Dieter (Hrsg.),* Festschrift für Dieter Henrich zum 70. Geburtstag. 1. Dezember 2000, Bielefeld 2000.

Spelge, Karin, Der Beschäftigtendatenschutz nach Wirksamwerden der Datenschutz- Grundverordnung (DS-GVO) – Viel Lärm um Nichts?, DuD 2016, 775–781.

Spindler, Gerald, Persönlichkeitsschutz im Internet – Anforderungen und Grenzen einer Regulierung, Verhandlungen des 69. Deutschen Juristentages, Band I Gutachten, Teil F, München 2012.

Spindler, Gerald, Datenschutz- und Persönlichkeitsrechte im Internet. Der Rahmen für Forschungsaufgaben und Reformbedarf, GRUR-Beilage 2014, 101–108.

Spindler, Gerald, Die neue EU-Datenschutz-Grundverordnung, DB 2016, 937–947.

Starnecker, Tobias/Wessels, Ferdinand, Anmerkung zu *VG Göttingen,* Beschl. v. 12.10.2016 – 1 B 171/16, in: ZD 2017, 46–47.

Staudinger, Julius v. (Begr.), Kommentar zum Bürgerlichen Gesetzbuch mit Einführungsgesetz und Nebengesetzen (zitiert als: *Bearbeiter,* in: Staudinger, BGB)

- Buch 1: Allgemeiner Teil. §§ 90–124; §§ 130–133, Neubearbeitung, Berlin 2017
- Einführungsgesetz zum Bürgerlichen Gesetzbuche/IPR. Art. 38–42 EGBGB, Neubearbeitung, Berlin 2001.

Steinrötter, Björn, Auf Onlineportale anwendbares Datenschutzrecht, EWS 2015, 83–91.

Stelljes, Harald, Stärkung des Beschäftigtendatenschutzes durch die Datenschutz-Grundverordnung? Möglichkeiten aus Sicht einer Aufsichtsbehörde, DuD 2016, 787–791.

Streinz, Rudolf (Hrsg.), EUV/AEUV. Vertrag über die Europäische Union und Vertrag über die Arbeitsweise der Europäischen Union. Kommentar, 2. Aufl., München 2012.

Taeger, Jürgen/Gabel, Detlev, Kommentar zum BDSG und zu den Datenschutzvorschriften des TKG und TMG, 2. Aufl., Frankfurt am Main 2013.

Taeger, Jürgen/Rose, Edgar, Zum Stand des deutschen und europäischen Beschäftigtendatenschutzes, BB 2016, 819–831.

Taraschka, Klaus, „Auslandsübermittlung" personenbezogener Daten im Internet, CR 2004, 280–285.

Terhaag, Michael/Schwarz, Christian, Filmen während der Fahrt – der rechtliche Umgang mit Dashcams, K&R 2015, 556–559.

Thüsing, Gregor, Beschäftigtendatenschutz und Compliance. Effektive Compliance im Spannungsfeld von BDSG, Persönlichkeitsschutz und betrieblicher Mitbestimmung, 2. Aufl., München 2014.

Thüsing, Gregor, Umsetzung der Datenschutz-Grundverordnung im Beschäftigungsverhältnis: Mehr Mut zur Rechtssicherheit!, BB 2016, 2165–2166.

Tillmanns, Lutz/Führ, Janina, § 201 a StGB – Eine problemorientierte Betrachtung aus Sicht der Presseselbstregulierung, ZUM 2005, 441–449.

Voigt, Paul, Gesichtserkennung zu Werbezwecken – Erfolgt ein User Tracking bald auch offline?, K&R 2016, 456–461.

Von der Groeben, Hans/Schwarze, Jürgen/Hatje, Armin, Europäisches Unionsrecht. Vertrag über die Europäische Union. Vertrag über die Arbeitsweise der Europäischen Union. Charta der Grundrechte der Europäischen Union, 7. Aufl., Baden-Baden 2015.

Von Gamm, Otto-Friedrich Freiherr, Urheberrechtsgesetz, München 1968.

Von Hartlieb, Holger M./Schwarz, Mathias (Hrsg.), Handbuch des Film-, Fernseh- und Videorechts, 5. Aufl., München 2011.

Von Mangoldt, Hermann/Klein, Friedrich/Starck, Christian (Hrsg.), Kommentar zum Grundgesetz. Band 3: Artikel 83 bis 146, 6. Aufl., München 2010.

Von Münch, Ingo/Kunig, Philip (Hrsg.), Grundgesetz Kommentar, Band 2. Art. 70 bis Art. 146 und Gesamtregister, 6. Aufl., München 2012.

Von Wulffen, Matthias/Schütze, Bernd, SGB X. Sozialverwaltungsverfahren und Sozialdatenschutz. Kommentar, 8. Aufl., München 2014.

Wagner, Michael S., Google Glass: A preemptive look at privacy concerns, 11 J. on Telecomm. & High Tech. L. (2013), p. 477–492.

Wanckel, Endress, Foto- und Bildrecht, 4. Aufl., München 2012.

Wandtke, Artur-Axel/Bullinger, Winfried (Hrsg.), Praxiskommentar zum Urheberrecht, 4. Aufl., München 2014.

Weichert, Thilo, BDSG-Novelle zum Schutz von Internet-Inhaltsdaten, DuD 2009, 7–14.

Weichert, Thilo, Cloud Computing und Datenschutz, DuD 2010, 679–687.

Weichert, Thilo, Google Glass, IT-Brillen und informationelle Selbstbestimmung, DANA 2013, 53–55.

Wendehorst, Christiane/Graf von Westfalen, Friedrich, Das Verhältnis zwischen Datenschutz-Grundverordnung und AGB-Recht, NJW 2016, 3745–3750.

Wenzel, Karl Egbert (Begr.), Das Recht der Wort- und Bildberichterstattung. Handbuch des Äußerungsrechts, 5. Aufl., Köln 2003.

Wessels, Ferdinand, Dashcams im Lichte des Datenschutzes – Beweissicherung vs. Informationelle Selbstbestimmung, JurPC Web-Dok. 186/2015, Abs. 1–76.

White, David/Philipps, P. Jonathon/Hahn, Carina A./Hill, Matthew/O'Toole, Alice J., Perceptual expertise in forensic facial image comparison, Proceedings of the Royal Society B, Volume 282, issue 1814, 20151292, abrufbar unter: https://doi.org/10.1098/rspb.2015.1292.

Widegreen, Hans-Christian, Anmerkung zu *LG Berlin,* Urt. v. 28.10.2015 – 67 S 82/15, in: ZD 2016, 189–190.

Wieczorek, Mirko, Der räumliche Anwendungsbereich der EU-Datenschutz-Grundverordnung. Ein Vergleich von § 1 Abs. 5 BDSG mit Art. 3 DS-GVO-E, DuD 2013, 644–649.

Wieduwilt, Hendrik, Verbot „bloßstellender Bilder" – das Ende der Straßenfotografie?, K&R 2014, 627–632.

Wild, Gisela, Anmerkung zu *BGH,* Urt. v. 26.6.1979 –VI ZR 108/78 – Fußballtor, in: GRUR 1979, 734–735.

Wolff, Heinrich Amadeus/Brink, Stefan (Hrsg.), Beck'scher Online-Kommentar Datenschutzrecht, 18. Edition, Stand 1.11.2016, München 2016 (zitiert als: *Bearbeiter,* in: BeckOK DSR).

Wrede, Anna-Karina, Spannungsverhältnis zwischen Datenschutz und Ethik. Am Beispiel der „smarten" Videoüberwachung, ZD 2012, 321–324.

Wybitul, Tim, EU-Datenschutz-Grundverordnung in der Praxis – Was ändert sich durch das neue Datenschutzrecht?, BB 2016, 1077–1081.

Wybitul, Tim, Was ändert sich mit dem neuen EU-Datenschutzrecht für Arbeitgeber und Betriebsräte? Anpassungsbedarf bei Beschäftigtendatenschutz und Betriebsvereinbarungen, ZD 2016, 203–208.

Wybitul, Tim/Pötters, Stephan, Der neue Datenschutz am Arbeitsplatz, RDV 2016, 10–16.

Wybitul, Tim/Sörup, Thorsten/Pötters, Stephan, Betriebsvereinbarungen und § 32 BDSG: Wie geht es nach der DS-GVO weiter? Handlungsempfehlungen für Unternehmen und Betriebsräte, ZD 2015, 559–564.

Ziegenhorn, Gero/von Heckel, Katharina, Datenverarbeitung durch Private nach der europäischen Datenschutzreform. Auswirkungen der Datenschutz-Grundverordnung auf die materielle Rechtmäßigkeit der Verarbeitung personenbezogener Daten, NVwZ 2016, 1585–1591.

Zilkens, Martin, Videoüberwachung. Eine rechtliche Bestandsaufnahme, DuD 2007, 279–283. Sämtliche Links wurden zuletzt am 21.2.2017 abgerufen. Im Hinblick auf verwendete Abkürzungen wird verwiesen auf *Kirchner, Hildebert,* Abkürzungsverzeichnis der Rechtssprache, 8. Auflage, Berlin 2015.

1. Kapitel: Einleitung

A. Untersuchungsgegenstand

Das Datenschutzrecht der Europäischen Union befindet sich derzeit in einer massiven Umbruchphase. Nachdem gut 20 Jahre wesentliche Teile des Datenschutzrechts durch die „Richtlinie 95/46/EG des Europäischen Parlaments und des Rates vom 24. Oktober 1995 zum Schutz natürlicher Personen bei der Verarbeitung personenbezogener Daten und zum freien Datenverkehr" geprägt worden sind, hat der Gemeinschaftsgesetzgeber nach langem Ringen und Verhandeln jüngst ein neues Register gezogen und die Datenschutzgrundverordnung[1] auf den Weg gebracht, welche am 25.5.2016 in Kraft getreten ist und ab dem 25.5.2018 Anwendung finden wird. Dadurch soll endlich das Ziel der Vereinheitlichung des Datenschutzrechts und der Beseitigung unterschiedlicher Schutzniveaus in der Union erreicht werden, welches von der Datenschutz-Richtlinie zum Teil verfehlt wurde. Die allgemeine und unmittelbare Geltung einer solchen Verordnung in jedem Mitgliedstaat verursacht erheblichen Handlungsbedarf für die nationalen Gesetzgeber im Hinblick auf ihr bisheriges nationales Datenschutzrecht. Je weniger nationale Sonderwege beschritten werden (dürfen), desto einheitlicher wird das anzuwendende Regelungsgeflecht.

Betroffen ist davon in Deutschland jedoch nicht nur das BDSG, sondern auch zahlreiche spezialgesetzliche Datenschutzregelungen, sodass der Gesetzgeber – erst recht in Anbetracht der bevorstehenden Bundestagswahlen im September 2017 – vor großen Aufgaben steht. Ein Schattendasein fristete im datenschutzrechtlichen Kontext stets das Kunsturhebergesetz,[2] welches seit 1907 Bestandteil des deutschen Rechts ist. Es existierte schon lange, bevor mit dem Hessischen Datenschutzgesetz im September 1970 das weltweit erste Datenschutzgesetz den Weg in die deutsche Rechtsordnung fand.[3] Seine Regelungen betreffen die Verbreitung und öffentliche Zurschaustellung von Bildnissen und werden seit jeher als einfachgesetzliche Ausprägung des verfassungsrechtlich verbürgten Rechts am eigenen Bild gesehen.

Die praktische Bedeutung dieses speziellen Persönlichkeitsrechts ist immens und tritt vor allem im Bereich der Medien in den Fokus der Öffentlichkeit. Damit bewegt es sich immer noch in der Nähe seiner Wurzeln, da das KUG geschaffen wurde, nachdem zwei Journalisten heimlich den Leichnam von Otto von Bismarck

1 Verordnung (EU) 2016/679 des Europäischen Parlaments und des Rates vom 27. April 2016 zum Schutz natürlicher Personen bei der Verarbeitung personenbezogener Daten, zum freien Datenverkehr und zur Aufhebung der Richtlinie 95/46/EG.

2 Vgl. *Ohly*, AfP 2011, 428, 437.

3 *Simitis*, in: Simitis, BDSG, Einleitung Rn. 1.

in seinem Sterbezimmer fotografiert hatten und das *Reichsgericht*[4] ein Verbot der Veröffentlichung mangels anderer Regelung nur auf den begangenen Hausfriedensbruch stützen konnte.[5]

Anders als noch 1907 sind Kameras heutzutage omnipräsent und technisch weit fortgeschritten, sodass Fotos und Videos von Personen in Sekundenschnelle in sehr hoher Qualität aufgenommen und über das Internet auf der ganzen Welt verbreitet werden können.[6] Jeden Tag entstehen dadurch Unmengen von Bildern, die mitunter auch Personen in peinlichen Situationen abbilden. Neben den zahlreichen Videoüberwachungsanlagen geht es sowohl um kommerzielle Aufnahmen (z.B. in der Werbung) als auch um die Bildersammlungen, die in den Händen von Privatpersonen entstehen. Dabei kommt es nicht darauf an, ob die Bilder durch einfache Digitalkameras, Webcams, Helmkameras oder Kameras in Smartphones und Drohnen aufgenommen werden.[7] Bilder haben auf Menschen eine besonders prägnante Wirkung, werden gut erinnert, leicht aufgenommen und mit Emotionen verknüpft.[8] Als solche sind sie wichtige Informationsträger. Es überrascht deshalb nicht, dass die Interessen des Aufnehmenden und des Abgebildeten häufig nicht kongruieren und so manches Bild nach dem Willen des Abgebildeten gar nicht erst hergestellt und erst recht nicht in die Hände von Dritten gelangen sollte. Darum ist es unverzichtbar, dass das Recht einen Ausgleich zwischen den verschiedenen Interessen schafft. Bisher hat meistens das KUG diese Rolle übernommen, zu dessen Auslegung sich über die Jahre und Jahrzehnte auch eine erquickliche Menge an richterlichen Entscheidungen und wissenschaftlichen Beiträgen angesammelt hat.

Das Recht am eigenen Bild gewährleistet dem Einzelnen Einfluss- und Entscheidungsmöglichkeiten in Bezug auf die Anfertigung und Verwendung von Fotografien oder Aufzeichnungen seiner Person durch andere.[9] Damit weist es aber erhebliche Ähnlichkeiten zum Recht auf informationelle Selbstbestimmung auf, welches dem Datenschutzrecht zugrunde liegt und dem Einzelnen die Befugnis einräumt, grundsätzlich selbst über die Preisgabe und Verwendung seiner persönlichen Daten zu bestimmen.[10] Nach nunmehr 110 Jahren ist es deshalb an der Zeit, das KUG kritisch unter die Lupe zu nehmen und es eingehend auf seinen datenschutzrechtlichen Gehalt zu untersuchen.

Die praktische Relevanz einer potenziellen Einstufung als datenschutzrechtliche Regelung ergibt sich daraus, dass das Gemeinschaftsrecht dem nationalen Recht grundsätzlich vorgeht und die DSGVO einen Regelungsrahmen vorgibt, der im nationalen Recht keine beliebigen Abweichungen mehr erlaubt. Möglicherweise

4 *RG*, Urt. v. 28.12.1899 – VI 259/99, RGZ 45, 170.
5 *Götting*, in: Schricker/Loewenheim, § 60/§ 22 KUG Rn. 3.
6 So auch *Golla/Herbort*, GRUR 2015, 648, 648.
7 S. auch *Fuchs*, ZD 2015, 212, 212 f.; *Klar*, MMR 2012, 788, 788 f.
8 *Beater*, AfP 2005, 133, 133; *Boehme-Neßler*, K&R 2003, 530, 531; *Rose*, ZD 2017, 64, 66.
9 *BVerfG*, Urt. v. 15.12.1999 – 1 BvR 653/96, NJW 2000, 1021, 1022 – Caroline von Monaco.
10 *BVerfG*, Urt. v. 15.12.1983 – 1 BvR 209/83, NJW 1984, 419, 422 – Volkszählungsurteil.

ist deshalb eine Abkehr von dem vertrauten KUG unumgänglich und der Umgang mit Personenbildern zukünftig nur noch an der DSGVO zu messen. Dabei hat die Entscheidung dieser Frage nicht nur dogmatische Bedeutung, sondern zeitigt zahlreiche praktische Konsequenzen, da das Datenschutzrecht nicht nur andere Erlaubnistatbestände vorsieht, sondern auch zahlreiche begleitende Regelungen enthält, die die Rechte und Interessen der von einer Verarbeitung Betroffenen wahren und schützen sollen.

Diese Arbeit steckt sich deshalb das Ziel zu erarbeiten, inwieweit der Umgang mit Personenbildern in den Anwendungsbereich der DSGVO fällt und welche Konsequenzen dies für die weitere Anwendung des KUG hat. Ausgehend von der These, dass die Erstellung und Verwendung von Personenbildern eine Verarbeitung personenbezogener Daten darstellt und es sich somit um Vorgänge mit datenschutzrechtlicher Relevanz handelt, müssen insbesondere die Lücken und Grenzen der DSGVO eruiert werden, in denen für das KUG ein Anwendungsbereich verbleiben kann.

B. Gang der Untersuchung

Die Arbeit besteht aus drei übergeordneten Abschnitten, in denen der rechtliche Rahmen für den Umgang mit Personenbildern und die Möglichkeiten zur Auflösung von Normkollisionen zwischen DSGVO und KUG erörtert werden.

Im ersten Abschnitt (2. Kapitel) soll zunächst geprüft werden, inwieweit es sich beim Umgang mit Personenbildern tatsächlich um die Verarbeitung personenbezogener Daten im Sinne der DSGVO handelt und welchen Einschränkungen der Anwendungsbereich der DSGVO in sachlicher und räumlicher Hinsicht unterliegt. Eine zentrale Frage ist dabei, ob Personenbilder stets als personenbezogene Daten zu qualifizieren sind, da insbesondere bei der Abbildung völlig fremder Personen Zweifel daran bestehen können, ob diese identifizierbar sind und die Bilder damit einen Personenbezug aufweisen. Ein weiterer Schwerpunkt liegt in der Beschränkung der DSGVO auf automatisierte Verarbeitungen oder nichtautomatisierte Verarbeitungen, die einen Bezug zu einem Dateisystem aufweisen, da die Auswertung von Personenbildern durch Datenverarbeitungsanlagen deutlich komplexer ist als die Auswertung von Informationen in Textform. Weitere Beschränkungen können sich aus der Haushaltsausnahme ergeben. Die Ergebnisse dieses Kapitels legen den Grundstein für die spätere Bestimmung des Verhältnisses zwischen den hier untersuchten Gesetzen, da der gemeinschaftsrechtliche Vorrang der DSGVO nicht greifen kann, wenn es schon an einer Anwendbarkeit der Verordnung fehlt.

Im zweiten Abschnitt (3. Kapitel) wird der Regelungsrahmen des altbewährten KUG für den Umgang mit Personenbildern in der gebotenen Kürze erörtert, um nachfolgend eine Gegenüberstellung der Anwendungsbereiche von KUG und DSGVO zu ermöglichen. Dies dient außerdem der Analyse der Grenzen des KUG. Es wird auf einige klassische Streitfragen eingegangen, die von Bedeutung sein werden, um beurteilen zu können, inwiefern dem Gesetzgeber anzuraten ist, von etwaigen Spielräumen Gebrauch zu machen, die ihm die DSGVO einräumt.

Der dritte Abschnitt (4. Kapitel) stellt den Hauptteil der Arbeit dar, in welchem der Umfang der Kollision von KUG und DSGVO erarbeitet wird. Dies ist unerlässlich, um Wege zur Auflösung dieser Normkollision zu ermitteln. Entscheidend ist insoweit, in welchem Maß der Anwendungsvorrang der DSGVO zur Geltung kommt und an welcher Stelle das gemeinschaftsrechtliche Datenschutzrecht Lücken hinterlässt. Nach einer kurzen Darstellung der Grundsätze zum Anwendungsvorrang des Gemeinschaftsrechts werden zunächst sämtliche Überschneidungen der Anwendungsbereiche ausfindig gemacht, um Tatbestandskongruenzen festzustellen. Daraufhin folgt eine Analyse der Unterschiede zwischen den sachlichen und räumlichen Anwendungsbereichen von KUG und DSGVO, um tatbestandliche Differenzen auszuloten, die den Weg für nationale Spielräume ebnen, aus denen sich Anwendungsmöglichkeiten für das KUG trotz Geltung der DSGVO ergeben können.

Der wichtigste Rettungsanker für das KUG besteht jedoch in den Öffnungsklauseln der DSGVO, die den Mitgliedstaaten in unterschiedlich starker Ausprägung die Befugnis einräumen, abweichende Regelungen zu treffen, die nicht dem Anwendungsvorrang der DSGVO weichen müssen. Diesbezüglich wird geprüft, inwieweit das KUG geeignet ist, den Anforderungen verschiedener Öffnungsklauseln gerecht zu werden und die gewährten Spielräume auszufüllen. Neben der bloßen Möglichkeit zur partiellen Erhaltung des KUG wird stets auch die Sinnhaftigkeit eines solchen Vorgehens auf den Prüfstand gestellt. Eine besonders wichtige Rolle spielen in diesem Kontext die Öffnungsklauseln für Verarbeitungen im Beschäftigungskontext und für Verarbeitungen, die für die Meinungs- und Informationsfreiheit erforderlich sind. Erschwerend kommt jedoch stets hinzu, dass bereits ein Gesetzgebungsverfahren zur Anpassung des BDSG an die DSGVO läuft, sodass mitunter nicht nur das Verhältnis des KUG zur DSGVO, sondern auch zu diesem allgemeinen „umsetzenden" nationalen Datenschutzrecht geklärt werden muss.

Zum Abschluss dieses Abschnitts soll noch anhand eines Beispiels illustriert werden, inwiefern die Anwendung der DSGVO auf den Umgang mit Personenbildern nicht nur eine Vorgabe des Rechts, sondern aufgrund in ihr enthaltener adäquater Regelungen auch der Vernunft ist.

In der abschließenden Schlussbetrachtung (5. Kapitel) werden die Ergebnisse der Arbeit noch einmal zusammengefasst und ein Ausblick auf die Zukunft des KUG gegeben. Dabei sollen die gefundenen Erkenntnisse genutzt werden, um im Sinne der auf eine Vereinheitlichung des Schutzniveaus gerichteten DSGVO Empfehlungen zu einer starken Einschränkung des KUG zu geben.

Soweit im Folgenden vom BDSG a.F. die Rede ist, ist damit das BDSG in der Fassung gemeint, die Anfang 2017 galt, noch bevor das Gesetz zur Anpassung des BDSG an die DSGVO[11] verabschiedet wurde.

---

11 BR-Drs. 110/17, Gesetzentwurf der Bundesregierung: Entwurf eines Gesetzes zur Anpassung des Datenschutzrechts an die Verordnung (EU) 2016/679 und zur Umsetzung der Richtlinie (EU) 2016/680.

2. Kapitel: Die datenschutzrechtliche Behandlung von Personenbildern nach der Datenschutzgrundverordnung

Da der Bürger immer stärker mit Bildaufnahmegeräten und Videotechnik im Alltag konfrontiert wird, ist zu prüfen, ob die damit einhergehenden Aufnahme- und Verwendungshandlungen überhaupt dem Regime des Datenschutzrechts unterfallen. Nur wenn der Anwendungsbereich der DSGVO eröffnet ist, kann ein Konflikt zwischen dem traditionell auf Personenbilder angewendeten KUG und der DSGVO entstehen, dessen Auflösung Kern dieser Arbeit ist.

Obwohl die DSGVO nicht mehr strikt zwischen öffentlichen und nicht-öffentlichen Stellen unterscheidet, soll hier der Umgang mit Personenbildern durch nichtöffentliche Stellen im Vordergrund stehen.

A. Sachlicher Anwendungsbereich

Gemäß Art. 2 Abs. 1 DSGVO gilt die DSGVO für die ganz oder teilweise automatisierte Verarbeitung personenbezogener Daten [...]. Klärungsbedürftig ist also zunächst, ob Bild- oder Videoaufnahmen von Personen überhaupt personenbezogene Daten darstellen.

I. Personenbezogene Daten

Personenbezogene Daten sind gemäß Art. 4 Nr. 1 DSGVO alle Informationen, die sich auf eine identifizierte oder identifizierbare natürliche Person beziehen.

1. Informationen

Gemäß dieser Definition müssen von der DSGVO geschützte Daten Informationen enthalten oder verkörpern, wobei es nicht auf die Form ihrer Repräsentation oder die Art der Darstellung der Zeichen ankommt.[12] Dass auch Bildaufnahmen als Informationen einzuordnen sind, ergab sich früher eindeutig aus Erwägungsgrund 14 der RL 95/46/EG, in welchem der europäische Gesetzgeber zu verstehen gab, dass er personenbezogene Ton- und Bilddaten den datenschutzrechtlichen Regelungen unterstellen wollte. Zwar findet sich kein vergleichbarer expliziter Hinweis auf Bilddaten mehr in der DSGVO, doch gibt es keine Anhaltspunkte dafür, dass dies zu einer

12 *Dammann*, in: Simitis, BDSG, § 3 Rn. 4; *Moos*, Datenschutzrecht, S. 25.

anderen Beurteilung führen sollte. Vielmehr ist diese Einordnung konsequent, da auch Abbildungen von Personen Informationen verkörpern und dauerhaft fixieren.

Je nach Art der Abbildung wird man Personenbildern sogar deutlich mehr Informationen über die einzelne Person entnehmen können als anderen Angaben, sodass für die Anwendung des Datenschutzrechts ein Bedürfnis besteht. Bildaufnahmen von Personen geben potenziell Aufschluss darüber, wie die abgebildete Person aussieht beziehungsweise zu einem bestimmten Zeitpunkt ausgesehen hat,[13] welche Augen-, Haut- oder Haarfarbe sie hat, wie groß sie ist, welches Geschlecht sie hat, wo sie sich aufgehalten und was sie gemacht hat oder mit wem sie unterwegs war.[14] Außerdem können sie möglicherweise Erkenntnisse über den Gesundheitszustand, die ethnische Herkunft oder Hobbys des Abgebildeten vermitteln.[15] Dies sind Informationen über persönliche Verhältnisse einer Person, da sie etwas über die Bezugsperson aussagen.[16] Zudem können sich aus dem Kontext der Aufnahme noch weitere Informationen über sachliche Verhältnisse des Abgebildeten ergeben. Somit handelt es sich bei Bildaufnahmen von Personen stets um Informationen im Sinne von Art. 4 Nr. 1 DSGVO.

2. Identifizierte oder identifizierbare Person

Weitere Voraussetzung ist jedoch, dass sich die Informationen auf eine identifizierte oder identifizierbare natürliche Person beziehen. Insofern lehnt sich die DSGVO an die Vorgängerbestimmung in der RL 95/46/EG an. Zwar war in Art. 2 lit. a RL 95/46/EG in der amtlichen deutschen Übersetzung noch von Informationen über eine bestimmte oder bestimmbare natürliche Person die Rede, allerdings zeigt die englische Fassung des Gesetzestextes, dass hier keine unterschiedliche Bedeutung angenommen werden soll, da diese sowohl in Art. 4 Nr. 1 DSGVO als auch in Art. 2 lit. a RL 95/46/EG übereinstimmend von „any information relating to an identified or identifiable natural person" spricht.[17] Nur wenn eine Identifizierung oder Identifizierbarkeit einer natürlichen Person bejaht werden kann, liegt deshalb ein Personenbezug im Sinne der DSGVO vor. Personenbilder müssen also zumindest identifizierbare Personen zeigen, um unter den Begriff des personenbezogenen Datums zu fallen.

---

13 *VG Wiesbaden,* Urt. v. 11.11.1980 – IV/1 E 79/79, DVBl 1981, 790, 792; *Schaffland/Wiltfang,* BDSG, § 3 Rn. 5b; *Golla/Herbort,* GRUR 2015, 648, 649; *Renner,* Anmerkung zu *BAG,* Urt. v. 11.12.2014 – 8 AZR 1010/13, in: ZUM 2015, 608, 609.

14 S. auch *Benecke/Groß,* NZA 2015, 833, 836.

15 *Golla/Herbort,* GRUR 2015, 648, 649; *Schnabel,* ZUM 2006, 657, 661.

16 *Dammann,* in: Simitis, BDSG, § 3 Rn. 7, 10.

17 S. auch *Schreiber,* in: Plath, BDSG/DSGVO, Art. 4 DSGVO Rn. 7; *Ernst,* in: Paal/Pauly, DSGVO, Art. 4 Rn. 3.

Von einer identifizierten Person ist auszugehen, wenn sich die Information direkt auf eine konkrete Person bezieht,[18] wenn die betroffene Person sich also innerhalb einer Personengruppe von allen anderen Gruppenmitgliedern unterscheiden lässt.[19]

Für die Definition des Kriteriums der Identifizierbarkeit kann zunächst die Begriffsbestimmung in Art. 4 Nr. 1 DSGVO herangezogen werden. Demnach wird eine natürliche Person als identifizierbar angesehen, wenn sie direkt oder indirekt identifiziert werden kann, insbesondere mittels Zuordnung zu einer Kennung wie einem Namen, zu einer Kennnummer, zu Standortdaten, zu einer Online-Kennung oder zu einem oder mehreren besonderen Merkmalen, die Ausdruck der physischen, physiologischen, genetischen, psychischen, wirtschaftlichen, kulturellen oder sozialen Identität dieser natürlichen Person sind. Bis auf einige kleinere Ergänzungen ist diese Definition identisch mit derjenigen, die schon in Art. 2 lit. a RL 95/46/EG für die Bestimmbarkeit zugrunde gelegt wurde.

Ob die Personen auf Fotos identifizierbar sind, selbst wenn völlig fremde Personen aufgenommen werden, und Personenbilder deshalb als personenbezogene Daten eingeordnet werden können, ist von erheblicher Bedeutung für die spätere Bestimmung des Verhältnisses von KUG und DSGVO. Denn das Datenschutzrecht ist ohne Personenbezug gar nicht anwendbar. Außerdem stellt das KUG mit dem Kriterium der Erkennbarkeit, welches sehr weit ausgelegt wird, eine ähnliche Hürde auf, sodass die genaue Reichweite des Begriffs der Identifizierbarkeit nach der DSGVO im Hinblick auf Personenbildnisse maßgeblich für die Bestimmung der Tatbestandskongruenz von KUG und DSGVO ist. Aus diesem Grund wird dieses Merkmal im Folgenden detailliert analysiert.

a) Unterschiedliche Maßstäbe für die Beurteilung der Identifizierbarkeit

Die Auslegung des Begriffs der Identifizierbarkeit ist sehr umstritten, wobei es primär um die Frage geht, welches Sonderwissen und welche Mittel zur Identifizierung berücksichtigt werden dürfen.[20] Diese Unsicherheit bestand bereits im Hinblick auf den Begriff des personenbezogenen Datums nach der RL 95/46/EG und des BDSG a.F. Dennoch vermochte es der Unionsgesetzgeber nicht, in der DSGVO eindeutig festzulegen, welcher Maßstab heranzuziehen ist.

Zunächst konkretisiert Erwägungsgrund 26 DSGVO, welche Mittel bei der Entscheidung über die Identifizierbarkeit einer Person zu berücksichtigen sein sollen: dies sind alle Mittel, die von dem Verantwortlichen oder einer anderen Person

18 *Plath/Schreiber*, in: Plath, BDSG/DSGVO, § 3 Rn. 13; *Dammann*, in: Simitis, BDSG, § 3 Rn. 22.

19 *Buchner*, in: Taeger/Gabel, BDSG, § 3 Rn. 11.

20 *BGH*, Beschl. v. 28.10.2014 – VI ZR 135/13, MMR 2015, 131, 132 f. m. Anm. *Bär*; *Keppeler*, CR 2016, 360, 360 f.

nach allgemeinem Ermessen wahrscheinlich genutzt werden, um die natürliche Person direkt oder indirekt zu identifizieren, wozu beispielsweise das Aussondern zählen soll. Bei der Entscheidung darüber, auf welche Mittel dies zutrifft, sind alle objektiven Faktoren einzubeziehen. Dazu gehören gemäß Erwägungsgrund 26 DSGVO die Kosten der Identifizierung und der dafür erforderliche Zeitaufwand, wobei die verfügbaren Technologien und die technologischen Entwicklungen ebenfalls Berücksichtigung finden sollen. Insofern liegt immerhin eine Weiterentwicklung von Erwägungsgrund 26 der RL 95/46/EG vor, welcher auf die Mittel abstellte, die vernünftigerweise entweder von dem Verantwortlichen für die Verarbeitung oder von einem Dritten eingesetzt werden könnten, um die betreffende Person zu bestimmen. Dennoch verbleibt ein Interpretationsspielraum, sodass in verschiedenen Abstufungen im Wesentlichen zwei unterschiedliche Meinungen vertreten werden.[21]

b) *Absolutes Begriffsverständnis*

Teilweise wird von einem absoluten Begriffsverständnis ausgegangen, demzufolge die Identifizierbarkeit gegeben ist, wenn irgendjemand über das Zusatzwissen verfügt, mithilfe dessen ein Personenbezug hergestellt werden kann. Zugrunde zu legen wäre demnach also eine objektive Beurteilung.[22] In einer besonders konsequenten Anwendung dieses Verständnisses wäre die Folge, dass es nahezu keine nicht personenbezogenen Daten mehr gäbe, da fast immer irgendeine Person existieren wird, die eine bestimmte Information einer bestimmten Person zuordnen kann.[23] In Zeiten von „Big Data" können immense Datenmengen gespeichert, ausgewertet und zusammengeführt werden, sodass die Chance erheblich vergrößert wird, dass irgendjemand auf der Welt in der Lage ist, eine bestimmte Information einer bestimmten Person zuzuordnen.[24] Zum Teil wird deshalb schon geäußert, es gebe (zumindest in absehbarer Zeit) überhaupt keine anonymisierten Daten mehr und jegliches Datum sei personenbezogen.[25]

---

21 M.w.N. *BGH,* Beschl. v. 28.10.2014 – VI ZR 135/13, MMR 2015, 131, 132 m. Anm. *Bär; Keppeler,* EnZW 2016, 99, 100; *Krüger/Maucher,* MMR 2011, 433, 435 f.

22 *Schild,* in: BeckOK DSR, § 3 BDSG Rn. 17; *Weichert,* in: Däubler/Klebe/Wedde/Weichert, BDSG, § 3 Rn. 15; *Karg,* Anmerkung zu *BGH,* Urt. v. 13.1.2011 – III ZR 146/10, in: MMR 2011, 345, 346; *Pahlen-Brandt,* K&R 2008, 288, 289.

23 Schlussanträge des Generalanwalts Manuel Campos Sánchez-Bordona vom 12. Mai 2016 in der Rechtssache C-582/14, Rn. 65; *Keppeler,* EnZW 2016, 99, 100.

24 Vgl. *Albrecht/Jotzo,* Das neue Datenschutzrecht der EU, Teil 3 Rn. 3; *Boehme-Neßler,* DuD 2016, 419, 422; *Sarunski,* DuD 2016, 424, 427.

25 *Boehme-Neßler,* DuD 2016, 419, 422 f.

c) *Relatives Begriffsverständnis*

Nach anderer Ansicht ist dagegen ein relatives Begriffsverständnis vorzugswürdig.[26] Abzustellen ist demnach nur auf die Kenntnis, Möglichkeiten und Mittel der datenverarbeitenden Stelle. Allerdings wird auch das Zusatzwissen berücksichtigt werden müssen, das sie sich ohne unverhältnismäßigen Aufwand von Dritten beschaffen kann.[27] Konkretisierend wird insofern gefordert, dass die Herstellung des Personenbezugs nicht nur technisch und rechtlich möglich sein muss, sondern zusätzlich auch nur einen Zeit-, Personal- und Kostenaufwand erfordert, der sich im Rahmen der Verhältnismäßigkeit bewegt, wobei insbesondere auch der Nutzen der Information für die verarbeitende Stelle in die Abwägung einzubeziehen ist.[28] Kann der Personenbezug also theoretisch hergestellt werden, ist das Kriterium der Identifizierbarkeit nach der relativen Ansicht dennoch abzulehnen, wenn dies einen unverhältnismäßigen Aufwand erfordert. Ein vorhandenes Sonderwissen der die Daten verarbeitenden Stelle ist jedoch in jedem Falle zu berücksichtigen, da dieses die Gefahr eröffnet, dass sie den Personenbezug mithilfe ihres Sonderwissens herstellt und dadurch in Bereiche eindringt, die vom Recht auf informationelle Selbstbestimmung beziehungsweise im Hinblick auf den europarechtlichen Charakter der DSGVO vom Recht auf Schutz der personenbezogenen Daten gemäß Art. 8 EU-GRCh geschützt sind.[29]

d) *Auslegung anhand der Erwägungsgründe*

Für das absolute Begriffsverständnis spricht auf den ersten Blick Erwägungsgrund 26 DSGVO, demzufolge alle objektiven Faktoren zu berücksichtigen sind, wenn festgestellt werden muss, ob Mittel nach allgemeinem Ermessen wahrscheinlich zur Identifizierung der natürlichen Person genutzt werden. Dies deutet darauf hin, dass es eben nicht nur auf das Wissen der jeweiligen verarbeitenden Stelle ankommt, sondern auf alle Informationen, die objektiv existent sind.

Allerdings ist dem die Vorgabe vorgelagert, dass (nur) alle Mittel berücksichtigt werden sollen, die von dem Verantwortlichen oder einer anderen Person nach allgemeinem Ermessen wahrscheinlich genutzt werden. Die Benennung des

---

26 *OLG Hamburg,* Beschl. v. 3.11.2010 – 5 W 126/10, MMR 2011, 281, 282; *LG Berlin,* Urt. v. 31.1.2013 – 57 S 87/08, ZD 2013, 618, 619 m. Anm. *Mantz* und *Meyerdierks/Gendelev*; *LG Wuppertal,* Beschl. v. 19.10.2010 – 25 Qs 10 Js 1977/08–177/10, MMR 2011, 65, 66; *Bergmann/Möhrle/Herb,* BDSG, § 3 Rn. 32; *Gola/Klug/Körffer,* in: Gola/Schomerus, BDSG, § 3 Rn. 10; *Schreiber,* in: Plath, BDSG/DSGVO, Art. 4 Rn. 11; § 3 Rn. 15; *Dammann,* in: Simitis, BDSG, § 3 Rn. 32; *Golla/Herbort,* GRUR 2015, 647, 649; *Krüger/Maucher,* MMR 2011, 433, 436.

27 *Buchner,* in: Taeger/Gabel, BDSG, § 3 Rn. 13.

28 *LG Berlin,* Urt. v. 31.1.2013 – 57 S 87/08, ZD 2013, 618, 619 f. m. Anm. *Mantz* und *Meyerdierks/Gendelev; Bergmann/Möhrle/Herb,* BDSG, § 3 Rn. 32; *Keppeler,* CR 2016, 360, 361.

29 *Dammann,* in: Simitis, BDSG, § 3 Rn. 26.

Verantwortlichen und die Wahl des Wortes „wahrscheinlich" weisen darauf hin, dass auf die Perspektive des Verantwortlichen abzustellen ist und somit ein relatives Verständnis anwendbar sein könnte. Durch die Ergänzung um die Erwähnung „einer anderen Person" weitet sich aber der Blick erneut, sodass auch einbezogen werden muss, was ein Dritter an Mitteln zur Verfügung hat, wobei dann wiederum alle objektiven Faktoren einbezogen werden müssen. Dass es sich dabei um jeden beliebigen Dritten handeln kann, ergibt sich daraus nicht zwingend. Stattdessen könnte auch nach allgemeinem Ermessen zu beurteilen sein, inwiefern es wahrscheinlich ist, dass der Verantwortliche sich der Mittel des Dritten bedienen wird, was das relative Verständnis stützt.

Befürworter eines absoluten Verständnisses legen diese Wendung dagegen zum Teil so aus, dass geprüft werden müsse, ob ein objektiver Dritter in der Position des Verantwortlichen in der Lage sei, eine Person zu individualisieren.[30] Außerdem müssten bei dieser Prüfung auch diejenigen Mittel Dritter berücksichtigt werden, auf die der Verantwortliche wahrscheinlich zurückgreifen werde.[31] Doch selbst dieses Verständnis vermag es nicht, den absoluten Ansatz zu untermauern, da letztlich nur auf die Möglichkeiten der verantwortlichen Stelle und potenziell für sie erreichbarer Dritter abgestellt wird. Die Eingrenzung auf einen objektiven Dritten in der Person des Verantwortlichen schließt nur spezifisch subjektives Unvermögen des Verantwortlichen aus, für das es keine Berechtigung gibt und welches aus objektiver Sicht beseitigt werden kann.

Dies tut im Ergebnis jedoch auch der praktisch vertretene relative Ansatz, der sich nicht ausschließlich an den Fähigkeiten des Verantwortlichen orientiert, sondern in die Beurteilung einbezieht, welche Möglichkeiten er nach allgemeinem Ermessen wahrscheinlich ergreifen kann. Soweit der objektive Dritte im Übrigen in die Position des Verantwortlichen gesteckt wird, zeigt dies gerade, dass seine Erkenntnismöglichkeiten und deren Begrenzungen Ausgangspunkt der Beurteilung sein müssen. Erwägungsgrund 26 lässt somit eine Tendenz in Richtung des relativen Begriffsverständnisses zu. Eine eindeutige Aussage lässt sich ihm dagegen nicht entnehmen.

e) Historische Auslegung anhand der Richtlinie 95/46/EG

Dieselbe Streitfrage stellte sich im Hinblick auf das Kriterium der Bestimmbarkeit schon unter der früheren Regelung in der Datenschutz-Richtlinie. Da der Begriff des personenbezogenen Datums nach wie vor der Kernbegriff des Datenschutzrechts ist, können die Erwägungen zur Datenschutzrichtlinie ergänzend herangezogen werden.[32]

---

30 *Albrecht/Jotzo,* Das neue Datenschutzrecht der EU, Teil 3 Rn. 3.

31 *Albrecht/Jotzo,* Das neue Datenschutzrecht der EU, Teil 3 Rn. 3.

32 Vgl. auch *Moos/Rothkegel,* Anmerkung zu *EuGH,* Urt. v. 19.10.2016 – C-582/14 – Breyer, in: MMR 2016, 845, 847; zum Einfluss der Rechtsprechung des *EuGH* zum

aa) Kriterien des Erwägungsgrundes 26

In die Richtung eines absoluten Verständnisses konnte zu Zeiten der Geltung der Datenschutzrichtlinie der ähnlich formulierte Erwägungsgrund 26 der RL 95/46/EG gedeutet werden, wonach sämtliche Mittel zu berücksichtigen waren, die vernünftigerweise entweder von dem für die Verarbeitung Verantwortlichen oder von einem Dritten eingesetzt werden könnten, um die betreffende Person zu bestimmen. Hier wurde also deutlich gemacht, dass auch solche Mittel zu berücksichtigen sind, die einem Dritten zur Verfügung stehen. Würde dies so verstanden, dass bereits die Möglichkeit der Identifizierung durch irgendeinen Dritten ausreicht, wäre nahezu jede Information ein personenbezogenes Datum.[33] Bei Personenbildern müsste deshalb stets von einer Identifizierbarkeit ausgegangen werden, da zumindest Verwandte oder Bekannte zu einer entsprechenden zuverlässigen Wiedererkennung von Personen auf Bildern fähig sind. Jedenfalls ergibt sich aus der Erwähnung des Dritten, dass sich nicht alle für die Identifizierung nötigen Informationen zwingend in den Händen einer einzigen Person befinden müssen.[34]

Dennoch darf nicht verkannt werden, dass nur solche Mittel heranzuziehen waren, die „vernünftigerweise" eingesetzt werden könnten.[35] Dies erforderte insbesondere auch die Berücksichtigung von Zeit, Kosten, Aufwand und Nutzen für die Beschaffung dieser Mittel.[36] Eine aufgrund unverhältnismäßigen Aufwands praktisch nicht durchführbare Identifizierung ist nicht vernünftigerweise zu erwarten.[37] Außerdem sollten nur die Mittel in die Beurteilung einbezogen werden dürfen, die rechtmäßig erlangt werden können.[38] Denn soweit die Identifizierung einer Person gesetzlich verboten ist, kann darin kein Mittel gesehen werden, das vernünftigerweise eingesetzt werden kann.[39] Insoweit besteht eine normative Prägung des Wortes „vernünftigerweise".

---

relativen oder absoluten Ansatz auf die Auslegung der DSGVO *Spindler,* DB 2016, 937, 937.

33 Schlussanträge des Generalanwalts Manuel Campos Sánchez-Bordona vom 12. Mai 2016 in der Rechtssache C-582/14, Rn. 64 f.

34 *EuGH,* Urt. v. 19.10.2016, Rs. C-582/14, NJW 2016, 3579, 3581 m. Anm. *Mantz/Spittka* – Breyer.

35 *EuGH,* Urt. v. 19.10.2016, Rs. C-582/14, NJW 2016, 3579, 3581 m. Anm. *Mantz/Spittka* – Breyer.

36 *EuGH,* Urt. v. 19.10.2016, Rs. C-582/14, NJW 2016, 3579, 3581 m. Anm. *Mantz/Spittka* – Breyer; *Dammann,* in: Simitis, BDSG, § 3 Rn. 25.

37 *EuGH,* Urt. v. 19.10.2016, Rs. C-582/14, NJW 2016, 3579, 3581 – Breyer – m. Anm. *Mantz/Spittka; Schreiber,* in: Plath, BDSG/DSGVO, Art. 4 DSGVO Rn. 11.

38 Schlussanträge des Generalanwalts Manuel Campos Sánchez-Bordona vom 12. Mai 2016 in der Rechtssache C-582/14, Rn. 73; *Dammann,* in: Simitis, BDSG, § 3 Rn. 26; a.A. *AG Berlin-Mitte,* Urt. v. 27.3.2007 – 5 C 314/06, ZUM 2008, 83, 83.

39 *EuGH,* Urt. v. 19.10.2016, Rs. C-582/14, NJW 2016, 3579, 3581 – Breyer – m. Anm. *Mantz/Spittka; Meyerdierks,* MMR 2009, 8, 12.

Deshalb sollte Erwägungsgrund 26 RL 95/46/EG so verstanden werden, dass er nur die Mittel bestimmter Dritter erfasst und zwar derjenigen Dritten, an die sich die verarbeitende Stelle vernünftigerweise wenden könnte.[40] Erforderte die Informationsgewinnung bei dem Dritten faktisch einen sehr hohen wirtschaftlichen und personellen Aufwand oder war sie praktisch nicht durchführbar oder gar gesetzlich verboten, war das Zusatzwissen des Dritten für die verantwortliche Stelle nicht vernünftigerweise einsetzbar.[41] Diese Auslegung folgte dem relativen Ansatz.

bb) Konkretisierung der Sicht des EuGH am Beispiel dynamischer IP-Adressen

Wie sehr sich dieser relative Ansatz dem absoluten Ansatz annähert, hängt davon ab, wie weitgehend das Merkmal „vernünftigerweise" ausgelegt wird.[42]

Dies zeigt das vom *EuGH* entschiedene Beispiel der dynamischen IP-Adressen, die für einen Webseitenbetreiber bestimmbar sein sollen, wenn er deren Inhaber indirekt ermitteln kann, indem er sich insbesondere bei Cyberattacken an die Strafverfolgungsbehörden wendet, damit diese dann gegebenenfalls vom jeweiligen Internetzugangsanbieter die nötigen Auskünfte einholen können.[43] Hier wird vermutlich auf das Akteneinsichtsrecht des Verletzten gemäß § 406e Abs. 1 und 5 StPO angespielt, das ausgeübt werden kann, nachdem die Strafverfolgungsbehörden im Rahmen ihrer Ermittlungen die Auskünfte vom jeweiligen Access-Provider erhalten haben und das dem Webseitenbetreiber ermöglicht, an die für die Identitätsermittlung nötigen Informationen zu kommen.[44] Strafprozessuale Ermächtigungsgrundlagen für das Auskunftsersuchen durch die Strafverfolgungsbehörden können insbesondere § 100g StPO oder §§ 100j StPO i.V.m. 113 TKG sein.[45]

Ein unmittelbarer Auskunftsanspruch des Webseitenbetreibers gegen den Access-Provider des Nutzers besteht dagegen grundsätzlich nicht.[46] Zwar kann im Falle einer Urheberrechtsverletzung theoretisch auch einem Privaten ein Auskunftsanspruch

---

40 Schlussanträge des Generalanwalts Manuel Campos Sánchez-Bordona vom 12. Mai 2016 in der Rechtssache C-582/14, Rn. 67.

41 *EuGH*, Urt. v. 19.10.2016, Rs. C-582/14, NJW 2016, 3579, 3581 – Breyer – m. Anm. *Mantz/Spittka*; Schlussanträge des Generalanwalts Manuel Campos Sánchez-Bordona vom 12. Mai 2016 in der Rechtssache C-582/14, Rn. 68.

42 Vgl. hierzu *Keppeler*, CR 2016, 360, 362; *Moos/Rothkegel*, Anmerkung zu *EuGH*, Urt. v. 19.10.2016 – C-582/14 – Breyer, in: MMR 2016, 845, 845.

43 *EuGH*, Urt. v. 19.10.2016, Rs. C-582/14, NJW 2016, 3579, 3581 – Breyer – m. Anm. *Mantz/Spittka*.

44 *Moos/Rothkegel*, Anmerkung zu *EuGH*, Urt. v. 19.10.2016 – C-582/14 – Breyer, in: MMR 2016, 845, 846.

45 *BGH*, Beschl. v. 28.10.2014 – VI ZR 135/13, MMR 2015, 131, 133 m. Anm. *Bär*; *LG Berlin*, Urt. v. 31.1.2013 – 57 S 87/08, ZD 2013, 618, 623 f. m. Anm. *Mantz* und *Meyerdierks/Gendelev*; *Krüger/Maucher*, MMR 2011, 433, 436; s. auch *Meyerdierks*, MMR 2009, 8, 12.

46 *BGH*, Beschl. v. 28.10.2014 – VI ZR 135/13, MMR 2015, 131, 133 m. Anm. *Bär*; *Bär*, Anmerkung zu *BGH*, Beschl. v. 28.10.2014 – VI ZR 135/13, in: MMR 2015, 134, 135.

gemäß § 101 Abs. 2 S. 1 Nr. 3 UrhG zustehen.[47] Allerdings ist praktisch kaum vorstellbar, wie der Besucher einer Webseite durch die bloße Benutzung der Webseite Urheberrechte des Webseitenbetreibers verletzen soll.[48] Doch selbst der Umweg über die zuständigen Behörden steht nicht in jedem Falle offen, sondern wird eher Ausnahmefälle betreffen, in denen tatsächlich der Verdacht einer Straftat besteht. Bei der normalen alltäglichen und bestimmungsgemäßen Nutzung haben selbst die Strafverfolgungsbehörden keine besonderen Ermittlungsbefugnisse, sodass die für die Identifizierung nötigen Daten auch nicht mittelbar vom Internetzugangsanbieter erlangt werden können.

Lässt man schon das allgemeine Bestehen einer rechtlichen Möglichkeit zur Erlangung der nötigen Zusatzinformation von einem Dritten ausreichen, ohne dass es auf deren Bestand im konkreten Fall ankommt,[49] führt dies zu einer sehr weiten Auslegung, die sich dem absoluten Ansatz annähert. Dann wäre eine Identifizierbarkeit im Hinblick auf dynamische IP-Adressen nur zu verneinen, wenn es in keinem Fall irgendeine rechtliche Möglichkeit gäbe, die erforderlichen Informationen über den Nutzer der IP-Adresse von dessen Internetzugangsanbieter zu erlangen. Dies ist aber wegen der genannten Sonderfälle gerade nicht der Fall. Dem Urteil des *EuGH* lässt sich keine eindeutige Aussage entnehmen, welcher Interpretation er zuneigt. Letztlich lassen sich seine Ausführungen in beide Richtungen deuten.

Eine abstrakte rechtliche Möglichkeit sollte für die Bejahung der Identifizierbarkeit jedoch nicht ausreichen. Vielmehr ist zu fordern, dass diese vernünftigerweise ergriffen werden kann, sodass im konkreten Fall ein Auskunftsanspruch gegen den Dritten oder eine behördliche Ermittlungsbefugnis mit anschließendem Akteneinsichtsrecht bestehen müssen, welche ohne unverhältnismäßigen Aufwand durchgesetzt werden können. Für dynamische IP-Adressen im Speziellen und für sonstige Daten im Allgemeinen sollte somit von einem relativen Verständnis der Identifizierbarkeit ausgegangen werden, welches sich überdies am konkreten Fall orientiert.

Eine nur rein theoretische oder abstrakte Möglichkeit der Identifizierung ist nicht gleichzusetzen mit einer tatsächlichen Möglichkeit der Identifizierung und birgt keine vergleichbaren Risiken für die Rechte der Betroffenen.[50] Nur letztere besitzt ein Gefahrenpotenzial für konkrete Grundrechtsträger und bedarf des Schutzes durch das Datenschutzrecht, da nur sie zu einer Beeinträchtigung der informationellen Selbstbestimmung des Betroffenen beziehungsweise des Rechts auf Schutz personenbezogener Daten gemäß Art. 8 EU-GRCh führen kann.[51]

---

47 S. auch *Moos/Rothkegel*, Anmerkung zu *EuGH*, Urt. v. 19.10.2016 – C-582/14 – Breyer, in: MMR 2016, 845, 846.

48 *LG Berlin*, Urt. v. 31.1.2013 – 57 S 87/08, ZD 2013, 618, 624 m. Anm. *Mantz* und *Meyerdierks/Gendelev*; *Keppeler*, CR 2016, 360, 362.

49 S. hierzu *Kühling/Klar*, Anmerkung zu *EuGH*, Urt. v. 19.10.2016 – C-582/14 – Breyer, in: ZD 2017, 27, 28.

50 *LG Berlin*, Urt. v. 31.1.2013 – 57 S 87/08, ZD 2013, 618, 619 m. Anm. *Mantz* und *Meyerdierks/Gendelev*.

51 *Schreiber*, in: Plath, BDSG/DSGVO, Art. 4 DSGVO Rn. 10.

cc) Relevanz der Richtlinienmaßstäbe für die DSGVO

Die Relevanz der Auslegung der Bestimmbarkeit unter dem Regime der RL 95/46/EG für den aktuellen Begriff der Identifizierbarkeit in der DSGVO erschließt sich vor allem, wenn die einschlägigen Erwägungsgründe (jeweils Erwägungsgrund 26) von Datenschutz-RL und DSGVO verglichen werden. In der englischen Sprachfassung gibt es in der Formulierung des Grundprinzips der zu berücksichtigenden Mittel fast keinen Unterschied.[52] Die einzige Abweichung ist, dass es in der DSGVO nun nicht mehr „all the means likely reasonably to be used" heißt, sondern „all the means reasonably likely to be used". Dass mit diesem Positionstausch zweier Wörter inhaltliche Änderungen bezweckt wurden, ist nicht anzunehmen. In diesem Lichte sind deshalb auch die Unterschiede in der deutschen Sprachfassung zu sehen, die etwas deutlicher ausfallen. Spricht die Datenschutz-RL noch von der Berücksichtigung aller Mittel, die „vernünftigerweise" eingesetzt werden könnten, geht es in der DSGVO um alle Mittel, die „nach allgemeinem Ermessen wahrscheinlich" genutzt werden. Angesichts der Ähnlichkeit der englischen Sprachfassung sind diese Unterschiede wohl schlicht auf Eigenheiten bei der Übersetzung zurückzuführen, ohne dass inhaltliche Unterschiede entstehen sollten.[53] Insbesondere das „likely" der Richtlinie scheint bei deren Übersetzung verloren gegangen zu sein. In der Praxis wird deshalb auch unter der DSGVO an den bisher in der Rechtsprechung herausgearbeiteten Konkretisierungen dieser Kriterien festzuhalten sein, solange die zusätzlichen Erwägungen des Gemeinschaftsgesetzgebers in der DSGVO berücksichtigt werden.[54] Dies stützt aber letztlich nur das bisherige Verständnis, das eher auf einem relativen Ansatz aufbaut, da nun in Erwägungsgrund 26 DSGVO sogar explizit die Berücksichtigung von Kosten, Zeitaufwand und verfügbaren Technologien im Hinblick auf die Identifizierungsmittel vorgeschrieben wird.

f) Historische Auslegung anhand der Entwürfe der DSGVO

Für eine Orientierung am relativen Ansatz, wenn auch in etwas großzügigerer Auslegung, spricht zudem die Entstehungsgeschichte der DSGVO.

Im ersten Entwurf der Kommission aus dem Jahr 2012[55] gab es in Art. 4 Nr. 1 noch eine gesonderte Definition der betroffenen Person, auf welche die Definition der personenbezogenen Daten in Art. 4 Nr. 2 rekurrierte. Demzufolge kam es für die Bestimmbarkeit auf die Mittel an, die der für die Verarbeitung Verantwortliche oder „jede sonstige natürliche oder juristische Person" nach allgemeinem Ermessen aller Voraussicht nach einsetzen würde. Wurde dort also auf eine beliebige dritte Person abgestellt, konnte möglicherweise davon ausgegangen werden, dass bei jeder Information, die irgendjemand auf der Welt einer anderen Person zuordnen

52 *Krings/Marosi,* K&R 2016, 773, 776.
53 *Krings/Marosi,* K&R 2016, 773, 776.
54 So auch *Krings/Marosi,* K&R 2016, 773, 776.
55 Vorschlag der Europäischen Kommission vom 25.1.2012, KOM(2012) 11 endgültig; 2012/0011 (COD).

kann, die Identifizierbarkeit zu bejahen ist. Diese Wendung ist in den nachfolgenden Entwürfen des Parlaments und des Rates sowie im Trilog-Ergebnis jedoch nicht mehr in den Begriffsbestimmungen in Art. 4 der Verordnung zu finden. Sie wurde aber nicht gänzlich abgeschafft, sondern stattdessen in abgeschwächter Form („von [...] einer anderen Person") in die Erwägungsgründe (jeweils Erwägungsgrund 23) verschoben. In der in Kraft getretenen Version der DSGVO findet sich dieselbe Wendung – nach der Neunummerierung – in Erwägungsgrund 26.

Der europäische Gesetzgeber ging also durchweg davon aus, dass das Wissen anderer Personen und die diesen zur Verfügung stehenden Mittel im Rahmen der Feststellung der Identifizierbarkeit einer Person Beachtung finden müssen. Dies widerspricht jedoch keineswegs dem relativen Ansatz, der in gewissem Rahmen das Wissen Dritter einbezieht. Er trägt dem Wortlaut hinreichend Rechnung und auch das Schutzbedürfnis des Betroffenen erfordert nicht zwingend ein anderes Verständnis. Denn eine Information kann für einen Dritten, der über die nötigen Identifizierungsmöglichkeiten verfügt, selbst dann personenbezogen sein, wenn der Personenbezug im Hinblick auf einen anderen Verarbeiter abgelehnt wurde, da sich der relative Ansatz gerade durch diese differenzierte Beurteilung auszeichnet. Sobald aber jemand Daten verarbeitet, die sich auf eine für ihn identifizierbare Person beziehen, greift der Schutz des Datenschutzrechts ein, sodass der Betroffene durch den relativen Ansatz nicht schutzlos gestellt wird.

Nur bei einer sehr strengen Auslegung des Wortlauts, der nicht explizit eine bestimmte Verbindung zwischen dem Verantwortlichen und der anderen Person erfordert, müsste man die DSGVO in die Richtung eines absoluten Ansatzes zur Bestimmung der Identifizierbarkeit deuten.[56]

aa) Einstufung von Online-Kennungen in Erwägungsgrund 30 DSGVO

Außerdem ist in diesem Zusammenhang noch Erwägungsgrund 30 DSGVO zu betrachten, der in den vorigen Entwurfsstadien noch als Erwägungsgrund 24 deklariert war. Darin geht es um Online-Kennungen, die dem Nutzer bei der Inanspruchnahme von Online-Diensten zugewiesen werden, wie z. B. IP-Adressen oder Cookie-Kennungen. Diese haben für die Festlegung des Maßstabes nach absoluter oder relativer Sichtweise eine besondere Relevanz, weil es sich bei ihnen um häufige Streitfälle[57] handelt und beispielsweise IP-Adressen nur bestimmten verarbeitenden Stellen tatsächlich die Herstellung eines Personenbezugs ermöglichen. So kann

56 *Buchner,* DuD 2016, 155, 156.

57 *EuGH,* Urt. v. 19.10.2016 – Rs. C-582/14, NJW 2016, 3579 m. Anm. *Mantz/Spittka* – Breyer; *BGH,* Beschl. v. 28.10.2014 – VI ZR 135/13, GRUR 2015, 192; *LG Berlin,* Urt. v. 31.1.2013 – 57 S 87/08, ZD 2013, 618 m. Anm. *Mantz* und *Meyerdierks/Gendelev; LG Frankenthal,* Beschl. v. 21.5.2008 – 6 O 156/08, MMR 2008, 687 m. Anm. *Ernst/ Spoenle; LG Berlin,* Urt. v. 6.9.2007 – 23 S 3/07, MMR 2007, 799 m. Anm. *Köcher; AG München,* Urt. v. 30.9.2008 – 133 C 5677/08, ZUM-RD 2009, 413; *AG Berlin-Mitte,* Urt. v. 27.3.2007 – 5 C 314/06, ZUM 2008, 83.

der Internetzugangsanbieter des Nutzers anhand gespeicherter Verkehrsdaten ohne Weiteres eine Zuordnung zu bestimmten natürlichen Personen vornehmen, während dies außenstehenden Dritten gar nicht oder nur bei Vorliegen weiterer Informationen, wie z.B. Nutzerkennungen, personalisierter E-Mail-Adressen, Cookies oder sonstiger nutzerindividueller Daten möglich ist.[58]

In der aktuellen, in Kraft getretenen Version der DSGVO wird in Erwägungsgrund 30 nur noch darauf hingewiesen, dass diese Zuordnung von Kennungen zu bestimmten Nutzern Spuren hinterlassen kann, die insbesondere in Kombination mit eindeutigen Kennungen und anderen beim Server eingehenden Informationen dazu benutzt werden können, um Profile der natürlichen Personen zu erstellen und sie zu *identifizieren*. Daraus ergibt sich jedoch nicht, dass IP-Adressen stets als personenbezogen anzusehen sein sollen. Vielmehr wird nur darauf hingewiesen, dass es generell die Möglichkeit geben kann, mittels solcher Kennungen eine Person zu identifizieren, ohne dass diese Möglichkeit in jedem Fall gegeben sein müsste. Ein Personenbezug ist deshalb möglich, liegt aber nicht automatisch vor.[59] Das besondere Gefahrenpotenzial ergibt sich erst aus der angesprochenen Kombination mit eindeutigen Kennungen oder sonstigen Informationen. Dies ist jedoch unbestritten und wird auch von der relativen Ansicht berücksichtigt, die einen Personenbezug bejaht, wenn solche anderen Informationen vorliegen, die dem Verantwortlichen mit verhältnismäßigem Aufwand eine Identifizierung ermöglichen.

Gegen die absolute Sichtweise spricht somit, dass Erwägungsgrund 30 DSGVO IP-Adressen und Online-Kennungen nicht allgemein als personenbezogene Daten deklariert, obwohl sie bei der absoluten Betrachtung stets als solche eingestuft werden müssten. Unterzieht man außerdem die Entwicklung dieses Erwägungsgrundes einer genaueren Untersuchung, zeigt sich, dass vorher sogar deutlicher zum Ausdruck kam, dass die Nutzer von IP-Adressen nicht generell als identifizierbar eingestuft werden sollten, was insgesamt das relative Begriffsverständnis untermauert.

bb) Kommissions-Entwurf

Der frühere Erwägungsgrund 24 enthielt im Kommissions-Entwurf[60] noch den ausdrücklichen Zusatz, dass Kennnummern, Standortdaten, Online-Kennungen oder sonstige Elemente als solche nicht zwangsläufig und unter allen Umständen als personenbezogene Daten zu betrachten seien. Ursprünglich ging die Kommission also davon aus, dass solche Online-Kennungen nur in bestimmten Fällen als personenbezogene Daten einzustufen seien, was gegen ein absolutes Verständnis sprach, da fast immer jemand über das erforderliche Zusatzwissen verfügt, um

58 *LG Berlin,* Urt. v. 31.1.2013 – 57 S 87/08, ZD 2013, 618, 619 f. m. Anm. *Mantz* und *Meyerdierks/Gendelev; Mantz,* Anmerkung zu *LG Berlin,* Urt. v. 31.1.2013 – 57 S 87/08, in: ZD 2013, 625, 626.

59 *Ernst,* in: Paal/Pauly, DSGVO, Art. 4 Rn. 18.

60 Vorschlag der Europäischen Kommission vom 25.1.2012, KOM(2012) 11 endgültig; 2012/0011 (COD).

anhand der jeweiligen Kennung eine Identifizierung der zugehörigen natürlichen Person vornehmen zu können.

cc) Parlaments-Entwurf

Im Entwurf des Parlamentes[61] ist die Formulierung von Erwägungsgrund 24 dagegen etwas offener gestaltet gewesen. Demnach sollte die Verordnung auf eine Verarbeitung anwendbar sein, die solche Online-Kennungen umfasst, es sei denn, diese Kennungen beziehen sich nicht auf eine bestimmte oder bestimmbare natürliche Person. Wie das Europäische Parlament Online-Kennungen einstufen wollte, kann daraus kaum abgeleitet werden, da nur die Selbstverständlichkeit zum Ausdruck gebracht wurde, dass Datenverarbeitungen im Online-Bereich ebenfalls der Verordnung unterliegen sollen, wenn ein Personenbezug der betreffenden Online-Kennungen besteht. Eine leichte Tendenz lässt sich allenfalls dem formulierten Regel-Ausnahme-Verhältnis entnehmen. Der Regelfall ist laut Parlaments-Entwurf, dass Verarbeitungen mithilfe von Online-Kennungen der Verordnung unterliegen, sodass grundsätzlich von einem Personenbezug ausgegangen wird. Nur im Ausnahmefall („es sei denn“) ist ein solcher Personenbezug dagegen nicht vorhanden und die Verordnung deshalb nicht anwendbar. Insoweit zeigt aber allein schon die Aufnahme dieser Ausnahme, dass ein Personenbezug nicht immer gegeben sein muss, was eher die relative als die absolute Ansicht stützt.

dd) Rats-Entwurf

Ebenfalls offen formuliert ist der Entwurf des Rates[62], demzufolge solche Online-Kennungen oder sonstige Elemente gerade nicht als personenbezogene Daten betrachtet werden *sollten*, wenn mit ihnen keine Person bestimmt oder bestimmbar gemacht wird. Daraus lässt sich nicht direkt schließen, ob der Rat einen objektiven oder einen relativen Beurteilungsmaßstab festsetzen wollte, da gar nicht erläutert wird, wann durch eine Online-Kennung eine Person bestimmbar gemacht wird. Dass es sich bei Online-Kennungen nicht um personenbezogene Daten handeln sollte, solange sie keine Person bestimmbar machen, hat keinen eigenen Aussagegehalt, sondern gibt letztlich nur die Definition des personenbezogenen Datums wieder. Dennoch kann dem – ähnlich wie dem Parlaments-Entwurf – entnommen werden, dass der Rat nicht davon ausging, dass solche Kennungen stets personenbezogen sind, sonst hätte es der ausdrücklichen Ausführung dazu nicht bedurft. Dies

---

61 P7_TC1-COD(2012)0011 Standpunkt des Europäischen Parlaments festgelegt in erster Lesung am 12. März 2014 im Hinblick auf den Erlass der Verordnung (EU) Nr. .../2014 des Europäischen Parlaments und des Rates zum Schutz natürlicher Personen bei der Verarbeitung personenbezogener Daten und zum freien Datenverkehr (Datenschutz-Grundverordnung).

62 Interinstitutionelles Dossier des Rats der Europäischen Union vom 11. Juni 2015, 2012/0011 (COD), 9565/15.

wiederum kann als Indiz dafür gesehen werden, dass eher ein relativer Ansatz für die Bestimmung der Identifizierbarkeit zugrunde gelegt wurde.

ee) Bedeutung für finale Gesetzesfassung

Auffällig ist, dass diese expliziten Benennungen, wann Online-Kennungen keine personenbezogenen Daten darstellen sollen, in der finalen Version der DSGVO nicht mehr enthalten sind. Dies bedeutet aber nicht automatisch, dass damit erhebliche inhaltliche Änderungen intendiert waren. Dies könnte auch schlicht dem Zweck dienen, die DSGVO entwicklungsoffener zu gestalten und etwaigen Veränderungen durch Big Data oder die Verbreitung von IPv6-Adressen Rechnung zu tragen, die zur Folge haben könnten, dass solche Online-Kennungen tatsächlich viel häufiger eine Identifizierung ermöglichen, ohne dass Webseitenanbieter auf die Mitwirkung der Internetzugangsanbieter angewiesen sind.

Außerdem ist genauso wenig die Klarstellung enthalten, dass das Kriterium des Personenbezugs bei Online-Kennungen stets gegeben ist. Solange die Aussage von Erwägungsgrund 30 DSGVO aber darauf beschränkt ist, dass mittels solcher Online-Kennungen möglicherweise eine Person identifiziert werden kann, beschreibt dies nur eine Selbstverständlichkeit, die sich aus der Kombinationsmöglichkeit mit anderen Informationen ergibt. Dass damit ein absoluter Ansatz zur Bestimmung der Identifizierbarkeit heranzuziehen wäre, ergibt sich daraus gerade nicht.[63] Vielmehr scheint es auf eine einzelfallabhängige Beurteilung anzukommen, bei der die vorhandene Informationsbasis berücksichtigt werden muss.

g) Ergebnis

Ein eindeutiges Ergebnis über den Maßstab, der der Prüfung der Identifizierbarkeit zugrunde zu legen ist, lässt sich zwar auch der DSGVO nicht entnehmen. Dennoch sprechen die oben genannten Gründe für die Orientierung am relativen Begriffsverständnis.[64] Dabei muss berücksichtigt werden, dass das Datenschutzrecht in seinem Anwendungsbereich nicht schrankenlos ausufern sollte, um den Umgang mit Informationen nicht unverhältnismäßig einzuschränken. Nach dem absoluten Ansatz müsste man das Wissen der gesamten Menschheit zugrunde legen,[65] auch wenn die konkrete verarbeitende Stelle nicht einmal weiß, dass das zur Bestimmung der betroffenen Person erforderliche Wissen irgendwo auf der Welt vorhanden ist, oder es einen unverhältnismäßig großen Aufwand erfordert, sich dieses Zusatzwissen zu beschaffen. Dieser Ansatz macht das Datenschutzrecht uferlos und vor allem unpraktikabel, da man nur selten sicher sein kann, dass nicht irgendwer doch

---

63 *Schantz,* NJW 2016, 1841, 1843.

64 *Kühling/Klar,* Anmerkung zu *EuGH,* Urt. v. 19.10.2016 – C-582/14 – Breyer, in: ZD 2017, 27, 28; *Roßnagel/Kroschwald,* ZD 2014, 495, 496 f.; *Schantz,* NJW 2016, 1841, 1843; a.A. *Albrecht/Jotzo,* Das neue Datenschutzrecht der EU, Teil 3 Rn. 3.

65 *LG Berlin,* Urt. v. 31.1.2013 – 57 S 87/08, ZD 2013, 618, 619 m. Anm. *Mantz* und *Meyerdierks/Gendelev; Schantz,* NJW 2016, 1841, 1843.

Kenntnisse besitzt, die die Herstellung eines Personenbezugs ermöglichen, sodass im Zweifel jede Information als personenbezogen behandelt werden müsste. Der Betroffene ist zudem hinreichend geschützt, wenn nur diejenigen Stellen der DSGVO unterliegen, die nach allgemeinem Ermessen wahrscheinlich eine Identifizierung vornehmen werden.

3. *Auswirkungen der verschiedenen Begriffsverständnisse auf Personenbilder*

Nach dem absoluten Ansatz muss ein Personenbezug der aus Personenbildern zu entnehmenden Daten stets bejaht werden, da es immer irgendeine Person geben wird, die eine ihr bekannte Person auf einem Bild wiedererkennen kann.

Im Rahmen des relativen Begriffsverständnisses ist zu beachten, dass ein Großteil der Betrachter dem Bild nicht von selbst die Information entnehmen kann, um welches Individuum es sich handelt.[66] Eine solche Benennung einer abgebildeten Person ist dem Betrachter in der Regel nur innerhalb des Bekanntenkreises möglich. Entscheidend wäre dann wiederum, welche Mittel ihm zur Verfügung stehen, um über Freunde, Bekannte oder technische Mittel (Bildersuchen, Software zur Gesichtserkennung etc.) die Identität der abgebildeten Person ausfindig zu machen. Doch selbst eine Gesichtserkennung kann den Namen einer Person oder sonstige Kontaktdaten nur ermitteln, wenn es zum einen Referenzbilder gibt, auf denen dieselbe Person abgebildet ist, und zum anderen Verknüpfungen mit den nötigen Informationen bestehen. Dies verleitet dazu, eine Identifizierbarkeit bei Personenbildern nach dem relativen Ansatz häufig zu verneinen. Dies zeigt auch das von *Schnabel* vorgebrachte Beispiel eines ohne weitere Hinweise in der Wüste gefundenen Personenbildes, das nicht personenbezogen sein soll.[67]

a) Identifizierbarkeit ohne Namenszuordnung

Dabei darf jedoch nicht verkannt werden, dass zur Identifizierung gerade nicht die Kenntnis eines Namens zwingend ist, auch wenn der Name immer noch das primäre Identifizierungsmerkmal einer Person ist.[68] Entscheidend ist vielmehr, dass die abgebildete Person auf irgendeine Weise identifizierbar ist, sodass die aus der Abbildung sichtbaren Informationen über die sachlichen und/oder persönlichen Verhältnisse einer konkreten Person ihr individuell zugeordnet werden können.

Neben dem Namen sind weitere gängige Identifizierungsmerkmale Telefonnummer, Autokennzeichen, Reisepassnummer oder andere Merkmalskombinationen

---

66 *Gundermann/Probst,* in: Roßnagel, Handbuch Datenschutzrecht, Kap. 9.6. Rn. 45.

67 *Schnabel,* ZUM 2007, 657, 661.

68 *Schild,* in: BeckOK DSR, Art. 4 DS-GVO Rn. 17; *Artikel-29-Datenschutzgruppe,* WP 136, S. 16; vgl. auch *Dammann,* in: Simitis, BDSG, § 3 Rn. 73; a.A. zumindest im Hinblick auf isolierte IP-Adressen *Moos/Rothkegel,* Anmerkung zu *EuGH,* Urt. v. 19.10.2016 – C-582/14 – Breyer, in: MMR 2016, 845, 846.

wie beispielsweise Beruf, Anschrift und Geburtsdatum, soweit diese die genaue Identifizierung einer Person ermöglichen.[69] Bei reinen Foto- oder Videoaufnahmen von Personen wird es an solchen Angaben allerdings im Normalfall fehlen, was insbesondere dann gilt, wenn fremde Menschen aufgenommen werden.

b) Identifizieren als Wiedererkennen anhand des Aussehens

Da „identifizieren" jedoch nichts anderes als „genau wiedererkennen" bedeutet, ist zur Annahme der Identifizierbarkeit einer abgebildeten Person nur erforderlich, dass die Qualität der Abbildung so gut ist, dass die individuellen Merkmale der abgebildeten Person in einer Weise erkennbar sind, dass die betroffene Person anhand dieser Merkmale wiedererkannt werden kann. Denn eine Person wird durch ihr Aussehen mindestens genauso gut individualisiert wie durch Name, Anschrift oder Geburtsdatum. Zwar ist das Aussehen eines Menschen durchaus wandelbar, sodass eine spätere Wiedererkennung zum Beispiel durch eine veränderte Frisur, Alterung oder Gewichtszunahme/-verlust erschwert werden kann. Dies gilt aber in ähnlicher Weise für andere Individualisierungsmerkmale. So kann sich die Anschrift durch Umzug ändern oder der Name infolge von Heirat oder Scheidung. Allein aufgrund der potenziellen Unbeständigkeit des Identifizierungsmerkmals „Aussehen" kann die Identifizierbarkeit also nicht verneint werden. Das Aussehen weist insgesamt eine sehr hohe Individualität auf, sodass eine gute Lichtbildaufnahme zunächst eine deutlich zuverlässigere Wiedererkennungsmöglichkeit der abgebildeten Person bietet als ein Name, da gerade Allerweltsnamen wie Müller, Meier oder Schmitt eine hinreichende Konkretisierung einer einzelnen Person kaum möglich machen.

Sofern es zum Teil erhebliche Ähnlichkeiten zwischen zwei oder mehreren Personen gibt, gilt nichts anderes, da sich auch andere Identifizierungsmerkmale ähneln oder gar identisch sein können, sodass eine genaue Identifizierung nur unter Zuhilfenahme weiterer Merkmale möglich ist. Insofern ist gerade das Gesicht einer Person das primäre Merkmal, welches eine Identifizierbarkeit konstituiert.[70] Deshalb ist es konsequent, selbst bei (polizeilichen) Übersichtsaufnahmen einer Menschenmenge davon auszugehen, dass eine Identifizierbarkeit von Einzelpersonen gegeben ist, sofern sie auf den Aufnahmen durch einfache Fokussierung individualisiert angezeigt werden können.[71] Letztlich wird es aber auf die Qualität der Aufnahme im Einzelfall ankommen, da eine Fokussierung nur bei entsprechender Pixeldichte dazu führen kann, dass Gesichtszüge besser erkennbar werden.

---

69 *Schild,* in: BeckOK DSR, Art. 4 DS-GVO Rn. 17; *Buchner,* in: Taeger/Gabel, BDSG, § 3 Rn. 11.

70 *VG Schwerin,* Beschl. v. 18.6.2015 – 6 B 1637/15 SN, ZD 2015, 448, 449; so wohl auch *Balzer/Nugel,* NJW 2014, 1622, 1626.

71 *BVerfG,* Beschl. v. 17.2.2009 – 1 BvR 2492/08, NVwZ 2009, 441, 446.

c) Gesichtszüge als Hauptidentifizierungsmerkmal

Bei den äußerlich sichtbaren individuellen Merkmalen der abgebildeten Person, insbesondere bei ihren Gesichtszügen, handelt es sich um physische Merkmale im Sinne des Art. 4 Nr. 1 DSGVO, die die Identität des Einzelnen ausmachen. Gesichtszüge sind sogar potenziell biometrische Merkmale, die mit den entsprechenden technischen Hilfsmitteln in biometrische Daten umgewandelt werden können, um eine besonders sichere Wiedererkennung zu ermöglichen. Ausreichend ist aber schon, dass der Betroffene durch einen Vergleich der Merkmale ermittelt werden kann, ohne dass die tatsächliche Durchführung eines solchen Vergleichs mit einem bestimmten Grad an Wahrscheinlichkeit zu erwarten sein muss.[72]

Diese Erwägungen gelten unabhängig davon, ob die abgebildete Person bekannt oder gar vollkommen fremd ist. Das Wissen, dass es um die konkrete Person geht, die exakt so aussieht wie die abgebildete Person, muss also schon ausreichen, um ohne weiteres Zusatzwissen das Vorliegen einer identifizierten oder identifizierbaren Person zu bejahen. Anhand des Aussehens lässt sich die Person wiedererkennen und von anderen unterscheiden.[73] Deshalb können Gesichtsbilder als personenbezogene Daten eingeordnet werden.[74]

Dies deckt sich auch mit der Ansicht der Art.-29-Datenschutzgruppe, die ausführt, dass die für eine Bestimmbarkeit erforderliche Identifizierung gewöhnlich anhand bestimmter als „Kennzeichen" bezeichneter spezifischer Informationen erfolgt, zu denen unter anderem äußere Erscheinungsmerkmale einer Person wie Körpergröße, Körperhaltung, Haarfarbe, Kleidung oder mitgeführte Gegenstände gehören.[75] Darüber hinaus deklariert sie digitale Bilder, auf denen ein klar sichtbares Gesicht abgebildet ist, sogar ausdrücklich als personenbezogene Daten.[76]

d) Bedeutung des Identifizierungsmerkmals „Aussehen" für relativen Ansatz

Kann somit das individuelle Erscheinungsbild einer Person als solches als identifizierendes Kennzeichen angesehen werden, führt dies innerhalb des relativen Ansatzes zu einer massiven Ausweitung des Vorliegens einer Identifizierbarkeit. Insofern kann bei Bildaufnahmen von Personen, die hinreichend erkennbar abgebildet sind, nämlich davon ausgegangen werden, dass prinzipiell jeder in der Lage

---

72 *Dammann,* in: Simitis, BDSG, § 3 Rn. 73.

73 Deshalb sogar Bestimmtheit bejahend *Starnecker/Wessels,* Anmerkung zu *VG Göttingen,* Beschl. v. 12.10.2016 – 1 B 171/16, in: ZD 2017, 46, 46.

74 *OVG Lüneburg,* Urt. v. 29.9.2014 – 11 LC 114/13, NJW 2015, 502, 503; *Bergmann/Möhrle/Herb,* BDSG § 3 Rn. 22; *Dammann,* in: Simitis, BDSG, § 3 Rn. 66; *Lachenmann/Schwiering,* NZV 2014, 291, 292; *Renner,* Anmerkung zu *BAG,* Urt. v. 11.12.2014 – 8 AZR 1010/13, in: ZUM 2015, 608, 609; *Schwenke,* K&R 2013, 685, 689.

75 *Artikel-29-Datenschutzgruppe,* WP 136, S. 14 f.; so auch *VG Schwerin,* Beschl. v. 18.6.2015 – 6 B 1637/15 SN, ZD 2015, 448, 449; *VG Ansbach,* Urt. v. 12.8.2014 – 4 K 13.01634, ZD 2014, 590, 591 m. Anm. *Schröder.*

76 *Art.-29-Datenschutzgruppe,* WP 192, S. 4.

ist, eine bestimmte Person anhand einer solchen Abbildung wiederzuerkennen, sofern er nicht an Prosopagnosie (Gesichtsblindheit) leidet.[77] Über die Abbildung hinausgehendes Sonderwissen ist gerade nicht erforderlich, da eine Zuordnung zu einem Namen nicht unverzichtbar ist. Selbst von Gesichtsblindheit Betroffene können mühelos eine andere Person hinzuziehen, die ihnen bei der Identifizierung behilflich ist.

Allerdings ist zuzugeben, dass es im konkreten Fall sehr schwierig sein kann, eine auf einem Foto abgebildete Person tatsächlich zuverlässig wiederzuerkennen. Studien belegen, dass die Fehlerrate bei der Identifizierung von Bildern auf verschiedenen Fotos bei untrainierten Personen selbst unter optimalen Bedingungen bei ca. 20–30% liegt.[78] Geht es um die Wiedererkennung von Personen auf Fotos, die unter besonders ungünstigen Bedingungen aufgenommen wurden, ist ein Erfolg zum Teil sogar nur noch bloßer Zufall.[79] Forensische Experten für Gesichtserkennung weisen dagegen durchweg deutlich bessere Erfolgsquoten auf.[80] Erschwert ist die Wiedererkennung auch im Hinblick auf die Unterschiede zwischen den verschiedenen Bevölkerungsgruppen. So lässt sich beispielsweise verallgemeinernd festhalten, dass es Europäern häufig schwerer fällt, Asiaten voneinander zu unterscheiden als andere Europäer. Damit ist jedoch nicht gesagt, dass eine solche Identifizierung selbst bei gehöriger Anstrengung völlig ausgeschlossen wäre, sodass im Zweifel die Identifizierbarkeit zu bejahen ist. Eine gewisse Fehleranfälligkeit besteht bei einer Identifizierung fast immer. Auch andere Merkmale einer Person können verwechselt oder falsch zugeordnet werden.

Eine andere Beurteilung ist jedoch geboten, wenn die individuellen Züge des Abgebildeten verdeckt, nur teilweise abgebildet, unscharf oder in anderer Weise unkenntlich gemacht sind, sodass eine Identifizierung praktisch ausgeschlossen ist. Trägt jemand beispielsweise eine Maske, ein Kostüm oder ist so stark geschminkt, dass die ursprünglichen Gesichtszüge dadurch erheblich verändert werden, kann dies eine spätere Identifizierung leicht verhindern. Ein Personenbezug ist dann abzulehnen. Das ist unbedenklich, da das Recht auf Schutz personenbezogener Daten gemäß Art. 8 EU-GRCh insoweit keiner Gefährdung unterliegt. Denn wenn man anhand einer Abbildung gar nicht identifiziert werden kann, können Dritte daraus auch keinerlei Informationen über die Persönlichkeit des Abgebildeten entnehmen.

Die Verneinung des Personenbezugs gilt jedoch nur, sofern sich nicht aus dem sonstigen Kontext der Abbildung Rückschlüsse auf die Identität der abgebildeten Person ziehen lassen, die eine Zuordnung der aus dem Bild erkennbaren Informationen zu dieser Person ermöglichen. Dies soll anhand eines Beispiels illustriert werden: Ist auf einem Foto ein Clown auf einer Wiese abgebildet und liegen keine

---

77 S. auch *Gundermann/Probst*, in: Roßnagel, Handbuch Datenschutzrecht, Kap. 9.6 Rn. 45.

78 *White/Phillips/Hahn/Hill/O'Toole*, Proc. R. Soc. B 282: 20151292, p. 1.

79 *White/Phillips/Hahn/Hill/O'Toole*, Proc. R. Soc. B 282: 20151292, p. 1.

80 *White/Phillips/Hahn/Hill/O'Toole*, Proc. R. Soc. B 282: 20151292, p. 3.

weiteren Informationen vor, fehlt es an einem Personenbezug. Weiß man jedoch zusätzlich, dass der abgebildete Clown für den Zirkus arbeitet, der gerade in Münster verweilt oder ist er gar namentlich benannt, ist eine hinreichende Identifizierung möglich, sodass der Personenbezug zu bejahen wäre.

e) Schwächen des Identifizierungsmerkmals Aussehen

Allerdings weisen Personenbilder im Vergleich zu Angaben wie Name oder Geburtsdatum einer Person Nachteile auf, sofern eine automatisiert erfolgende Auswertung in Datenbanken mithilfe von Datenverarbeitungsanlagen gewünscht ist, da die gängigen Funktionen dort (noch) vorrangig auf eine Verarbeitung von textlich niedergelegten Informationen ausgerichtet sind (z. B. Sortierung oder Suche). Dies ändert sich jedoch zunehmend durch die Weiterentwicklung und Verbesserung von Gesichtserkennungssoftware und sonstigen Fotoanalyseprogrammen.[81] Sobald diese richtig ausgereift und vor allem auch auf dem Markt für Privatpersonen verbreitet sind, können aus den Bildern Merkmale von Personen in einer Weise ausgewertet werden, die eine automatisierte Datenverarbeitung und Datenanalyse möglich macht. In der Ermittlungspraxis der Sicherheitsbehörden ist dies schon lange der Fall, wenn Bilder von Überwachungskameras oder Phantombilder durch einen Computer mit den Bildern aus der Verbrecherkartei verglichen werden, um Übereinstimmungen zu entdecken und dadurch die abgebildete Person zu identifizieren. Außerdem sind „smarte Kameras" auf dem Vormarsch, die nicht nur Gesichter erkennen, sondern unter anderem auch Bewegungsmuster von Personen im Überwachungsbereich erstellen können.[82]

f) Ausdrückliche Regelung von Gesichtsbildern in Art. 4 Nr. 14 DSGVO

Für die Bejahung einer Identifizierbarkeit auch völlig fremder Personen allein anhand ihres Aussehens spricht zudem Art. 4 Nr. 14 DSGVO, welcher den Begriff der biometrischen Daten definiert und als Beispiele Gesichtsbilder oder daktyloskopische Daten benennt. Schon aus dieser Definition ergibt sich, dass Gesichtsbilder personenbezogene Daten darstellen können, da es sich bei biometrischen Daten um mit speziellen technischen Verfahren gewonnene personenbezogene Daten zu den physischen, physiologischen oder verhaltenstypischen Merkmalen einer natürlichen Person handelt, die die eindeutige Identifizierung dieser natürlichen Person ermöglichen oder bestätigen.

Relativiert wird diese Einordnung jedoch durch Erwägungsgrund 51 DSGVO. Dieser erläutert, dass die Verarbeitung von Lichtbildern nicht grundsätzlich als Verarbeitung besonderer Kategorien von personenbezogenen Daten angesehen werden

---

81 Vgl. *Golla/Herbort,* GRUR 2015, 647, 649.

82 *Hornung/Desoi,* K&R 2011, 153, 154; *Wrede,* ZD 2012, 321, 322.

sollte, für die erhöhte Zulässigkeitsvoraussetzungen gelten.[83] Als Begründung wird angeführt, dass Lichtbilder nur dann tatsächlich biometrische Daten darstellen, wenn sie mit speziellen technischen Mitteln verarbeitet werden, die die eindeutige Identifizierung oder Authentifizierung einer natürlichen Person ermöglichen.[84]

Daraus kann jedoch nicht abgeleitet werden, dass Personenbilder bei hinreichender Detailgenauigkeit und Positionierung der Person nicht stets personenbezogene Daten enthalten. Vielmehr lässt sich daraus entnehmen, dass der Unionsgesetzgeber Lichtbilder durchaus als personenbezogene Daten ansieht. Nur die Qualifikation als biometrische Daten und damit als besondere Kategorie personenbezogener Daten und das daraus folgende deutlich erhöhte Schutzniveau möchte er Lichtbildern nicht generell angedeihen lassen.

g) *Schutzbedürftigkeit von Bildern von Fremden*

Dass die Einordnung von Bilddaten einer fremden, namentlich nicht bekannten Person als personenbezogene Daten dem Schutzzweck des Datenschutzrechts entspricht, lässt sich anhand des Beispiels einer polizeilichen Fahndung veranschaulichen. Sucht die Polizei mithilfe eines Lichtbildes nach einem bisher (namentlich) unbekannten Täter oder Tatverdächtigen und veröffentlicht dieses Bild, um aus der Bevölkerung Hinweise auf den Namen oder Aufenthaltsort zu erlangen, weiß jeder, der dieses Bild noch vor Augen hat und dem Täter tatsächlich über den Weg läuft, dass die betreffende Person der Begehung einer Straftat verdächtigt wird. Für den Gesuchten bringt also allein schon die Verknüpfung seines Abbildes mit dem Verdacht einer Straftat eine erhebliche soziale Stigmatisierung mit sich, die durch die Kenntnis seines Namens allenfalls vertieft würde, ohne aber generell von ihr abhängig zu sein. Das Recht auf informationelle Selbstbestimmung, nach dem grundsätzlich jeder selbst das Recht haben soll, über Verwendung und Preisgabe seiner persönlichen Daten zu bestimmen,[85] ist dabei erheblich berührt. Selbiges gilt für das Recht auf Achtung des Privatlebens gemäß Art. 7 EU-GRCh und das Recht auf den Schutz personenbezogener Daten gemäß Art. 8 EU-GRCh, welche im Rahmen der DSGVO als Teil des Gemeinschaftsrechts relevant sind.

Auch außerhalb des polizeilichen Wirkungskreises zeigt jedoch der Fortschritt im Bereich der Gesichtserkennungstechnologien, wie wichtig der Schutz des äußeren Erscheinungsbildes einer Person selbst dann ist, wenn die abgebildeten Personen fremd sind. So wurde die aus Russland stammende Software „FindFace“, die Gesichter auf Fotos analysiert und mit allgemein zugänglichen Fotos aus einem russischen sozialen Netzwerk abgleicht, zum Teil missbraucht, um Darsteller in Pornofilmen zu

---

83 *Ernst,* in: Paal/Pauly, DSGVO, Art. 4 Rn. 103; *Albrecht/Jotzo,* Das neue Datenschutzrecht der EU, Teil 3 Rn. 57.

84 So auch *Schild,* in: BeckOK DSR, Art. 4 DS-GVO Rn. 141; *Schreiber,* in: Plath, BDSG/DSGVO, Art. 4 DSGVO Rn. 52.

85 *BVerfG,* Urt. v. 15.12.1983 – 1 BvR 209/83, NJW 1984, 419, 422 – Volkszählungsurteil.

identifizieren und die entsprechenden Ergebnisse an deren Kontakte zu schicken.[86] Auch wenn es insofern um Informationen aus dem beruflichen Kontext der Personen geht, ist angesichts der Eigenart der Tätigkeit ein gesteigertes Interesse der Darsteller an der Wahrung ihrer Privatsphäre und ihrer Anonymität anzuerkennen, sodass das Recht auf Schutz personenbezogener Daten ein besonderes Gewicht erlangt. Schutzbedürftig ist in diesem Spezialfall, in dem die Abbildungen bereits öffentlich zugänglich waren, vor allem das Interesse der Pornodarsteller, nicht ohne Weiteres mit ihrem bürgerlichen Namen oder anderen Identifizierungsmerkmalen in Verbindung gebracht zu werden. Gesichtserkennungstechnologien schaffen insoweit ein erhebliches neues Gefahrenpotenzial. Unabhängig von der Fremdheit einer hinreichend deutlich abgebildeten Person ist deshalb bei Personenbildern stets von einer Identifizierbarkeit auszugehen, die es rechtfertigt, sie dem Datenschutzrecht zu unterstellen.

h) Ergebnis

Auch im Bereich der Bildaufnahmen kommt man zu angemessenen Ergebnissen, wenn man dem relativen Ansatz folgt. Eine Abbildung, auf der die individuellen Gesichtszüge oder sonstigen körperlichen Merkmale einer Person hinreichend deutlich abgebildet sind, um eine Wiedererkennung der abgebildeten Person allein anhand des Fotos zu ermöglichen, ist als personenbezogenes Datum anzusehen, selbst wenn eine namentliche Zuordnung nicht möglich ist.[87] Selbiges gilt, wenn sich die Identifizierbarkeit erst aus einer Kombination von Einzelfotos ergibt, die eine Person beispielsweise aus verschiedenen Perspektiven abbilden.[88] Eine Identifizierbarkeit ist dagegen zu verneinen, sofern die aufgenommene Person nicht hinreichend deutlich abgebildet ist, um allein anhand des Bildes wiedererkannt zu werden. Die Gründe dafür können vielfältig sein, man denke nur an schlechte Bildqualität, ungünstige Lichtverhältnisse, Rücken- oder Seitansicht des Betroffenen, keine vollständige Abbildung des Betroffenen oder Aufenthalt des Betroffenen im Hintergrund des Bildes. Insoweit kommen die absolute und die relative Ansicht zu identischen Ergebnissen.

Ein Unterschied kann allerdings bestehen, wenn sich in dem zuletzt beschriebenen Fall einer für eine Identifizierung unzureichenden Abbildung aus dem Bild dennoch relevante Informationen über sachliche oder persönliche Verhältnisse des Betroffenen ergeben und (nur) die jeweilige verarbeitende Stelle über das nötige

86 *Voigt*, K&R 2016, 456, 458; https://www.wbs-law.de/it-recht/pornodarsteller-identifiziert-gesichtserkennungs-app-findface-missbraucht-67361/.

87 So wohl *VG Schwerin*, Beschl. v. 18.6.2015 – 6 B 1637/15 SN, ZD 2015, 448, 449; *Börner*, K&R 2015, Heft 6, Beihefter 2, 2, 4; *Lorenz*, ZD 2012, 367, 368; *Schönewald*, ZUM 2013, 862, 868 f.; *Schwenke*, K&R 2013, 685, 689; offen gelassen von *BGH*, Urt. v. 9.2.2010 – VI ZR 243/08, NJW 2010, 2432, 2437 – Sedlmayr-Mord II; a.A. *Klar*, MMR 2012, 788, 792.

88 *Ernst*, in: Paal/Pauly, DSGVO, Art. 4 Rn. 12.

Zusatzwissen zur Identifizierung der abgebildeten Person verfügt oder sich dieses mit verhältnismäßigem Aufwand von dritter Seite beschaffen kann. Dies kann z. B. der Fall sein, wenn sie selbst das Foto gemacht hat und die abgebildete Person kennt oder sie die Bilder von einem Dritten erhalten hat, der dazu entsprechende Zusatzinformationen mitgeliefert hat. Auch aus sonstigen Umständen wie der Kleidung des Abgebildeten oder Ort und Zeit der Aufnahme kann man gegebenenfalls die Identität einer undeutlich abgebildeten Person ermitteln. Die absolute Ansicht würde eine Identifizierbarkeit in dieser Konstellation stets bejahen, sofern überhaupt jemand über dieses Zusatzwissen verfügt, während es nach der relativen Ansicht darauf ankommt, ob das Zusatzwissen nach allgemeinem Ermessen wahrscheinlich zur Identifizierung genutzt werden kann und wird. Für andere Stellen, die das Foto erhalten, ohne zugleich die nötigen Zusatzinformationen zu bekommen, und es dann verarbeiten, wäre ein Personenbezug nach der relativen Ansicht zu verneinen. Aus den oben genannten Gründen sollte hier jedoch am relativen Maßstab festgehalten werden.

Im Ergebnis führt dieser relative Ansatz zur Bestimmung des Personenbezugs eines Datums zwar dazu, dass eine mitunter schwierige Einzelfallbetrachtung unverzichtbar ist. Dieses Problem stellt sich jedoch gerade im Datenschutzrecht, wo die Zulässigkeit einer Datenverarbeitung häufig letztentscheidend von einer Interessenabwägung abhängt, immer wieder. Bilder, die Personen hinreichend deutlich abbilden, sind jedoch auch nach dem relativen Ansatz stets personenbezogene Daten und damit im erforderlichen Maße geschützt.

II. Gesichtsbilder als besondere Kategorie personenbezogener Daten i.S.d. Art. 9 DSGVO

Fraglich ist zudem, ob Personenbilder neben dem normalen Schutz personenbezogener Daten noch dem gesteigerten Schutz der besonderen Kategorien personenbezogener Daten unterliegen, was den Umgang mit ihnen erheblich erschweren würde. Eine Verarbeitung dieser Daten ist gemäß Art. 9 Abs. 1 DSGVO generell untersagt. Nur in den in Art. 9 Abs. 2 DSGVO benannten Fällen gilt dieses Verbot nicht. Zu den besonderen Kategorien personenbezogener Daten zählen unter anderem solche, aus denen die rassische und ethnische Herkunft, die religiöse oder weltanschauliche Überzeugungen hervorgehen, sowie Gesundheitsdaten oder Daten zum Sexualleben oder der sexuellen Orientierung.

1. Erkennbarkeit besonders schützenswerter Informationen in Personenbildern

Personenbildern wohnt je nach Aufnahmekontext generell das Potenzial inne, Informationen über diese besonders geschützten Kategorien preiszugeben. So lässt sich beispielsweise aus der Hautfarbe zumindest in Ansätzen auf eine bestimmte Herkunft schließen oder es kann unter Umständen aus körperlichen Besonderheiten ein Rückschluss auf bestimmte Krankheiten gezogen werden. Zu berücksichtigen ist jedoch, dass diese Möglichkeiten sehr vage sind und große Unsicherheiten mit sich bringen, da solche Schlüsse sich häufig als Fehlschlüsse erweisen können. Meistens lassen sich aus Bildern nur Indizien für bestimmte Annahmen ableiten, die noch einer Verifizierung bedürfen.

Darüber hinaus ist es angesichts des hohen Schutzstandards der besonderen Kategorien personenbezogener Daten nicht geboten, eine entsprechende Einstufung vorschnell vorzunehmen. Auch aus dem Namen einer Person (ggf. in Kombination mit ihrem Wohn- oder Geburtsort) können manchmal gewisse Rückschlüsse auf die rassische oder ethnische Herkunft gezogen werden,[89] ohne dass es sich dabei direkt um eine besondere Kategorie personenbezogener Daten handelt. Sachgerecht erscheint es deshalb, Personenbilder erst dann entsprechend zu qualifizieren, wenn sie tatsächlich genutzt werden, um diese besonders schützenswerten Daten aus ihnen zu gewinnen und diese gezielt als solche verarbeitet werden.[90] Ebenso kann in objektivierter Form an die subjektive Zwecksetzung der Verarbeitung angeknüpft werden,[91] sodass es darauf ankommt, ob die Verarbeitung sich gerade auf die Informationen beziehen soll, die zu den besonderen Kategorien personenbezogener Daten gehören.

2. *Gesichtsbilder als biometrische Daten*

Dies gilt insbesondere auch im Hinblick auf die Möglichkeit der Qualifizierung von Gesichtsbildern als biometrische Daten.

Bisher fehlte es an einer Legaldefinition, sodass biometrische Daten beschrieben wurden als „biologische Eigenschaften, physiologische Merkmale, Gesichtszüge oder reproduzierbare Handlungen [...], wobei diese Merkmale und/oder Handlungen für die betreffende Person spezifisch und messbar sind, auch wenn die in der Praxis angewandten Modelle für ihre technische Messung in gewissem Umfang auf Wahrscheinlichkeiten beruhen."[92] Beispielhaft genannt werden können Fingerabdrücke, Augennetzhaut, Gesichtsform, Stimme, Handgeometrie, Venenstruktur oder aber spezielle Fähigkeiten oder sonstige Verhaltensmerkmale.[93]

Die DSGVO enthält mittlerweile eine eigene Definition der biometrischen Daten, welche sich in Art. 4 Nr. 14 DSGVO findet. Damit Daten demnach als biometrisch qualifiziert werden können, müssen besondere Voraussetzungen erfüllt werden, da sich biometrische Daten gerade dadurch auszeichnen sollen, dass sie unter Anwendung spezieller technischer Verfahren entstehen, welche eine eindeutige Identifizierung einer natürlichen Person ermöglichen oder bestätigen. Im Rahmen der Gesichtserkennung geschieht dies beispielsweise durch Erstellung eines

89 *Frenzel,* in: Paal/Pauly, DSGVO, Art. 9 Rn. 8.
90 S. auch *Art.-29-Datenschutzgruppe,* WP 192, S. 5; *Voigt,* K&R 2016, 456, 461.
91 *Frenzel,* in: Paal/Pauly, DSGVO, Art. 9 Rn. 9.
92 *Artikel-29-Datenschutzgruppe,* WP 136, S. 9.
93 *Artikel-29-Datenschutzgruppe,* WP 136, S. 9.

sogenannten Templates.[94] Insoweit wird also spezifisch auf die Notwendigkeit des Einsatzes technischer Verfahren abgestellt, die erst die besondere Schutzbedürftigkeit begründen.

Für die Gesichtserkennung sind komplexe technische Abläufe erforderlich, in denen Gesichter lokalisiert und der jeweilige Bereich zum Ausgleich von Korrekturen genormt werden, um daraufhin automatisiert bestimmte Merkmale zu extrahieren, was durch die Isolierung und Bestimmung unverwechselbarer und wiederholbarer Messwerte geschieht.[95] Hierfür gibt es unterschiedliche Methoden, wobei eine davon darin besteht, Abstände bestimmter Gesichtsteile zueinander, insbesondere Nase, Augen und Mund, zu messen und als Datensatz zu speichern.[96] Aus den Rohdaten des bloßen Gesichtsbildes werden somit Merkmale extrahiert, die in besonderer Form zusammengefasst und als Template gespeichert werden.[97] Dieser Datensatz kann dann mit anderen Templates verglichen werden, um Übereinstimmungen aufzudecken und damit Gesichter wiederzuerkennen. Es liegt nicht nur ein einfaches Abbild des Gesichtes einer Person vor, sondern eine besondere Art der Auswertung, bei der Daten entstehen, die maschinenlesbar sind und dadurch vielfältige weitere Nutzungsmöglichkeiten erschließen.[98]

Die Daten, die mittels Gesichtserkennungssoftware aus einem Personenbild gewonnen werden, stellen deshalb biometrische Daten im Sinne von Art. 4 Nr. 14 DSGVO dar, für einfache digitale Aufnahmen gilt dies jedoch nicht.[99] Hierbei handelt es sich nur um personenbezogene Daten im Sinne von Art. 4 Nr. 1 DSGVO. Der gesteigerte Schutz für die besonderen Kategorien personenbezogener Daten ist folglich nicht bei jeder Verarbeitung von Gesichtsbildern einschlägig.[100] Die Anwendung einer automatischen Gesichtserkennung unterliegt dagegen stets diesen besonderen Anforderungen.[101]

III. Anwendbarkeit des Datenschutzrechts auf Privatpersonen und nicht-öffentliche Stellen

Sofern das Vorliegen personenbezogener Daten zu bejahen ist, ist zu klären, ob Nutzer von Bildaufnahmegeräten auch die sonstigen Voraussetzungen des Datenschutzrechts erfüllen.

---

94 *Voigt,* K&R 2016, 456, 457

95 *Art.-29-Datenschutzgruppe,* WP 192, S. 2.

96 *Art.-29-Datenschutzgruppe,* WP 192, S. 2; *Voigt,* K&R 2016, 456, 457.

97 *Art.-29-Datenschutzgruppe,* WP 193, S. 4.

98 *Art.-29-Datenschutzgruppe,* WP 193, S. 4

99 *Ernst,* in: Paal/Pauly, DSGVO, Art. 4 Rn. 103; *Plath,* in: Plath, BDSG/DSGVO, Art. 9 DSGVO Rn. 8; *Albrecht/Jotzo,* Das neue Datenschutzrecht der EU, Teil 3 Rn. 57; *Voigt,* K&R 2016, 456, 461.

100 *Ernst,* in: Paal/Pauly, DSGVO, Art. 4 Rn. 103.

101 *Ernst,* in: Paal/Pauly, DSGVO, Art. 4 Rn. 103; *Plath,* in: Plath, BDSG/DSGVO, Art. 9 DSGVO Rn. 8.

Gemäß Art. 2 Abs. 1 DSGVO gilt die Verordnung für die ganz oder teilweise automatisierte Verarbeitung personenbezogener Daten sowie für die nichtautomatisierte Verarbeitung personenbezogener Daten, die in einem Dateisystem gespeichert sind oder gespeichert werden sollen. Im Gegensatz zum BDSG a.F. differenziert die DSGVO nicht mehr zwischen öffentlichen und nicht-öffentlichen Stellen, sondern erfasst sämtliche Datenverarbeitungen unabhängig von einer Einstufung des Datenverarbeiters als (nicht-)öffentlich.[102] Die vormalige Unterscheidung kann jedoch unter Umständen wieder relevant werden, wenn der nationale Gesetzgeber von seiner Regelungsbefugnis nach Art. 6 Abs. 2 und 3 DSGVO Gebrauch macht und damit zahlreichen bestehenden Regelungen für öffentliche Stellen neue Geltung verschafft.[103] Privatpersonen und sonstige nicht-öffentliche Stellen können deshalb dem Grunde nach durchaus von der DSGVO erfasst sein, sofern sie ihre Bildaufnahmegeräte einsetzen.

IV. Automatisierte Datenverarbeitung oder Daten aus Dateien

Klärungsbedürftig ist jedoch, inwiefern der Umgang mit Personenbildern eine ganz oder teilweise automatisierte Verarbeitung personenbezogener Daten darstellt, die für die Eröffnung des sachlichen Anwendungsbereichs gemäß Art. 2 Abs. 1 DSGVO erforderlich ist. Alternativ reicht ebenso eine nichtautomatisierte Verarbeitung personenbezogener Daten aus, sofern diese Daten in einem Dateisystem gespeichert sind oder gespeichert werden sollen. Für Daten, die nichtautomatisiert verarbeitet und außerhalb eines Dateisystems verwendet werden, hat der Gesetzgeber kein erhöhtes Schutzbedürfnis gesehen, sodass die DSGVO dafür gerade nicht gilt. Eine ähnliche Regelung fand sich zuvor schon in § 1 Abs. 2 Nr. 3 BDSG a.F. für nicht-öffentliche Stellen, sodass auf dessen Auslegung zum Teil zurückgegriffen werden kann.[104] Aus Erwägungsgrund 15 DSGVO ergibt sich zudem noch, dass Akten oder Aktensammlungen sowie ihre Deckblätter, die nicht nach bestimmten Kriterien geordnet sind, nicht in den Anwendungsbereich der DSGVO fallen sollen. Fraglich ist, wann dies bei Ansammlungen von Personenabbildungen der Fall ist.

Auch dieses Merkmal bedarf einer umfassenden Erläuterung, um die im vierten Kapitel erfolgende Abgrenzung der Tatbestände von KUG und DSGVO vorzubereiten, da das KUG die Verbreitung und öffentliche Zurschaustellung von Bildnissen regelt, ohne irgendeine Automatisierung des Vorgangs vorauszusetzen.

102 *Schaller,* in: Roßnagel, Europäische DS-GVO, § 4 Rn. 1.

103 *Benecke/Wagner,* DVBl 2016, 600, 601; *Roßnagel/Kroschwald,* ZD 2014, 495, 496.

104 *Plath,* in: Plath, BDSG/DSGVO, Art. 2 DSGVO Rn. 5; vgl. *Schild,* in: BeckOK DSR, Art. 4 DS-GVO Rn. 82.

1. *Ganz oder teilweise automatisierte Verarbeitung*

Automatisiert läuft eine Datenverarbeitung ab, soweit sie unter Einsatz von Datenverarbeitungsanlagen erfolgt (vgl. § 3 Abs. 2 S. 1 BDSG a.F.).[105] Dazu müssen gesteuerte Verfahren selbsttätig ablaufen, die eine programmgesteuerte Zugänglichmachung und Auswertung des Datenbestandes ermöglichen.[106] Typischerweise handelt es sich dabei in der heutigen Zeit um computergestützte Verarbeitungen.[107] Die automatisierte Datenverarbeitung ist der Gegenbegriff zur manuellen Datenverarbeitung.

a) Fähigkeit der Anlage zur Differenzierung nach Informationsgehalt

Als eine solche Datenverarbeitungsanlage soll jede Vorrichtung anzusehen sein, die in einem automatisierten Prozess Daten verwendet, wozu insbesondere alle Arten von Computern zählen.[108] Entscheidend ist, dass sich die Vorrichtung zum automatischen Datenumgang eignet, wobei zum Teil gefordert wird, dass sich der automatische Prozess gerade auf den personenbezogenen Gehalt der Daten bezieht.[109] Der Einsatz der Vorrichtung muss den jeweiligen Datenverarbeitungsvorgang so automatisieren, dass die Zugänglichkeit zur Datensammlung und die Auswertung der Daten erleichtert wird.[110] Dies wiederum setzt voraus, dass auf der jeweiligen Anlage ein Programm abläuft, das in der Lage ist, die erfassten personenbezogenen Daten im Hinblick auf ihren Informationsgehalt zu unterscheiden und ihnen auch eine entsprechende unterschiedliche Behandlung zukommen zu lassen.[111] Denn die besondere Regelung der automatisierten Verarbeitung beruht auf dem Gedanken, dass ihr eigentliches Ziel die Auswertung von Datensammlungen ist.[112] Trotzdem tauchen in der Praxis häufig Konstellationen auf, in denen die Einordnung bestimmter Prozesse im Umgang mit Daten nicht eindeutig ist.

Insbesondere bei Abbildungen von Personen kann dies zweifelhaft sein, da diese zwar personenbezogene Daten enthalten, sofern die jeweilige Person erkennbar ist. Dennoch bedarf es besonderer Programme, um den speziellen personenbezogenen

---

105 *Schild,* in: BeckOK DSR, Art. 4 DS-GVO Rn. 34; *Duhr/Naujok/Peter/Seiffert,* DuD 2002, 5, 9.

106 *Ernst,* in: Paal/Pauly, DSGVO, Art. 2 Rn. 6.

107 *Plath,* in: Plath, BDSG/DSGVO, Art. 2 DSGVO Rn. 5.

108 *Plath,* in: Plath, BDSG/DSGVO, § 1 BDSG Rn. 27.

109 *Dammann,* in: Simitis, BDSG, § 1 Rn. 140; *Klann,* DAR 2013, 188, 189.

110 *Gola/Klug/Körffer,* in: *Gola/Schomerus,* BDSG, § 3 Rn. 15a; *Ernst,* in: Paal/Pauly, DSGVO, Art. 2 Rn. 6; *Plath/Schreiber,* in: Plath, BDSG/DSGVO, § 3 BDSG Rn. 24; *Dammann,* in: Simitis, BDSG, § 3 Rn. 79.

111 *VG Ansbach,* Urt. v. 12.8.2014 – 4 K 13.01634, ZD 2014, 590, 591 m. Anm. *Schröder; VG Osnabrück,* Urt. v. 1.6.2005 – 6 A 17/04, BeckRS 2006, 21198; *Schaffland/Wiltfang,* BDSG, § 1 Rn. 11a; *Dammann,* in: Simitis, BDSG, § 3 Rn. 79; *Klann,* DAR 2013, 188, 189.

112 *Bergmann/Möhrle/Herb,* BDSG, § 3 Rn. 47.

Informationsgehalt aus einem Bild zu extrahieren. An dieser Stelle geht es um eine weitere entscheidende Weichenstellung im Hinblick auf die datenschutzrechtliche Beurteilung von Personenbildern, weil der Anwendungsbereich der DSGVO ohne eine automatisierte Verarbeitung beziehungsweise eine nichtautomatisierte Verarbeitung mit Bezug zu einem Dateisystem nicht eröffnet ist, sodass ein Konflikt mit dem KUG von vornherein ausgeschlossen wäre. Zum Teil wird pauschal davon ausgegangen, dass eine Unterscheidbarkeit der Daten nach ihrem Informationsgehalt und ein entsprechender Programmablauf bei digitalisierten Bildaufzeichnungen gegeben ist.[113]

b) Informationstechnische Infrastruktur und digitale Technik als DV-Anlagen

Vereinzelt wird auch weniger restriktiv vertreten, dass für eine automatisierte Verarbeitung schon eine informationstechnische Infrastruktur ausreicht, mittels derer bestimmte Aufgaben unter Verwendung personenbezogener Daten bearbeitet werden, wozu dann auch Videokameras oder Kopierer zählen sollen.[114] Dem wird aber häufig entgegen gehalten, dass beispielsweise Fotokopierer in der Regel nicht als Datenverarbeitungsanlagen anzusehen seien, weil diese nur bestimmte Bilder duplizieren, ohne dass eine Unterscheidung nach dem Datengehalt stattfindet.[115]

Die deutschen Aufsichtsbehörden hingegen gehen ebenfalls – wenn auch ohne nähere Begründung – davon aus, dass eine Videoüberwachung, die sich digitaler Technik bedient, stets als automatisierte Verarbeitung anzusehen ist.[116] Insofern wäre nach diesen weiten Ansichten jede digitale Aufnahme einer erkennbaren Person eine automatisierte Verarbeitung im Sinne von Art. 2 Abs. 1 DSGVO.

c) Spezialgesetzliche Regelung der automatisierten Verarbeitung

In eine ähnliche Richtung wie diese weiten Ansichten deutet die Feststellung, dass das Einscannen von Personalausweisen und die Speicherung der entsprechenden Dateien auf einem Computer zwecks etwaiger späterer Verwendung eine automatisierte Speicherung darstellen sollen.[117] Dies wird in diesem Spezialfall untermauert durch die Gesetzesbegründung zu § 20 Abs. 2 PAuswG, in welcher das Scannen, Fotografieren und Ablichten der Daten explizit als Formen des automatisierten Abrufs qualifiziert werden.[118] Da beim Einscannen aber letztlich kein anderer Effekt

---

113 *Bieresborn,* in: von Wulffen/Schütze, SGB X, § 67 Rn. 19; im Umkehrschluss wohl auch *Lachenmann/Schwiering,* NZV 2014, 291, 292; vgl. *Schwenke,* K&R 2013, 685, 689.

114 *Schild,* in: BeckOK DSR, Art. 4 DS-GVO Rn. 34; *Ernst,* in: Paal/Pauly, DSGVO, Art. 2 Rn. 5.

115 *Schaffland/Wiltfang,* BDSG, § 3 Rn. 96; *Dammann,* in: Simitis, BDSG, § 3 Rn. 79.

116 Orientierungshilfe „Videoüberwachung durch nicht-öffentliche Stellen" des Düsseldorfer Kreises vom 19.02.2014, Version 1.1., S. 10; a.A. *Klar,* MMR 2012, 788, 791.

117 *VG Hannover,* Urt. v. 28.11.2013 – 10 A 5342/11, ZD 2014, 266, 267.

118 BT-Drs. 16/10489, S. 42; *VG Hannover,* Urt. v. 28.11.2013 – 10 A 5342/11, ZD 2014, 266, 267.

erzielt wird als beim Kopieren, führt dieses noch nicht zu einer besonderen automatischen Auswertbarkeit der auf den Personalausweisen festgehaltenen Daten. Dies gilt in gleichem Maße für das Foto wie für die in Textform niedergelegten Daten zu Name, Anschrift, Geburtsort etc. Deshalb müsste nach der strengeren Ansicht eine automatisierte Verarbeitung hier ausscheiden.

In Anbetracht des Zwecks der Voraussetzung einer automatisierten Verarbeitung, nur solche Datenverarbeitungen zu erfassen, mit denen ein gesteigertes Risiko für die informationelle Selbstbestimmung der Betroffenen einhergeht, wäre es folgerichtig, Kopierer und ähnlich funktionierende Geräte nicht als Mittel einer automatisierten Verarbeitung anzusehen. Dem widerspricht jedoch diese spezialgesetzliche Einordnung, die eine entsprechende einschränkende Voraussetzung gerade nicht vorsieht. Allerdings kann eine solche nationale Regelung kaum zur Auslegung der DSGVO herangezogen werden, da diese als Teil des Unionsrecht einer autonomen Auslegung unterliegt, die nicht durch nationale Vorschriften beeinflusst werden kann.[119] Es bleibt also offen, ob eine automatisierte Verarbeitung von Daten bereits ausreicht oder ob gerade die personenbezogenen Daten von der Automatisierung erfasst sein müssen.

d) Automatisierte Verarbeitung bei digitalen Bildverarbeitungssystemen

Diese unterschiedlichen Anforderungen an eine automatisierte Verarbeitung können gerade im Umgang mit Bildern zu unterschiedlichen Ergebnissen führen. Zu den Datenverarbeitungsanlagen im Sinne der Definition der automatisierten Verarbeitung zählen jedenfalls digitale Bildverarbeitungssysteme, in denen eine Verknüpfung der Bilder mit personenbezogenen Daten stattfindet.[120] Bei der schlichten, undifferenzierten Verarbeitung von Bildern beziehungsweise Bilddateien soll dagegen nach der strengeren Ansicht noch keine automatisierte Verarbeitung vorliegen.[121] Dafür müsste die Anlage die Bilder zusätzlich programmgesteuert nach ihren personenbezogenen Inhalten behandeln und unterscheiden können, wie z. B. bei Zuordnung einer abgebildeten Person zu einer bestimmten Person anhand eines bestimmten Musters.[122] Dies wird nicht erfüllt von „dummer" Videoüberwachung, während eine intelligente Videoüberwachung mittels „Thinking Cameras", die bestimmte Personen anhand gespeicherter biometrischer Datensätze erkennen können, den Anforderungen gerecht wird.[123] Solche Smart Cameras, die einzelne Personen anhand bestimmter Merkmale oder Verhaltensweisen erkennen und bei

119 *Ziegenhorn/von Heckel,* NVwZ 2016, 1585, 1586.

120 *Plath/Schreiber,* in: Plath, BDSG/DSGVO, § 3 Rn. 24; *Dammann,* in: Simitis, BDSG, § 3 Rn. 79; *Buchner,* in: Taeger/Gabel, BDSG, § 3 Rn. 22.

121 *VG Schwerin,* Beschl. v. 18.6.2015 – 6 B 1637/15 SN, ZD 2015, 448, 449; *Roßnagel,* in: Roßnagel, Europäische DS-GVO, § 2 Rn. 31; *Caspar,* DÖV 2009, 965, 966.

122 *Dammann,* in: Simitis, BDSG, § 3 Rn. 79; *Allendorf,* SVR 2015, 171, 172.

123 *VG Osnabrück,* Urt. v. 1.6.2005 – 6 A 17/04, BeckRS 2006, 21198; *Dammann,* in: Simitis, BDSG, § 3 Rn. 79; *Gola/Klug,* RDV 2004, 65, 68.

entsprechender Vernetzung verfolgen können oder die bei bestimmten Handlungen automatisch Warnmeldungen generieren, finden zunehmend Verbreitung.[124]

aa) Automatisierte Verarbeitung bei Gesichtserkennung

Werden Bilder mit einer Gesichtserkennungsfunktion bearbeitet, liegt darin nach allen Ansichten eine automatisierte Verarbeitung, weil es dabei gerade darum geht, mithilfe von Datenverarbeitungsanlagen die Bilder nach ihrem personenbezogenen Gehalt automatisiert auszuwerten, zugänglich zu machen und zusätzliche Informationen aus den Gesichtern zu gewinnen.[125] Eine solche Gesichtserkennungsfunktion, die in der Lage ist, den Abgebildeten ihre Namen zuzuordnen oder die biometrischen Daten aus dem Bild in einem Template zu speichern, auf das man isoliert zugreifen könnte, ist zwar oft noch nicht vorhanden. Allerdings befinden sich Anwendungen („Apps") mit entsprechenden Funktionen für Handys und andere Aufnahmegeräte auf dem Vormarsch.[126] So enthält beispielsweise die Fotos-App im Apple-Betriebssystem für Mobilgeräte „iOS 10" standardmäßig eine Gesichtserkennung, die die Gesichter sämtlicher Fotos – nach Aussagen des Herstellers – lokal auf dem Gerät auswertet.[127] Selbst wenn dadurch noch kein Abgleich der Bilder mit anderen Datenquellen stattfindet, werden sie dennoch auch auf ihren personenbezogenen Gehalt hin ausgewertet, sodass jedes Bild automatisiert verarbeitet wird.

Die Erstellung eines Templates ist Voraussetzung, um Bilder von Personen gezielt auswerten und beispielsweise über Suchfunktionen zugänglich machen zu können. Im Übrigen ist es für die Einstufung als Datenverarbeitungsanlage auch nach der strengeren Ansicht schon ausreichend, wenn keine vollumfängliche Gesichtserkennung möglich ist, sondern die Geräte nur über weniger perfektionierte Funktionen verfügen, die eine automatisierte Auswertung von fotografischen Abbildungen von Personen zumindest nach bestimmten Einzelmerkmalen ermöglichen (z.B. durch Analyse von Haarfarbe, Hautfarbe, Geschlecht o.ä.).

bb) Verfügbarkeit externer Datenverarbeitungsanlagen

Schwieriger zu beurteilen sind die Fälle, in denen das Aufnahmegerät als solches nicht ohne zusätzliche Hilfsmittel zur Gesichtserkennung in der Lage ist, es jedoch andere Mittel gibt, um ausgehend von dem Aufnahmegerät eine Gesichtserkennung zu ermöglichen. So ist es vielfach möglich, dass die mit dem jeweiligen Gerät erstellten Aufnahmen bei Bestehen einer Internetverbindung automatisch auf einen (Cloud-)Server hochgeladen werden und dort eine programmgesteuerte Auswertung der Bilder erfolgt. Fraglich ist, ob in solchen Fällen der extern ablaufende Prozess der

---

124 *Hornung/Desoi,* K&R 2011, 153, 154.

125 S. auch *Ernst,* in: Paal/Pauly, DSGVO, Art. 2 Rn. 6; *Art.-29-Datenschutzgruppe,* WP 192, S. 5.

126 *Koch,* ITRB 2011, 158, 159.

127 http://www.heise.de/mac-and-i/meldung/WWDC-2016-iOS-10-mit-Gesichtserkennung-und-umfassenderen-Siri-Funktionen-3237171.html.

Gesichtserkennung noch dem Gerätenutzer zugerechnet werden kann, sodass bei ihm eine automatisierte Verarbeitung vorliegt, die für ihn den Anwendungsbereich der DSGVO eröffnen kann.

(1) Beispiel Facebook Moments und Google Fotos

Auf dem Angebot einer externen Gesichtserkennung beruht beispielsweise das Konzept, das Facebook mit seiner App „Moments" verfolgt, welche bisher aber aufgrund datenschutzrechtlicher Bedenken in Europa nicht zur Verfügung steht. Bei diesem Dienst werden die von den Nutzern hochgeladenen Bilder nicht nur nach Standort und Aufnahmezeitpunkt sortiert, um alle Fotos eines bestimmten Events möglichst leicht mit allen Teilnehmern teilen zu können, sondern es wird auch eine automatische Gesichtserkennung eingesetzt, die die Gesichter mit den Profilen der Facebook-Nutzer abgleicht.[128]

Ein ähnliches Prinzip findet sich bei Googles Cloud-Fotodienst „Google Fotos". Neben zahlreichen Features zur Bearbeitung und Sortierung von Fotos – unter anderem anhand von Orts-Metadaten – bietet dieser ebenfalls eine Gesichtserkennung an.[129] In Deutschland ist die Gesichtserkennung bisher grundsätzlich nicht freigeschaltet. Allerdings lässt sich dies leicht umgehen, indem der erste Start von Google Fotos mithilfe eines VPN-Tunnels unter Verwendung einer US-amerikanischen IP-Adresse erfolgt und die Funktion anschließend aktiviert wird.[130] Darüber hinaus können Bildinhalte automatisch analysiert und mit Schlagworten (Tags) versehen werden, die beschreiben, was auf den jeweiligen Bildern zu sehen ist, sodass die Fotos einer textbasierten Inhaltssuche zugänglich werden.[131]

Diese Beispiele zeigen, dass es mittlerweile keiner besonderen Anstrengungen mehr bedarf, um digitale Personenbilder einer umfangreichen automatisierten Auswertung zuzuführen, bei der nach dem personenbezogenen Gehalt der Bilder unterschieden wird.

(2) Unterschiedliche Funktionsweisen

Die Einzelheiten des Ablaufs einer Gesichtserkennung mithilfe von Drittanbietern variieren dabei. Teilweise können schon auf dem Gerät selbst mittels einer speziellen Software die biometrischen Merkmale eines Gesichts erfasst und ein entsprechendes Template erstellt werden, während der Abgleich mit anderen Bildern anhand dieses Templates entweder ebenfalls nur lokal auf dem Gerät oder aber erst auf einem

---

128 http://www.spiegel.de/netzwelt/web/foto-app-facebook-moments-kommt-vorerst-nicht-nach-europa-a-1039636.html; http://www.zeit.de/digital/datenschutz/2015-06/facebook-moments-gesichterkennung.

129 *Bager*, c't 2015, Heft 14, S. 30.

130 http://www.netzwelt.de/news/153015-google-fotos-gesichtserkennung-ios-android-deutschland-freischalten.html.

131 *Bager*, c't 2015, Heft 14, S. 30; http://www.welt.de/wirtschaft/webwelt/article142640024/So-raffiniert-ist-Googles-neuer-Foto-Dienst.html.

externen Server vorgenommen wird. In den meisten Fällen erfolgt jedoch auch die Erstellung des Templates erst auf dem Server und nicht schon auf dem Aufnahmegerät.

Ob die entsprechenden Funktionen bereits von vornherein in die Software des Geräts integriert sind oder erst durch das Installieren zusätzlicher Anwendungen verfügbar gemacht werden, kann keinen Unterschied machen, da Ausgangspunkt eines solchen Verfahrens zur Gesichtserkennung in beiden Fällen ein Programmablauf auf dem mobilen Aufnahmegerät ist. Festzuhalten ist, dass der Kreis der Möglichkeiten zur Auswertung von Gesichtern unabhängig von der konkreten Verfahrensweise erheblich ausgeweitet wird, wenn anhand der individuellen Gesichtsmerkmale Templates angefertigt werden, mittels derer ein computergestützter automatischer Abgleich mit anderen Gesichtern erfolgen kann. Deshalb sollte ausgehend von dem Gefahrenpotenzial für die Rechte der Betroffenen das Gesamtsystem einer einheitlichen Betrachtung unterzogen und in diesem Rahmen eine automatisierte Verarbeitung in jedem Fall bejaht werden, ohne dass es darauf kommt, wo genau die eigentliche Bildanalyse stattfindet.

Dies gilt erst recht, wenn die biometrischen Merkmale eines Gesichts bereits durch die auf einem Aufnahmegerät installierte Software lokal ausgewertet und zu einem Template zusammengefasst werden, da es hier gerade um die Verarbeitung personenbezogener Merkmale geht. Insbesondere finden die entscheidenden Auswertungs- und Analyseprozesse zur Feststellung der personenbezogenen Merkmale wie individuelle Position, Abstand und Lage von Augen, Mund und Nase zueinander in dieser Konstellation nur auf dem Aufnahmegerät und damit im Herrschaftsbereich des Gerätenutzers statt.

(3) Automatisierte Verarbeitung bei Nutzung fremder DV-Anlagen

Erfolgen sämtliche Auswertungsprozesse jedoch erst auf externen Servern, die häufig nicht einmal im Gebiet der EU stehen, kann letztlich nichts anderes gelten. Entscheidend muss vielmehr sein, dass auch in diesem Fall Datenverarbeitungsanlagen eingesetzt werden, die zumindest aus dem Geltungsbereich der DSGVO angesteuert werden. Hat der Nutzer des Aufnahmegeräts eine entsprechende Anwendung installiert oder ein werkseitig vorhandenes Programm in den Geräteeinstellungen aktiviert oder zumindest nicht deaktiviert, sodass die Gesichtserkennungsfunktion über externe Server erfolgt und dort die erforderlichen Prozesse zur Erstellung eines Templates ablaufen, ist er an der Entscheidung über die Mittel der Verarbeitung beteiligt und initiiert den Verarbeitungsvorgang. Der Einsatz der externen Datenverarbeitungsanlage ist ihm dann zumindest im Hinblick auf das Kriterium der automatisierten Verarbeitung zuzurechnen. Obwohl diese nicht unmittelbar in seinem Herrschaftsbereich abläuft, erfolgt die originäre Dateneingabe aus seinem Herrschaftsbereich heraus, sodass ohne die Entscheidung des Nutzers die Datenverarbeitungsanlage „externer Server mit Gesichtserkennungsprogramm" nicht zum Einsatz kommen könnte.

Schließlich muss die DSGVO aus teleologischen Gesichtspunkten in solchen Fällen Anwendung finden, weil das Recht auf informationelle Selbstbestimmung durch eine automatisierte Datenverarbeitung generell schon in besonderem Maße gefährdet ist und sich diese Gefährdung noch verstärkt, wenn Datenverarbeitungsanlagen eingesetzt werden, die nicht dem Herrschaftsbereich der verarbeitenden Stelle unterfallen und daher von ihr nicht lückenlos kontrolliert werden können.

(4) Ergebnis

Insgesamt ist daher bei digitalen Bildern stets von einer automatisierten Verarbeitung auszugehen, wenn diese in irgendeiner Form einer automatischen Gesichtserkennung unterzogen werden.

cc) Automatisierte Verarbeitung ohne Gesichtserkennungsprogramme

Unter Verzicht auf die einschränkende Voraussetzung der Auswertungsfähigkeit nach personenbezogenen Merkmalen werden zum Teil ohne jegliche Differenzierung Smartphones mit Ton- und Bildaufnahmefunktion als Datenverarbeitungsanlagen eingestuft.[132] Dies hat zur Konsequenz, dass alle angefertigten Bilder automatisiert verarbeitet werden. Für ein solch weites Begriffsverständnis spricht sich auch der *EuGH* aus, der eine Überwachung mittels einer Videoaufzeichnung von Personen auf einer Festplatte als kontinuierlicher Speichereinrichtung als automatisierte Verarbeitung im Sinne des Art. 3 Abs. 1 RL 95/46/EG einstuft.[133] Diese Norm ist mit der aktuellen Vorschrift des Art. 2 Abs. 1 DSGVO identisch, sodass der Gemeinschaftsgesetzgeber insofern keine Veränderung der Rechtslage herbeiführen wollte und die gleichen Maßstäbe wie bisher angewandt werden können.

Eine spezielle Möglichkeit der Differenzierung und Auswertung nach personenbezogenen Merkmalen verlangt der *EuGH* nicht, zumal es in dem zugrundeliegenden Verfahren auch nur um eine simple Videokamera ging, die den Hauseingang des Verwenders und einen Teil des öffentlichen Straßenraums filmte.[134] Damit folgt der *EuGH* zudem der Ansicht seines Generalanwalts in dem betreffenden Verfahren, der die digitale Aufzeichnung von Bilddaten im Rahmen einer Videoüberwachung als automatisierte Datenverarbeitung qualifiziert.[135] Demnach setzt eine automatisierte Verarbeitung beim Einsatz digitaler Aufzeichnungsgeräte gerade nicht voraus, dass diese über spezielle Auswertungsfunktionen verfügen.[136]

---

132 *Weichert,* in: Däubler/Klebe/Wedde/Weichert, BDSG, § 3 Rn. 25.

133 *EuGH,* Urt. v. 11.12.2014 – Rs. C-212/13, NJW 2015, 463, 464 – Ryneš – m. Anm. *Klar.*

134 *EuGH,* Urt. v. 11.12.2014 – Rs. C-212/13, NJW 2015, 463, 463 – Ryneš – m. Anm. *Klar.*

135 Schlussanträge des Generalanwalts Niilo Jääskinen vom 10.7.2014 in der Rechtssache C-212/13 – Ryneš, Rn. 31, BeckRS 2014, 81189.

136 Siehe auch 25. Tätigkeitsbericht Datenschutz 2014/2015 HmbBfDI, S. 208.

e) Stellungnahme

Es ist also unklar, ob Personenbilder nur dann in den Anwendungsbereich der DSGVO fallen können, wenn eine automatisierte Auswertung nach dem personenbezogenen Gehalt möglich ist, oder ob es ausreicht, wenn die Bilddatei als solche mithilfe von Datenverarbeitungsanlagen verarbeitet wird. Das letztgenannte weite Begriffsverständnis ist im Ergebnis sowohl aufgrund des Wortlauts der Norm als auch aufgrund der Historie und des Telos vorzugswürdig, obwohl die Systematik ein anderes Verständnis zuließe.

aa) Systematik

Der Gesetzgeber hat sich durch die Ausgestaltung von Art. 2 Abs. 1 DSGVO dazu entschlossen, nicht sämtliche Datenverarbeitungen dem Datenschutzrecht zu unterwerfen. So zeigt insbesondere der Fall des nichtautomatisierten Umgangs mit in einem Dateisystem gespeicherten Daten, dass es sich hierbei um Konstellationen handelt, in denen für das Recht auf Schutz personenbezogener Daten ein erhöhtes Gefahrenpotenzial besteht. Denn dort sind der Zugang zu den Daten und ihre Auswertung in systematischer Weise möglich, sodass aus den Daten ein deutlich größerer Nutzen für die jeweilige verarbeitende Stelle gezogen werden kann. Dieser Gedanke ist letztlich auch hinter der Einbeziehung jeglicher Datenverarbeitungsvorgänge zu vermuten, die automatisiert erfolgen. Diese sind aus datenschutzrechtlicher Sicht besonders risikoträchtig, weil sie den Zugang zu den Daten erheblich erleichtern sowie ihre weitere Verarbeitung und Auswertung nicht nur beschleunigen, sondern dafür Möglichkeiten eröffnen, die bei manueller Verarbeitung kaum vorstellbar wären. Aus systematischer Sicht könnte deshalb der engere Ansatz eine Stütze finden.

bb) Wortlaut und Gesetzesbegründung

Dennoch gibt der Wortlaut von Art. 2 Abs. 1 DSGVO nicht vor, dass die Automatisierung der Datenverarbeitung so ausgestaltet sein müsste, dass die verarbeiteten Daten nach ihrem personenbezogenen Informationsgehalt differenziert oder ausgewertet werden können. Aus den Erwägungsgründen ergibt sich nichts anderes. Selbst ein Rückgriff auf die Gesetzesbegründung zu den äquivalenten nationalen Vorgängernormen des § 1 Abs. 2 Nr. 3 BDSG a.F. beziehungsweise des § 3 Abs. 2 S. 1 BDSG a.F. erlaubt keine weiteren Aufschlüsse, da dort fast ausschließlich die nicht-automatisierte Datei erläutert wird.[137] Anhaltspunkte für besondere Anforderungen an die Fähigkeiten der Datenverarbeitungsanlagen, die eine automatisierte Verarbeitung ausmachten, finden sich darin nicht.

Ganz im Gegenteil ließ sich sogar in der Begründung zu § 6b BDSG a.F. die pauschale Feststellung finden, dass beim Einsatz von digitaler Kameratechnik in der Regel eine Datenerhebung unter Einsatz von oder für Datenverarbeitungsanlagen

---

137 BT-Drs. 14/4329, S. 32.

vorliegt.[138] Zwar kann die nationale Gesetzesbegründung nicht unmittelbar auf die Auslegung eines Begriffes aus der DSGVO übertragen werden. Dennoch bestehen keine Anhaltspunkte dafür, dass der Gemeinschaftsgesetzgeber Abweichungen vom äquivalenten Begriff in der RL 95/46/EG intendierte, an dem sich auch der deutsche Gesetzgeber orientiert hat. Deshalb ist davon auszugehen, dass die Aufnahme von Personenbildern mittels digitaler Aufnahmegeräte auch dann eine automatisierte Datenverarbeitung beziehungsweise eine Verarbeitung von Daten unter Einsatz von Datenverarbeitungsanlagen darstellt, wenn diese nicht über besondere Funktionen verfügen, die eine Auswertung der Bilder nach personenbezogenen Merkmalen ermöglichen.

cc) Telos der Norm

Bei genauerer Betrachtung ist diese Einschätzung schließlich noch unter teleologischen Gesichtspunkten gerechtfertigt. Bei personenbezogenen Daten, die in bildlicher Form festgehalten sind, besteht im Vergleich zu Daten, die in Form von Buchstaben, Zahlen und sonstigen Zeichen Ausdruck finden, die Besonderheit, dass ihre Auswertung durch herkömmliche Datenverarbeitungsanlagen (insbesondere Computer) nur eingeschränkt möglich ist. So sind beispielsweise Suchen und Sortierungen nach bestimmten Merkmalen der abgebildeten Personen deutlich aufwändiger als bei Datensätzen, die aus Text bestehen. Dennoch ist gerade vor dem Hintergrund der Gefahren und Risiken für die in Bildern enthaltenen Daten der Fortschritt der technischen Entwicklung zu berücksichtigen.

Bei Bildern, die mithilfe einer Digitalkamera oder eines Smartphones gemacht werden, bestehen solche fortgeschrittenen Auswertungsmöglichkeiten zumindest noch nicht standardmäßig. Es ist aber sehr einfach möglich, die Bilder schon auf dem Handy selbst zu bearbeiten, sie an Dritte zu verschicken oder im Internet zu veröffentlichen. Dies sind Prozesse, bei denen es an einer programmgesteuerten automatischen Auswertung oder Verarbeitung im Hinblick auf den personenbezogenen Gehalt fehlt, da sie nur die Bilddatei als solche betreffen, sodass dies der strengeren Ansicht nicht genügt. Dies ist bei Textdateien, die personenbezogene Daten enthalten, anders, da diese beispielsweise im Rahmen der Nutzung einer Suchfunktion im Smartphone automatisiert ausgewertet werden können.

Um eine ähnliche Auswertbarkeit des personenbezogenen Gehalts eines Bildes herzustellen, müssen die Merkmale der abgebildeten Personen erfasst, extrahiert und als Referenzdaten gespeichert werden. Dies geschieht bei einer bloßen Bild- oder Videoaufnahme nicht. Selbst wenn das Aufnahmegerät in der Lage ist, über den Sucher Köpfe oder Gesichter zu fokussieren und scharf zu stellen, liegt darin noch keine Verarbeitung individueller personenbezogener Daten. [139] Denn dabei wird nur automatisiert festgestellt, wo sich überhaupt Menschen auf einem Bild befinden, um diese dann automatisch zu fokussieren, sodass die Bildqualität erhöht

138 BT-Drs. 14/5793, S. 62.
139 Vgl. *Dammann,* in: Simitis, BDSG, § 3 Rn. 79.

wird. Allein in dieser Lokalisierung eines Gesichts liegt noch keine automatisierte Auswertung der konkreten personenbezogenen Merkmale.

Dem Schutzzweck des Datenschutzrechts und den dahinterstehenden Grundrechten lässt sich jedoch nur Genüge tun, wenn der Begriff der automatisierten Datenverarbeitung weit und entwicklungsoffen ausgelegt wird.[140] Insofern ist der immense Vormarsch von Fotoanalysewerkzeugen auch im zivilen Bereich zu berücksichtigen, die eine Auswertung nach dem personenbezogenen Gehalt eines Bildes ermöglichen. Lässt man dies unter Verweis auf das Fehlen einer automatisierten Verarbeitung außen vor, entzieht man einen Großteil des wichtigen Bereichs der Fotoveröffentlichungen im Internet dem Datenschutzrecht und ist auf subsidiäre Schutzinstrumente angewiesen. Befindet sich ein Bild aber erst einmal im Internet, ist es nahezu unmöglich, dieses wieder gänzlich zu entfernen.[141] In der Zwischenzeit können Dienste, die nicht dem europäischen Datenschutzrecht unterliegen, ungehindert sämtliche Fotos auswerten und Referenzdaten für die Gesichtserkennung gewinnen und speichern. Liegen entsprechende Profile erst einmal vor, deren Genauigkeit durch neue Fotos immer weiter verbessert wird, können daraus – gegebenenfalls in Verbindung mit Standortdaten, die mit den Bildern verbunden sind – umfassende Bewegungs- und Persönlichkeitsprofile erstellt werden.[142]

Mag dies zunächst futuristisch anmuten, sind die Risiken schon heute real. Dies lässt sich besonders gut am Beispiel von Facebook zeigen, welches den Versuch einer Gesichtserkennung auf sämtlichen in seinem Netzwerk gespeicherten Bildern bereits gestartet und zumindest in Europa nur aufgrund des vehementen Protests von Datenschützern einen Rückzieher gemacht hatte.[143] Solchen Methoden muss das Datenschutzrecht Einhalt gebieten, bevor es zu spät ist. Die Anzahl der Personenbilder steigt kontinuierlich angesichts der Verbreitung von Aufnahmegeräten und des Wachstums des digitalen Speicherplatzes. Gleichzeitig wurden im Bereich der Gesichtserkennungstechnologien in den letzten Jahren massive Fortschritte erzielt, sodass entsprechende Software heutzutage viel leistungsfähiger und zuverlässiger ist als noch vor einigen Jahren.[144] Im Extremfall könnten Datenbrillen[145] oder der Einsatz von Dash-Cams in ihrer Gesamtheit dazu führen, dass öffentliche Bereiche nahezu flächendeckend überwacht würden und niemand sich dieser Überwachung

---

140 *Ernst,* in: Paal/Pauly, DSGVO, Art. 2 Rn. 5.

141 *Jandt/Roßnagel,* MMR 2011, 637, 637; *Weichert,* DuD 2009, 7, 12.

142 So zu Smart Cameras *Hornung/Desoi,* K&R 2011, 153, 155; *Rose,* ZD 2017, 64, 66; noch als Zukunftsmusik ansehend *Rose,* DuD 2017, 137, 140.

143 24. Tätigkeitsbericht Datenschutz 2012/2013 HmbBfDI, S. 195 f.; http://www.zeit.de/digital/datenschutz/2013-02/facebook-gesichtserkennung-verfahren-caspar; http://www.spiegel.de/netzwelt/netzpolitik/gesichtserkennung-datenschuetzer-stellt-facebook-verfahren-ein-a-881857.html.

144 *Voigt,* K&R 2016, 456, 457.

145 Hierzu *Schwenke,* DuD 2015, 161; zur Gesichtserkennung bei „Google Glass" *Wagner,* 11 J. on Telecomm. & High Tech. L. 477 2013, p. 486 ff.

auf Dauer entziehen könnte.[146] Die Datenbasis für Gesichtserkennungstechniken würde dadurch so gut wie unerschöpflich.

dd) Ergebnis

Insofern muss es für eine automatisierte Verarbeitung ausreichen, wenn Personenbilder in digitaler Form auf Geräten gespeichert werden, sodass sie beispielsweise über das Internet oder über besondere Analyseprogramme einer Auswertung der Daten zugeführt werden können. Dies ist auch bei Digitalkameras gegeben, deren Bilder auf einen Computer übertragen und dort verarbeitet werden können. Eine tatsächlich erfolgende Auswertung ist nicht zu fordern, stattdessen sollte schon die bloße Möglichkeit genügen. Denn auch bei herkömmlichen Textdaten wird nicht vorausgesetzt, dass diese tatsächlich automatisiert ausgewertet werden, sondern nur dass die Datenverarbeitungsanlage dazu in der Lage ist. Insoweit unterfallen digitale Bilder auch dann noch dem Begriff der automatisierten Verarbeitung, wenn sie vom ursprünglichen Aufnahmegerät an andere Personen weitergegeben und dort isoliert aufbewahrt werden. Es reicht somit überhaupt die Verarbeitung mit irgendeiner Form der Datenverarbeitungsanlage.[147] Eine automatisierte Auswertung des personenbezogenen Gehalts eines Personenbildes muss im Einzelfall nicht stattfinden, um den Anwendungsbereich des Art. 2 Abs. 1 DSGVO zu eröffnen.

2. Dateisystem bei nichtautomatisierter Verarbeitung

Selbst wenn dies anders gesehen würde, kann der Anwendungsbereich der DSGVO beim Umgang mit Personenbildern gemäß Art. 2 Abs. 1 DSGVO noch in bestimmten Fällen einer nichtautomatisierten Verarbeitung eröffnet sein. Von besonderer Bedeutung ist diese Alternative für analoge Bilder, bei denen nicht ohne Weiteres von einer automatisierten Verarbeitung ausgegangen werden kann.

Die Legaldefinition des „Dateisystems“ findet sich in Art. 4 Nr. 6 DSGVO, welche zumindest in der englischen Sprachfassung identisch ist mit der früheren Definition des „filing systems“ in Art. 2 lit. c RL 95/46/EG. Demnach ist darunter jede strukturierte Sammlung personenbezogener Daten zu verstehen, die nach bestimmten Merkmalen zugänglich sind, unabhängig davon, ob diese Sammlung zentral, dezentral oder nach funktionalen oder geografischen Gesichtspunkten geordnet geführt wird. Typische Anwendungsbeispiele dafür sind Krankenakten oder Personalkarteien.[148] Die nationale äquivalente Vorgängervorschrift definierte die nicht automatisierte

146 *AG München*, Beschl. v. 13.8.2014 – 345 C 5551/14, ZD 2014, 530, 531 m. Anm. *Werkmeister; Ernst*, CR 2015, 620, 623; *Rose*, ZD 2017, 64, 65; vgl. auch *Klar*, MMR 2012, 788, 790; a.A. *Terhaag/Schwarz*, K&R 2015, 556, 558.

147 *Ernst*, in: Paal/Pauly, DSGVO, Art. 2 Rn. 5.

148 *Ernst*, in: Paal/Pauly, DSGVO, Art. 4 Rn. 52; *Buchner*, in: Taeger/Gabel, BDSG, § 3 Rn. 23.

Datei in § 3 Abs. 2 S. 2 BDSG a.F. noch sehr ähnlich, verlangte allerdings zusätzlich einen gleichartigen Aufbau.

Daraus ergeben sich jedoch keine unterschiedlichen Anforderungen. Denn das Kriterium der „strukturierten" Sammlung, welches sowohl in der Datenschutz-Richtlinie enthalten war als auch in der DSGVO enthalten ist, kann mit dem des gleichartigen Aufbaus gleichgesetzt werden, da sich eine Struktur gerade durch einen gleichartigen Aufbau nach einem bestimmten Ordnungskriterium auszeichnet.[149] Ersatzlos weggefallen ist indes die (schon über Art. 2 lit. c RL 95/46/EG hinausgehende) Voraussetzung des § 3 Abs. 2 S. 2 BDSG a.F., dass die Sammlung der Daten nach bestimmten Kriterien ausgewertet werden können muss.[150] Die Anforderungen an das Vorliegen eines Dateisystems sind also im Vergleich zum bisherigen nationalen Recht abgesenkt.

a) Sammlung

Eine Sammlung setzt voraus, dass planmäßig Daten beziehungsweise Einzelangaben zusammengetragen werden, die einen inneren Zusammenhang aufweisen.[151] Für diesen inneren Zusammenhang kann schon eine gemeinsame Zweckbestimmung ausreichen.[152] Diese wird bei von Privatpersonen erstellten Aufnahmen häufig vorliegen, sei es auch nur, dass die Bilder zur Erinnerung an Erlebnisse und Begegnungen angefertigt wurden. Erst recht gilt dies bei Aufnahmen im geschäftlichen Bereich, in dem Bildaufnahmen in der Regel im Zusammenhang mit einem konkreten Auftrag oder Projekt stehen, zumindest aber dem allgemeinen Geschäftszweck dienen. Insofern erfolgt die Zusammenstellung der Bilder auch planmäßig, was die personenbezogenen Daten, die sich aus dem jeweiligen Bild ergeben, einschließt. Dass unter solchen Ansammlungen von Bildern auch Fotos sind, die keine Personen zeigen beziehungsweise keinen Personenbezug aufweisen, ist unschädlich, da eine Sammlung nicht ausschließlich aus schutzwürdigen personenbezogenen Daten sbestehen muss.[153] Doch auch wenn jemand Bilder, die von einer anderen Person erstellt wurden, nutzt und auf einem Datenspeicher zusammenführt, liegt der innere Zusammenhang meist vor. Denn die Speicherung und Sammlung erfolgt im Einzelfall nicht willkürlich, sondern zu einem bestimmten Zweck, wobei Überschneidungen mit den Zwecken üblich sind, die bei eigener Aufnahme im Vordergrund stehen. Außerdem kann eine Sammlung ohne Weiteres aus Daten bestehen, die die verarbeitende Stelle nicht unmittelbar selbst erhoben, sondern die sie von

149 Vgl. *Schild,* in: BeckOK DSR, Art. 4 DS-GVO Rn. 83, der ohne weitere Begründung auf das Merkmal des gleichartigen Aufbaus eingeht.

150 Daran festhaltend jedoch *Ernst,* in: Paal/Pauly, DSGVO, Art. 2 Rn. 9.

151 *Weichert,* in: Däubler/Klebe/Wedde/Weichert, BDSG, § 3 Rn. 24; *Ernst,* in: Paal/Pauly, DSGVO, Art. 4 Rn. 53; *Dammann,* in: Simitis, BDSG, § 3 Rn. 86; *Buchner,* in: Taeger/Gabel, § 3 Rn. 24.

152 *Dammann,* in: Simitis, BDSG, § 3 Rn. 86.

153 *Dammann,* in: Simitis, BDSG, § 3 Rn. 86.

dritter Seite erhalten hat. Eine Sammlung ist somit – vorbehaltlich besonderer Umstände des Einzelfalls – gegeben, wenn Personenbilder angefertigt oder zusammengetragen werden.

Bei Geräten mit schlichter Bildaufnahmefunktion werden die Bilder in der Reihenfolge der Aufnahme gespeichert, was für den Sammlungsbegriff ausreicht. Zweifelhaft könnte allerdings die Zugänglichkeit nach bestimmten Kriterien sein. Dies gilt insbesondere für einfache Digitalkameras ohne spezielle Sonderfunktionen.

b) Strukturierte Sammlung

Eine Strukturiertheit einer Sammlung von Bildern als Datenträgern ist gegeben, wenn sie gleichartig aufgebaut ist. Ein solcher gleichartiger Aufbau verlangt eine Speicherung der Merkmale in einer einheitlichen Ordnung beziehungsweise nach einem einheitlichen System.[154] Dies wird bei digitalen Bildersammlungen, die sich am Erstellungsdatum der jeweiligen Bilddatei, dem Dateinamen oder an der Dateigröße orientieren, zu bejahen sein, da diese Kriterien eine logische und einheitliche Sortierung ermöglichen. Bei analogen Bildersammlungen kommt es dagegen darauf an, ob diese überhaupt in irgendeiner Weise sortiert oder geordnet zusammengestellt sind.

aa) Einschränkende Auslegung der Ordnungskriterien nach BDSG a.F. und Datenschutz-RL

Allerdings wurde – zumindest im Hinblick auf die Regelung im BDSG a.F. – einschränkend gefordert, dass es sich bei den die Ordnung konstituierenden Merkmalen um solche handelt, die für die Zugänglichkeit und Auswertbarkeit der Datensammlung von Belang sind.[155] Es musste also um Merkmale gehen, die ein persönliches oder sachliches Verhältnis einer Person beschreiben und somit Personenbezug aufweisen, da nur dann ein gesteigertes Risiko für die informationelle Selbstbestimmung des Betroffenen bestehen sollte.[156] Dies deckte sich auch mit Erwägungsgrund 27 zur RL 95/46/EG, welcher vorsah, dass der Inhalt einer Datei nach bestimmten personenbezogenen Kriterien strukturiert sein musste, die einen leichten Zugriff auf die Daten ermöglichen. Somit hatte der europäische Gesetzgeber zum Ausdruck gebracht, dass relevante Merkmale nur personenbezogene Merkmale sein können. Explizit für Bilddaten fand sich die gleiche Aussage zudem schon in Erwägungsgrund 15 zur RL 95/46/EG.

---

154 *Schild*, in: BeckOK DSR, Art. 4 DS-GVO Rn. 83; *Plath/Schreiber*, in: Plath, BDSG/DSGVO, § 3 BDSG Rn. 27; *Buchner*, in: Taeger/Gabel, BDSG, § 3 Rn. 24.

155 *Plath/Schreiber*, BDSG/DSGVO, § 3 BDSG Rn. 27; *Dammann*, in: Simitis, BDSG, § 3 Rn. 86, 92.

156 *Gola/Klug/Körffer*, in: Gola/Schomerus, BDSG, § 3 Rn. 17; *Schaffland/Wiltfang*, BDSG, § 3 Rn. 99; *Dammann*, in: Simitis, BDSG, § 3 Rn. 92.

Allein aus dem Dateinamen oder der Dateigröße lassen sich jedoch noch keine Rückschlüsse auf eine bestimmte Person ziehen, sodass darüber kein spezifischer Zugang oder gar eine Auswertung der in den Bildern verkörperten personenbezogenen Daten möglich ist. Es besteht dann zwar ein gleichartiger Aufbau, der sich aber nicht an relevanten Merkmalen orientiert. Insofern konnte also nicht von einer Datenverarbeitung aus nicht automatisierten Dateien ausgegangen werden.[157]

bb) Fortgeltung der Einschränkung unter Regime der DSGVO

Fraglich ist, ob an diesem einschränkenden Kriterium unter der DSGVO noch festgehalten werden kann, was zur Konsequenz hätte, dass Bildersammlungen nur in speziellen Fällen als Dateisystem eingestuft werden könnten.

Allein aus der in Art. 4 Nr. 6 DSGVO enthaltenen Voraussetzung einer Zugänglichkeit nach bestimmten Kriterien ergibt sich nicht zwingend, dass diese Kriterien spezifisch den Personenbezug betreffen müssen. Für eine Auswertbarkeit nach bestimmten Merkmalen konnte dies schon eher angenommen werden, da die Auswertung zu einer Bewertung des Informationsgehalts der Sammlung führen soll. Allerdings fand sich diese Voraussetzung nur im BDSG a.F., nicht aber in der zugrundeliegenden RL 95/46/EG und genauso wenig in der DSGVO.

Die Erwägungsgründe der DSGVO enthalten anders als die der RL 95/46/EG ebenfalls keine Anzeichen für eine solche einschränkende Auslegung. Auch wenn der Gemeinschaftsgesetzgeber nicht ausdrücklich dargelegt hat, dass an den bisherigen Maßstäben festgehalten werden soll, sprechen teleologische Gesichtspunkte jedoch dafür. Denn die Risikolage für die Privatsphäre des Betroffenen ist bei nichtautomatisierten Datensammlungen unverändert, sodass ein gesteigertes Risiko erst gegeben ist, wenn gerade der personenbezogene Gehalt der gespeicherten Daten gezielt abrufbar ist.

Gestützt wird dies durch einen feinen Unterschied in der Formulierung der jeweiligen Normen, der leicht übersehen werden kann. Während § 3 Abs. 2 S. 2 BDSG a.F. noch forderte, dass die Sammlung personenbezogener Daten nach bestimmten Merkmalen zugänglich ist, spricht Art. 4 Nr. 6 DSGVO von einer strukturierten Sammlung personenbezogener Daten, die nach bestimmten Kriterien zugänglich sind. Bezog sich die Zugänglichkeit unter dem BDSG a.F. also noch unspezifisch auf die Sammlung, ist Bezugsbegriff der Zugänglichkeit unter der DSGVO der der „personenbezogenen Daten". Müssen aber speziell die personenbezogenen Daten und nicht nur allgemein die Datensammlung nach bestimmten Kriterien zugänglich sein, muss dies so verstanden werden, dass ein Dateisystem nur vorliegen kann, wenn die Struktur der Sammlung sich aus Ordnungskriterien ergibt, die für den Personenbezug von Bedeutung sind oder die gezielt personenbezogene Informationen in der Sammlung erschließen können.[158] Im Ergebnis bleibt es deshalb bei dem einschränkenden Verständnis des Begriffs der strukturierten Sammlung.

---

157 So für Bildersammlungen *Schaffland/Wiltfang*, BDSG, § 3 Rn. 101.

158 I.E. auch *Schild*, in: BeckOK DSR, Art. 4 DS-GVO Rn. 84.

c) Zugänglichkeit nach bestimmten Merkmalen

Ist ein gleichartiger Aufbau gegeben, der sich aus Merkmalen mit Relevanz für den Personenbezug ergibt, ist in der Regel auch von der nötigen Zugänglichkeit der Sammlung nach bestimmten Kriterien auszugehen.[159] Diese Merkmale ermöglichen es dann, bestimmte Teilmengen von personenbezogenen Daten in der Sammlung gezielt herauszusuchen.[160] Ausreichend ist es bereits, wenn ein einziges Merkmal die Zugänglichkeit der Informationen begründet.[161] Strukturiertheit und Zugänglichkeit nach bestimmten Kriterien gehen dabei weitgehend Hand in Hand.

Obendrein führt die Zugänglichkeit nach bestimmten Merkmalen in aller Regel auch zu einer Auswertbarkeit der Sammlung, die nach altem Recht noch gegeben sein musste.[162] Denn die Voraussetzung der Auswertbarkeit war schon erfüllt, wenn es möglich war, die in der Sammlung enthaltenen Informationen zu nutzen, wofür schon die bloße Kenntnisnahme ausreichte, selbst wenn dieser keine weiteren Handlungen folgten.[163] Ist eine Sammlung von Bildern jeweils mit den erforderlichen personenbezogenen Merkmalen versehen, verhelfen die gängigen Datenverarbeitungssysteme (Smartphones, Computer, etc.) zu einer Selektion der Bilder nach den jeweiligen Merkmalen und damit auch zur nachfolgenden Kenntnisnahme, welche die Auswertbarkeit begründete.

d) Datei bei Bildern mit Standortdaten

In diesem Sinne ermöglichen es komplexere digitale Aufnahmegeräte, insbesondere Smartphones mit integrierter Kamera, bereits, Fotos nicht nur nach ihrem Aufnahmedatum zu sortieren, sondern bieten weiterreichende Funktionen. Zum Teil können diese Geräte über eine Suchfunktion gezielt alle Bilder anzeigen, die an einem bestimmten Ort aufgenommen worden sind. So lassen sich beispielsweise in der App „Fotos" auf den Betriebssystemen von Apple alle Fotos und Videos heraussuchen, die in einer ausgewählten Stadt, einer bestimmten Straße oder in der Nähe bestimmter Sehenswürdigkeiten aufgenommen wurden. Darüber hinaus kann eine Kartenansicht ausgewählt werden, in der einzelne Miniaturansichten der Bilder am Aufnahmeort auf einer Karte dargestellt sind, die durch Anklicken oder Zoomen näher aufgeschlüsselt werden können. Dies funktioniert jedoch nur, wenn die entsprechenden Dateien bei der Aufnahme mit den GPS-Daten verknüpft wurden, die den Standort des Handys zum Zeitpunkt der Aufnahme kennzeichnen. Möglich wird dadurch zumindest eine Auswertung der Bilder nach Aufnahmeort und Aufnahmezeitpunkt.

---

159 *Buchner,* in: Taeger/Gabel, BDSG, § 3 Rn. 24.

160 *Plath/Schreiber,* BDSG/DSGVO, § 3 BDSG Rn. 28; *Dammann,* in: Simitis, BDSG, § 3 Rn. 90.

161 *Ernst,* in: Paal/Pauly, DSGVO, Art. 4 Rn. 53.

162 *Plath/Schreiber,* BDSG/DSGVO, § 3 BDSG Rn. 28; *Buchner,* in: Taeger/Gabel, BDSG, § 3 Rn. 24.

163 *Schild,* in: BeckOK DSR, § 3 BDSG Rn. 37; *Dammann,* in: Simitis, BDSG, § 3 Rn. 93.

aa) Kein Ausschluss der nichtautomatisierten Verarbeitung durch einzelne automatisierte Komponenten

Es drängen sich allerdings Zweifel auf, ob die Datensammlung auch dem Merkmal „nichtautomatisiert" entspricht, da die Anordnung der Bilder nicht manuell erfolgt, sondern von den entsprechenden Geräten automatisch durchgeführt wird, sodass eher ein Rückgriff auf die Alternative der automatisierten Verarbeitung angezeigt erscheint. Dennoch führt das Vorliegen automatisierter Verarbeitungsschritte nicht zum Ausschluss der Alternative der nichtautomatisierten Verarbeitung von in einem Dateisystem gespeicherten Daten, sofern die jeweilige Verarbeitung – aus anderen Gründen – nicht dem Begriff der automatisierten Verarbeitung unterfällt.[164] Insofern stellt die Einbeziehung bestimmter nichtautomatisierter Verarbeitungen nur einen Auffangtatbestand dar, ohne dass dem Fehlen der Automatisierung eine konstituierende Wirkung für diese Alternative zukommt.

bb) Standort und Aufnahmezeitpunkt als Ordnungskriterium

Durch Standort, Aufnahmedatum und -uhrzeit wird gekennzeichnet, wo und wann sich Personen, die auf den Bildern zu sehen sind, aufgehalten haben.[165] Diese Daten ermöglichen eine Zugänglichkeit und Auswertbarkeit nach Merkmalen, die sich auf die Verhältnisse der abgebildeten Personen beziehen.[166] Zwar funktioniert die Suche oder Anzeige nicht in der Weise, dass herausgefunden werden könnte, an welchem Ort sich eine bestimmte Person zu einem bestimmten Zeitpunkt aufgehalten hat. Doch ist es für die informationelle Selbstbestimmung ebenfalls bedeutend, wenn erkennbar ist, wer sich zu einem bestimmten Zeitpunkt an einem bestimmten Ort aufgehalten hat. In Ausnahmefällen kann es schon ausreichen, wenn die Bilder nicht mit GPS-Daten verknüpft sind, sondern nur zusammen mit dem Aufnahmezeitpunkt gespeichert werden. Dies betrifft in jedem Fall stationäre Bildaufnahmegeräte wie Webcams, bei denen alle Aufnahmen am selben Ort entstehen und bei denen der Standort deshalb bekannt ist.[167] Zwar scheitert dann gegebenenfalls eine automatisierte standortbezogene Suche, allerdings verlangt Art. 4 Nr. 6 DSGVO auch nur eine einfache Zugänglichkeit nach bestimmten Merkmalen, welche bereits gegeben ist, sobald die Bilder an der gleichen Stelle in der Reihenfolge der Aufnahme gespeichert werden.

cc) Bedeutung von Standortdaten für Persönlichkeitsrecht

Selbst wenn Aufnahmeort und -zeitpunkt als Informationen zunächst als unverfänglich angesehen würden, ergibt sich eine besondere persönlichkeitsrechtliche Relevanz oft erst im Nachhinein, beispielsweise wenn es auf einer Versammlung

164 *Dammann,* in: Simitis, BDSG, § 3 Rn. 88.

165 S. auch *VG Göttingen*, Beschl. v. 12.10.2016 – 1 B 171/16, ZD 2017, 43, 44 m. Anm. *Starnecker/Wessels.*

166 *Wessels,* JurPC Web-Dok. 186/2015 Abs. 7.

167 *VG Schwerin,* Beschl. v. 18.6.2015 – 6 B 1637/15 SN, ZD 2015, 448, 449.

oder in einer Menschengruppe Ausschreitungen gegeben hat und später anhand von Bildern Täter, Opfer, Zeugen oder sonstige Beteiligte ausfindig gemacht werden sollen. Darüber hinaus gibt es zahlreiche Fälle, in denen sich allein schon aufgrund der Besonderheiten des Ortes einer Aufnahme Rückschlüsse auf die Lebensverhältnisse, den Zustand oder Gewohnheiten einer abgebildeten Person ziehen lassen. Beispielhaft zu nennen sind Krankenhäuser, Justizvollzugsanstalten oder Rotlichtviertel mit den einschlägigen Etablissements. Deshalb haben die Betroffenen – selbst als vermeintlich Fremde – ein berechtigtes Interesse daran, nicht beliebig auf Bildern festgehalten zu werden, die zusätzlich mit Daten versehen sind, die ein Auffinden dieser Fotos bei einer Suche nach bestimmten Orten möglich machen. Dies gilt umso mehr, als eine entsprechende Häufung von Bildaufnahmen zur Erstellung von (eingeschränkten) Aufenthaltsprofilen von Personen geeignet ist, die häufiger an einem bestimmten Ort verkehren.[168] Gerade die Kumulation und Verknüpfung einzelner, für sich genommen vermeintlich bedeutungsloser Daten birgt besondere Risiken, denen das Datenschutzrecht begegnen will.

dd) Ergebnis

Insgesamt ist deshalb in diesen Konstellationen von einer Strukturiertheit der Sammlung sowie einer Zugänglichkeit nach bestimmten personenbezogenen Kriterien auszugehen. Somit unterfallen auch Bilddatenbanken dem Begriff des Dateisystems im Sinne von Art. 4 Nr. 6 DSGVO, sofern sie ausschließlich über Ortskoordinaten erschlossen werden können.[169] Allerdings wird es hier in der Regel nur um digitale Sammlungen gehen können, da nur diese bei entsprechender technischer Ausrüstung automatisch mit den entsprechenden Standortdaten versehen werden. Bei analogen Bildersammlungen wird der Dateibegriff nur in Ausnahmefällen erfüllt sein, wenn sie manuell und strukturiert um zusätzliche Informationen in der Form ergänzt werden, dass eine Zugänglichkeit nach einzelnen Merkmalen besteht.[170]

e) Nichtautomatisierte Verarbeitung bei digitalen Fotos

Weiteren Auftrieb erlangt diese Einschätzung insbesondere in Bezug auf die sogenannten Dash-Cams, die von Autofahrern als On-Board-Kameras eingesetzt werden, um das Verkehrsgeschehen aufzuzeichnen und um die Aufnahmen im Falle eines Unfalls oder einer Verkehrsstraftat als Beweismittel einsetzen zu können. Werden die Videoaufzeichnungen ohne jegliche Zusatzinformation gespeichert, fehlt es an der für ein Dateisystem erforderlichen Zugänglichkeit nach bestimmten Merkmalen.[171] Kommen dagegen zu den Aufnahmen andere Informationen wie Uhrzeit, Datum oder Standort dazu, was insbesondere bei Dash-Cams, aber auch

---

168 Vgl. *Hornung/Desoi,* K&R 2011, 153, 155.

169 *Weichert,* in: Däubler/Klebe/Wedde/Weichert, BDSG, § 3 Rn. 24.

170 Vgl. *Lorenz,* K&R 2016, 450, 454.

171 *VG Ansbach,* Urt. v. 12.8.2014 – 4 K 13.01634, ZD 2014, 590, 591 m. Anm. *Schröder; Allendorf,* SVR 2015, 171, 172.

bei vielen Smartphones und sonstigen Aufnahmegeräten der Fall ist, soll von einer solchen Zugänglichkeit der Datensammlung nach bestimmten Merkmalen ausgegangen werden können.[172]

Tatsächlich kommt schon allein dem Aufnahmezeitpunkt in Verbindung mit dem jeweiligen Bild ein gewisser personenbezogener Gehalt zu, weil daraus ersichtlich wird, in welcher Situation sich eine bestimmte Person zu einem bestimmten Zeitpunkt befand, wie sie aussah oder sich möglicherweise gefühlt hat. Auch hierüber ist zwar keine Suche nach bestimmten Personen möglich, sondern nur eine Zugänglichkeit der Sammlung nach zeitlichen Kriterien. Dies ist jedoch unschädlich, weil der Zeitpunkt insofern ein Teilelement des personenbezogenen Informationsgehalts ist. Deshalb soll eine nichtautomatisierte Verarbeitung mittels eines Dateisystems generell gegeben sein, wenn Fotos zwar manuell mittels einer Kamera aufgenommen werden, diese aber in digitaler Form auf der Speicherplatte einer Kamera oder der Festplatte eines Computers gespeichert werden.[173]

3. *Ergebnis*

Insgesamt ist festzuhalten, dass bei digitalen Personenbildern stets von einer Eröffnung des Anwendungsbereichs der DSGVO gemäß Art. 2 Abs. 1 DSGVO auszugehen ist.[174] Denn solche werden automatisiert von Datenverarbeitungsanlagen verarbeitet. Zusätzlich können sie darüber Programmen zugänglich gemacht werden, die spezifisch auch den personenbezogenen Gehalt des Personenbildes erschließen können. Dies gilt in gleicher Weise für originär analoge Bilder, die digitalisiert worden sind. Außerdem kann bei digitalen Bildern in vielen Fällen aufgrund der zusätzlich gespeicherten Informationen (insbesondere Standort und Aufnahmezeitpunkt) vom Vorliegen eines Dateisystems ausgegangen werden.

Bei analogen Bildern fehlt es dagegen an einer automatisierten Datenverarbeitung und auch eine nichtautomatisierte Verarbeitung von in einem Dateisystem gespeicherten personenbezogenen Daten ist nicht standardmäßig gegeben, sondern erfordert eine besondere Strukturierung der Bildersammlung, aufgrund derer die Zugänglichkeit einzelner Bilder nach bestimmten Kriterien ermöglicht wird. Wegen dieser Voraussetzung unterfallen deshalb nicht sämtliche Abbildungen von Personen dem Anwendungsbereich der DSGVO, wodurch sich ein Fenster für eine Divergenz zum Anwendungsbereich des KUG öffnet.

---

172 *VG Göttingen*, Beschl. v. 12.10.2016 – 1 B 171/16, ZD 2017, 43, 44 m. Anm. *Starnecker/Wessels*; *VG Schwerin*, Beschl. v. 18.6.2015 – 6 B 1637/15 SN, ZD 2015, 448, 449; *VG Ansbach*, Urt. v. 12.8.2014 – 4 K 13.01634, ZD 2014, 590, 591 m. Anm. *Schröder*; *AG Nienburg*, Urt. v. 20.1.2015 – 4 Ds 155/14, 4 Ds 520 Js 39473/14 (155/14), ZD 2015, 341, 342; *Allendorf*, SVR 2015, 171, 172; so wohl auch *Lorenz*, K&R 2016, 450, 454.

173 *Lorenz*, K&R 2016, 450, 454.

174 So auch *Lorenz*, K&R 2016, 450, 454.

V. Datenschutzrechtlich relevante Handlungen

Neben dem Vorliegen personenbezogener Daten kommt es für die Anwendbarkeit des Datenschutzrechts gemäß Art. 2 Abs. 1 DSGVO maßgeblich auf das Vorliegen einer Verarbeitung an.

Im Umgang mit Personenbildern ist kaum eine Verwendungsart vorstellbar, die nicht unter eine vom Datenschutzrecht erfasste Handlungsform fiele. Dies ist auf die sehr große Reichweite des Datenschutzrechts zurückzuführen. Trennte das BDSG a.F. noch deutlich zwischen Erhebung, Verarbeitung und Nutzung von Daten und sah dafür auch unterschiedliche Erlaubnistatbestände vor, geht die DSGVO nur noch vom Grundbegriff der Verarbeitung aus, welcher zahlreiche Handlungsformen umfasst.

1. Definition der Verarbeitung

Gemäß Art. 4 Nr. 2 DSGVO ist unter „Verarbeitung" jeder mit oder ohne Hilfe automatisierter Verfahren ausgeführte Vorgang oder jede solche Vorgangsreihe im Zusammenhang mit personenbezogenen Daten zu verstehen. Außerdem benennt die Begriffsdefinition in der Verordnung eine große Zahl von Beispielen für solche Verarbeitungsvorgänge, ohne mit dieser Aufzählung jedoch einen Anspruch auf Vollständigkeit zu erheben.

Verarbeitungen sind demnach beispielsweise das Erheben, das Erfassen, die Organisation, das Ordnen, die Speicherung, die Anpassung oder Veränderung, das Auslesen, das Abfragen, die Verwendung, die Offenlegung durch Übermittlung, Verbreitung oder eine andere Form der Bereitstellung, der Abgleich oder die Verknüpfung, die Einschränkung, das Löschen oder die Vernichtung. Nicht nur aus dieser umfangreichen Aufzählung von Handlungsarten, sondern auch aus der denkbar weit formulierten allgemeinen Definition eines Vorgangs im Zusammenhang mit personenbezogenen Daten lässt sich ableiten, dass der Gesetzgeber letztlich ausnahmslos jeden Umgang mit personenbezogenen Daten dem Verarbeitungsbegriff des Datenschutzrechts unterwerfen wollte.[175] Soweit Personenbilder deshalb personenbezogene Daten enthalten, ist jede Verwendungsform von der DSGVO erfasst.

2. Verarbeitungen beim Umgang mit Personenbildern

Am Anfang jeder Abbildung von Personen steht der Schritt der Aufnahme des Bildes, in dessen Rahmen eine Fixierung des äußeren Erscheinungsbildes auf einem Datenträger erfolgt. Die meisten Aufnahmegeräte erstellen dazu digitale Bilddateien. Erfolgt dies gezielt, liegt darin ein Beschaffen der jeweiligen Daten und damit deren Erhebung, die wiederum dem Verarbeitungsbegriff von Art. 4 Nr. 2 DSGVO unterfällt.[176] Die Aufnahme eines Fotos oder Videos einer Person zur weiteren Verwendung stellt neben der Datenerhebung zugleich eine Speicherung dar, da die

---

175 S. auch *Schreiber*, in: Plath, BDSG/DSGVO, Art. 4 DSGVO Rn. 12.

176 *Ernst*, in: Paal/Pauly, DSGVO, Art. 4 Rn. 23; vgl. *Lorenz*, ZD 2012, 367, 368 f.

sich aus dem äußeren Erscheinungsbild einer Person ergebenden Daten in einer Bilddatei fixiert und auf einem Datenträger aufgenommen werden, um weiter verarbeitet werden zu können. Überträgt jemand eine digitale Bilddatei auf eine andere Festplatte, in eine Cloud oder auf ein anderes Speichermedium, erfolgt dies in der Regel unter Beibehaltung der ursprünglichen Datei durch Erstellung einer Kopie der Datei auf dem Zielspeicher. Darin kann eine weitere Speicherung, aber auch eine Organisation oder ein Ordnen oder unter Umständen sogar eine Form der Offenlegung liegen. Auch das Veröffentlichen oder Verbreiten solcher Bilder fällt unter den Begriff der Offenlegung, sei es als Übermittlung, Verbreitung oder sonstige Form der Bereitstellung. Eine Verarbeitung ist somit stets gegeben, ohne dass es im Einzelfall einer konkreten Zuordnung zu einer bestimmten Handlungsform bedarf. Eine Ausnahme gilt nur für die Übermittlung von Daten, da diese den erhöhten Zulässigkeitsanforderungen des Kapitels V DSGVO unterliegt, sofern sie an Drittländer oder internationale Organisationen gerichtet ist.

3. Sonderfall Übermittlung

Etliche Bilder werden nicht bloß für den Selbstgebrauch und zur eigenen Erinnerung angefertigt, sondern sollen anderen Menschen zur Kenntnis gebracht werden, um Erlebnisse oder Informationen mit ihnen zu teilen. So ist es üblich, dass Bilder in digitaler Form an andere Personen verschickt oder auf entsprechenden Plattformen für einen bestimmten Freundeskreis oder gar für die ganze Öffentlichkeit wahrnehmbar gemacht werden, sei es mittels E-Mail, Twitter, Facebook, WhatsApp, Instagram oder vergleichbarer Dienste. Solche Handlungen stellen in den meisten Fällen eine Datenübermittlung dar. Fraglich ist jedoch, ob auch das Einstellen von Bildern ins Internet, wo sie allgemein und damit auch in Drittländern zugänglich sind, als Übermittlung anzusehen ist, was zur Folge hätte, dass zusätzlich die Vorschriften des Kapitels V DSGVO einzuhalten wären.

Wenn diese Frage zu bejahen ist, führt dies zu einem erheblichen Unterschied im jeweiligen Schutzniveau von KUG und DSGVO, weil das KUG eine Verbreitung oder öffentliche Zurschaustellung von Bildern im Internet trotz der erheblichen Eingriffsintensität und der Abrufbarkeit in datenschutzrechtlich unsicheren Drittstaaten nicht anders behandelt als die Verbreitung oder öffentliche Zurschaustellung, die nur innerhalb der EU erfolgt. Sowohl das Datenschutzrecht (Art. 49 Abs. 1 lit. a DSGVO) als auch das KUG (§ 22 S. 1 KUG) lassen insoweit zwar eine Einwilligung als Rechtsgrundlage zu, doch im Hinblick auf die gesetzlichen Erlaubnistatbestände unterscheiden sich die §§ 23, 24 KUG erheblich von denen des Datenschutzrechts.

a) Begriffsverständnis

Die DSGVO definiert den Begriff der Übermittlung nicht näher. Aus der Aufzählung in Art. 4 Nr. 2 DSGVO lässt sich aber entnehmen, dass die Übermittlung eine Form der Offenlegung und der Bereitstellung von Daten sein soll. Wohl noch in Anlehnung an § 3 Abs. 4 S. 2 Nr. 3 BDSG a.F. wird konstatiert, die Übermittlung erfolge durch Bekanntgabe gespeicherter oder durch Datenverarbeitung gewonnener personenbezogener Daten an einen Dritten.[177] Dem ist zuzustimmen, da Bekanntgabe gleichbedeutend mit einer Offenlegung ist, was sich schon aus der englischen Sprachfassung ergibt, in welcher von „disclosure“ die Rede ist, was neben Offenlegung auch als Bekanntgabe übersetzt werden kann. Eine Bekanntgabe von Daten kann auf vielfältige Art und Weise erfolgen. Der deutsche Gesetzgeber hatte dafür an die Weitergabe und das Einsehen oder Abrufen von zur Einsicht oder zum Abruf bereitgehaltenen Daten gedacht.[178]

b) Weitergabe von Daten an einen Dritten

Für eine Weitergabe der jeweiligen Daten genügt jegliche Handlung, durch die die darin verkörperten Informationen in die Sphäre des Empfängers gelangen.[179] Werden Personenbilder mithilfe elektronischer Mittel der Individualkommunikation weitergegeben (z.B. per E-Mail, WhatsApp, Facebook Messenger, etc.), stellt dies in jedem Fall eine Übermittlung dar. Die Daten werden damit nicht nur offengelegt, sondern erreichen den Empfänger unmittelbar.

c) Bereithalten zur Einsichtnahme oder zum Abruf

Doch ist es ohne Weiteres mit Art. 4 Nr. 2 DSGVO vereinbar, auch das Bereithalten zum Abruf als Übermittlung anzusehen, da es sich dabei um eine Bereitstellung der Daten handelt. Bei Veröffentlichungen auf Webseiten im Internet und in sozialen Netzwerken werden die Daten auf den jeweiligen Webservern gespeichert und können von jedem (berechtigten) Nutzer abgerufen und zur Kenntnis genommen werden. Somit stellt die Speicherung auf den Servern ein Bereithalten der Daten zum Abruf für die Internetnutzer dar, sodass eine Übermittlung jedenfalls dann vorliegt, wenn Dritte die entsprechenden Webseiten besuchen und damit die Daten zur Kenntnis nehmen.[180] Dies gilt für Bilder in gleicher Weise wie für Daten in Textform. Teilweise erfolgt dies in geschlossenen Bereichen, die nur bestimmten Nutzern zugänglich sind, teilweise jedoch auch auf Webseiten, die von jedermann ungehindert eingesehen werden können. Für den Begriff der Übermittlung kommt es auf eine Zugänglichkeit für die Öffentlichkeit allerdings gar nicht an, entscheidend ist nur die Abrufbarkeit für einen Dritten.[181] Dabei muss der Dritte nicht konkret bestimmt oder wenigstens bestimmbar sein, sodass eine Bekanntgabe gegenüber der

177 *Schild,* in: BeckOK DSR, Art. 4 DS-GVO Rn. 49.
178 S. § 3 Abs. 4 S. 2 Nr. 3 BDSG a.F.
179 *Dammann,* in: Simitis, BDSG, § 3 Rn. 146; s. auch *Plath/Schreiber,* in: Plath, BDSG/DSGVO, § 3 BDSG Rn. 44.
180 *OLG Hamburg,* Urt. v. 2.8.2011 – 7 U 134/10, GRUR-RR 2012, 40, 41; *Schild,* in: BeckOK DSR, § 3 BDSG Rn. 71; *Weichert,* in: Däubler/Klebe/Wedde/Weichert, BDSG, § 3 Rn. 37; *Plath/Schreiber,* in: Plath, BDSG/DSGVO, § 3 BDSG Rn. 46.
181 *Gola/Klug/Körffer,* in: Gola/Schomerus, BDSG, § 3 Rn. 32; *Dammann,* in: Simitis, BDSG, § 3 Rn. 156.

Öffentlichkeit ebenfalls dem Übermittlungsbegriff unterfallen kann.[182] Eine solche Bekanntgabe auf einer frei zugänglichen Internetseite zählt zu den intensivsten Formen der Übermittlung, da die gesamte Weltöffentlichkeit potenzieller Empfängerkreis ist.[183]

d) Tatsächlicher Abruf oder Einsichtnahme als Voraussetzung der Übermittlung

Neben dem Bereithalten zur Einsichtnahme oder zum Abruf enthielt § 3 Abs. 4 S. 2 Nr. 3 lit. b BDSG a.F. noch ein Erfolgselement dergestalt, dass der Dritte die Daten eingesehen oder abgerufen haben musste.[184] Eine vollendete Übermittlung der in einem Bild festgehaltenen Daten lag deshalb erst vor, wenn irgendjemand das Bild auf der Webseite bestimmungsgemäß abgerufen hatte. Unter der DSGVO kann an diesem Erfordernis jedoch nicht festgehalten werden, weil die Übermittlung eine Form der Bereitstellung von Daten ist und von einer solchen bereits gesprochen werden muss, wenn die Daten bloß zur Einsichtnahme oder zum Abruf bereitgehalten werden. Der Akt der Bereitstellung erfordert nur, dass eine tatsächliche Einsichtsmöglichkeit besteht, nicht aber dass auch der Erfolg des Abrufs oder der Einsichtnahme eintritt.

Indes könnte eine solche zusätzliche Voraussetzung bei der Veröffentlichung von Daten im Internet aus praktischer Sicht ohnehin keine wesentliche Einschränkung herbeiführen. Im Internet muss stets damit gerechnet werden, dass irgendein Nutzer frei zugängliche Inhalte auch tatsächlich abruft. Es ist zwar möglich, durch Klickzähler oder ähnliche Programme festzustellen, wann und wie oft eine Webseite aufgerufen wurde, aber es ist nicht möglich, sicher vorherzusagen, wann der erste Abruf stattfinden wird. Sicher ausgeschlossen werden kann er ohne entsprechende technische Hürden (wie z. B. die Einrichtung eines zugangsbeschränkten Bereichs) jedoch nicht. Selbst wenn die Zulässigkeitsvoraussetzungen einer Übermittlung noch nicht im Moment des Uploads erfüllt sein müssten, änderte sich dies mit dem ersten Zugriff durch einen Dritten. Soll also nicht das Risiko eingegangen werden, plötzlich eine unzulässige Datenübermittlung verantworten zu müssen, ist schon im Moment des Uploads darauf zu achten, dass eine Übermittlung gerechtfertigt ist. Denn theoretisch kann ein tatsächlicher Abruf der Daten unmittelbar danach

---

182 *Eßer,* in: Auernhammer, BDSG, § 3 Rn. 58; *Schild,* in: BeckOK DSR, § 3 BDSG Rn. 71; *Weichert,* in: Däubler/Klebe/Wedde/Weichert, BDSG, § 3 Rn. 37; *Dammann,* in: Simitis, BDSG, § 3 Rn. 157; *Taraschka,* CR 2004, 280, 283.

183 *Eßer,* in: Auernhammer, BDSG, § 3 Rn. 58; *Weichert,* in: Däubler/Klebe/Wedde/Weichert, BDSG, § 3 Rn. 37; vgl. *VG Wiesbaden,* Beschl. v. 27.2.2009 – 6 K 1045/08. WI, MMR 2009, 428, 430; *Gola/Klug/Körffer,* in: Gola/Schomerus, BDSG, § 3 Rn. 33; *Schild,* Anmerkung zu *EuGH,* Urt. v. 9.11.2010 – Rs. C-92/09, in: GewA 2011, 28, 28; generell zu öffentlichen Bekanntmachungen: *BVerfG,* Beschl. v. 24.7.1990 – 1 BvR 1244/87, NVwZ 1990, 1162, 1162; *OVG Lüneburg,* Urt. v. 12.2.1991 – 9 L 246/89, NJW 1992, 192, 195.

184 *Eßer,* in: Auernhammer, BDSG, § 3 Rn. 57; *Alich/Nolte,* CR 2011, 741, 742; *Taraschka,* CR 2004, 280, 283.

erfolgen und die Erlaubnisbedürftigkeit begründen. Außerdem entsteht das Risiko für die Kontrolle des Betroffenen über seine Daten bereits mit Eröffnung der Zugangsmöglichkeit im Internet.

e) Bereitstellung im Internet als Übermittlung in Drittstaaten

Wird die Einstellung personenbezogener Daten auf einer Webseite im Internet also richtigerweise als Übermittlung qualifiziert,[185] ergibt sich ein Problem aus der ubiquitären Abrufbarkeit des Internets, die insbesondere auch Nutzern in Drittstaaten einen Zugang zu den veröffentlichten Daten ermöglicht. Es liegt also eine Bereitstellung für Dritte in sämtlichen Ländern der Welt vor, da das Internet global zugänglich ist. Bei konsequenter Auslegung muss deshalb jede Einstellung von Daten ins Internet zum öffentlichen Abruf als Übermittlung von Daten in Drittstaaten, also in Länder außerhalb der EU oder des EWR, angesehen werden, die den zusätzlichen Voraussetzungen der Art. 44 ff. DSGVO unterliegt.[186]

aa) Sondervorschriften für Übermittlungen in Drittstaaten

Bei den Sondervorschriften für Übermittlungen in Drittstaaten geht es darum, bei der empfangenden Stelle ein angemessenes Datenschutzniveau zu gewährleisten, was sich unter anderem aus Art. 44 S. 2 und Art. 45 Abs. 1 DSGVO ergibt.

Sofern dies nicht generell durch einen Angemessenheitsbeschluss der Kommission im Sinne von Art. 45 DSGVO festgestellt ist, bedarf es geeigneter Garantien und durchsetzbarer Rechte sowie wirksamer Rechtsbehelfe für die Betroffenen (vgl. Art. 46 Abs. 1 DSGVO). Im Vergleich zur Datenschutzrichtlinie macht die DSGVO jedoch deutlich konkretere und umfassendere Vorgaben dafür, wann diese Voraussetzungen als erfüllt angesehen werden können. Zu den geeigneten Garantien gehören insbesondere verbindliche interne Datenschutzvorschriften im Sinne von Art. 46 Abs. 2 lit. b i.V.m. Art. 47 DSGVO und Standarddatenschutzklauseln im Sinne von Art. 46 Abs. 2 lit. c und d DSGVO.

---

185 *Eßer,* in: Auernhammer, BDSG, § 3 Rn. 58; *Weichert,* in: Däubler/Klebe/Wedde/Weichert, BDSG, § 3 Rn. 37; *Ernst,* in: Paal/Pauly, DSGVO, Art. 4 Rn. 30; *Plath/Schreiber,* in: Plath, BDSG/DSGVO, § 3 BDSG Rn. 46; *Klar,* ZD 2013, 109, 111; *Taraschka,* CR 2004, 280, 283.

186 Noch zum BDSG bzw. zur RL 95/46/EG *Gola/Klug/Körffer,* in: Gola/Schomerus, BDSG, § 3 Rn. 33; *Spindler,* in: Spindler/Schuster, § 4b BDSG Rn. 7; *Brühann,* DuD 2004, 201, 207; *Dammann,* Anmerkung zu *EuGH,* Urt. v. 6.11.2003 – Rs. C-101/01 – Lindqvist, in: RDV 2004, 19, 21; *Schierbaum,* PersR 2010, 268, 270; *Weichert,* DuD 2009, 7, 9; a.A. *EuGH,* Urt. v. 6.11.2003 – Rs. C-101/01, EuZW 2004, 245, 250 – Lindqvist; *Thomale,* in: Auernhammer, BDSG, § 4b Rn. 5; *von dem Bussche,* in: Plath, BDSG/DSGVO, § 4b BDSG Rn. 15; *Roßnagel,* Anmerkung zu *EuGH,* Urt. v. 6.11.2003 – Rs. C-101/01 – Lindqvist, in: MMR 2004, 99, 99.

bb) Vom Datenschutzniveau unabhängige Ausnahmetatbestände

Ein Katalog von Fällen, in denen eine Übermittlung in einen Drittstaat auch bei Fehlen eines angemessenen Datenschutzniveaus oder geeigneter Garantien zulässig ist, findet sich in Art. 49 Abs. 1 DSGVO. Nur in diesen Fällen könnte eine Veröffentlichung personenbezogener Daten und damit auch von Personenbildern im Internet als Übermittlung in sämtliche Drittstaaten zulässig sein, da es praktisch ausgeschlossen ist, dass in jedem Land außerhalb der EU ein angemessenes Datenschutzniveau oder geeignete Garantien bestehen. Dieser Katalog ist jedoch deutlich strikter als der des Art. 6 Abs. 1 DSGVO.

cc) Lösung des EuGH im Lindqvist-Urteil

Solch hohe rechtliche Anforderungen an eine Veröffentlichung von Daten im Internet bedeuten im Digitalzeitalter eine erhebliche Einschränkung des Umgangs mit personenbezogenen Daten.

Auch der *EuGH* musste sich noch unter Geltung der Datenschutzrichtlinie mit der Frage beschäftigen, ob die Aufnahme personenbezogener Daten in eine Internetseite eine Übermittlung dieser Daten in ein Drittland im Sinne von Art. 25 RL 95/46/EG darstellt, was er im Ergebnis verneint hat.[187] Im Hinblick auf die technische Funktionsweise stellte er fest, dass die Daten vom Webseitenbetreiber zunächst an seinen Host-Service-Provider übermittelt würden, der die EDV-Infrastruktur mitsamt der Verbindung zum Webserver verwalte, wodurch die spätere Übermittlung der Daten an jeden interessierten Internetnutzer ermöglicht werde.[188] Allerdings seien die Internetseiten nicht so konzipiert, dass die Informationen automatisch an Personen versendet würden, die die Seiten nicht bewusst angesteuert hätten.[189] Vielmehr müssten die Nutzer eigenhändig die Seite aufrufen, um die Informationen einzusehen, sodass das bloße Hochladen von Informationen nicht zu einer unmittelbaren Übermittlung der Informationen zwischen dem Betreiber der Webseite und einer Person in einem Drittstaat führe, sondern nur zwischen der EDV-Infrastruktur des Host-Service-Providers und dem jeweiligen Internetnutzer.[190] Aus rechtlicher Sicht enthalte Kapitel IV RL 95/46/EG (Übermittlung personenbezogener Daten in Drittländer) zwar eine Sonderregelung für die Übermittlung personenbezogener Daten in Drittländer, aber keine besondere Regelung für die Benutzung des Internets und angesichts des Entwicklungsstands des Internets zur Zeit der Schaffung der Richtlinie könne auch nicht davon ausgegangen werden, dass der europäische Gesetzgeber den Upload von Daten im Internet als Übermittlung in ein Drittland ansehen wollte.[191]

---

187 *EuGH,* Urt. v. 6.11.2003 – Rs. C-101/01, EuZW 2004, 245 – Lindqvist.
188 *EuGH,* Urt. v. 6.11.2003 – Rs. C-101/01, EuZW 2004, 245, 249 – Lindqvist.
189 *EuGH,* Urt. v. 6.11.2003 – Rs. C-101/01, EuZW 2004, 245, 249 – Lindqvist.
190 *EuGH,* Urt. v. 6.11.2003 – Rs. C-101/01, EuZW 2004, 245, 249 – Lindqvist.
191 *EuGH,* Urt. v. 6.11.2003 – Rs. C-101/01, EuZW 2004, 245, 250 – Lindqvist.

Außerdem würde der als Sonderregelung konzipierte Art. 25 RL 95/46/EG zur allgemeinen Regelung für Vorgänge im Internet, wenn ein Upload im Internet generell als Drittlandtransfer von Daten eingestuft würde, sodass die Mitgliedstaaten jegliche Uploadhandlung auf öffentliche Seiten unterbinden müssten, sobald die Kommission feststelle, dass in wenigstens einem Land kein angemessenes Datenschutzniveau vorherrsche.[192] Insgesamt sei das Aufnehmen von Daten in eine Internetseite deshalb keine Übermittlung im Sinne von Art. 25 RL 95/46/EG, wobei der *EuGH* ausdrücklich betonte, dass diese Erwägungen nur für die Handlung der Person gelten, die die Daten unter Zuhilfenahme ihres Host-Service-Providers online stellt, da nur diese – im Gegensatz zu den Vorgängen beim Host-Service-Provider – Gegenstand der Vorlagefrage war.[193]

dd) Kritik an der Entscheidung des EuGH

Weder der Argumentation noch dem Ergebnis des *EuGH* ist jedoch zuzustimmen. Dies gilt gleichermaßen für die Rechtslage nach der DSGVO.

(1) Unerheblichkeit der Einschaltung eines technischen Gehilfen

Dass es an einer unmittelbaren Verbindung zwischen Webseitenbetreiber und Internetnutzer fehlt, weil ein Host-Service-Provider zwischengeschaltet ist, kann das Vorliegen einer Übermittlung nicht ausschließen. Der Host-Service-Provider ist bloß ein technischer Gehilfe, der die Infrastruktur bereitstellt, die erforderlich ist, um anderen Nutzern Informationen über das Internet zugänglich zu machen. Für die im Rahmen einer Übermittlung erforderliche Verbindung zwischen Versender und Empfänger reicht es aus, dass der Host-Service-Provider im Auftrag des Webseitenbetreibers handelt und dass sich seine Handlungen auf die technischen Vorgänge beschränken. Auch im analogen Bereich wäre es undenkbar, den Versand von Informationen per Post nicht als Übermittlung anzusehen, nur weil ein Postdienstleister mit der eigentlichen Transportleistung betraut ist.

Außerdem ist mit Übergabe der Informationen an den Host-Service-Provider aus Sicht des Webseitenbetreibers bereits alles Erforderliche zur Einstellung der Daten ins Internet getan, sodass der Zugriff auf die Daten nicht verhindert werden kann, da der Host-Service-Provider unmittelbar und automatisiert den Zugang über das Internet herstellt.[194] Die gesamte Argumentation des *EuGH* erweist sich als ergebnisorientiert, da offenbar das Ergebnis vermieden werden soll, dass im Rahmen von Internetvorgängen die strengen Voraussetzungen der Drittlandübermittlung zur Geltung kommen.

---

192 *EuGH*, Urt. v. 6.11.2003 – Rs. C-101/01, EuZW 2004, 245, 250 – Lindqvist.

193 *EuGH*, Urt. v. 6.11.2003 – Rs. C-101/01, EuZW 2004, 245, 250 – Lindqvist.

194 *Dammann*, Anmerkung zu *EuGH*, Urt. v. 6.11.2003 – Rs. C-101/01 – Lindqvist, in: RDV 2004, 19, 21.

(2) Hohe Eingriffsintensität bei Veröffentlichungen im Internet

Zwar ist es richtig, dass bereits die Existenz eines einzigen Landes ohne angemessenes Datenschutzniveau dazu führt, dass die meisten Online-Veröffentlichungen unzulässig sind und dass der Datenumgang im Internet damit erheblich eingeschränkt wäre. Allerdings ist dieses Ergebnis nicht unbillig.

Eine Veröffentlichung im Internet gehört zu den massivsten vorstellbaren Eingriffen in das Recht auf Schutz personenbezogener Daten. Die betreffenden Daten können von jedermann zu jeder Zeit an jedem Ort abgerufen werden. Der Betroffene verliert jegliche Kontrolle über die Daten, da sie in kürzester Zeit kopiert und anderweitig gespeichert oder weitergegeben werden können und es faktisch nahezu unmöglich ist, einmal veröffentlichte Daten wieder vollständig aus dem Netz zu löschen.[195] Je größer die Intensität des Eingriffs ist, desto größer ist jedoch auch das Schutzbedürfnis. Deshalb ist es nicht unangemessen, wenn die Verschaffung einer solchen ubiquitären und globalen Zugänglichkeit von Daten nur unter strengen Voraussetzungen zulässig ist. Denn gerade in Ländern ohne angemessenes Datenschutzniveau droht ein unkontrollierter und missbräuchlicher Umgang mit den Daten.

(3) Unberechtigte Besserstellung gegenüber bilateralen Übermittlungen

Im Übrigen ist nicht einzusehen, warum eine gezielte Weitergabe von Daten zwischen zwei Personen von einem Mitgliedstaat in einen Drittstaat den Voraussetzungen des Kapitels V der DSGVO unterliegen soll, während eine Veröffentlichung der gleichen Daten im Internet dies nicht tut.[196] Die Voraussetzungen der Art. 44 ff. DSGVO könnten dann auf einfache Art und Weise umgangen werden, indem Daten nicht mehr zielgenau weitergegeben, sondern im Netz bereitgestellt werden und der konkrete Ort dem gewünschten Empfänger mitgeteilt wird. Die Beeinträchtigung für die Betroffenen wäre erheblich größer, während das Schutzniveau deutlich tiefer läge.

Es ist zwar zuzugeben, dass im Einzelfall in vielen Fällen eher mit einer tatsächlichen Kenntnisnahme der Daten zu rechnen ist, wenn diese zwischen zwei Parteien weitergegeben werden, als wenn beliebig Daten auf einer der unzähligen Webseiten im Internet veröffentlicht werden. Doch gibt es heutzutage genug Programme und Rechenkapazitäten, um die Weiten des Internets gezielt nach bestimmten Informationen zu durchsuchen. Das Schädigungspotenzial einzelner Daten kann fast nie abstrakt bestimmt werden, sondern ergibt sich erst aus dem Zusammentreffen verschiedener Umstände.

195 *Jandt/Roßnagel,* MMR 2011, 637, 637; *Weichert,* DuD 2009, 7, 12.

196 Gegen eine Gleichstellung von Datenübermittlungen 1:1 und 1:n wendet sich auch *Klar,* MMR 2012, 788, 793.

(4) Erfordernis eines automatischen Versands der Daten

Es kann auch nicht darauf ankommen, ob eine Webseite von selbst automatisch Daten an Nutzer versendet, die diese nicht bewusst aufsuchen. Zum einen ist fraglich, ob der Einsatz von Werbemitteln, die den Nutzer zu einer Seite führen sollen, wie beispielsweise Popups, Metatags oder Hyperlinks, die Grenze zum automatischen Versenden von Daten schon überschreitet, was eine Abgrenzung sehr schwierig macht.[197] Zum anderen darf die finale Ausrichtung einer Veröffentlichungshandlung nicht verkannt werden. Selbst wenn der jeweilige Anbieter der Informationen nicht zwingend intendiert, dass diese an Nutzer in Drittstaaten gelangen, beabsichtigt er doch, dass die Daten von Dritten abgerufen und zur Kenntnis genommen werden, da eine Veröffentlichung auf einer Webseite gerade nicht reiner Selbstzweck ist. Dabei wird ihm in aller Regel bewusst sein, dass die Möglichkeit des globalen Zugangs eröffnet ist, sodass es angemessen ist, dies von der Zweckrichtung her als Übermittlung (auch) in einen Drittstaat anzusehen. Außerdem verlangt die Verarbeitungsmodalität der Bereitstellung gar keinen automatischen Versand von Daten an Dritte. Es ist im Internet geradezu typisch, dass Daten dem Nutzer erst bei Abruf einzelner Seiten vom jeweiligen Server zugesandt werden.

(5) Erhalt des Sonderregelstatus

Des Weiteren kann die Anwendung der Art. 44 ff. DSGVO nicht mit der Erwägung ausgeschlossen werden, damit würde deren Charakter einer Sonderregel zu dem einer allgemeinen Regelung für das Internet ins Gegenteil verkehrt, obwohl der Gesetzgeber die Nutzung des Internets nicht besonders geregelt hat.[198] Denn die DSGVO ist ausweislich ihres Erwägungsgrundes 15 – wie schon die Datenschutz-Richtlinie[199] – allgemein technologieneutral formuliert und geht auch im Übrigen nicht auf bestimmte technische Bereiche besonders ein.[200] Insofern ist es systematisch nicht widersprüchlich, wenn eine Sonderregelung für einen bestimmten Technikbereich gilt, selbst wenn dieser – wie im Falle des Internets – von immenser praktischer Bedeutung ist. Dazu kommt, dass für die Auslegung der Vorschriften vorrangig ihr Sinn und Zweck zu beachten ist und nicht die Frage, ob es sich um eine Ausnahmeregelung handeln soll.[201]

197 *Retzer/Ritter,* CRi 2004, 23, 25.

198 A.A. *Roßnagel,* Anmerkung zu *EuGH,* Urt. v. 6.11.2003 – Rs. C-101/01 – Lindqvist, in: MMR 2004, 99, 100.

199 *Spindler,* in: Spindler/Schuster, § 4b BDSG Rn. 7; *Brühann,* DuD 2004, 201, 206.

200 *Ernst,* in: Paal/Pauly, DSGVO, Art. 2 Rn. 5.

201 *Dammann,* Anmerkung zu *EuGH,* Urt. v. 6.11.2003 – Rs. C-101/01 – Lindqvist, in: RDV 2004, 19, 20 f.

(6) Spezielle Erlaubnisse für Drittlandübermittlungen

Ferner ist zu beachten, dass eine Einstellung personenbezogener Daten ins Internet durch die Qualifikation als Übermittlung von Daten in Drittstaaten nicht völlig ausgeschlossen ist, sondern unter den Voraussetzungen von Art. 49 Abs. 1 DSGVO zulässig bleibt.[202] Diese Ausnahmetatbestände beschreiben Situationen, in denen das Interesse an einer Weitergabe von Daten auch in Staaten ohne angemessenes Datenschutzniveau so hoch ist, dass es das Interesse des Betroffenen am Schutz seiner Daten im Einzelfall überwiegt. Insofern hat der Gesetzgeber eine Abwägung vorgenommen und sich die besondere Gefahrenlage bewusst gemacht.

Aus diesem Grund trifft es nicht zu, dass das World Wide Web weitgehend zum Erliegen käme,[203] wenn der Ansicht des *EuGH* nicht gefolgt wird. Zwar werden einzelne Ausnahmetatbestände eher selten eingreifen – so ist z.B. eine Online-Veröffentlichung von Daten nur in Extremfällen zum Schutz lebenswichtiger Interessen des Betroffenen oder anderer Personen erforderlich im Sinne von Art. 49 Abs. 1 lit. f DSGVO –, andere dagegen können durchaus häufig vorkommen, wie dies zum Beispiel bei der Einwilligung der betroffenen Person gemäß Art. 49 Abs. 1 lit. a DSGVO der Fall ist.

Darüber hinaus sind die Mitgliedstaaten zum Schutz der Meinungs- und Informationsfreiheit gemäß Art. 85 Abs. 2 DSGVO verpflichtet, Abweichungen und Ausnahmen unter anderem auch von Kapitel V DSGVO für Verarbeitungen zu journalistischen, wissenschaftlichen, künstlerischen oder literarischen Zwecken vorzusehen.[204] Dadurch können für zahlreiche Veröffentlichungen von personenbezogenen Daten erleichterte Voraussetzungen geschaffen werden, die auch Veröffentlichungen von Personenbildern ermöglichen, sofern diese im Kontext von Meinungsäußerungen erfolgen.[205] Hier ist der Gesetzgeber gehalten, einen angemessenen Ausgleich zwischen der Meinungsfreiheit, für welche Internetveröffentlichungen ein wichtiges Medium darstellen, und dem Datenschutz zu schaffen, was beispielsweise durch die Erstreckung eines neuen Medienprivilegs auf Blog-Angebote geschehen kann.[206] Außerdem gibt es noch eine große Menge nichtpersonenbezogener Informationen, die über das Internet veröffentlicht werden dürfen, und Betroffenen ist es unbenommen, Daten über sich selbst preiszugeben.

---

202 Noch zu Art. 26 Abs. 1 RL 95/46/EG *Brühann,* DuD 2004, 201, 207; *Dammann,* Anmerkung zu *EuGH,* Urt. v. 6.11.2003 – Rs. C-101/01 – Lindqvist, in: RDV 2004, 19, 21.

203 *Buchner,* in: Taeger/Gabel, BDSG, § 3 Rn. 36; *Roßnagel,* Anmerkung zu *EuGH,* Urt. v. 6.11.2003 – Rs. C-101/01 – Lindqvist, in: MMR 2004, 99, 99.

204 Noch zu Art. 9 RL 95/46/EG *Spindler,* in: Spindler/Schuster, § 4b BDSG Rn. 7; *Brühann,* DuD 2004, 201, 207.

205 *Taraschka,* CR 2004, 280, 285.

206 Vgl. *Weichert,* DuD 2009, 7, 12; *Spindler,* Persönlichkeitsschutz im Internet, S. F 75, F 117; *Spindler,* GRUR-Beilage 2014, 101, 104.

(7) Keine Verschiebung der Verantwortlichkeit auf Host-Provider

Konsequent ist es zudem, den Betreiber der Webseite, der die Inhalte dort einstellt, als Verantwortlichen für die Verarbeitung anzusehen, da er nicht nur das Ob und das Wie der Veröffentlichung kontrolliert, sondern auch am besten in der Lage ist zu prüfen, ob die Zulässigkeitsvoraussetzungen für eine Veröffentlichung der Daten erfüllt sind.[207] Diese Verantwortlichkeit grundsätzlich auf den Host-Service-Provider zu verlagern, nur weil dieser aus technischer Sicht den letzten Schritt für die Weitergabe der Daten an den Endnutzer vornimmt, ist schon deshalb nicht überzeugend, weil dieser die konkreten Inhalte in der Regel überhaupt nicht kennt und erst recht nicht beurteilen kann, ob deren Veröffentlichung zulässig ist.[208] Sein Haftungsrisiko würde dadurch in unzumutbarer Weise erhöht und erst dadurch drohte wirklich eine dramatische Einschränkung des Internets.[209]

(8) Zwischenergebnis

Insgesamt ist deshalb entgegen der Ansicht des *EuGH* davon auszugehen, dass die Veröffentlichung personenbezogener Daten auf einer frei zugänglichen Webseite im Internet den Regelungen über eine Übermittlung von Daten in Drittstaaten unterfällt. Ob tatsächlich eine Einsichtnahme oder ein Abruf durch Personen in einem Drittstaat erfolgt, ist dabei unerheblich, da die erforderliche Bereitstellung der Daten schon durch das Hochladen auf den Server erfolgt. Von einer Übermittlung in Drittstaaten kann nur dann nicht ausgegangen werden, wenn durch technische Mittel sichergestellt wird, dass die Informationen außerhalb der Union nicht zugänglich sind. Demzufolge sind frei zugängliche Veröffentlichungen von Personenbildern im Internet nur unter den Voraussetzungen der Art. 44 ff. DSGVO zulässig, sofern nicht aufgrund anderer Vorschriften der DSGVO Erleichterungen gelten. Ausgehend von dieser Rechtsfolge ist es von besonderer praktischer Bedeutung, ob die Verwendung von Personenbildern im Internet zukünftig nach den Regelungen der DSGVO oder des KUG zu beurteilen ist.

4. Ergebnis

Das Kriterium der Verarbeitung führt zu keiner Einschränkung des Anwendungsbereichs der DSGVO beim Umgang mit Personenbildern, da es so weit reicht, dass jede denkbare Handlung erfasst ist. Damit ist gewährleistet, dass das Datenschutzrecht in allen Phasen von der Erstellung über die Veröffentlichung bis hin zur Analyse, Veränderung oder Löschung eines Personenbildes zur Anwendung kommt und einen einheitlichen Regelungsrahmen bietet. Um welche Art der Verarbeitung es sich im

---

207 *Brühann,* DuD 2004, 201, 207; s. auch *Alich/Nolte,* CR 2011, 741, 743.

208 Vgl. auch *Schantz,* in: BeckOK DSR, § 4b BDSG Rn. 16; *Alich/Nolte,* CR 2011, 741, 743; *Dammann,* Anmerkung zu *EuGH,* Urt. v. 6.11.2003 – Rs. C-101/01 – Lindqvist, in: RDV 2004, 19, 21.

209 *Brühann,* DuD 2004, 201, 207; *Alich/Nolte,* CR 2011, 741, 744.

Einzelfall handelt, kann in der Regel offen bleiben. Nur soweit eine Übermittlung im Raum steht, die (auch) an Empfänger in Drittländern gerichtet ist, ist eine genaue Bestimmung erforderlich, da dafür die Art. 44 ff. DSGVO beachtet werden müssen.

VI. Verarbeitung von Daten für persönliche oder familiäre Tätigkeiten nach der DSGVO

Während Art. 2 Abs. 1 DSGVO die soeben dargestellten Voraussetzungen des sachlichen Anwendungsbereichs niederlegt, der für einen Großteil der Personenbilder eröffnet ist, enthält Art. 2 Abs. 2 DSGVO Ausnahmen, in denen die DSGVO nicht gilt.

1. Ausschluss des Anwendungsbereichs

So wird der Anwendungsbereich dadurch eingeschränkt, dass er sich gemäß Art. 2 Abs. 2 lit. c DSGVO nicht auf solche Datenverarbeitungsvorgänge erstreckt, die durch natürliche Personen zur Ausübung ausschließlich persönlicher oder familiärer Tätigkeiten vorgenommen werden (sog. „Haushaltsausnahme“).[210] Diese Vorschrift ist nahezu identisch mit der Vorgängernorm des Art. 3 Abs. 2, 2. Spiegelstrich RL 95/46/EG. Nur der zugehörige Erwägungsgrund 18 DSGVO wurde im Vergleich zu Erwägungsgrund 12 RL 95/46/EG etwas erweitert und an die aktuellen Gegebenheiten angepasst. Doch auch die bisher geltende nationale Regelung in § 1 Abs. 2 Nr. 3 aE BDSG a.F. stimmte bis auf kleinere Einschränkungen mit der aktuellen Regelung in der DSGVO überein, sodass große Teile der dazu ergangenen Rechtsprechung und Literatur ihre Relevanz behalten.

Die Bedeutung dieser Einschränkung des Anwendungsbereichs darf bei Personenbildern nicht verkannt werden. Gerade im privaten Bereich entstehen aus den verschiedensten Anlässen unzählige Aufnahmen und Schnappschüsse, auf denen Verwandte, Freunde oder auch Fremde zu sehen sind. Die weit verbreitete Ausstattung von Smartphones mit Kameras hat dazu geführt, dass fast jeder jederzeit in der Lage ist, Situationen bildlich festzuhalten. Ein Risiko für die informationelle Selbstbestimmung und das Recht auf Schutz personenbezogener Daten entsteht, sobald diese Bilder nicht auf dem lokalen Speicher des Aufnahmegeräts verbleiben, sondern stattdessen in irgendeiner Form verarbeitet oder weitergegeben werden. Je nachdem wie weit diese Haushaltsausnahme reicht, entfällt damit der Schutz der DSGVO, was in der Praxis erhebliche Schutzlücken zur Folge haben kann.

2. Persönliche und familiäre Tätigkeiten

Ob der erforderliche persönliche oder familiäre Zweck der ausgeübten Tätigkeit vorliegt, bestimmt sich nach der Verkehrsauffassung und kann in der Regel bejaht werden, wenn eine natürliche Person außerhalb einer geschäftlichen Tätigkeit

210 *Ernst*, in: Paal/Pauly, DSGVO, Art. 2 Rn. 13; *Plath*, in: Plath, BDSG/DSGVO, Art. 2 DSGVO Rn. 12.

handelt.[211] Insofern stellt Erwägungsgrund 18 DSGVO nämlich zunächst fest, dass eine Ausübung ausschließlich persönlicher oder familiärer Tätigkeiten bedeutet, dass die Datenverarbeitung ohne Bezug zu einer beruflichen oder wirtschaftlichen Tätigkeit erfolgt. Als gängige Beispiele für Anwendungsfälle dieser Ausnahme werden unter anderem Freizeit, Liebhabereien, Privatreisen, Unterhaltung oder auch private Kommunikation genannt.[212] Zu beachten ist jedoch, dass nur *ausschließlich* persönliche und familiäre Tätigkeiten privilegiert sind. Sobald mit den Tätigkeiten also zumindest auch Zwecke verfolgt werden, die nicht mehr persönlich oder familiär sind, kommt das Datenschutzrecht in vollem Umfang zur Anwendung.[213] Insbesondere eine irgendwie geartete Kommerzialisierung ansonsten privater Datenverarbeitung überschreitet deshalb den Rahmen der Ausnahme des Art. 2 Abs. 2 lit. c DSGVO.[214]

3. Sinn und Zweck der Ausnahmeregelung

Zweck dieser Ausnahme ist die Freihaltung des persönlichen Bereichs von Zwängen des Datenschutzrechts.[215] Dies beruht einerseits auf dem Gedanken, dass das Schutzbedürfnis der betroffenen Personen in diesen Situationen allenfalls minimal ausgeprägt ist.[216] Andererseits soll ein Verarbeiter im Kernbereich seiner privaten und familiären Lebensführung nicht durch rechtliche Zwänge übermäßig eingeengt werden.[217]

a) Geringer Schutzbedarf

Dies zeigten schon die beiden Beispiele des Schriftverkehrs und der Führung von Anschriftsverzeichnissen durch natürliche Personen, die der Richtliniengeber in Erwägungsgrund 12 der RL 95/46/EG aufgenommen hatte und die ebenfalls in Erwägungsgrund 18 DSGVO niedergelegt sind. Solange jemand für seine privaten Zwecke ein Adressbuch führt oder sonstige Datenverarbeitungen in diesem Rah

---

211 *Ernst,* in: Paal/Pauly, DSGVO, Art. 2 Rn. 18; *Schmidt,* in: Taeger/Gabel, BDSG, § 1 Rn. 31.

212 *Ernst,* in: Paal/Pauly, DSGVO, Art. 2 Rn. 18 *Dammann,* in: Simitis, BDSG, § 1 Rn. 151; *Schmidt,* in: Taeger/Gabel, BDSG, § 1 Rn. 31.

213 *Plath,* in: Plath, BDSG/DSGVO, Art. 2 DSGVO Rn. 14; s. auch *Ernst,* in: Paal/Pauly, DSGVO, Art. 2 Rn. 16, 19; a.A. *Gola/Lepperhoff,* ZD 2016, 9, 10: Schwerpunkt privater Datenverwendung ausreichend.

214 *Plath,* in: Plath, BDSG/DSGVO, Art. 2 DSGVO Rn. 14.

215 *Dammann,* in: Simitis, BDSG, § 1 Rn. 147.

216 *Brühann,* in: Grabitz/Hilf, Art. 3 RL 95/46/EG Rn. 13; wohl a.A. *von Lewinski,* in: Auernhammer, BDSG, § 1 Rn. 15; *Gola/Lepperhoff,* ZD 2016, 9, 11.

217 Vgl. *Gola/Lepperhoff,* ZD 2016, 9, 11.

men vornimmt, sind die Interessen der Personen, deren Daten davon betroffen sind, nur sehr geringfügig tangiert und die Einschränkung des Anwendungsbereichs damit hinnehmbar.[218] Das Risiko eines Datenmissbrauchs oder einer unerwünschten Belästigung ist dabei vernachlässigbar und sonstige Beeinträchtigungen drohen kaum, da der private Aktionsradius überhaupt nicht verlassen werden darf. Selbst wenn ein Umgang mit personenbezogenen Daten im persönlichen Tätigkeitsbereich für den Betroffenen nicht völlig unerheblich ist, droht ihm kein totaler Kontrollverlust über seine informationelle Selbstbestimmung, da das Datenschutzrecht eingreift, sobald der ausschließlich persönliche oder familiäre Bereich verlassen wird.

Es besteht somit ein hinreichender Schutz vor einer Veröffentlichung der Daten oder einer kommerziellen Verwertung, da diese den privilegierten Bereich verlassen würden und damit der Anwendungsbereich der DSGVO eröffnet wäre. Zwar ist es auch bei zu rein persönlichen Zwecken geführten Adressbüchern nicht ausgeschlossen, dass diese von ihrem Besitzer verloren werden und dadurch in die Hände Dritter gelangen. Dies ist aber letztlich Teil des allgemeinen Lebensrisikos, sobald man soziale Kontakte zu seinen Mitmenschen aufnimmt und dabei Daten von sich preisgibt.

b) Schutz der Privatsphäre und der Familie des Verarbeiters

Zudem ist zu berücksichtigen, dass der familiäre beziehungsweise persönliche Bereich aufgrund von Art. 7 EU-GRCh auf Ebene der europäischen Grundrechte besonderen Schutz genießt.[219] Doch auch auf nationaler Ebene findet er eigene verfassungsrechtliche Anerkennung und Schutz gemäß Art. 6 GG bzw. Art. 1 Abs. 1 i.V.m. Art. 2 Abs. 1 GG.[220] Deshalb ist es angemessen, wenn der jeweilige Verwender der Daten in diesem engen Bereich von datenschutzrechtlichen Zwängen weitgehend freigestellt ist. Wer in seiner Familie Urlaubsbilder zeigen möchte, auf denen auch andere Personen zu sehen sind, sollte dies weitgehend uneingeschränkt tun können, zumal eine Kontrolle und Rechtsdurchsetzung in diesem Bereich praktisch kaum möglich ist. Eine nicht mehr zu rechtfertigende Beschränkung des Rechts auf informationelle Selbstbestimmung des Betroffenen ergibt sich daraus gerade in Anbetracht der ebenfalls grundrechtlich geschützten Interessen des Verarbeiters nicht.

---

218 Vgl. *Jandt/Roßnagel,* ZD 2011, 160, 162; *Schwenke,* DuD 2015, 161, 165.

219 Vgl. *Gusy,* in: BeckOK DSR, § 1 BDSG Rn. 75.

220 *Gusy,* in: BeckOK DSR, § 1 BDSG Rn. 75; *Schmidt,* in: Taeger/Gabel, § 1 BDSG Rn. 31; *Gola/Lepperhoff,* ZD 2016, 9, 11.

4. *Relevanz der Öffentlichkeit des Aufnahmeortes*

Einschlägig ist die Ausnahme vom Anwendungsbereich der DSGVO nur, wenn ausschließlich persönliche oder familiäre Zwecke verfolgt werden.[221] Dies gebietet eine enge Auslegung.[222]

a) Persönliche Tätigkeiten im öffentlichen Raum

Entscheidend ist dafür grundsätzlich nicht, ob auf den verarbeiteten Bildern Vorgänge abgebildet sind, die in der Öffentlichkeit stattgefunden haben oder solche, die sich in der privaten Sphäre ereignet haben. Eine Ausnahme gilt jedoch im Falle einer stationären Videoüberwachung, da diese eine besondere Intensität aufweist. Diese fällt nur unter die Ausnahmeregel des Art. 2 Abs. 2 lit. c DSGVO, soweit sich der Überwachungsbereich ausschließlich auf die private Sphäre des Verantwortlichen erstreckt.[223] Wird öffentlicher Raum auch nur teilweise erfasst, erlangt die Videoüberwachung einen Außenbezug, aufgrund dessen sie nicht mehr exklusiv der Privatsphäre zugerechnet werden kann.[224] Ähnliches gilt für auf Dauer angelegte Aufnahmen mittels einer Dash-Cam, die fortwährend den Straßenverkehr aufzeichnet.[225]

Dennoch lässt sich diese Aussage nicht ohne Weiteres verallgemeinern. Eine ausschließlich persönliche oder familiäre Tätigkeit kann selbst dann noch vorliegen, wenn Bilder im öffentlichen Raum aufgenommen werden, da die Entfaltung der Persönlichkeit nicht auf die Privatwohnung beschränkt ist, sondern auch im Rahmen von Aktivitäten erfolgen kann, die zwangsläufig nur in öffentlich zugänglichen Bereichen stattfinden können.[226] Dies gilt beispielsweise für Urlaub und zahlreiche Freizeitaktivitäten, während derer man Bilder aufnimmt, auf denen sich fremde Personen im Hintergrund befinden.[227] Deshalb können Aufnahmen mit Helmkameras beim Skifahren oder sonstigen sportlichen Aktivitäten unter den

---

221 *EuGH,* Urt. v. 11.12.2014 – Rs. C-212/13, NJW 2015, 463, 464 – Ryneš – m. Anm. *Klar.*

222 *EuGH,* Urt. v. 11.12.2014 – Rs. C-212/13, NJW 2015, 463, 464 – Ryneš – m. Anm. *Klar.*

223 Vgl. *EuGH,* Urt. v. 11.12.2014 – Rs. C-212/13, NJW 2015, 463, 464 – Ryneš – m. Anm. *Klar.*

224 *EuGH,* Urt. v. 11.12.2014 – Rs. C-212/13, NJW 2015, 463, 464 – Ryneš – m. Anm. *Klar*; *Ernst,* in: Paal/Pauly, DSGVO, Art. 2 Rn. 19; *Fuchs,* ZD 2015, 212, 215; *Lachenmann/Schwiering,* NZV 2014, 291, 292.

225 *VG Göttingen,* Beschl. v. 12.10.2016 – 1 B 171/16, ZD 2017, 43, 44 m. Anm. *Starnecker/Wessels*; *Ernst,* in: Paal/Pauly, DSGVO, Art. 2 Rn. 18; *Ernst,* CR 2015, 620, 622; *Reibach,* DuD 2015, 157, 160; großzügiger *Weichert,* in: Däubler/Klebe/Wedde/Weichert, BDSG, § 1 Rn. 9.

226 So auch *Fuchs,* ZD 2015, 212, 215 f.; *Klar,* Anmerkung zu *EuGH,* Urt. v. 11.12.2014 – Rs. C-212/13 – Ryneš, in: NJW 2015, 464, 465; *Wessels,* JurPC Web-Dok. 186/2015 Abs. 14; a.A. *Reibach,* DuD 2015, 157, 160.

227 *Fuchs,* ZD 2015, 212, 216; *Gola/Lepperhoff,* ZD 2016, 9, 10.

Ausnahmetatbestand fallen.[228] Die strenge Beurteilung bei der stationären Videoüberwachung findet ihre Rechtfertigung darin, dass sie eine dauerhafte Überwachung eines bestimmten Teils des öffentlichen Raums ermöglicht und dadurch einen besonderen Überwachungsdruck auslöst. Damit sind Tätigkeiten nicht vergleichbar, während derer Teile des öffentlichen Raums nur als Augenblicksaufnahmen oder in kurzen Videos bildlich festgehalten werden.

b) Persönliche Verbindungen zu den abgebildeten Personen

Ebenso wenig kommt es im Übrigen darauf an, ob die Bilder nur Personen zeigen, zu denen der Veröffentlichende eine persönliche Beziehung hat, oder ob ihm fremde Personen abgebildet sind.[229] Da das Datenschutzrecht überhaupt nur für die personenbezogenen Daten von Dritten gilt, kommt der Ausnahme in Art. 2 Abs. 2 lit. c DSGVO eine eigenständige Bedeutung erst zu, wenn sie Tätigkeiten erfasst, die das (Privat-)Leben anderer Personen betreffen oder betreffen können.[230] Dass die persönlichen Beziehungen zu Freunden und Familie enger sind, führt ihnen gegenüber indes nicht zu einer Abschwächung des Schutzniveaus, sofern sie auf Bildern festgehalten werden.

Ein praktischer Unterschied besteht darin, dass es in der Regel leichter sein dürfte, von solchen Personen eine potenziell erforderliche Einwilligung für die Verwendung zu erhalten. Außerdem begegnet ihnen der Aufnehmende tendenziell häufiger in Situationen, in denen er ausschließlich persönliche oder familiäre Tätigkeiten ausübt und in denen deshalb der Anwendungsbereich der DSGVO nicht eröffnet ist. Dennoch kommt es insoweit stets auf den Einzelfall und vor allem die geplanten Verwendungsmodalitäten an. Wird beispielsweise ein Familienfoto im beruflichen Kontext verwendet, scheidet die Haushaltsausnahme aus, während ein Urlaubsfoto mit Fremden, das im Familienkreis gezeigt wird, von der Ausnahme erfasst wäre.

5. Reichweite der Ausnahme im Internet und sozialen Netzwerken

Besondere Brisanz birgt die Veröffentlichung von Personenbildern im Internet und sozialen Netzwerken.

a) Restriktive Auslegung des EuGH im Lindqvist-Urteil

Der *EuGH* hat noch zur alten (mit der DSGVO nahezu identischen) Regelung in der RL 95/46/EG entschieden, dass die Veröffentlichung personenbezogener Daten im Internet keine Datenverarbeitung darstellt, die zum Privat- oder Familienleben einer

---

228 *Fuchs,* ZD 2015, 212, 215 f.; *Wessels,* JurPC Web-Dok. 186/2015 Abs. 14; a.A. *Reibach,* DuD 2015, 157, 160.

229 *Gusy,* in: BeckOK DSR, § 1 BDSG Rn. 75; *Dammann,* in: Simitis, § 1 Rn. 152.

230 Vgl. *EuGH,* Urt. v. 11.12.2014 – Rs. C-212/13, NJW 2015, 463, 464 – Ryneš – m. Anm. *Klar.*

Einzelperson gehört, weil die Daten dadurch einer unbegrenzten Zahl von Personen verfügbar gemacht werden.[231] Demzufolge wäre der sachliche Anwendungsbereich der DSGVO bei einer Veröffentlichung von Bildern in sozialen Netzwerken, zumindest in deren öffentlichen Bereichen, oder auf anderen Webseiten im Internet stets eröffnet, sodass diese gemäß Art. 6 Abs. 1 DSGVO nur bei Vorliegen einer Einwilligung des Abgebildeten oder eines anderen Erlaubnistatbestandes zulässig wäre. Neben der faktisch bestehenden öffentlichen Zugänglichkeit steht dort häufig die Zugänglichmachung für die breite Öffentlichkeit sogar in subjektiver Hinsicht im Vordergrund. Hier ist jedoch fraglich, ob sich der Zweck einer Veröffentlichung von Daten und der Zweck der Ausübung persönlicher Tätigkeiten stets diametral gegenüberstehen und daher nicht nebeneinander bestehen können.[232]

Außerdem ist zu klären, ob diese Rechtsprechung des *EuGH* unter der DSGVO weiterhin herangezogen werden kann, weil insofern möglicherweise der Erweiterung des Erwägungsgrundes 18 DSGVO gegenüber Erwägungsgrund 12 RL 95/46/EG Rechnung zu tragen ist. Darin werden als Beispiele für persönliche oder familiäre Tätigkeiten neuerdings auch die Nutzung von sozialen Netzwerken und Online-Tätigkeiten benannt, sofern sie im Rahmen solcher persönlichen oder familiären Tätigkeiten erfolgen. Dies könnte zur Folge haben, dass zukünftig viel mehr Tätigkeiten von Privatpersonen dem Datenschutzrecht entzogen wären.

b) Grenzen der ausschließlich persönlichen oder familiären Tätigkeiten bei Veröffentlichungen von Bildern

Die ursprüngliche Intention des jeweiligen privaten Nutzers wird sich bei der Nutzung sozialer Netzwerke meist im Rahmen persönlicher Zwecke bewegen, da es ihm gerade nicht darauf ankommt, Unternehmen mit Daten zu versorgen oder für seine beruflichen Tätigkeiten zu werben. Stattdessen will er sich seinen Freunden und Bekannten oder auch der Öffentlichkeit unter Zuhilfenahme visueller Mittel präsentieren und sie an seinen privaten Tätigkeiten, Erlebnissen und Vorlieben teilhaben lassen, um Anerkennung oder Wertschätzung von ihnen zu erhalten oder einfach in Kontakt mit ihnen zu bleiben. Allerdings sind private beziehungsweise persönliche Tätigkeiten schon vom Wortsinn her gerade nicht-öffentliche Tätigkeiten. Sie sind somit öffentlichkeitsfeindlich.[233] Kommt der Privatheit des Aufnahmeortes nur begrenzte Relevanz zu, ist vielmehr maßgeblich, ob die in den Bildern enthaltenen personenbezogenen Daten im Rahmen einer beziehungsweise für eine ausschließlich persönliche oder familiäre Tätigkeit genutzt werden, was sich schon aus dem Wortlaut von Art. 2 Abs. 2 lit. c DSGVO ergibt. Nur dann können die mit einer Veröffentlichung von Daten zwangsläufig einhergehenden Beeinträchtigungen des Rechts auf Schutz personenbezogener Daten hinreichend berücksichtigt werden.

---

231 *EuGH,* Urt. v. 6.11.2003 – Rs. C-101/01, EuZW 2004, 245, 249 – Lindqvist; so auch *v. Zezschwitz,* in: Roßnagel, Handbuch Datenschutzrecht, Kap. 9.3 Rn. 122.

232 So jedenfalls *Ernst,* in: Paal/Pauly, DSGVO, Art. 2 Rn. 21.

233 *Ernst,* in: Paal/Pauly, DSGVO, Art. 2 Rn. 21.

Es kommt also maßgeblich auf den Empfängerkreis der Verarbeitungshandlungen an, was sich auch aus dem Gehalt des Rechts auf informationelle Selbstbestimmung ergibt, wonach der Betroffene selbst entscheiden können soll, wer was wann und bei welcher Gelegenheit über ihn weiß.[234] Somit geht es ganz im Sinne des Art. 8 EU-GRCh um die Wahrung der Herrschaft über die eigenen Daten und die damit verbundene Befugnis, Dritte von der Erhebung oder Verwendung dieser Daten auszuschließen.[235] Da der Betroffene im Rahmen des Art. 2 Abs. 2 lit. c DSGVO den Schutz des Datenschutzrechts verliert, ist eine Beschränkung des Empfängerkreises essentiell für die Rechtfertigung dieser Ausnahme.

aa) Begrenzter Empfängerkreis in sozialen Netzwerken

Eine Verarbeitung für ausschließlich persönliche oder familiäre Tätigkeiten kann beim Upload von Bildern auf Plattformen wie Facebook allenfalls dann angenommen werden, wenn sie dort tatsächlich nur Personen zugänglich sind, zu denen enge persönliche oder familiäre Bande bestehen.[236] Selbst eine Beschränkung der Sichtbarkeit der Inhalte auf die sogenannten „Freunde“ wird dem aber in aller Regel nicht gerecht, da die meisten Nutzer sehr großzügig bei der Annahme und Versendung von Freundschaftsanfragen sind.[237] Ein Großteil der Facebook-Freunde sind oft nur entfernte Bekannte, zu denen kaum eine persönliche Beziehung besteht, sodass ein Vergleich mit Freunden im Sinne des herkömmlichen Verständnisses von Freundschaft nicht möglich ist.[238] Da diese Ausnahme vom Anwendungsbereich des Datenschutzrechts obendrein eng auszulegen ist,[239] ist im Zweifel bei sozialen Netzwerken davon auszugehen, dass ihre Nutzung den Bereich der ausschließlich persönlichen oder familiären Tätigkeiten verlässt.[240]

bb) Öffentlich zugängliche Webseiten

Eine sonstige allgemein zugängliche Veröffentlichung im Internet geht erst recht weit darüber hinaus.[241] Zwar zielt die Ausnahme vom Anwendungsbereich der DSGVO für ausschließlich persönliche und familiäre Tätigkeiten primär darauf ab, solche Vorgänge dem Datenschutzrecht zu entziehen, die keinen Bezug zu

---

234 *BVerfG*, Urt. v. 15.12.1983 – 1 BvR 209/83, NJW 1984, 419, 422.

235 *Kingreen*, in: Calliess/Ruffert, EUV/AEUV, Art. 8 GRCh Rn. 9.

236 *Dammann*, in: Simitis, BDSG, § 1 Rn. 151; *Fuchs*, ZD 2015, 212, 216; *Gola/Lepperhoff*, ZD 2016, 9, 10.

237 So auch *Dammann*, in: Simitis, BDSG, § 1 Rn. 151.

238 Vgl. *Specht*, in: Dreier/Schulze, § 22 KUG Rn. 10; *Spindler*, Persönlichkeitsschutz im Internet, S. F 54; *Schwenke*, K&R 2013, 685, 687.

239 *EuGH*, Urt. v. 11.12.2014 – Rs. C-212/13, NJW 2015, 463, 464 – Ryneš – m. Anm. *Klar*; *Dammann*, in: Simitis, § 1 Rn. 148; s. auch *Art.-29-Datenschutzgruppe*, WP 163, S. 7.

240 Vgl. *Solmecke/Kocatepe*, ZD 2014, 22, 24; a.A. *Schaffland/Wiltfang*, BDSG, § 1 Rn. 22.

241 *Ernst*, in: Paal/Pauly, DSGVO, Art. 2 Rn. 21.

geschäftlichen Tätigkeiten aufweisen.[242] In einem eng begrenzten Bereich soll es dem Einzelnen möglich sein, unabhängig von datenschutzrechtlichen Vorgaben zu agieren. Dies kann jedoch dann nicht mehr gelten, wenn personenbezogene Daten, die zu persönlichen Zwecken verarbeitet werden, im Internet einer unbegrenzten Zahl von Nutzern zugänglich gemacht werden, zumal einmal veröffentlichte Daten nur selten wieder vollumfänglich aus dem Internet entfernt werden können. Nicht ohne Grund ist häufig davon die Rede, dass das Internet nie vergisst.[243] Hier droht eine erhebliche Beeinträchtigung des Rechts auf Schutz personenbezogener Daten, welche nicht durch rein subjektive persönliche Zwecke legitimierbar ist.

cc) Objektiver Maßstab

Inwiefern die ausgeübten Tätigkeiten rein persönlicher oder familiärer Natur sind, ist mittels einer objektivierenden Beurteilung zu bestimmen.[244] Abzustellen ist daher auf die Verkehrsauffassung.[245] Ein wichtiger Indikator für die Bestimmung der Grenzen des persönlichen Bereichs ist die oben genannte Größe des Personenkreises, dem im Rahmen der jeweiligen Tätigkeit die Daten bekannt werden.[246] Dennoch kann der persönliche oder familiäre Bereich auch verlassen werden, wenn keine Veröffentlichung vorliegt.[247] Eine Veröffentlichung ist also keine notwendige, in den meisten Fällen aber eine hinreichende Bedingung für das Nichteingreifen der Ausnahme.

Sofern man Aufnahmen von sich selbst im Internet veröffentlicht, liegt darin die Ausübung der Dispositionsbefugnis über die eigenen Rechte, die sonst beim Handeln Dritter die rechtfertigende Wirkung einer Einwilligung des Betroffenen begründet.[248] Geht es dagegen um andere Personen, ist es konsequent, ihnen bei einer so weitreichenden Beeinträchtigung ihrer Rechte den gleichen Schutz und damit ein Dispositionsrecht einzuräumen. Um den Interessen beider Seiten Genüge zu tun, muss aus objektiver Sicht beurteilt werden, ob ein bestimmter Umgang mit Daten noch dem geschützten persönlichen oder familiären Bereich zuzuordnen

---

242 *Dammann,* in: Simitis, BDSG, § 1 Rn. 149.

243 *Deusch,* ZEV 2014, 2, 2; *Jandt/Roßnagel,* MMR 2011, 637, 637; *Schild,* Anmerkung zu *EuGH,* Urt. v. 9.11.2010 – Rs. C-92/09, in: GewA 2011, 28, 28.

244 Schlussanträge des Generalanwalts Niilo Jääskinen vom 10.7.2014 in der Rechtssache C-212/13 – Ryneš, Rn. 47, BeckRS 2014, 81189; *Plath,* in: Plath, BDSG/DSGVO, § 1 BDSG Rn. 31; s. auch *Dammann,* in: Simitis, BDSG, § 1 Rn. 152; für einen verstärkten subjektiven Einschlag *von Lewinski,* in: Auernhammer, BDSG, § 1 Rn. 18.

245 *Plath,* in: Plath, BDSG/DSGVO, § 1 BDSG Rn. 31; *Dammann,* in: Simitis, BDSG, § 1 Rn. 151; *Schmidt,* in: Taeger/Gabel, BDSG, § 1 Rn. 31.

246 *Bihari Vass,* DAR 2010, 504, 505.

247 Schlussanträge des Generalanwalts Niilo Jääskinen vom 10.7.2014 in der Rechtssache C-212/13 – Ryneš, Rn. 59, BeckRS 2014, 81189.

248 Vgl. *Spindler,* Persönlichkeitsschutz im Internet, S. F 42; *Ohly,* AfP 2011, 428, 431; *Weichert,* DuD 2009, 7, 11.

ist. Selbst wenn mit einer Veröffentlichung von Aufnahmen im Internet keinerlei geschäftliche Zwecke verfolgt werden, verlässt eine Zurschaustellung vor der gesamten Internetöffentlichkeit den datenschutzrechtlich freigestellten persönlichen oder familiären Bereich.[249]

Zudem ist es natürlichen Personen zuzumuten, in ihrem persönlichen Umfeld mit den Betroffenen abzuklären, ob diese damit einverstanden sind, dass Bild-/Videoaufnahmen von ihnen im Internet verbreitet werden. Sollte es ihnen nicht möglich sein, kann ihnen abverlangt werden, auf eine Veröffentlichung schlicht zu verzichten oder sie nur dann vorzunehmen, wenn es dafür einen anderen gesetzlichen Erlaubnistatbestand gibt. Somit ist also eine Differenzierung danach erforderlich, ob ein Zugang für die Öffentlichkeit oder zumindest für einen Personenkreis besteht, der nicht mehr ausschließlich dem persönlichen oder familiären Bereich des Datenverwenders zuzurechnen ist. Dies lässt sich im Internet und in sozialen Netzwerken meist gut bewerkstelligen.

c) Auswirkungen von Erwägungsgrund 18 DSGVO

An diesem Ergebnis ist trotz des erweiterten Erwägungsgrundes 18 DSGVO festzuhalten, der nach seinem Wortlaut die Haushaltsausnahme auf die Nutzung von sozialen Netzwerken und Online-Aktivitäten erstrecken will, sofern sie im Rahmen solcher ausschließlich persönlichen oder familiären Tätigkeiten erfolgen. Dies legt zwar zunächst ein relativ weites Verständnis der Ausnahme nahe, allerdings müssen auch die Erwägungsgründe stets im Lichte des Gesetzeszwecks des Schutzes personenbezogener Daten gesehen werden, welcher sich aus Art. 1 Abs. 2 DSGVO ergibt.

aa) Beachtung der Verarbeitungskapazitäten von Privatpersonen

Hierbei ist zu berücksichtigen, dass auch Privatpersonen dank des technischen Fortschritts sowohl online als auch offline umfangreiche Datenverarbeitungen ohne großen Aufwand vornehmen können, was für die betroffenen Dritten neue Risiken im Hinblick auf die Herrschaft über die sie betreffenden Daten schafft.[250] Besonders Fotos, die heutzutage jeder mit seiner Handykamera problemlos und schnell aufnehmen kann, lassen sich in Sekunden weltweit über das Internet verbreiten.[251] Daher ist es geboten, eine enge Auslegung vorzunehmen und insbesondere nicht jede Veröffentlichung von personenbezogenen Daten in sozialen Netzwerken uneingeschränkt zuzulassen, nur weil diese im Rahmen einer persönlichen Tätigkeit

249 So auch *v. Zezschwitz*, in: Roßnagel, Handbuch Datenschutzrecht, Kapitel 9.4 Rn. 122; *Art.-29-Datenschutzgruppe*, WP 163, S. 7; *Roßnagel*, Anmerkung zu *EuGH*, Urt. v. 6.11.2003 – Rs. C-101/01 – Lindqvist, in: MMR 2004, 99, 99.

250 *Gola/Lepperhoff*, ZD 2016, 9, 11; *Roßnagel/Kroschwald*, ZD 2014, 495, 496; vgl. auch *Roßnagel/Nebel/Richter*, ZD 2015, 455, 456; Erwägungsgrund 6 DSGVO.

251 *Tillmanns/Führ*, ZUM 2005, 441, 441.

erfolgt.[252] Selbst Privatpersonen sollten nicht uneingeschränkt große Mengen personenbezogener Daten im Internet für jedermann verfügbar machen dürfen, da damit ein so massiver Kontrollverlust über die Daten verbunden ist, dass darin ein erheblicher Eingriff in die grundrechtlich geschützten Interessen der Betroffenen liegt.[253] Gerade in sozialen Netzwerken werden Inhalte häufig so schnell kopiert und geteilt, dass selbst eine zeitnahe Löschung des ursprünglich hochgeladenen Fotos nicht mehr zu einem dauerhaften Verschwinden des Bildes aus dem Internet führt.[254] Eine Berechtigung findet die sog. Haushaltsausnahme deshalb ohnehin nur noch darin, dass die DSGVO am Prinzip des Verbots mit Erlaubnisvorbehalt festhält und ohne die Ausnahme eine erhebliche Belastung von Privatpersonen stattfinden würde.[255]

bb) Vereinbarkeit einer engen Auslegung mit dem Wortlaut

Außerdem muss berücksichtigt werden, dass Erwägungsgrund 18 DSGVO zurückhaltend formuliert ist, da er nur besagt, dass die Nutzung sozialer Netzwerke und Online-Tätigkeiten als persönliche oder familiäre Tätigkeiten gelten *könnten.* Es wird also gerade nicht zwingend festgelegt, dass sämtliche dieser Tätigkeiten stets vom Anwendungsbereich ausgenommen sind. Stattdessen beschränkt sich die Aussage sinngemäß darauf, dass in diesem Bereich Ausnahmen nicht von vornherein ausgeschlossen sind.

Der gesetzgeberische Wille, der in Erwägungsgrund 18 DSGVO zum Ausdruck gekommen ist, kann und sollte nicht ignoriert werden. Deshalb werden gewisse Aktivitäten in sozialen Netzwerken und im Online-Bereich noch von dem Anwendungsbereichsausschluss des Art. 2 Abs. 2 lit. c DSGVO erfasst sein. Dazu können beispielsweise die Präsentation von Bildern vor einem kleinen Freundeskreis in sozialen Netzwerken gehören.

cc) Privilegierte Nutzung von Online-Diensten

Da es maßgeblich auf einen beschränkten Empfängerkreis ankommt, kann auch die private Nutzung bestimmter Online-Dienste mit erweiterten Verarbeitungsmöglichkeiten noch in den privilegierten Bereich fallen, in dem das Datenschutzrecht keine Anwendung findet. Ein Beispiel dafür war die mittlerweile nicht mehr existente Webseite „howhot.io". Dort konnten Nutzer Fotos von sich oder anderen Personen hochladen, die daraufhin von einer Software nach festen Algorithmen analysiert wurden, welche anhand einer großen Zahl von Personenbildern erstellt und trainiert

---

252 *Roßnagel/Richter/Nebel,* ZD 2013, 103, 104; *Solmecke/Kocatepe,* ZD 2014, 22, 24.

253 *Gola/Lepperhoff,* ZD 2016, 9, 11; *Roßnagel/Richter/Nebel,* ZD 2013, 103, 104; *Konferenz der Datenschutzbeauftragten des Bundes und der Länder,* Beschluss vom 14.08.2015, „Datenschutzrechtliche Kernpunkte für die Trilogverhandlungen zur Datenschutz-Grundverordnung", S. 2 f.

254 s. auch *Jandt/Roßnagel,* MMR 2011, 637, 637; *Schwenke,* K&R 2013, 685, 687.

255 *Härting,* ITRB 2016, 36, 38.

worden waren. Innerhalb weniger Sekunden wurde nicht nur das geschätzte Alter und Geschlecht der abgebildeten Person angezeigt, sondern anhand einer Skala auch ihre Attraktivität. Andere Beispiele sind Dienste, die hochgeladene Bilder mittels einer Gesichtserkennungssoftware erfassen und mit sonstigen Bildern aus dem Internet vergleichen.

Der Vielfalt von Analysewerkzeugen sind kaum Grenzen gesetzt. Sobald der Nutzer Bilder in irgendeiner Form an einen solchen Online-Dienst überträgt, liegt darin eine Übermittlung der personenbezogenen Daten und damit eine Verarbeitung. Gerade wenn eine entsprechende Nutzung der Dienste aber bloß zu Unterhaltungszwecken, zur Ordnung der eigenen Dateien oder aus sonstigen persönlichen Motiven erfolgt, kann dies noch im Rahmen einer ausschließlich persönlichen Tätigkeit stattfinden. Zugleich ist der Empfängerkreis dabei eng begrenzt und der Betroffene ist nicht jeden Schutzes beraubt, da zwar diese Übermittlung und Nutzung des Dienstes durch Privatpersonen nicht der DSGVO unterfällt, die Verarbeitung durch den Diensteanbieter aber keineswegs privilegiert ist, was Erwägungsgrund 18 S. 3 DSGVO ausdrücklich klarstellt.

In Anbetracht der Notwendigkeit der engen Auslegung der Ausnahme für persönliche Tätigkeiten in Art. 2 Abs. 2 lit. c DSGVO sollte sie jedoch nicht mehr zugunsten des privaten Nutzers eingreifen, wenn für diesen leicht erkennbar ist, dass der Anbieter weitere Verarbeitungsschritte vornimmt, die unweigerlich zu einer Veröffentlichung der Daten führen. Andernfalls würde die Privilegierung der persönlichen Sphäre zu Lasten der Betroffenen (im Falle von Personenbildern also der Abgebildeten) überdehnt. Privatpersonen ist es selbst in ihrem persönlichen Bereich zumutbar, dass sie nicht ohne jede Restriktion Bilder von Dritten aus ihrer persönlichen Sphäre entlassen, indem sie sie an einen Diensteanbieter weitergeben, der möglicherweise sogar damit wirbt, dass er Bilder analysiert und die personenbezogenen Ergebnisse im Internet frei zugänglich preisgibt. Dies muss umso mehr gelten, als nach einer besonders strengen Auslegung der Ausnahmevorschrift sogar angenommen werden könnte, dass schon die bloße Weitergabe von Daten an einen geschäftlich handelnden Dritten, zu dem keine persönlichen Beziehungen bestehen, die Grenzen der Privilegierung überschreitet. Die oben dargelegte gegenteilige Beurteilung beruht insofern auf einer Abwägung der Vorteile für den Nutzer mit den Risiken für die Rechte der Betroffenen. Dieses Ergebnis ist jedoch nur tragfähig, sofern der Betroffene sich darauf verlassen kann, dass die Nutzung eines bestimmten Online-Dienstes nicht dazu führt, dass eine nicht mehr kontrollierbare Weitergabe und Verbreitung der Daten erfolgt.

d) Ergebnis

Ein interessengerechtes Ergebnis wird also insbesondere im Bereich der Online-Aktivitäten erreicht, wenn die Ausnahme eng ausgelegt wird. Dass die Orientierung an dem potenziellen Empfängerkreis der Daten richtig ist, zeigt sich auch an der Historie der Norm. Das Parlament hatte in seinem Entwurf der DSGVO vom

12.3.2014[256] in Art. 2 Abs. 2 lit. d festgehalten, dass die Haushaltsausnahme auch für die Veröffentlichung personenbezogener Daten gilt, bei denen davon auszugehen ist, dass sie nur einer begrenzten Anzahl von Personen zugänglich sein werden. Im Umkehrschluss ergibt sich daraus, dass die Haushaltsausnahme gerade nicht mehr solche Veröffentlichungen von Daten erfassen sollte, die über diesen begrenzten Empfängerkreis hinausgehen.

Obwohl diese Formulierung in der finalen Gesetzesversion nicht mehr enthalten ist, kann nicht angenommen werden, dass der Gesetzgeber den Anwendungsbereich des Datenschutzrechts hier massiv einschränken wollte.[257] Gleiches gilt für die Tatsache, dass die Streichung dieser Formulierung zeitgleich mit der Einführung der Erwähnung der Online-Tätigkeiten und der Nutzung sozialer Netzwerke in den Erwägungsgründen zeitlich nach dem Entschluss des Parlaments im Entwurf des Rates der EU vom 15. Juni 2015, 9565/15, erfolgte. Denn die relativ liberale Ansicht des Rates, die noch vorsah, dass die genannten Tätigkeiten als persönliche oder familiäre Tätigkeiten gelten, wurde im Trilog-Verhandlungsergebnis wiederum dadurch eingeschränkt, dass sie nicht mehr zwingend als solche gelten, sondern nur noch gelten könnten. Indem primär eine Orientierung an der Größe des Empfängerkreises der Daten erfolgt, wird gewährleistet, dass auch bestimmte Online-Aktivitäten im Sinne der Intention des Gesetzgebers vom Datenschutzrecht befreit sind, ohne dass jedoch eine übermäßige Missachtung der schutzwürdigen Interessen der betroffenen Personen gegeben ist.

6. Einsatz von Bildaufnahmegeräten im Privatbereich mit lokaler Speicherung

Aus den obigen Ausführungen ergibt sich, dass der Einsatz von Bildaufnahmegeräten für ausschließlich persönliche oder familiäre Tätigkeiten erfolgt, wenn die Bilder im Zusammenhang mit Freizeitaktivitäten, familiären Unternehmungen, Privatreisen oder vergleichbaren Vorgängen aufgenommen und ausschließlich lokal auf dem Aufnahmegerät gespeichert werden.[258] Insoweit ist es auch unschädlich, dass die Erhebung im öffentlichen Raum erfolgt.[259] Selbst der Einsatz einer Gesichtserkennungssoftware zur leichteren Organisation der Bilder anhand der abgebildeten Personen verlässt den privilegierten privaten Bereich jedenfalls dann nicht, wenn diese lokal auf den Geräten des Nutzers abläuft und keine Daten an den Anbieter der

---

256 P7_TC1-COD(2012)0011 Standpunkt des Europäischen Parlaments festgelegt in erster Lesung am 12. März 2014 im Hinblick auf den Erlass der Verordnung (EU) Nr. .../2014 des Europäischen Parlaments und des Rates zum Schutz natürlicher Personen bei der Verarbeitung personenbezogener Daten und zum freien Datenverkehr (Datenschutz-Grundverordnung).

257 *Schantz,* NJW 2016, 1841, 1843.

258 *Scholz,* in: Simitis, BDSG, § 6b Rn. 56; *Schmidt,* in: Taeger/Gabel, BDSG, § 1 Rn. 31.

259 *Weichert,* in: Däubler/Klebe/Wedde/Weichert, BDSG, § 1 Rn. 9.

Software oder sonstige geschäftlich handelnde Dritte übermittelt werden. Insoweit ist die DSGVO gemäß Art. 2 Abs. 2 lit. c nicht anwendbar.

Im Falle von Dash-Cams, die den öffentlichen Straßenraum filmen und vorrangig der Beweissicherung für Streitigkeiten über zukünftige Unfallhergänge oder ordnungswidriges Fahrverhalten dienen, ist bei objektiver Betrachtung davon auszugehen, dass diese den ausschließlichen Privatbereich verlassen.[260] Sobald die Bilder als Beweismittel zur Geltendmachung von Schadensersatzansprüchen oder zur Abwehr von Bußgeldern genutzt werden, tritt der Eigentümer der Kamera damit in den Rechtsverkehr ein.[261] Dazu kommt, dass spätestens bei Eintritt ins gerichtliche Verfahren im Rahmen der mündlichen Verhandlung aufgrund des Öffentlichkeitsgrundsatzes des § 169 GVG in beschränktem Maße eine Veröffentlichung der Bilder erfolgt.[262] Ausnahmen können nur dann gelten, wenn sich nach der Verkehrsauffassung ergibt, dass die Dash-Cam abweichend von ihrem üblichen Einsatzweck gerade nicht für Beweiszwecke eingesetzt wird, sondern um Fahrten beispielsweise für Erinnerungszwecke zu dokumentieren.[263] Dies kann unter anderem bei gezielter Verwendung im Urlaub während einer Fahrt durch besonders beeindruckende oder einzigartige Landschaften naheliegend sein.[264] Im Übrigen ist damit noch nichts über die Zulässigkeit von Dash-Cams gesagt, sondern nur klargestellt, dass diese sich im Regelfall an den Maßstäben der DSGVO messen lassen müssen.

Ähnliche Abgrenzungsschwierigkeiten entstehen zunehmend auch bei Action-Kameras, die beispielsweise beim Skisport verwendet werden.[265] In den letzten Jahren haben immer wieder Zusammenstöße von Skifahrern auf der Piste Schlagzeilen gemacht (z.B. der Unfall des ehemaligen thüringischen Ministerpräsidenten Dieter Althaus im Jahr 2009), bei denen sich im Rahmen nachgelagerter Prozesse um Schadensersatzforderungen oder gar strafrechtliche Verantwortlichkeiten die Schuldfrage stellt und für die Videos von Helmkameras wertvolle Beweismittel darstellen können. Sofern sich nach der Verkehrsauffassung ergibt, dass der Einsatz von vornherein Beweiszwecken dient, ist es angebracht, die Anwendbarkeit der Ausnahme für den persönlichen Bereich zu verneinen. Allerdings wird man gegenwärtig noch von einem im Vergleich zur Dash-Cam umgekehrten Regel-Ausnahme-Verhältnis

260 Schlussanträge des Generalanwalts Niilo Jääskinen vom 10.7.2014 in der Rechtssache C-212/13 – Ryneš, Fn. 43, BeckRS 2014, 81189; *OLG Stuttgart,* Beschl. v. 4.5.2016 – 4 Ss 543/15, NJW 2016, 2280, 2281 m. Anm. *Cornelius*; *VG Ansbach,* Urt. v. 12.8.2014 – 4 K 13.01634, ZD 2014, 590, 592 m. Anm. *Schröder*; *Balzer/Nugel,* NJW 2014, 1622, 1625; *Börner,* K&R 2015, Heft 6, Beihefter 2, 2, 4; *Schröder,* Anmerkung zu *AG München,* Urt. v. 6.6.2013 – 343 C 4445/13, in: ZD 2014, 40, 40.

261 Wohl a.A. *Brink,* ZWE 2013, 73, 74.

262 S. *AG München,* Beschl. v. 13.8.2014 – 345 C 5551/14, ZD 2014, 530, 531 m. Anm. *Werkmeister; Atzert/Franck,* RDV 2014, 136, 137; a.A. *Klann,* DAR 2013, 188, 188.

263 *Fuchs,* ZD 2015, 212, 215.

264 *Fuchs,* ZD 2015, 212, 215; *Klann,* DAR 2013, 188, 188 Fn. 8.

265 *Fuchs,* ZD 2015, 212, 216.

ausgehen können, da meistens noch der Zweck der Dokumentation einer rasanten oder ausgefallenen Abfahrt im Vordergrund steht.

7. *Einsatz von Bildaufnahmegeräten im Privatbereich mit Cloud-Speicherung*

Fraglich ist schließlich, ob die Erstellung von Bild- und Videoaufnahmen zu rein privaten Zwecken noch dem Anwendungsbereichsausschluss unterfällt, wenn keine (ausschließlich) lokale Speicherung erfolgt, sondern die Aufnahmen direkt auf Server von Unternehmen hochgeladen werden, die entsprechende Cloud-Dienste anbieten. Diese Vorgehensweise verbreitet sich zunehmend, da auf diese Weise nicht nur der auf den Endgeräten teils knappe Speicherplatz geschont wird, sondern auch ein jederzeitiger und ortsunabhängiger Zugriff über andere Geräte möglich ist. In diesem Fall verlassen die Daten den alleinigen Herrschaftsbereich des Nutzers des Aufnahmegeräts, was zugleich eine Steigerung des Schutzbedürfnisses des Betroffenen zur Folge hat.

a) Verschlüsselte Datenspeicherung

Bei einem bloßen Upload in eine Cloud auf Unternehmensservern muss der Bereich einer ausschließlich persönlichen Tätigkeit nicht zwangsläufig verlassen werden. Unproblematisch ist ein solcher Upload jedenfalls dann, wenn der Anbieter des Cloud-Dienstes und Dritte selbst faktisch keine Möglichkeit zur Verwertung der Daten haben, was insbesondere bei hinreichend sicher verschlüsselten Übermittlungen und einer Speicherung in verschlüsselter Form der Fall ist.[266] Liegt die einzige Zugriffsmöglichkeit auf die Daten allein in der Hand des Cloud-Nutzers und besteht auch bei der Übertragung keine realistische Möglichkeit des Abfangens der Daten in Reinform, ist kein Grund ersichtlich, warum eine solche Cloud-Nutzung den persönlichen oder familiären Bereich verlassen sollte.

b) Unverschlüsselte Datenspeicherung

Weniger eindeutig ist diese Beurteilung, wenn es an einer hinreichenden Verschlüsselung fehlt. Rein faktisch haben die Plattformbetreiber in Folge eines solchen Uploads oft Zugriffsmöglichkeiten auf die Bilder, sodass sie diese potenziell für kommerzielle Zwecke verwenden könnten. Das ist allerdings nur ein technisch bedingter Nebeneffekt der Cloud-Nutzung, bei welcher die Nutzung der Daten durch den jeweiligen Cloud-Nutzer im Fokus steht.

aa) Fehlende Zugriffsrechte des Diensteanbieters und Bindung an DSGVO

Darüber hinaus ist es entsprechenden Diensteanbietern in der Regel durch gesetzliche oder zumindest vertragliche Regelungen untersagt, die gespeicherten Daten in einer Weise zu nutzen, die über das für die technische Erbringung der

---

266 Vgl. *Hornung/Sädtler*, CR 2012, 638, 639; *Weichert*, DuD 2010, 679, 684.

Dienstleistung erforderliche Maß hinausgeht. Denn nur weil eine natürliche Person die Cloud-Dienste potenziell in privilegierter Weise nutzen kann, führt dies nicht zu einer Befreiung der geschäftlich handelnden Diensteanbieter von den datenschutzrechtlichen Regelungen. Dies lässt sich eindeutig Erwägungsgrund 18 S. 3 DSGVO entnehmen, welcher im Anschluss an die potenzielle Privilegierung von Online-Tätigkeiten und Nutzungen sozialer Netzwerke im Rahmen persönlicher oder familiärer Tätigkeiten klarstellt, dass die DSGVO aber für die Verantwortlichen oder Auftragsverarbeiter gilt, die die jeweiligen Mittel für die Verarbeitung personenbezogener Daten für solche Tätigkeiten bereitstellen. Dadurch ist sichergestellt, dass die von privaten Nutzern eingegebenen Daten nur im Rahmen des Datenschutzrechts weiterverarbeitet werden dürfen.

Daraus ergibt sich, dass auch die unverschlüsselte Nutzung von Cloud-Speichern keine gravierenden Risiken für die Interessen des Betroffenen mit sich bringt, obwohl die Bilder dadurch in den Herrschaftsbereich eines Dritten gelangen, da dieser seinerseits den datenschutzrechtlichen Regelungen verpflichtet ist. Hier gelten im Ergebnis also die gleichen Erwägungen wie bei den oben angesprochenen Online-Angeboten einer Gesichtserkennung oder Bildanalysediensten, deren Nutzung im Rahmen persönlicher oder familiärer Tätigkeiten privilegiert ist.

bb) Keine Veröffentlichung von Daten durch Cloud-Speicherung

Außerdem führt die Nutzung eines Cloud-Speichers nicht dazu, dass die Daten allen Internetnutzern zur Verfügung stehen. Vielmehr ist es üblich, dass Cloud-Nutzer nur selbst auf die von ihnen gespeicherten Daten zugreifen können, sofern sie diese nicht für andere freigegeben oder gar generell öffentlich gemacht haben.[267] Sollte eine entsprechende Möglichkeit der Einsichtnahme für Dritte durch den Nutzer geschaffen werden, liegt darin ein Akt, der einer gesonderten Betrachtung unterzogen werden muss. So können beispielsweise Links generiert werden, die einen Dateizugriff ermöglichen. Auch hierfür ist dann aber entscheidend, ob die Weitergabe des Links und damit die Eröffnung der Zugriffsmöglichkeit für Dritte im persönlichen oder familiären Rahmen erfolgt oder ob damit ein größerer Empfängerkreis erschlossen wird.

Im Übrigen erhält nur der Cloud-Anbieter einen faktischen Zugriff auf die Bilder, während der potenzielle Empfängerkreis bei anderen Online-Tätigkeiten oder in sozialen Netzwerken deutlich größer ist. Dass insoweit ein geringes Missbrauchsrisiko besteht, ist Teil des allgemeinen Lebensrisikos und ist nicht geeignet, ein Überschreiten des persönlichen oder familiären Bereichs zu begründen. Hierfür sollte vielmehr nur darauf abgestellt werden, ob die Cloud-Nutzung als solche im Rahmen einer Tätigkeit erfolgt, die noch als persönlich oder familiär einzustufen ist.

267 Ähnlich *LG Heidelberg*, Urt. v. 2.12.2015 – 1 O 54/15, CR 2016, 313, 314.

c) *Zwischenergebnis*

Für die bloße Speicherung von Personenbildern und damit von personenbezogenen Daten in einer Cloud in der Weise, dass nur der betreffende Cloud-Nutzer auf sie zugreifen kann, lässt sich deshalb festhalten, dass es unabhängig von einer Verschlüsselung der Daten an einer Veröffentlichung und einer Ausweitung des Empfängerkreises fehlt. Missbräuchliche Handlungen des Diensteanbieters oder gar von Hackern muss sich der Nutzer grundsätzlich nicht zurechnen lassen. Deshalb kann nach der Verkehrsauffassung davon ausgegangen werden, dass der Bereich der Verfolgung persönlicher Zwecke beziehungsweise der persönlichen Tätigkeit insoweit nicht verlassen wird.

8. Ergebnis

Durch Art. 2 Abs. 2 lit. c DSGVO fallen in der Praxis zahlreiche Verwendungen von Personenbildern aus dem Anwendungsbereich der DSGVO heraus, sodass die DSGVO eine deutliche Lücke hinterlässt. Es ist jedoch interessengerecht, die ausschließlich persönliche und familiäre Sphäre nicht mit den vielen Verpflichtungen des Datenschutzrechts zu belasten. Dabei entspricht es dem Willen des europäischen Gesetzgebers, dass in engen Grenzen selbst Online-Aktivitäten freigestellt sind. Dies ist zeitgemäß und entspricht den praktischen Bedürfnissen des digitalen Zeitalters. Dennoch dürfen die Rechte der Betroffenen nicht außer Acht gelassen werden, weshalb Personenbilder im Online-Bereich nicht so genutzt werden dürfen, dass sie unkontrolliert aus der geschützten Sphäre ihres Nutzers entlassen werden. Dabei ist einerseits die Größe des Empfängerkreises in die Beurteilung einzubeziehen und andererseits der Zweck der Weitergabe. Wer ein Foto beispielsweise an die Presse weitergibt, muss damit rechnen, dass dieses dort veröffentlicht wird, und verlässt damit den persönlichen Bereich. Sobald die Verwendung der Personenbilder mit geschäftlichen oder beruflichen Tätigkeiten verbunden wird, ist der darin liegende Eintritt in den Rechts- und Geschäftsverkehr ein hinreichender Grund, um rechtlichen Einschränkungen unterworfen zu werden. Darüber hinaus ist zu beobachten, dass gerade Nutzer sozialer Netzwerke häufig zu arglos agieren. Obwohl eine Berufung auf die Haushaltsausnahme des Art. 2 Abs. 2 lit. c DSGVO dort in vielen Fällen mangels persönlicher Beziehungen zu den zahlreichen „Freunden“ oder „Followern“ ausgeschlossen ist, machen sich wohl die wenigsten Nutzer Gedanken über datenschutzrechtliche Beschränkungen, wenn sie Bilder hochladen. Hier wird sich die DSGVO deshalb verstärkt durchsetzen müssen.

VII. Tätigkeiten außerhalb des Anwendungsbereichs des Unionsrechts

Art. 2 Abs. 2 lit. a DSGVO sieht außerdem vor, dass die Verordnung keine Anwendung findet auf Verarbeitungen im Rahmen einer Tätigkeit, die nicht in den Anwendungsbereich des Unionsrechts fällt. Dabei handelt es sich gemäß Erwägungsgrund 16 DSGVO insbesondere um Tätigkeiten, die die nationale Sicherheit betreffen und die deshalb den Mitgliedstaaten selbst überlassen sind.[268] Mangels Unionszuständigkeit in diesem Bereich dient die Regelung nur der Klarstellung.[269] Da die Union außerhalb dieses speziellen Bereichs mittlerweile jedoch sehr weitreichende und vielfältige (zumindest geteilte) Zuständigkeiten hat, welche sich aus Art. 3, 4 und 6 AEUV ergeben, fallen die meisten Tätigkeiten mit wirtschaftlicher Relevanz mittlerweile auch in den Anwendungsbereich des Unionsrechts.[270] Damit gilt für die Verarbeitungen von Personenbildern, die im Rahmen all dieser Tätigkeiten stattfinden, die DSGVO, sodass sich aus dieser Ausnahme keine in dieser Arbeit nennenswerte Einschränkung ergibt. Die erfassten Tätigkeiten im Rahmen der nationalen Sicherheit betreffen im Übrigen spezifisches staatliches Handeln, für das auch das KUG keine besonderen Hürden vorsieht. Denn § 24 KUG erklärt die Verbreitung und öffentliche Zurschaustellung von Bildnissen durch Behörden für Zwecke der öffentlichen Sicherheit für zulässig, was im nächsten Kapitel noch erörtert wird.

VIII. Tätigkeiten in der Gemeinsamen Außen- und Sicherheitspolitik

Eine weitere Ausnahme vom sachlichen Anwendungsbereich der DSGVO besteht gemäß Art. 2 Abs. 2 lit. b DSGVO für die Datenverarbeitung durch die Mitgliedstaaten im Rahmen von Tätigkeiten, die in den Anwendungsbereich von Titel V Kapitel 2 EUV fallen. Dort sind die besonderen Bestimmungen über die Gemeinsame Außen- und Sicherheitspolitik der EU geregelt.[271] Es geht also um staatliches Handeln in einem eng begrenzten Tätigkeitsgebiet, für das überdies gemäß Art. 39 EUV eigene Datenschutzvorschriften vom Rat zu erlassen sind. Ein Umgang mit Personenbildern durch nicht-öffentliche Stellen ist in diesem Bereich nicht denkbar, sodass diese Beschränkung des Anwendungsbereichs für die hier behandelte Thematik nicht relevant werden kann. Soweit die Mitgliedstaaten dabei Personenbilder verarbeiten, ist die DSGVO nicht anwendbar und kann deshalb keine Einschränkungen der Verarbeitung vorsehen. Für das KUG gilt aber letztlich nichts anderes, da hier ebenfalls der bereits erwähnte § 24 KUG eingreift.

IX. Öffentliche Stellen

Auch öffentliche Stellen nutzen Bildaufnahmegeräte, um Bilder von Personen zu erstellen. Es wurde bereits darauf hingewiesen, dass Einzelheiten der rechtlichen Beurteilung im Rahmen dieser Arbeit weitgehend unberücksichtigt bleiben sollen, zumal die DSGVO nur noch vereinzelt zwischen öffentlichen und nicht-öffentlichen Stellen differenziert.

268 *Ernst,* in: Paal/Pauly, DSGVO, Art. 2 Rn. 11;

269 *Plath,* in: Plath, BDSG/DSGVO, Art. 2 DSGVO Rn. 9; *Albrecht,* CR 2016, 88, 90.

270 *Plath,* in: Plath, BDSG/DSGVO, Art. 2 DSGVO Rn. 10.

271 *Ernst,* in: Paal/Pauly, DSGVO, Art. 2 Rn. 12; *Plath,* in: Plath, BDSG/DSGVO, Art. 2 DSGVO Rn. 11; Erwägungsgrund 16 S. 2 DSGVO.

Besonders häufig werden Personenbilder von Sicherheits- und Ordnungsbehörden erstellt, wobei für diese üblicherweise spezialgesetzliche Ermächtigungsgrundlagen vorhanden sind (wie z.B. in § 27 BPolG, §§ 12a, 19a VersG, § 100h Abs. 1 S. 1 Nr. 1 StPO). Diese bleiben in den meisten Fällen von der DSGVO unberührt, da sie gemäß Art. 2 Abs. 2 lit. d DSGVO keine Anwendung findet auf die Verarbeitung personenbezogener Daten durch die zuständigen Behörden zum Zwecke der Verhütung, Ermittlung, Aufdeckung oder Verfolgung von Straftaten oder der Strafvollstreckung, einschließlich des Schutzes vor und der Abwehr von Gefahren für die öffentliche Sicherheit. Hierfür wurde stattdessen die RL 2016/680/EU erlassen, welche von den Mitgliedstaaten im nationalen Recht umgesetzt werden muss.

Doch auch in den Bereichen, die der DSGVO unterliegen, können die Mitgliedstaaten teilweise Sonderregeln für öffentliche Stellen erlassen, was sich insbesondere aus Art. 6 Abs. 2, 3 DSGVO ergibt. Inwieweit der Gesetzgeber deshalb am BDSG, den Landesdatenschutzgesetzen und anderen spezialgesetzlichen Regelungen festhalten wird, ist jedoch überwiegend noch nicht abzusehen.

Im Übrigen gelten für öffentliche und nicht-öffentliche Stellen aber zunächst die gleichen Regeln.[272] Die Anwendung der Ausnahme für persönliche oder familiäre Tätigkeiten auf öffentliche Stellen ist jedoch ausgeschlossen, da eine öffentliche Stelle keinen persönlichen oder familiären Tätigkeitsbereich hat, sondern stets in Wahrnehmung öffentlicher Aufgaben handeln muss.

X. Ergebnis

Im Hinblick auf den sachlichen Anwendungsbereich konnte aufgezeigt werden, dass die Anwendung der DSGVO auf jeglichen Umgang mit Personenbildern nicht selbstverständlich ist und einigen Ausnahmen unterliegt. Dennoch sind Personenbilder selbst bei der Verfolgung eines relativen Ansatzes zur Bestimmung der Identifizierbarkeit einer Person stets als personenbezogene Daten anzusehen, sofern Personen auf einem Bild hinreichend deutlich abgebildet sind, da es nicht auf eine namentliche Kenntnis ankommt, sondern allein auf die simple Wiedererkennungsmöglichkeit einer Person anhand eines Bildes, auf dem sie zu sehen ist. Personenbilder liefern zahlreiche, teils auch besonders sensible Informationen und stellen textliche Daten in ihrer Wirkung häufig stark in den Schatten, weil sie bei ihren Rezipienten besondere Aufmerksamkeit wecken, gut in Erinnerung bleiben und die Basis für eine persönliche Einschätzung der abgebildeten Person liefern.[273] Dies spiegelt sich auch in der Redewendung wieder, dass es keine zweite Chance für den ersten Eindruck gibt.[274]

Jeder Umgang mit Personenbildern stellt eine Verarbeitung im Sinne der DSGVO dar, wobei Internetveröffentlichungen sogar als Übermittlungen in Drittstaaten

272 *Schaller,* in: Roßnagel, Europäische DS-GVO, § 4 Rn. 1.
273 *Rose,* ZD 2017, 64, 66.
274 *Rose,* ZD 2017, 64, 66.

einzustufen sind. Eine erste Einschränkung ergibt sich aus dem Erfordernis einer automatisierten Verarbeitung oder zumindest einer nichtautomatisierten Verarbeitung von in einem Dateisystem gespeicherten Daten, da hierdurch zumindest analoge Bilder ohne besondere Ordnung und Struktur aus dem Anwendungsbereich der DSGVO herausfallen. Bei digitalen Bildern ist jedoch aus den oben genannten Gründen generell von einer Anwendbarkeit der DSGVO auszugehen.

Werden Personenbilder von einer Gesichtserkennungssoftware analysiert, entstehen sogar biometrische Daten, die den strengeren Voraussetzungen von Art. 9 DSGVO unterliegen. Im Übrigen kann das Vorliegen besonderer Kategorien personenbezogener Daten bei Personenbildern aber nicht ohne Weiteres bejaht werden, selbst wenn sich daraus Schlüsse auf die ethnische Herkunft, die sexuelle Orientierung, politische Meinung, religiöse Überzeugung oder andere in Art. 9 Abs. 1 DSGVO benannte Datenkategorien ziehen lassen. Zwar haben Personenbilder das Potenzial, je nach Situation über sämtliche der genannten Kategorien Auskunft zu geben. Allerdings ist die Anwendung der strengen Regelungen des Art. 9 DSGVO nur geboten, wenn die Verarbeitung tatsächlich spezifisch auf die Auswertung dieser Daten gerichtet ist.

Eine weitere praktisch sehr bedeutsame Beschränkung der Anwendbarkeit der DSGVO ist gegeben, wenn Personenbilder im Rahmen ausschließlich persönlicher oder familiärer Tätigkeiten verwendet werden. In der Regel werden Betroffenenrechte deshalb nur dann gelten können, wenn Bilder in einem geschäftlichen Kontext genutzt werden. Dennoch können Private die Grenzen der Ausnahme schnell überschreiten, was insbesondere bei Tätigkeiten mit Öffentlichkeitsbezug gilt. Während gewisse Online-Aktivitäten zu dulden sind, greift die DSGVO wiederum ein, wenn der Empfängerkreis den persönlichen oder familiären Rahmen überschreitet.

Darüber hinausgehende Einschränkungen des sachlichen Anwendungsbereichs betreffen ausschließlich Verarbeitungen durch staatliche Stellen zu bestimmten Zwecken und sind deshalb für den Umgang mit Personenbildern durch nicht-öffentliche Stellen nicht relevant.

Insgesamt fällt deshalb immer noch ein Großteil der Verarbeitungen von Personenbildern in den Anwendungsbereich des Datenschutzrechts, weshalb es verwundert, dass es neben dem in der Rechtsprechung sehr präsenten KUG bisher kaum Beachtung gefunden hat. Ausgehend von diesem Ergebnis kann im vierten Kapitel auf die Einzelheiten des Verhältnisses von KUG und DSGVO eingegangen werden, um zu klären, ob Literatur und Rechtsprechung sich zukünftig neu orientieren müssen.

B. Räumlicher Geltungsbereich

Werden die Bildaufnahmegeräte nicht allein zur bloßen Herstellung eines Bildes genutzt, sondern darüber hinaus auch zur Veröffentlichung von Aufnahmen in sozialen Netzwerken, zur Synchronisation mit Cloud-Diensten oder zur Durchführung einer Gesichtserkennung, geschieht dies meistens über Server der großen Internet-Unternehmen, die sich außerhalb des deutschen Staatsgebiets und des

Gebiets der EU befinden. Das Internet kennt keine Landesgrenzen, sodass sich Personenbilder in kürzester Zeit auf der ganzen Welt verbreiten lassen. Schätzungen zufolge wurden weltweit beispielsweise im Jahr 2014 pro Tag 1,8 Mrd. Fotos über soziale Netzwerke und Apps verbreitet (davon je 700 Millionen über WhatsApp und Snapchat)[275], wobei die Tendenz stark steigend war.[276] Selbst wenn sicherlich nicht alle Fotos davon auch Personen abbilden, kann davon ausgegangen werden, dass dies zumindest auf einen erheblichen Anteil zutrifft. Insofern ist in diesen Konstellationen fraglich, ob die DSGVO nicht nur sachlich anwendbar ist, sondern ob darüber hinaus ihr räumlicher Geltungsbereich eröffnet ist.

Die DSGVO bringt im Vergleich zum zuvor geltenden Datenschutzrecht einige Neuerungen mit sich und sorgt für eine einheitliche Behandlung der Akteure auf dem europäischen Markt.[277] Früher war die entscheidende Kollisionsnorm § 1 Abs. 5 BDSG a.F., welcher bei grenzüberschreitenden Sachverhalten im Anwendungsbereich der RL 95/46/EG das Sitzprinzip statuierte, während beim Umgang mit Daten in Deutschland durch Stellen aus Drittstaaten das Territorialitätsprinzip galt.[278] Demzufolge richtete sich das anwendbare Recht bei verantwortlichen Stellen aus der EU oder dem EWR nach ihrem Sitz, während für verantwortliche Stellen aus Drittstaaten der Ort der Datenverarbeitung maßgeblich war.

I. Niederlassungsprinzip

Nun findet sich die relevante Regelung jedoch in Art. 3 DSGVO, dessen Absatz 1 zunächst das Niederlassungsprinzip statuiert. Demnach findet die DSGVO auf Datenverarbeitungen Anwendung, soweit diese im Rahmen der Tätigkeiten einer Niederlassung eines Verantwortlichen oder eines Auftragsverarbeiters in der Union erfolgen, unabhängig davon, ob die Verarbeitung in der Union stattfindet. Dabei orientiert sich der Gemeinschaftsgesetzgeber noch weitgehend an der Vorgängervorschrift des Art. 4 Abs. 1 lit. a RL 95/46/EG, welche er um die Klarstellung ergänzt hat, dass der Ort der Datenverarbeitung unerheblich ist.

1. Im Rahmen der Tätigkeiten einer Niederlassung

Damit wird unter anderem der Auslegung des *EuGH* Rechnung getragen, der in seinem „Google Spain"-Urteil im Jahr 2014 schon den Wortlaut der Datenschutz-Richtlinie sehr ernst genommen und dementsprechend entschieden hatte, dass eine

---

275 https://de.statista.com/statistik/daten/studie/312208/umfrage/taegliche-foto-uploads-ueber-ausgewaehlte-soziale-netzwerke-und-apps/.

276 https://de.statista.com/statistik/daten/studie/312172/umfrage/taeglich-von-internetnutzern-hochgeladene-und-geteilte-fotos/.

277 *Dammann,* ZD 2016, 307, 309.

278 BT-Drs. 14/4329 S. 31 f.; *von Lewinski,* in: Auernhammer, BDSG, § 1 Rn. 47; *Gusy,* in: BeckOK DSR, § 1 BDSG Rn. 103 f.; *Plath,* in: Plath, BDSG/DSGVO, § 1 BDSG Rn. 49; *Dammann,* in: Simitis, BDSG, § 1 Rn. 199, 208.

Verarbeitung von Daten nicht zwingend von der jeweiligen Niederlassung selbst vorgenommen werden muss.[279] Vielmehr reicht es schon aus, dass die Datenverarbeitung „im Rahmen der Tätigkeiten einer Niederlassung" in der EU ausgeführt wird, sodass die eigentliche Datenverarbeitung auch außerhalb der EU stattfinden kann.[280]

a) *Weite Auslegung*

Diese weite Auslegung wird angewandt, da nur sie dem Ziel der Datenschutz-Richtlinie, nämlich der Gewährleistung eines wirksamen und umfassenden Schutzes der Grundfreiheiten und Grundrechte natürlicher Personen bei der Datenverarbeitung, gerecht wird.[281] Das gleiche Ziel verfolgt die DSGVO ausweislich ihres Art. 1 Abs. 2 und ihres Erwägungsgrundes 2, welcher obendrein festschreibt, dass diese Gewährleistung des Schutzes ungeachtet der Staatsangehörigkeit oder des Aufenthaltsorts der betroffenen Personen gelten soll. Deshalb ist im Hinblick auf den räumlichen Anwendungsbereich der DSGVO eine weite Auslegung angezeigt.[282]

Eine Datenverarbeitung im Rahmen der Tätigkeiten einer Niederlassung soll sogar dann vorliegen, wenn zwar die eigentliche Haupttätigkeit der Datenverarbeitung von einer Muttergesellschaft mit Sitz in einem Drittstaat ausgeführt wird, es jedoch eine Niederlassung im Gebiet der Gemeinschaft gibt, deren Tätigkeiten untrennbar mit dieser Haupttätigkeit verbunden sind.[283] Der *EuGH* hat diese Entscheidung konkret in Bezug auf den Suchmaschinenbetreiber Google mit Sitz in den USA getroffen, welcher in Spanien eine Niederlassung unterhielt, die ausschließlich für den Verkauf von Werbeflächen zuständig war, damit aber zugleich von wesentlicher Bedeutung für die wirtschaftliche Rentabilität des Suchmaschinendienstes war.[284] Dennoch ist nicht auszuschließen, dass dieser Ansatz auf Datenverarbeitungen bei der Nutzung von Personenbildern übertragen werden kann. Gerade in sozialen Netzwerken, deren Attraktivität in hohem Maße auch von der Verwendung von Personenbildern abhängt, ist es nicht selten der Fall, dass die eigentliche Datenverarbeitung in Drittstaaten stattfindet, während Niederlassungen innerhalb der EU nur für das Werbegeschäft zuständig sind.

---

279 *EuGH*, Urt. v.13.5.2014 – Rs. C-131/12, MMR 2014, 455, 459 m. Anm. *Sörup* – Google Spain.

280 *EuGH*, Urt. v.13.5.2014 – Rs. C-131/12, MMR 2014, 455, 459 m. Anm. *Sörup* – Google Spain.

281 *EuGH*, Urt. v. 1.10.2015 – Rs. C-230/14, NJW 2015, 3636, 3638 m. Anm. *Spittka/Wybitul* – Weltimmo; *EuGH*, Urt. v.13.5.2014 – Rs. C-131/12, MMR 2014, 455, 459 m. Anm. *Sörup* – Google Spain.

282 S. auch *Hanloser*, in: BeckOK DSR, Art. 3 DS-GVO Rn. 14; *Plath*, in: Plath, BDSG/DSGVO, Art. 3 DSGVO Rn. 10.

283 *EuGH*, Urt. v.13.5.2014 – Rs. C-131/12, MMR 2014, 455, 460 m. Anm. *Sörup* – Google Spain.

284 *EuGH*, Urt. v.13.5.2014 – Rs. C-131/12, MMR 2014, 455, 460 m. Anm. *Sörup* – Google Spain.

b) Tätigkeiten einer Niederlassung

Entscheidendes Merkmal ist also das Erfolgen der Datenverarbeitung im Rahmen der Tätigkeiten einer Niederlassung in der Union. Dies kann gegeben sein, wenn die Stelle, die die Daten tatsächlich verarbeitet, ihren Sitz in der Union hat, sodass das Sitzprinzip vom Niederlassungsprinzip des Art. 3 Abs. 1 DSGVO erfasst sein kann.[285] Allerdings ist der Sitz eines Unternehmens unter der DSGVO nicht mehr das entscheidende Kriterium, weshalb das Sitzprinzip im Rahmen von Art. 3 Abs. 1 DSGVO nicht herangezogen werden sollte.[286] Es führt in die Irre, wenn es sich nur um einen rein satzungsmäßigen Sitz handelt, an dem keinerlei effektive und tatsächliche Ausübung von Tätigkeiten erfolgt.[287] Insoweit ist der Unterschied zwischen dem Sitz und der Niederlassung eines Unternehmens zu beachten. Das Vorliegen eines Geschäftssitzes ist meist nur eine hinreichende, nicht aber eine notwendige Bedingung, soweit an eine Niederlassung geringere Anforderungen zu stellen sind als an einen Geschäftssitz.[288]

Im Übrigen erfordert das Merkmal der Verarbeitung „im Rahmen der Tätigkeiten" der Niederlassung einen Zusammenhang zu dem konkreten Aufgabenbereich der Niederlassung.[289] Dafür kann es ausreichen, dass die Tätigkeit dieser Niederlassung die Verarbeitungstätigkeit einer anderen Niederlassung wirtschaftlich fördert.[290] Dass die eigentliche Verarbeitung nicht zwingend durch die Niederlassung in der Union erfolgen muss, ergibt sich inzwischen ausdrücklich aus Art. 3 Abs. 1 DSGVO. Aus diesem Grund ist fortan auch unerheblich, an welchem Standort sich die Server befinden, auf denen die konkrete Verarbeitung erfolgt.[291] Eine irgendwie geartete Beteiligung oder Beeinflussung der Verarbeitungstätigkeit der ausländischen Niederlassung wird aber trotz der niedrigen Schwelle zu fordern sein.[292] Rein praktisch kommt es auf eine solch weite Erstreckung des Niederlassungsprinzips jedoch häufig gar nicht mehr an, da drohende Schutzlücken in vielen Fällen zumindest durch das Marktortprinzip des Art. 3 Abs. 2 DSGVO geschlossen werden können.

c) Unerheblichkeit der Belegenheit der Niederlassung innerhalb der Union

Unerheblich ist im Rahmen von Art. 3 Abs. 1 DSGVO außerdem zunächst noch, in welchem Mitgliedstaat der EU die Niederlassung besteht, da die DSGVO unionsweit gültig ist und gerade nicht mehr auf umsetzendes nationales Recht zurückgegriffen

---

285 *Ernst*, in: Paal/Pauly, DSGVO, Art. 3 Rn. 3.

286 *Hanloser*, in: BeckOK DSR, Art. 3 DS-GVO Rn. 18.

287 *Hanloser*, in: BeckOK DSR, Art. 3 DS-GVO Rn. 18.

288 *Plath*, in: Plath, BDSG/DSGVO, Art. 3 DSGVO Rn. 8.

289 *Plath*, in: Plath, BDSG/DSGVO, § 1 BDSG Rn. 58.

290 *Hanloser*, in: BeckOK DSR, Art. 3 DS-GVO Rn. 25; *Plath*, in: Plath, BDSG/DSGVO, Art. 3 DSGVO Rn. 9; vgl. *EuGH*, Urt. v.13.5.2014 – Rs. C-131/12, MMR 2014, 455, 459 f. m. Anm. *Sörup* – Google Spain.

291 *Piltz*, K&R 2016, 557, 558 f.; *Wybitul*, BB 2016, 1077, 1079.

292 *Plath*, in: Plath, BDSG/DSGVO, Art. 3 DSGVO Rn. 10.

werden soll. Dies ist ein erheblicher Unterschied zur RL 95/46/EG, unter deren Geltung noch das jeweilige nationale Datenschutzrecht herangezogen werden musste, sodass die Belegenheit der Niederlassung von großer Bedeutung war. Neue Bedeutung kann diese Frage wiederum dann erlangen, wenn es auf das nationale Recht ankommt, welches zur Ausfüllung von Öffnungsklauseln oder Regelungsaufträgen der DSGVO erlassen wurde.

2. *Definition der Niederlassung*

Gemäß Erwägungsgrund 22 S. 2 DSGVO setzt eine Niederlassung die effektive und tatsächliche Ausübung einer Tätigkeit durch eine feste Einrichtung voraus. Die Rechtsform dieser Einrichtung ist gemäß Erwägungsgrund 22 S. 3 DSGVO unbeachtlich. Insbesondere ist keine streng formalistische Betrachtungsweise anzuwenden, sodass es auch nicht ausschließlich auf eine Eintragung in ein Register oder andere Formalitäten ankommt.[293] Entscheidend ist vielmehr die Abgegrenztheit der Einrichtung und ihre zeitliche Kontinuität.[294] Es bedarf also eines gewissen Grades an Beständigkeit der Einrichtung und einer effektiven Ausübung wirtschaftlicher Tätigkeiten.[295] Dies kann mitunter schon bei einem kleinen Büro mit einem einzigen Unternehmensvertreter gegeben sein, da selbst geringfügige Tätigkeiten ausreichend sein können, um eine Niederlassung zu begründen.[296]

Diese Definition der effektiven und tatsächlichen Ausübung einer Tätigkeit durch eine feste Einrichtung deckt sich mit derjenigen, die schon in Erwägungsgrund RL 95/46/EG zu finden war. Im Hinblick auf die Regelung in der RL 95/46/EG sollte davon trotz weiter Auslegung des Begriffs der Niederlassung ein Standort nicht erfasst sein, an dem keine menschliche Tätigkeit stattfindet, was auf ferngesteuerte EDV-Systeme wie z.B. Server zutrifft, oder bei bloß mobilen Geschäftsstätten, die nicht regelmäßig wiederkehrend an einem bestimmten Ort eingerichtet werden.[297] Gleiches gilt für reine Briefkastenfirmen.[298]

---

293 *EuGH*, Urt. v. 1.10.2015 – Rs. C-230/14, NJW 2015, 3636, 3638 m. Anm. *Spittka/Wybitul* – Weltimmo.

294 *Plath*, in: Plath, BDSG/DSGVO, § 1 BDSG Rn. 54.

295 *EuGH*, Urt. v. 1.10.2015 – Rs. C-230/14, NJW 2015, 3636, 3638 m. Anm. *Spittka/Wybitul* – Weltimmo.

296 *EuGH*, Urt. v. 1.10.2015 – Rs. C-230/14, NJW 2015, 3636, 3638 m. Anm. *Spittka/Wybitul* – Weltimmo; *Hanloser*, in: BeckOK DSR, Art. 3 DS-GVO Rn. 15; *Ernst*, in: Paal/Pauly, DSGVO, Art. 3 Rn. 8.

297 *OVG Schleswig*, Beschl. v. 22. 4. 2013 – 4 MB 11/13, NJW 2013, 1977; *Dammann*, in: Simitis, BDSG, § 1 Rn. 203.

298 *Hanloser*, in: BeckOK DSR, Art. 3 DS-GVO Rn. 18; *Wieczorek*, DuD 2013, 644, 647.

3. *Niederlassung von natürlichen Personen*

Gerade für natürliche Personen, die besonders häufig Personenbilder auch für nichtkommerzielle Zwecke verwenden, stellt sich ausgehend von Art. 3 Abs. 1 DSGVO jedoch die Frage, wann bei diesen vom Bestehen einer Niederlassung ausgegangen werden kann. Der Terminus der Niederlassung legt zunächst nahe, dass der Unionsgesetzgeber bei der Schaffung der Norm primär an eine Datenverarbeitung durch ein Unternehmen oder zumindest im Rahmen eines Geschäftsbetriebs mit einem Geschäftssitz gedacht hat. Ist der Verantwortliche dagegen eine natürliche Person, kann am Bestand einer Niederlassung möglicherweise gezweifelt werden. Eine Anknüpfung an den Wohnsitz oder die Staatsangehörigkeit hätte im Hinblick auf Privatpersonen ein klareres Ergebnis gebracht, da deren Handeln keineswegs pauschal vom Anwendungsbereichsausschluss des Art. 2 Abs. 2 lit. c DSGVO erfasst ist.

Lässt sich eine Niederlassung in obigem Sinne für klassische Unternehmen meist noch relativ einfach bestimmen, ist bei natürlichen Personen häufiger unklar, inwiefern bei ihnen von einer solchen festen Einrichtung zur Ausübung einer bestimmten Tätigkeit ausgegangen werden kann. Bei Einzelkaufleuten, die in Deutschland einen Geschäftsbetrieb und Geschäftsräume unterhalten, von denen ihre Geschäftstätigkeit gesteuert wird und in diesem Rahmen personenbezogene Daten verarbeitet werden, sollte eine Niederlassung in der Regel bejaht werden können. Werden für Zwecke dieses Geschäftsbetriebs Bildverarbeitungsgeräte von dem Inhaber (oder seinen Angestellten) eingesetzt und dadurch personenbezogene Daten erhoben oder in sonstiger Weise verarbeitet, erfolgt dies im Rahmen der Tätigkeit der Niederlassung, sodass die DSGVO zur Anwendung käme.

4. *Niederlassung von Einzelpersonen ohne Geschäftsbetrieb*

Bei Privatpersonen kann jedoch nicht ohne Weiteres von Tätigkeiten im Rahmen einer festen Einrichtung im Sinne einer Niederlassung ausgegangen werden. Verlässt man aber in der Regel schon bei Veröffentlichungen von Bildern im Internet den Bereich der ausschließlich familiären oder persönlichen Tätigkeit im Sinne des Art. 2 Abs. 2 lit. c DSGVO,[299] fehlt es an einem Ausschluss der Anwendbarkeit der DSGVO. In diesen Bereich können selbst Privatleute schnell vordringen, die Bildaufnahmegeräte in ihrer Freizeit nutzen und die angefertigten Bilder im Internet der Öffentlichkeit zugänglich machen oder in anderer Weise für nicht rein private Zwecke verarbeiten.

a) Fehlen einer festen Einrichtung mit Geschäftstätigkeit bei Privatpersonen

Als feste Einrichtung kommt bei Privatpersonen primär deren Privatwohnung infrage. Diese als Niederlassung anzusehen, erscheint auf den ersten Blick fernliegend, da der Begriff der Niederlassung tendenziell die Ausübung einer Geschäftstätigkeit

299 S. oben Kapitel 1, A. VI. 5.

impliziert, auch wenn dies der Erläuterung nicht ausdrücklich zu entnehmen ist. So spricht Erwägungsgrund 22 DSGVO davon, dass die Rechtsform der festen Einrichtung nicht ausschlaggebend ist und zwar unabhängig davon, ob es sich um eine Zweigstelle oder eine Tochtergesellschaft mit eigener Rechtspersönlichkeit handelt. Natürliche Personen besitzen in ihrem Privatbereich in der Regel aber keine besonderen Rechtsformen und bilden insbesondere keine Tochtergesellschaften. Diese Vorgänge sind vielmehr für den geschäftlichen Bereich typisch.

Es gibt unterdessen keinen vernünftigen Grund, die Anwendbarkeit der DSGVO am bloßen Fehlen einer geschäftlichen Niederlassung scheitern zu lassen, welche bloß der Abgrenzung der räumlichen Geltungsbereiche dienen soll, wenn der sachliche Anwendungsbereich eröffnet ist und auch sonst eine klare räumliche Zuordnung der Tätigkeiten besteht. Dadurch würde der Schutz personenbezogener Daten in ungerechtfertigter Weise eingeschränkt. Die DSGVO gilt auch für natürliche Personen, was zum Beispiel Art. 4 Nr. 7 und 8 DSGVO zu entnehmen ist, welche als Verantwortliche oder Auftragsverarbeiter ausdrücklich natürliche Personen einbeziehen. Sie ist nicht ausschließlich auf Tätigkeiten im geschäftlichen Bereich beschränkt, sodass es in räumlicher Hinsicht konsequenterweise möglich sein muss, eine Anwendung für Privatpersonen zu erreichen.

b) Wohnsitz/gewöhnlicher Aufenthalt als Anknüpfungspunkt

Lösen lässt sich das Problem über eine großzügige Auslegung des Begriffs der Niederlassung. Nimmt man an, dass eine Privatperson an ihrem Wohnsitz niedergelassen ist[300] und alle Tätigkeiten, die zwar aus dem ausschließlich privaten Bereich herausfallen, aber auch nicht im Zusammenhang mit unternehmerischen Tätigkeiten oder einem Beschäftigungsverhältnis der Person stehen, von dieser Niederlassung ausgehen, erhält man sachgerechte Ergebnisse. Zwar erfolgt das private Handeln einer natürlichen Person nicht immer am gleichen Ort, dennoch kehrt die Person stets an ihren Wohnsitz als fester Einrichtung zurück. Dort nehmen ihre üblichen Tätigkeiten ihren Ausgang und der Wohnsitz ist Basis ihres Handelns. Ähnlich wie im geschäftlichen Bereich reicht es aus, dass die Tätigkeiten von der Niederlassung ausgehen, ohne dort stattfinden zu müssen. Mit dem Wortlaut ist eine solche erweiternde Auslegung noch vereinbar, da Erwägungsgrund 22 DSGVO zwar in der Regel von einem geschäftlichen Handeln ausgeht, dies aber gerade nicht unabdingbar vorschreibt. In der gleichen Weise sollte das für natürliche Personen gelten, die zwar nicht die Anforderungen eines festen Wohnsitzes erfüllen, die aber dennoch zumindest ihren gewöhnlichen Aufenthalt innerhalb der EU haben.

Darüber hinaus ist es auch interessengerecht, bei natürlichen Personen, die nicht geschäftlich handeln, ihren Wohnsitz als Niederlassung anzusehen. Wer innerhalb der Union wohnt, dem ist es zumutbar, sich an die hiesigen Gesetze zu halten. Am Ort seiner Residenz muss sich jeder mit den geltenden Gesetzen vertraut machen und sich an diese halten. Deshalb sollte aufgrund von Art. 3 Abs. 1 DSGVO jede

---

300 Vgl. *Ernst,* in: Paal/Pauly, DSGVO, Art. 3 Rn. 4.

natürliche Person, die einen Wohnsitz oder einen gewöhnlichen Aufenthalt innerhalb der EU hat, den Regelungen der DSGVO unterfallen, sofern sie im Übrigen die Voraussetzungen des sachlichen Anwendungsbereichs erfüllt. Ein Abstellen auf die Staatsangehörigkeit ist dagegen nicht angezeigt, da diese dem Niederlassungskriterium nicht äquivalent ist und nicht die nötige Sachnähe vermittelt.

c) Konsequenzen für räumliche Anwendung der DSGVO

Für den privaten Nutzer von Personenbildern lässt sich damit leicht feststellen, welchem Datenschutzrecht er unterliegt. Hat er einen Wohnsitz oder gewöhnlichen Aufenthalt in einem Mitgliedstaat der EU, ist er als Privatperson für jegliche Datenverarbeitungen, die nicht im Rahmen einer ausschließlich persönlichen oder familiären Tätigkeit stattfinden, an die DSGVO und damit an sein Heimatrecht gebunden. Da der Ort der Verarbeitung unbeachtlich ist, gilt dies auch für Verarbeitungen, die er außerhalb der EU, beispielsweise auf Urlaubsreisen, vornimmt, selbst wenn dies Daten von Drittstaatlern betrifft.

Im Gegenzug gilt die DSGVO nicht für Privatpersonen mit Wohnsitz in einem Drittstaat (außerhalb der EU), die sich vorübergehend in einem Mitgliedstaat aufhalten und dort Bildaufnahmegeräte einsetzen oder Personenbilder verwenden. Dadurch können zwar vereinzelt Schutzlücken auftreten, allerdings geht die DSGVO nicht so weit, dass sie pauschal globale Geltung verlangt. Auch knüpft sie nicht an eine Verarbeitung im Gebiet der EU an. Eine Ausnahme gilt nur, sofern die Voraussetzungen von Art. 3 Abs. 2 DSGVO erfüllt sind, welcher den Anwendungsbereich der DSGVO in Fällen mit spezifischem Bezug zu Personen, die sich in der Union befinden, auf Verarbeiter erstreckt, die nicht in der EU niedergelassen sind.

II. Marktortprinzip

Über das Niederlassungsprinzip hinaus statuiert Art. 3 Abs. 2 DSGVO noch das Marktortprinzip.[301] Demnach findet die DSGVO Anwendung auf die Verarbeitung personenbezogener Daten durch einen nicht in der Union niedergelassenen Verantwortlichen oder Auftragsverarbeiter, wenn es um Daten von betroffenen Personen geht, die sich in der Union befinden, und wenn zusätzlich die Verarbeitung im Zusammenhang damit steht, betroffenen Personen in der Union Waren oder Dienstleistungen anzubieten (Art. 3 Abs. 2 lit. a DSGVO) oder das Verhalten betroffener Personen zu beobachten, soweit ihr Verhalten in der Union erfolgt (Art. 3 Abs. 2 lit. b DSGVO).

301 *Albrecht,* CR 2016, 88, 90; *Roßnagel,* DuD 2016, 561, 562; *Schantz,* NJW 2016, 1841, 1842; *Wybitul,* ZD 2016, 203, 204.

1. Angebot von Waren oder Dienstleistungen

Nach der ersten Variante ist also das Angebot von Waren oder Dienstleistungen gegenüber betroffenen Personen in der Union maßgeblich. Gemäß Erwägungsgrund 23 S. 1 DSGVO bezweckt diese Ausweitung des räumlichen Anwendungsbereichs die Sicherstellung, dass den betroffenen natürlichen Personen der Schutz der Verordnung nicht vorenthalten wird. Ebenfalls findet sich dort die Klarstellung, dass das Angebot von Waren oder Dienstleistungen sowohl gegen Entgelt als auch unentgeltlich erfolgen kann. Damit wird den zahlreichen Diensteanbietern begegnet, die ihre Dienste vordergründig kostenlos erbringen, dafür aber in großem Umfang Kundendaten verarbeiten und sich meistens durch (personalisierte) Werbung finanzieren. Dazu gehören insbesondere Suchmaschinen, soziale Netzwerke oder File-Hostingdienste,[302] die allesamt beim Umgang mit Personenbildern eine wichtige Rolle spielen. Außerdem sollen Unternehmen außerhalb der EU, die gezielt auf europäische Kunden zugehen und mit diesen Geschäfte machen wollen, nicht durch das Fehlen einer Niederlassung den europäischen Datenschutzvorschriften entfliehen können.[303] Durch die Einführung des Marktortprinzips sollen also Schutzlücken geschlossen und insbesondere die großen amerikanischen Unternehmen, die den Markt im Online-Bereich dominieren, dem europäischen Datenschutzrecht unterworfen werden.

a) Anbieten

Erwägungsgrund 23 S. 2 DSGVO konkretisiert die Vorschrift dahingehend, dass für die Feststellung eines solchen Angebots zu ermitteln ist, ob der Verantwortliche oder Auftragsverarbeiter offensichtlich beabsichtigt, betroffenen Personen in einem oder mehreren Mitgliedstaaten der Union Dienstleistungen anzubieten. Im Folgenden werden dann noch Anhaltspunkte benannt, die auf eine solche Absicht hindeuten. Dass beispielsweise eine Webseite in der EU zugänglich ist, reicht dafür allerdings noch nicht aus.[304] Werden Personenbilder von außereuropäischen Personen oder Unternehmen verarbeitet, die keine Niederlassung in der EU besitzen, müssen diese sich mit ihren Angeboten gezielt an den europäischen Markt wenden. Im Hinblick auf Personenbilder sind dafür praktisch fast nur Online-Aktivitäten denkbar, da die Datenverarbeitung im Zusammenhang mit dem Waren- oder Dienstleistungsangebot stehen muss.

Im Vordergrund stehen also Dienste mit nutzergenerierten Inhalten, wobei zusätzlich zu beachten ist, dass es um Personen gehen muss, die sich in der Union befinden. Diese Einschränkung gibt es beim Niederlassungsprinzip nach Art. 3

302 *Ernst,* in: Paal/Pauly, DSGVO, Art. 3 Rn. 17.

303 *Hanloser,* in: BeckOK DSR, Art. 3 DS-GVO Rn. 30; *Ernst,* in: Paal/Pauly, DSGVO, Art. 3 Rn. 14.

304 Erwägungsgrund 23 S. 3 DSGVO; *Ernst,* in: Paal/Pauly, DSGVO, Art. 3 Rn. 16; *Plath,* in: Plath, BDSG/DSGVO, Art. 3 DSGVO Rn. 19.

Abs. 1 DSGVO nicht, sodass in der EU niedergelassene Unternehmen beziehungsweise Verantwortliche die Daten sämtlicher natürlicher Personen nach den Regeln der DSGVO behandeln müssen,[305] während nicht in der EU niedergelassene Verantwortliche den Datenschutz der DSGVO nur für betroffene Personen gewähren müssen, die sich in der Union befinden.[306] Auf den aktuellen und damit höchst flexiblen Aufenthaltsort zum Zeitpunkt der Verarbeitung kann es dabei aber nicht ankommen, da der Datenschutz sonst beispielsweise während kurzer Auslandsreisen außerhalb der EU aufgehoben wäre.[307] Sinnvoller erscheint es deshalb, auf den Zeitpunkt der Datenerhebung abzustellen.[308]

b) Probleme in Dreiecksverhältnissen

Bei strenger Auslegung der Vorschrift ergibt sich aber gerade auch im Hinblick auf Personenbilder eine bedeutende Schutzlücke in Dreieckskonstellationen. Wenn jemand Bilder anderer Personen und damit personenbezogene Daten Dritter in einen Online-Dienst eines nicht in der EU niedergelassenen Verarbeiters einspeist (z. B. in einen Cloud-Dienst oder ein soziales Netzwerk), besteht das konkrete Dienstleistungsangebot gegenüber dem Nutzer und nicht gegenüber der abgebildeten betroffenen Person.[309] Demnach wäre Art. 3 Abs. 2 lit. a DSGVO nicht einschlägig und die auf den Bildern zu sehenden Personen nicht geschützt.

Der Verweis auf die Möglichkeit einer vertraglichen Verpflichtung des Anbieters als Auftragnehmer durch den Nutzer im Rahmen einer Auftragsverarbeitung[310] ist insofern unbefriedigend, da ein Schutz damit nicht sicher gewährleistet ist. Gerade Privatpersonen werden, soweit sie überhaupt vom Anwendungsbereich der DSGVO erfasst sind, eine solche Möglichkeit häufig schon mangels Bewusstseins für die Problematik und Sachkenntnis nicht wahrnehmen. Die Diensteanbieter haben dagegen keinerlei Interesse, freiwillig von sich aus eine entsprechende Vereinbarung anzubieten und sich damit der DSGVO und der Kontrolle der zuständigen Aufsichtsbehörden zu unterwerfen, wenn sie ohne diese nicht den Pflichten des europäischen Datenschutzrechts unterliegen. Praktisch schwierig ist außerdem die Durchsetzung solcher Vereinbarungen, wenn der Diensteanbieter keine Niederlassung innerhalb der EU besitzt.[311] Aus diesem Grund bestimmt Art. 27 Abs. 1 DSGVO, dass in den Fällen des Art. 3 Abs. 2 DSGVO der Verantwortliche oder der Auftragsverarbeiter

305 *Hanloser,* in: BeckOK DSR, Art. 3 DS-GVO Rn. 24.
306 *Hanloser,* in: BeckOK DSR, Art. 3 DS-GVO Rn. 27.
307 *Plath,* in: Plath, BDSG/DSGVO, Art. 3 DSGVO Rn. 14; a.A. *Hanloser,* in: BeckOK DSR, Art. 3 DS-GVO Rn. 29.
308 So *Plath,* in: Plath, BDSG/DSGVO, Art. 3 DSGVO Rn. 14.
309 *Roßnagel/Kroschwald,* ZD 2014, 495, 497; s. auch *Roßnagel/Richter/Nebel,* ZD 2013, 103, 104.
310 *Roßnagel/Kroschwald,* ZD 2014, 495, 497.
311 So auch *Hanloser,* in: BeckOK DSR, Art. 3 DS-GVO Rn. 46.

schriftlich einen Vertreter in der Union benennen müssen.[312] Dieser ist dann gemäß Art. 27 Abs. 2 DSGVO Anlaufstelle für Aufsichtsbehörden und Betroffene.

Zwar wird der Diensteanbieter in den problematischen Dreiecksverhältnissen ohnehin einen solchen Vertreter benennen müssen, da zumindest gegenüber seinem unmittelbaren (in der Union befindlichen) Nutzer und Vertragspartner ein Angebot von Waren oder Dienstleistungen vorliegt und insoweit der räumliche Anwendungsbereich der DSGVO eröffnet ist. Es gibt aber trotzdem keine Anreize für ihn, seinen Pflichtenkatalog ohne Not zu erweitern und sich für weitere Verarbeitungen an die DSGVO zu binden. Solange eine Auftragsverarbeitung nicht zwingend und kontrollierbar umgesetzt wird, stellt sie keine zufriedenstellende Lösung zur Bekämpfung der Schwachstellen des Marktortprinzips dar.

Diese erhebliche Schutzlücke für Betroffene, deren Daten ohne ihr Einverständnis von Dritten an Verantwortliche ohne Niederlassung in der EU weitergegeben werden, kann kaum hingenommen werden und sollte deshalb geschlossen werden, soweit dies rechtlich möglich ist.

aa) An die Öffentlichkeit gerichtete Angebote

Eine zumindest bei öffentlichen Angeboten befriedigende Lösung könnte darin liegen, es ausreichen zu lassen, wenn das Angebot der Waren oder Dienstleistungen allgemein an alle gerichtet ist, die sich in der Union oder zumindest in dem jeweiligen Mitgliedstaat befinden, ohne dass die betroffene Person dieses auch tatsächlich in Anspruch genommen haben müsste. Dann stünde zwar die konkrete Verarbeitung der Daten der betroffenen Person nicht im Zusammenhang mit dem konkreten Angebot an die betroffene Person, sondern nur mit einem Angebot an eine dritte Person. Doch zumindest wäre ein Zusammenhang zwischen der generellen Verarbeitung von Daten betroffener, in der Union befindlicher Personen mit einem allgemeinen Angebot von Waren oder Dienstleistungen an diese zu bejahen.

Aus teleologischen Gesichtspunkten muss dies ausreichen. Wenn ein nicht in der EU niedergelassener Diensteanbieter gezielt den europäischen Markt betritt und willens ist, dort mit jedem Geschäfte zu machen und sich damit potenziell jedem gegenüber auch der DSGVO zu unterwerfen, dann ist es ihm erst recht zumutbar, die Grenzen der DSGVO nicht nur für Daten einzuhalten, die seinen konkreten Nutzer betreffen, sondern für alle eingegebenen Daten. Schließlich wäre er dazu auch verpflichtet, wenn die jeweiligen Betroffenen die Daten selbst eingegeben hätten. Für diese ist das Schutzbedürfnis jedoch ungleich höher, da sie im Gegensatz zum Nutzer der Dienste gar nicht aktiv und freiwillig entscheiden konnten, ihre Daten aus ihrem Machtbereich zu entlassen und sie an eine Stelle außerhalb der EU zu transferieren. Beanspruchte die DSGVO hierfür keine Geltung, würde den natürlichen Personen gerade der durch die Verordnung gewährleistete Schutz vorenthalten, der laut Erwägungsgrund 23 S. 1 DSGVO durch das Marktortprinzip sichergestellt sein

312 S. auch *Piltz*, K&R 2016, 709, 711.

soll. Dabei ist auch zu berücksichtigen, dass gerade die teleologische Auslegung im EU-Recht von überragender Bedeutung ist.[313]

bb) Angebote mit beschränktem Adressatenkreis

Diese Auslegung hilft aber nicht mehr, soweit es um Angebote von Waren oder Dienstleistungen geht, die nicht an jedermann gerichtet sind, sondern beispielsweise spezifisch an Unternehmen und damit gerade nicht an die einzelnen Betroffenen.[314] Um diese Angebote noch unter das Marktortprinzip des Art. 3 Abs. 2 lit. a DSGVO zu fassen, müsste der Wortlaut der Norm erheblich überdehnt werden, sodass sich in diesen Fällen eine Anwendbarkeit der DSGVO kaum begründen lässt. Die DSGVO ist insofern zunächst auf die Verarbeitung der Daten beschränkt, welche den in der Union befindlichen Vertragspartner/ Angebotsempfänger betreffen.

Dennoch steht der betroffene Dritte in diesen Dreiecksverhältnissen, bei Personenbildern also der Abgebildete, nicht völlig schutzlos da. Bei der Verwendung von (Kunden-)Daten über Cloud-Dienste oder sonstige Angebote, bei denen die Daten in den Herrschaftsbereich eines Dritten gelangen, handelt es sich stets um eine Übermittlung personenbezogener Daten. Sofern der Nutzer dieser Dienste der DSGVO unterliegt, muss er dafür die Vorgaben des Kapitels V der DSGVO einhalten. Diesen ist gemein, dass sie durchweg auf die Gewährleistung eines angemessenen Schutzniveaus bei der empfangenden Stelle bedacht sind. Nur in den Fällen des Art. 49 DSGVO muss dies nicht gegeben sein, allerdings handelt es sich dabei um Konstellationen, in denen gewichtige Interessen für die Datenübermittlung bestehen und die zumindest teilweise auch eine Mitwirkung des Betroffenen erfordern. Grundsätzlich ist deshalb der Nutzer solcher Angebote von Unternehmen aus Drittstaaten ohne Niederlassung in der EU verpflichtet, Übermittlungen zu unterlassen, bei denen ein angemessener Datenschutz beim Empfänger nicht entsprechend den Regeln der Art. 44 ff. DSGVO sichergestellt ist.

Dies gilt selbst dann, wenn der Empfänger von dem Nutzer des Angebots vertraglich als Auftragsverarbeiter gemäß Art. 28 DSGVO eingesetzt wurde. Denn aus Art. 44 DSGVO i.V.m. Erwägungsgrund 101 DSGVO ergibt sich, dass die speziellen Regelungen für Übermittlungen in Drittstaaten auch gelten, wenn der Auftragsverarbeiter im Drittstaat sitzt. Zugunsten der Betroffenen kommt in Fällen der Auftragsverarbeitung zwischen einem Auftragsverarbeiter in einem Drittstaat und einem der DSGVO unterliegenden Verantwortlichen noch ein weiteres Schutzinstrument hinzu: Art. 28 DSGVO fordert zunächst in Absatz 1, dass ein Auftragsverarbeiter nur ausgewählt werden darf, wenn er hinreichende Garantien dafür bietet, dass geeignete technische und organisatorische Maßnahmen so durchgeführt werden, dass die Verarbeitung im Einklang mit den Anforderungen der DSGVO

313 *Wegener,* in: Calliess/Ruffert, EUV/AEUV, Art. 19 EUV Rn. 16; *Albrecht/Jotzo,* Das neue Datenschutzrecht der EU, Teil 1 Rn. 30.

314 *Hornung/Sädtler,* CR 2012, 638, 640.

erfolgt und der Schutz der Rechte des Betroffenen gewährleistet ist.[315] Art. 28 Abs. 3 DSGVO schreibt darüber hinaus einen Katalog spezieller Regelungen und Schutzmaßnahmen vor, die in der Vereinbarung über die Auftragsverarbeitung enthalten sein müssen und die dem Schutz des Betroffenen dienen. Durch die Vereinbarung einer Auftragsverarbeitung, die von Unternehmen regelmäßig erwartet werden kann, wird den Interessen der Betroffenen also auch Rechnung getragen, wenn der Auftragsverarbeiter selbst nicht unmittelbar der DSGVO unterliegt.

c) Ergebnis

Somit ist festzuhalten, dass es zwar wünschenswert gewesen wäre, wenn der Gesetzgeber die Konsequenzen des Marktortprinzips, mit dem er den Anwendungsbereich des europäischen Datenschutzrechts ohnehin erheblich ausgeweitet hat, in Dreiecksverhältnissen bedacht hätte und die Interessen der jeweiligen Dritten berücksichtigt worden wären.[316] Insofern hätte er die Chance nutzen sollen, von vornherein klar zu bestimmen, dass die DSGVO auf jegliche Verarbeitung von Daten anwendbar ist, die Personen betrifft, die sich in der EU befinden, zumal dadurch Abgrenzungs- und Auslegungsschwierigkeiten vermieden worden wären.[317]

Letztendlich kann aber durch die dargestellte großzügige Auslegung und den Rückgriff auf den Schutz durch Übermittlungs- und Auftragsverarbeitungsregeln noch eine weitgehend interessengerechte Lösung erzielt werden. Insbesondere für die praktisch bedeutsamen Angebote von großen Datenverarbeitern wie Google oder Facebook kann die DSGVO zur Anwendung gebracht werden.

2. Verhaltensbeobachtung

Bei der Variante des Art. 3 Abs. 2 lit. b DSGVO geht es vor allem um eine Verhaltensbeobachtung im Online-Bereich, die sich auch mithilfe von Niederlassungen außerhalb der EU leicht bewerkstelligen lässt, was sich aus Erwägungsgrund 24 S. 2 DSGVO ergibt. Demnach soll die Beurteilung, ob eine Verarbeitungstätigkeit der Verhaltensbeobachtung betroffener Personen gilt, daran festgemacht werden, ob ihre Internetaktivitäten nachvollzogen werden. Insbesondere soll die mögliche nachfolgende Verwendung von Verarbeitungstechniken berücksichtigt werden, durch die ein Profil einer natürlichen Person erstellt werde, welches dann zur Grundlage für sie betreffende Entscheidungen wird oder anhand dessen ihre persönlichen Vorlieben, Verhaltensweisen oder Gepflogenheiten analysiert oder vorausgesagt werden sollen.

---

315 *Spoerr*, in: BeckOK DSR, Art. 28 DS-GVO Rn. 33.

316 So auch *Roßnagel/Richter/Nebel*, ZD 2013, 103, 104.

317 *Roßnagel*, in: Ausschussdrucksache 18(24)94, Deutscher Bundestag, Ausschuss Digitale Agenda, Schriftliche Stellungnahme zum öffentlichen Fachgespräch zur Datenschutz-Grundverordnung am 24. Februar 2016 im Ausschuss Digitale Agenda des Deutschen Bundestags, S. 4.

Entscheidend ist jedoch, dass die betroffene Person sich in der Union befindet und ihr Verhalten in der Union stattfindet. Schon das bloße Tracking von Personen in der Union, das beispielsweise bei Webseiten üblich ist, kann deshalb zur Anwendbarkeit der DSGVO führen.[318] Dieses Webtracking kann insbesondere schon durch das Setzen von Cookies oder die Verwendung von Social-Plug-Ins erfüllt sein.[319] Entsprechende Analysetools werden nahezu standardmäßig eingesetzt, wenn Webseiten durch Werbung finanziert werden sollen, sind darauf aber nicht beschränkt, sondern finden auch aus anderen Gründen Verwendung.[320] Gefordert wird jedoch eine systematische Auswertung der anfallenden Daten, die auf der Anwendung von Algorithmen basiert.[321] Dies wird bei den gängigen Analysetools stets gegeben sein.

In der Praxis dürfte diese Variante für Personenbilder in der Bedeutung leicht hinter die des Angebots von Waren oder Dienstleistungen zurücktreten, da Art. 3 Abs. 2 DSGVO stets fordert, dass die Verarbeitung im Zusammenhang mit den jeweiligen Tätigkeiten steht. Im Rahmen der Verhaltensbeobachtung geht es jedoch häufiger um detaillierte Informationen über die Nutzung bestimmter Dienste, wie z. B. welche Seiten von wem wie lange und wie häufig besucht werden und welche Geräte und Browser dafür genutzt werden. Damit hier Personenbilder erfasst werden, ist es nötig, dass der Nutzer selbst Inhalte generieren kann, was in sozialen Netzwerken möglich ist. Dort ist dann aber in aller Regel auch schon Art. 3 Abs. 2 lit. a DSGVO einschlägig. Sofern der Nutzer im Übrigen Bilder herunterlädt oder sie in anderer Weise verarbeitet, ohne dass der das Verhalten Beobachtende diese Bilder ebenfalls verarbeitet, sondern nur registriert, wie der Nutzer sich verhält, bezieht sich seine Datenverarbeitung nicht auf die in den Personenbildern enthaltenen Daten. Solange der nicht in der EU niedergelassene Verarbeiter jedoch gar keine Bilddaten verarbeitet, ist es für die Beantwortung der Ausgangsfrage dieser Arbeit unerheblich, welches Datenschutzrecht für ihn anwendbar ist. Dies gilt jedoch nicht mehr, wenn im Rahmen der Profilbildung auch Bilder des Nutzers oder anderer Personen gespeichert und verarbeitet werden.

III. Ergebnis

Angesichts des weiten territorialen Geltungsanspruchs der DSGVO sind keine massiven Einschränkungen der Anwendung des europäischen Datenschutzrechts auf den Umgang mit Personenbildern zu befürchten. Sämtliche Verarbeitungen von Personenbildern, die von natürlichen oder juristischen Personen oder sonstigen Stellen mit einem Wohnsitz oder einer Niederlassung innerhalb der Union vorgenommen werden, unterfallen in räumlicher Hinsicht der DSGVO. Davon profitieren uneingeschränkt auch Drittstaatler. Doch auch wenn Stellen aus Drittländern

---

318 *Ernst,* in: Paal/Pauly, DSGVO, Art. 3 Rn. 20; *Härting,* ITRB 2016, 36, 38; *Wieczorek,* DuD 2013, 644, 648.

319 *Schantz,* NJW 2016, 1841, 1842; *Wieczorek,* DuD 2013, 644, 648.

320 *Wieczorek,* DuD 2013, 644, 648.

321 *Plath,* in: Plath, BDSG/DSGVO, Art. 3 DSGVO Rn. 22.

Personenbilder verarbeiten, ohne in der Union niedergelassen zu sein, besteht für sie keineswegs absolute Verarbeitungsfreiheit. Sobald sie ein Waren- oder Dienstleistungsangebot an in der Union befindliche Personen richten oder deren Verhalten beobachten und in diesem Zusammenhang Personenbilder verwenden, müssen sie dafür ebenfalls die Vorgaben der DSGVO beachten. Dadurch verbleiben nur noch wenige Schutzlücken, was verdeutlicht, dass die EU die Grenzen der DSGVO sehr weit ausgedehnt hat. In der Praxis kann dies jedoch zu Durchsetzungsproblemen führen.

Die Grenzen der DSGVO sind dagegen erreicht, wenn nicht in der Union niedergelassene Personen oder Stellen Personenbilder verwenden, die ihnen aus der Union geschickt werden oder die sie aus allgemein zugänglichen Quellen entnehmen, solange damit kein Angebot von Waren oder Dienstleistungen auf dem europäischen Binnenmarkt oder eine Verhaltensbeobachtung verbunden ist. Bedenkt man, dass der Anspruch auf Rechtsetzung üblicherweise an den territorialen Grenzen eines Staates endet und die Autonomie eines jeden Staates nicht berührt werden soll, muss der Schutz durch den räumlichen Anwendungsbereich mit Ausnahme der oben dargestellten Schutzlücke in bestimmten Dreiecksverhältnissen aus Sicht des Betroffenen als angemessen angesehen werden.

3. Kapitel: Die Behandlung von Personenbildern nach dem Kunsturhebergesetz (KUG)

Das Kunsturhebergesetz aus dem Jahr 1907 verlangt ebenfalls Beachtung, wenn es um die Beurteilung der Zulässigkeit von Aufnahmen geht, bei denen Personen ins Bild geraten oder sogar absichtlich in den Fokus genommen werden. Unabhängig davon, ob die Aufnahme mittels Dash-Cam, Action-Cam, Handykamera oder Brillenkamera gemacht wird, rücken die §§ 22 ff. KUG den Schutz des Rechts am eigenen Bild in den Vordergrund. Da dieser spezialgesetzliche Schutz allerdings nur solche Beeinträchtigungen erfasst, die mit einer Veröffentlichung oder Verbreitung des eigenen Bildes einhergehen können, ist das Schutzkonzept des KUG nicht so umfassend aufgestellt wie das der DSGVO. Ähnlich wie in der DSGVO wird in systematischer Hinsicht auf ein Verbot mit Erlaubnisvorbehalt zurückgegriffen, da § 22 S. 1 KUG die Verbreitung oder öffentliche Zurschaustellung nur mit Einwilligung des Abgebildeten erlaubt. Gesetzliche Erlaubnistatbestände finden sich dann wiederum in §§ 23, 24 KUG. Insoweit geht die Rechtsprechung von dem sogenannten abgestuften Schutzkonzept aus, welches zur Beurteilung der Zulässigkeit von Bildveröffentlichungen herangezogen werden soll.[322]

Um im folgenden vierten Kapitel im Einzelnen die Überschneidungen und Unterschiede der Anwendungsbereiche von KUG und DSGVO und deren Verhältnis zueinander darstellen zu können, soll in diesem Kapitel zunächst der Regelungsgehalt des KUG erläutert werden. Da die sachliche Anwendbarkeit des KUG im Hinblick auf Personenbilder, für die dieses Gesetz speziell zugeschnitten ist, deutlich weniger problematisch ist als bei der DSGVO, werden an dieser Stelle nur die Grundzüge der §§ 22 ff. KUG dargelegt und einige seit langem umstrittene Fragen aufgegriffen. Dadurch sollen die vom Datenschutzrecht abweichenden Maßstäbe aufgezeigt werden, sofern es trotz Geltung der DSGVO bei einer Anwendung des KUG bleibt.

A. Bildnis

Da das KUG nur Bildnisse schützt, müssen die jeweiligen Aufnahmen eine Wiedergabe des dem Leben nachgebildeten äußeren Erscheinungsbildes einer Person in einer für Dritte erkennbaren Weise darstellen.[323]

---

322 Statt aller *BGH,* Urt. v. 27.9.2016 – VI ZR 310/14, K&R 2017, 42, 43; *BGH,* Urt. v. 21.4.2015 – VI ZR 245/14, NJW 2015, 2500, 2500.

323 Statt aller *BGH,* Urt. v. 1.12.1999 – I ZR 226/97, NJW 2000, 2201, 2202 – Der blaue Engel; *BGH,* Urt. v. 9.6.1965 – Ib ZR 126/63, GRUR 1966, 102, 102 – Spielgefährtin; *Fricke* in: Wandtke/Bullinger § 22 KUG Rn. 5.

I. Wiedergabe

Der Begriff der Wiedergabe ist relativ weit zu verstehen und lässt die Reproduktion des äußeren Erscheinungsbildes in jeder Form und jedem Medium genügen,[324] sodass sogar Karikaturen oder Zeichnungen[325], Schattenrisse[326] oder Münz-/Medaillenprägungen[327] erfasst sein können. An dieser extensiven Auslegung des Bildnisbegriffs wurde zwar vereinzelt berechtigte Kritik geübt, da die letztgenannten Wiedergabeformen häufig gar keine der Realität entsprechende Darstellung des Erscheinungsbildes einer Person intendieren.[328]

Allerdings ist ein solch weites Verständnis bei den hier untersuchten Personenbildern in der Regel ohne besondere Bedeutung, da es um Fotos oder Videos geht, die dank der hohen Aufnahmequalität heutiger Aufnahmegeräte Abbilder der Wirklichkeit weitestgehend unverfälscht und präzise festhalten. Ungenauigkeiten, wie sie bei einem Portrait auf einer Münze oder einem Schattenriss bestehen, sind dementsprechend nicht vorhanden und können den Wiedergabecharakter eines Fotos oder Videos nicht ausschließen. Vielmehr stellen sie das beste Mittel zur möglichst wirklichkeitsgetreuen Fixierung des äußeren Erscheinungsbildes einer Person dar. Mängel bei der Qualität der einzelnen Aufnahme sind erst im Rahmen der Erkennbarkeit von Belang. Maßgeblich ist aus Sicht des KUG nur, dass die jeweilige Aufnahme tatsächlich Personen zeigt. Eine Ganzkörperaufnahme ist dafür nicht unbedingt erforderlich, stattdessen kann eine Abbildung des Kopfes schon ausreichen.[329]

Ebenfalls irrelevant ist für den Bildnischarakter einer Aufnahme, ob sie fremde Personen im öffentlichen Raum zeigt oder Freunde, Kollegen oder sonstige Bekannte im nicht-öffentlichen Raum, wie z. B. in einer Privatwohnung oder am Arbeitsplatz. Das Recht am eigenen Bild im Sinne des KUG differenziert in seinem Schutzbereich nicht nach dem Maß der Öffentlichkeit oder Privatheit am Aufnahmeort. Dies kann aber im Rahmen von § 23 Abs. 1 KUG relevant werden. Entscheidend ist vielmehr, ob eine Verbreitung oder öffentliche Zurschaustellung erfolgt. Hierin offenbart sich

---

324 *BGH*, Urt. v. 1.12. 1999 – I ZR 49/97, NJW 2000, 2195, 2200 – Marlene Dietrich I; *Specht*, in: Dreier/Schulze, § 22 KUG, Rn. 1; *Dreyer*, in: Dreyer/Kotthoff/Meckel, § 22 KUG Rn. 5; *Fricke* in: Wandtke/Bullinger § 22 KUG Rn. 5.

325 *BGH*, Urt. v. 1.12.1999 – I ZR 49/97, NJW 2000, 2195, 2200 – Marlene Dietrich I; *OLG Hamburg*, Urt. v. 8.4.1982 – 3 U 36/81, AfP 1983, 282, 283 – Tagesschausprecher; *Specht*, in: Dreier/Schulze, § 22 KUG, Rn. 1; *Dreyer*, in: Dreyer/Kotthoff/Meckel, § 22 KUG Rn. 5.

326 *LG Berlin*, Urt. v. 28.1.1999 – 27 O 605/98, NJW-RR 2000, 555, 556; *Fricke*, in: Wandtke/Bullinger, § 22 KUG Rn. 5.

327 *BGH*, Urt. v. 14.11.1995 – VI ZR 410/94, GRUR 1996, 195, 196 – Abschiedsmedaille; *Specht*, in: Dreier/Schulze, § 22 KUG, Rn. 1; *Götting*, in: Schricker/Loewenheim, § 60/§ 22 KUG Rn. 15.

328 *Kröner*, in: Paschke/Berlit/Meyer, 32. Abschnitt Rn. 11; *Helle, S.* 92 f.

329 Vgl. *Specht*, in: Dreier/Schulze, § 22 KUG Rn. 1; *Kröner*, in: Paschke/Berlit/Meyer, 32. Abschnitt Rn. 8; *Götting*, in: Schricker/Loewenheim, § 60/§ 22 KUG Rn. 15.

ein deutlicher Unterschied zu § 201a Abs. 1 StGB, der bei Aufnahmen im höchstpersönlichen Lebensbereich einer Person, insbesondere in ihrer Wohnung, schon die Herstellung des Bildes der Strafdrohung unterwirft.[330]

II. Erkennbarkeit

Damit § 22 KUG einschlägig ist, muss die abgebildete Person erkennbar sein. Zum Merkmal der Erkennbarkeit hat sich über die vergangenen Jahrzehnte eine umfangreiche Judikatur gebildet, da es gerade im Pressebereich zahlreiche Bildveröffentlichungen gegeben hat, die nicht auf Gegenliebe der abgebildeten Personen gestoßen sind. Während die Datenschutzgesetze in nahezu allen Urteilen zum Recht am eigenen Bild in höchstem Maße vernachlässigt und meistens nicht einmal erwähnt werden, was zumindest zum Teil auch dem Medienprivileg des § 41 BDSG a.F. geschuldet sein dürfte,[331] ist in aller Regel das KUG Maßstab der Entscheidungen. Insoweit ergibt sich, dass die Rechtsprechung von einem sehr weiten Begriff der Erkennbarkeit ausgeht. Wann genau eine Erkennbarkeit angenommen werden kann, wird im vierten Kapitel noch von Bedeutung sein für die Frage, inwiefern sich die Tatbestände des personenbezogenen Datums, welches eine Identifizierbarkeit voraussetzt, und des Bildnisses überschneiden.

1. Definition der Rechtsprechung

Das Kriterium der Erkennbarkeit soll schon erfüllt sein, wenn der Betroffene begründeten Anlass für die Annahme hat, dass er erkannt werden könnte.[332] Insofern reicht es aus, dass die abgebildete Person für einen erheblichen Teil ihres Bekanntenkreises erkennbar ist.[333] Eine bestimmte Größe dieses Bekanntenkreises oder eine bestimmte Anzahl an zur Identifizierung fähigen Personen ist nicht erforderlich.[334] Vielmehr hat sich die Wendung der „Erkennbarkeit durch einen mehr oder minder großen Bekanntenkreis" etabliert.[335] Damit soll zugleich geklärt werden, dass es

---

330 *Lenckner/Eisele,* in: Schönke/Schröder, StGB, § 201a Rn. 9; ausführlich zu den letzten Neuerungen *Busch,* NJW 2015, 977.

331 So ausnahmsweise ausdrücklich (mit Verweis auf das Medienprivileg in § 57 RStV) *BGH,* Urt. v. 9.2.2010 – VI ZR 243/08, NJW 2010, 2432, 2435 – Sedlmayr-Mord II.

332 *BGH,* Urt. v. 26.6.1979 – VI ZR 108/78, NJW 1979, 2205, 2205 – Fußballtor; *BGH,* Urt. v. 10.11.1961 – I ZR 78/60, GRUR 1962, 211, 211 – Hochzeitsbild.

333 *BGH,* Urt. v. 26.6.1979 – VI ZR 108/78, NJW 1979, 2205, 2205 – Fußballtor; *BGH,* Urt. v. 10.11.1961 – I ZR 78/60, GRUR 1962, 211, 213 f. – Hochzeitsbild; *Fricke,* in: Wandtke/Bullinger, § 22 KUG Rn. 6.

334 *Götting,* in: Schricker/Loewenheim, § 60/§ 22 KUG Rn. 17.

335 *BGH,* Urt. v. 21.6.2005 – VI ZR 122/04, NJW 2005, 2844, 2845 – Esra; *BGH,* Urt. v. 26.6.1979 – VI ZR 108/78, NJW 1979, 2205, 2205 – Fußballtor; *LG Berlin,* Urt. v. 14.5.2009 – 27 O 250/09, ZUM-RD 2009, 667, 670; *LG Frankfurt a.M.,* Urt. v. 19.1.2006 – 2/03 O 468/05, NJW-RR 2007, 115, 116; *Götting,* in: Schricker/Loewenheim, § 60/§ 22 KUG Rn. 25; *v. Gamm,* UrhG, Einf. Rn. 104.

nicht erforderlich ist, dass schon ein flüchtiger Betrachter den Abgebildeten auf dem Bild erkennen können muss.[336] Allerdings wird teilweise konstatiert, dass eine Identifizierbarkeit allein im engeren Freundes- und Familienkreis nicht genüge, sondern dass zumindest eine Erkennbarkeit für einen Personenkreis vorhanden sein müsse, der vom Betroffenen nicht mehr ohne Weiteres selbst unterrichtet werden könne.[337]

Daraus lässt sich ableiten, dass das Merkmal der Erkennbarkeit in der Lesart der Rechtsprechung gerade nicht verlangt, dass dem Verbreiter der Abbildung die abgebildete Person namentlich oder in sonstiger Weise selbst bekannt ist. Auch völlig fremde Personen können erkennbar sein, sofern die abgebildete Person anhand der Aufnahme von ihrem mehr oder minder großen Bekanntenkreis erkannt werden könnte. Derjenige, der die potenziellen Verletzungshandlungen im Sinne des § 22 S. 1 KUG begeht, muss also nicht über ein (Zusatz-)Wissen verfügen, das ihm die namentliche Identifikation des Abgebildeten ermöglicht. Ist im Datenschutzrecht noch streitig, ob für die Beurteilung der Bestimmbarkeit einer Person einem relativen oder einem absoluten Ansatz zu folgen ist, hat sich im Bereich des KUG der absolute Ansatz durchgesetzt, da die abgebildete Person weder dem Hersteller/Verbreiter der Abbildung noch dem potenziellen Adressatenkreis bekannt sein muss, solange die Person für ihren mehr oder minder großen Bekanntenkreis identifizierbar ist.

Deshalb ist die Erkennbarkeit beispielsweise zu bejahen, wenn ein Fotograf in einer Diskothek einzelne, ihm fremde Partygäste aufnimmt, deren Gesichtszüge auf den Bildern deutlich zu sehen sind.[338] Werden diese Fotos ohne Einwilligung der jeweiligen Diskothekenbesucher im Internet veröffentlicht, kann darin ein Verstoß gegen § 22 S. 1 KUG liegen, sofern nicht eine der Ausnahmen des § 23 Abs. 1 KUG eingreift. Insbesondere wird man zumindest eine konkludente Einwilligung nicht schon im bloßen Besuch der Diskothek sehen können, selbst wenn es durchaus üblich ist, dass in entsprechenden Etablissements solche Partyfotos erstellt und später im Internet (zu Werbezwecken) veröffentlicht werden.[339]

Die Beurteilung der Erkennbarkeit knüpft primär an die Gesichtszüge der abgebildeten Person an.[340] Allerdings können auch sonstige äußere Merkmale wie Statur, Frisur, Körperhaltung, Kleidung oder Umgebung im Einzelfall eine Erkennbarkeit begründen.[341] Insbesondere besteht zwischen diesen Merkmalen keine besondere

---

336 *BGH*, Urt. v. 26.6.1979 – VI ZR 108/78, NJW 1979, 2205, 2205 – Fußballtor; *LG Frankfurt a.M.*, Urt. v. 19.1.2006 – 2/03 O 468/05, NJW-RR 2007, 115, 116; *Götting*, in: Schricker/Loewenheim, § 60/§ 22 KUG Rn. 17.

337 *LG Köln*, Urt. v. 3.11.2004 – 28 O 731/03, ZUM-RD 2005, 351, 353; *Fricke*, in: Wandtke/Bullinger, § 22 KUG Rn. 6; ähnlich auch *Soehring*, in: Soehring/Hoene, § 13 Rn. 37.

338 *AG Ingolstadt*, Urt. v. 3.2.2009 – 10 C 2700/08, BeckRS 2009, 11123.

339 *AG Ingolstadt*, Urt. v. 3.2.2009 – 10 C 2700/08, BeckRS 2009, 11123.

340 *BGH*, Urt. v. 9.6.1965 – I b ZR 126/63, NJW 1965, 2148, 2148 f. – Spielgefährtin; *AG Ingolstadt*, Urt. v. 3.2.2009 – 10 C 2700/08, BeckRS 2009, 11123; *Soehring*, in: Soehring/Hoene, § 13 Rn. 38; *Helle*, S. 93.

341 *BGH*, Urt. v. 1.12.1999 – I ZR 226/97, NJW 2000, 2201, 2202 – Der blaue Engel; *BGH*, Urt. v. 26.6.1979 – VI ZR 108/78, NJW 1979, 2205, 2205 – Fußballtor; *OLG*

Rangfolge und es kann kein Merkmal, das bei einer Identifizierung hilfreich sein könnte, von vornherein bei der Beurteilung der Erkennbarkeit ausgeschlossen werden.[342] Deshalb soll es im Einzelfall möglich sein, eine Erkennbarkeit selbst dann zu bejahen, wenn die Gesichtszüge des Abgebildeten überhaupt nicht zu sehen sind.[343]

2. *Einschränkende Sichtweise*

Dennoch muss berücksichtigt werden, dass § 22 KUG als spezialgesetzliche Ausprägung des Rechts am eigenen Bild allein das äußere Erscheinungsbild schützt, weshalb teilweise einschränkend gefordert wird, dass sich die Erkennbarkeit auch tatsächlich aus der Abbildung der Person als solcher ergeben müsse.[344] Deswegen sollen Fälle, in denen Personen erst aufgrund von Umständen erkennbar werden, die außerhalb der Abbildung liegen oder sich aus bloßem Beiwerk ergeben, nicht vom Schutzbereich des § 22 KUG erfasst sein,[345] sondern vielmehr einer Beurteilung nach den für das allgemeine Persönlichkeitsrecht geltenden Kriterien unterliegen.[346] Insofern fehlt es bei Aufnahmen, die beim Betrachter lediglich zu einer geistigen Assoziation einer bestimmten Abbildung einer Person führen, ohne dass tatsächlich bestimmte Merkmale dieser Person in der Aufnahme enthalten sind, an dem erforderlichen Bildnischarakter im Sinne des § 22 KUG.[347]

3. *Stellungnahme*

Den Verfechtern dieser restriktiveren Sichtweise ist zuzustimmen. Nicht nur für eine klare Abgrenzung zwischen dem Schutz des Rechts am eigenen Bild und sonstigen Aspekten des allgemeinen Persönlichkeitsrechts sollte der Bildnisschutz des § 22 KUG auf Abbildungen beschränkt sein, bei denen sich die Erkennbarkeit einer Person konkret aus ihrer Darstellung ergibt. Es wird darauf hingewiesen, dass andernfalls sogar ein Schutz nach § 22 KUG bejaht werden müsste, wenn die betroffene Person auf dem Bild überhaupt nicht abgebildet ist, aber aufgrund

---

Düsseldorf, Urt. v. 30.9.1969 – 20 U 80/69, GRUR 1970, 618, 618; *Götting*, in: Schricker/Loewenheim, § 60/§ 22 KUG Rn. 16.

342 *OLG Düsseldorf*, 30.9.1969 – 20 U 80/69, GRUR 1970, 618, 619; *Götting*, in: Schricker/Loewenheim, § 60/§ 22 KUG Rn. 17.

343 *Soehring*, in: Soehring/Hoene, § 13 Rn. 39.

344 *OLG Karlsruhe*, Beschl. v. 28.7.2004 – 6 U 39/04, GRUR 2004, 1058, 1058 f.; *Fricke*, in: Wandtke/Bullinger § 22 KUG Rn. 6; *Hochrathner*, ZUM 2001, 669, 672.

345 a.A. *BGH*, Urt. v. 9.6.1965 – I b ZR 126/63, NJW 1965, 2148, 2149 – Spielgefährtin; *OLG Frankfurt*, Urt. v. 12.7.1991 – 25 U 87/90, NJW 1992, 441, 442; *Helle*, *S.* 94.

346 *OLG Karlsruhe*, Beschl. v. 28.7.2004 – 6 U 39/04, GRUR 2004, 1058, 1058 f.; *Kröner*, in: Paschke/Berlit/Meyer, 32. Abschnitt Rn. 13; *Fricke*, in: Wandtke/Bullinger, § 22 KUG Rn. 6; *Hochrathner*, ZUM 2001, 669, 672; *Wild*, Anmerkung zu *BGH*, Urt. v. 26.6.1979 – VI ZR 108/78 – Fußballtor, in: GRUR 1979, 734, 735.

347 *OLG Karlsruhe*, Beschl. v. 28.7.2004 – 6 U 39/04, GRUR 2004, 1058, 1058.

außerhalb der Abbildung liegender Umstände identifiziert werden könnte.[348] Konkretisierend wird in diesem Zusammenhang als Beispiel angeführt, dass ein Bildnisschutz nach KUG ohne dieses einschränkende Kriterium sogar dann bestünde, wenn bloß ein für eine bestimmte Person typischer Gegenstand abgebildet wäre, der den Rückschluss auf diese Person zulässt.[349]

Ist auf dem betroffenen Bild jedoch gar keine Person abgebildet, geht es auch nicht um die Darstellung ihres äußeren Erscheinungsbildes. Zu Recht wird diesem Extrembeispiel entgegengesetzt, dass in einer solchen Konstellation mangels Wiedergabe des Erscheinungsbildes schon die erste Voraussetzung des Bildnisbegriffs im Sinne von § 22 S. 1 KUG nicht erfüllt ist, sodass es auf die Erkennbarkeit nicht mehr ankommt.[350] Doch selbst wenn der Körper einer Person partiell abgebildet ist, ohne dass die Person allein dadurch erkennbar ist, und sich aufgrund begleitender Umstände aus der Abbildung Informationen über eine bestimmte Person extrahieren und daraus Schlüsse auf deren Persönlichkeit ziehen lassen, sind diese nicht spezifisch mit der Abbildung des äußeren Erscheinungsbildes der Person verbunden. Nur dieses sollte jedoch Gegenstand des spezialgesetzlichen Schutzes von § 22 KUG sein.[351] Denn in den betroffenen Fällen ergibt sich der die Persönlichkeit beeinträchtigende Informationswert gerade nicht aus dem Bildnis, sondern aus den zusätzlichen Angaben oder Umständen, die die Erkennbarkeit konstituieren. Für solche Ausprägungen von Persönlichkeitsrechtsverletzungen sollte auf die allgemeinen Grundsätze beziehungsweise andere spezialgesetzliche Normierungen zurückgegriffen werden.[352]

Insofern ist es als bedenklich einzustufen, dass der *BGH* das Vorliegen eines Bildnisses bejaht, wenn eine Erkennbarkeit aus dem Bild heraus gar nicht besteht, sondern sich nur aus einer unter der Abbildung befindlichen Namensangabe der Bezug zu einer bestimmten Person herstellen lässt.[353] Zwar kann dies Fälle betreffen, in denen eine Person schemenhaft abgebildet ist und damit Teile ihres äußeren Erscheinungsbildes festgehalten sind, sodass das Recht am eigenen Bild nicht von vornherein ausscheiden muss. Allerdings ergibt sich in diesen Grenzfällen gerade keine Erkennbarkeit aus dem Bild heraus, sodass nicht das abgebildete äußere Erscheinungsbild einer Person den Ausschlag bei der Identifikation gibt. Besteht damit aber auch kein spezifischer Zusammenhang zum Recht am eigenen Bild, ist es nicht angebracht, solche Aufnahmen am Maßstab des § 22 KUG zu beurteilen.

Dies wird durch eine weitere Überlegung bestätigt: würde die Veröffentlichung einer solchen Aufnahme mangels Einwilligung oder sonstiger gesetzlicher Erlaubnis

348 *Hochrathner,* ZUM 2001, 669, 672.

349 *Wild,* Anmerkung zu *BGH,* Urt. v. 26.6.1979 – VI ZR 108/78 – Fußballtor, in: GRUR 1979, 734, 735.

350 *Kröner,* in: Paschke/Berlit/Meyer, 32. Abschnitt Rn. 13; *Helle, S.* 94 f.

351 So auch *Kröner,* in: Paschke/Berlit/Meyer, 32. Abschnitt Rn. 13; *Hochrathner,* ZUM 2001, 669, 672.

352 *Kröner,* in: Paschke/Berlit/Meyer, 32. Abschnitt Rn. 13.

353 *BGH,* Urt. v. 9.6.1965 – I b ZR 126/63, NJW 1965, 2148, 2149 – Spielgefährtin.

eine Rechtsverletzung darstellen, könnte diese schon dadurch beseitigt werden, dass die Namensangabe oder sonstige außerhalb des Bildes liegende Identifikationsmerkmale entfernt werden. Das Bild als solches dagegen dürfte unverändert weitergenutzt werden, da es selbst keinerlei Rückschlüsse auf die Persönlichkeit und Lebensumstände einer bestimmten Person zulässt. Daran zeigt sich, dass solche Aufnahmen nicht das Recht am eigenen Bild betreffen. Stattdessen bleibt eine allgemeine persönlichkeitsrechtliche Prüfung einer solchen Bildveröffentlichung eröffnet, die dem Schutzbedürfnis der betroffenen Person gerecht werden und zur Unzulässigkeit einer Namensnennung oder sonstiger Angaben führen kann. Nur durch eine solche Einschränkung des Erkennbarkeitskriteriums können die Grenzen der §§ 22 ff. KUG klar abgesteckt werden.

4. Ergebnis

Zu fordern ist also, dass eine Erkennbarkeit im Sinne des § 22 KUG nur dann bejaht wird, wenn eine Person tatsächlich auf einer Abbildung zu sehen ist und zwar in einer Weise, die es ermöglicht, die Identifizierung allein anhand der sichtbaren individuellen Merkmale der Person vorzunehmen. Dies verlangt nicht zwingend, dass die Gesichtszüge zu sehen sind, sofern die sonstigen Umstände des äußeren Erscheinungsbildes wie Frisur, Haltung, Statur etc. einen sicheren Rückschluss auf die Identität der abgebildeten Person zulassen.

Unter der DSGVO dagegen ist eine solche strikte Beschränkung auf die Betrachtung des einzelnen Bildes nicht erforderlich. Hier muss vielmehr auf den Gesamtkontext geschaut werden, um zu sehen, welche Informationen sich über die betroffene Person aus dem Bild und dessen Umfeld entnehmen lassen. Diese Betrachtung ist schon deshalb zwingend, weil das Merkmal des Personenbezugs bereits eine Identifizierbarkeit ausreichen lässt, für die auf solche umliegenden Informationen zurückzugreifen ist. Insoweit zahlt sich aus, dass die DSGVO nicht auf Bilddaten beschränkt ist, sodass eine genaue Abgrenzung unterbleiben kann.

B. Eingriffshandlungen

Ausweislich seines Wortlauts gilt der Einwilligungsvorbehalt des § 22 S. 1 KUG nur für die Verbreitung und öffentliche Zurschaustellung eines Bildnisses.

I. Erstellung einer Abbildung

Die Anfertigung der Aufnahme oder ihre Vervielfältigung fällt nicht unter das KUG, sodass allein die Nutzung von Aufnahmegeräten vor diesem Hintergrund noch unbedenklich ist.[354] Hier bleibt aber häufig ein Rückgriff auf das allgemeine

354 *BGH*, Urt. v. 6.9.1966 – VI ZR 268/64, NJW 1966, 2353, 2354 – Vor unserer eigenen Tür; *BGH*, Urt. v. 10.5.1957 – I ZR 234/55, NJW 1957, 1315, 1316 – Spätheimkehrer; *Dreyer*, in: Dreyer/Kotthoff/Meckel, § 22 KUG Rn. 11; *Kröner*, in: Paschke/Berlit/

Persönlichkeitsrecht in Form des Rechts am eigenen Bild möglich.[355] Sowohl auf verfassungsrechtlicher als auch auf zivilrechtlicher Ebene setzt das allgemeine Persönlichkeitsrecht zu einem früheren Zeitpunkt an und steht dadurch in bestimmten Fällen schon der bloßen Anfertigung von Bildnissen einer bestimmten Person entgegen.[356] Ein Verbot der bloßen Bildaufnahme kann dann aus § 823 Abs. 1 BGB folgen[357], wobei dies eine Interessenabwägung im Einzelfall voraussetzt, die ergibt, dass schon die Aufnahme eine rechtswidrige Beeinträchtigung des geschützten Rechts darstellt.[358]

So soll die bloße Anfertigung der Abbildung einer Person in ihrem privaten Bereich in der Regel gegen das allgemeine Persönlichkeitsrecht verstoßen, wenn diese heimlich und in der Absicht erfolgt, die Aufnahme der Öffentlichkeit zugänglich zu machen, ohne eine entsprechende Erlaubnis des Betroffenen einzuholen.[359] Ähnliches kann ausnahmsweise sogar für das bloße Innehaben und Betrachten von Bildaufnahmen gelten, sodass beispielsweise nach Ende einer Beziehung ein Löschungsanspruch im Hinblick auf intime Fotos und Videos gegen den ehemaligen Partner bestehen kann.[360]

Darüber hinaus gewährleistet § 201a StGB als einfach-gesetzliche Norm einen beschränkten Schutz des Rechts am eigenen Bild schon in der Erhebungsphase.[361] Allerdings ist § 201a StGB überhaupt nur in speziellen Situationen einschlägig, beispielsweise wenn die Bildaufnahme die Hilflosigkeit einer anderen Person zur Schau stellt oder sich jemand in einer Wohnung oder einem gegen Einblick besonders

Meyer, 32. Abschnitt Rn. 18; *Götting,* in: Schricker/Loewenheim, § 60/§ 22 KUG Rn. 5, 34; *Fricke,* in: Wandtke/Bullinger, § 22 KUG Rn. 8 f.; *v. Gamm,* UrhG, Einf. Rn. 105.

355 *BGH,* Urt. v. 13.10.2015 – VI ZR 271/14, NJW 2016, 1094, 1096 m. Anm. *Lampmann*; *BGH,* Urt. v. 6.9.1966 – VI ZR 268/64, NJW 1966, 2353, 2354 – Vor unserer eigenen Tür; m.w.N. *Specht,* in: Dreier/Schulze, § 22 KUG Rn. 12; *Dreyer,* in: Dreyer/Kotthoff/Meckel, § 22 KUG Rn. 11; *Kröner,* in: Paschke/Berlit/Meyer, 32. Abschnitt Rn. 18; *Götting,* in: Schricker/Loewenheim, § 60/§ 22 KUG Rn. 5, 34; *Fricke,* in: Wandtke/Bullinger, § 22 KUG Rn. 8 f.; *Hubmann/Rehbinder, S.* 307.

356 Vgl. *BGH,* Urt. v. 13.10.2015 – VI ZR 271/14, NJW 2016, 1094, 1096 m. Anm. *Lampmann*; *Fricke,* in: Wandtke/Bullinger, § 22 KUG Rn. 8 f.

357 *BGH,* Urt. v. 10.5.1957 – I ZR 234/55, NJW 1957, 1315, 1316 – Spätheimkehrer; *Götting,* in: Schricker/Loewenheim, § 60/§ 22 KUG Rn. 5.

358 Im Einzelnen streitig, zum Streitstand m.w.N.: *Dreyer,* in: Dreyer/Kotthoff/Meckel, § 22 KUG Rn. 11; *Götting,* in: Schricker/Loewenheim, § 60/§ 22 KUG Rn. 35.

359 *BGH,* Urt. v. 10.5.1957 – I ZR 234/55, NJW 1957, 1315, 1316 – Spätheimkehrer; *Rose,* DuD 2017, 137, 138.

360 *BGH,* Urt. v. 13.10.2015 – VI ZR 271/14, NJW 2016, 1094, 1095 ff. m. Anm. *Lampmann; OLG Koblenz,* Urt. v. 20.5.2014 – 3 U 1288/13, ZD 2014, 568, 570.

361 *Kröner,* in: Paschke/Berlit/Meyer, 32. Abschnitt Rn. 18; *Götting,* in: Schricker/Loewenheim, § 60/§ 22 KUG Rn. 35; *Flechsig,* ZUM 2004, 605, 610; *Wieduwilt,* K&R 2014, 627, 628.

geschützten Raum befindet und kumulativ durch die Bildaufnahme der höchstpersönliche Lebensbereich der abgebildeten Person verletzt wird.

II. Verbreitung

Für eine Verbreitung genügt jegliche Weitergabe des jeweiligen Bildnisses an eine beliebige andere Person.[362] Entscheidend ist hierbei, dass einem Dritten die tatsächliche Verfügungsgewalt über das Original des Bildnisses oder ein Vervielfältigungsstück in körperlicher oder auch digitaler Form verschafft wird.[363] Durch eine solche Handlung entsteht nämlich das Risiko einer nicht mehr zu kontrollierenden Kenntnisnahme durch Dritte.[364] Das Merkmal der Weitergabe eines Vervielfältigungsstücks in körperlicher oder digitaler Form dient zugleich der Abgrenzung der Verbreitung von der (öffentlichen) Zurschaustellung.[365]

1. Handeln in der Öffentlichkeit

Im Gegensatz zum urheberrechtlichen Begriff der Verbreitung gemäß § 17 UrhG verlangt die Verbreitung im Sinne des § 22 KUG kein Handeln in der Öffentlichkeit, sodass schon das Verschenken oder die Weitergabe von Vervielfältigungsstücken im privaten Bereich zu den grundsätzlich erlaubnispflichtigen Tathandlungen gehören kann.[366] Eine Ausnahme für den engsten Familien- und Freundeskreis[367] ist dagegen nicht anzuerkennen, da es dafür zum einen keinen Anhaltspunkt im Wortlaut der Norm gibt und zum anderen das Risiko einer unkontrollierbaren Weiterverbreitung in diesem Kreis genauso besteht.

---

362 *Specht* in: Dreier/Schulze § 22 KUG Rn. 9; *Dreyer,* in: Dreyer/Kotthoff/Meckel, § 22 KUG Rn. 12; *Rixecker,* in: MüKo BGB, Band 1, § 12 Anh. Das Allgemeine Persönlichkeitsrecht Rn. 64; *Kröner,* in: Paschke/Berlit/Meyer, 32. Abschnitt Rn. 16.

363 *OLG Celle,* Urt. v. 25.8.2010 – 31 Ss 30/10, ZUM 2011, 341, 343; *OLG Frankfurt a.M.,* Urt. v. 15.6.2004 – 11 U 5/04, MMR 2004, 683, 684 m. Anm. *Stopp*; *LG Heidelberg,* Urt. v. 2.12.2015 – 1 O 54/15, MMR 2016, 481, 482; *LG Oldenburg,* Urt. v. 22.3.1990 – 5 O 3328/89, AfP 1991, 652, 653; *Specht,* in: Dreier/Schulze, § 22 KUG Rn. 9; *Helle, S.* 126.

364 *OLG Köln,* Urt. v. 15.11.2011 – 15 U 62/11, ZUM 2012, 703, 706; *LG Heidelberg,* Urt. v. 2.12.2015 – 1 O 54/15, MMR 2016, 481, 482; *LG Köln,* Beschl. v. 21.8.2013 – 34 T 179/13, ZD 2014, 477, 479; *LG Köln,* Urt. v. 9.11.2011 – 28 O 225/11, ZUM-RD 2012, 40, 43; *LG Düsseldorf,* Urt. v. 18.12.2002 – 12 O 175/02, NJOZ 2003, 2883, 2884; *Fricke,* in: Wandtke/Bullinger, § 22 KUG Rn. 8.

365 Vgl. *v. Gamm,* UrhG, Einf. Rn. 105.

366 *LG Köln,* Beschl. v. 21.8.2013 – 34 T 179/13, ZD 2014, 477, 480; *LG Frankfurt a.M.,* AfP 2008, 637, 637; *Dreyer,* in: Dreyer/Kotthoff/Meckel, § 22 KUG Rn. 12; *Engels,* in: Möhring/Nicolini, § 22 KUG Rn. 52; *Götting,* in: Schricker/Löwenheim, § 60/§ 22 KUG, Rn. 36; *v. Gamm,* UrhG, Einf. Rn. 104; *Fricke,* in: Wandtke/Bullinger, § 22 KUG Rn. 8; *Helle, S.* 123.

367 *VG Köln,* Urt. v. 15.5.1987 – 20 K 168/86, NJW 1988, 367, 369; *Helle, S.* 127; *Hubmann/Rehbinder, S.* 307.

Dieses weite Verständnis des Verbreitungsbegriffs führt zu einem weitgehenden Schutz des Rechts am eigenen Bild. Hat also jemand Fotos oder Videos von anderen Personen gemacht, ist nicht erst deren Veröffentlichung unzulässig, sondern schon jede Weitergabe an einen Dritten, also insbesondere auch die Weitergabe im Freundeskreis, sofern nicht eine Einwilligung der abgebildeten Personen oder eine Ausnahme des § 23 KUG gegeben ist. Deshalb kann schon das Verschicken von Bildnissen per WhatsApp[368], E-Mail[369], Facebook Messenger oder mithilfe anderer Nachrichtendienste an Freunde und Bekannte eine Verletzung des Rechts am eigenen Bild darstellen. Dass der Betroffene davon im Großteil der Fälle überhaupt keine Kenntnis erlangt, ist nur für das praktische Risiko einer Rechtsverfolgung von Belang, beschränkt jedoch in keiner Weise die Rechtswidrigkeit eines solchen Vorgehens.

Das bloße Senden in Film oder Fernsehen oder auch das Vorführen vor Dritten stellt keine Verbreitung dar,[370] weil der Dritte dabei nicht die Verfügungsgewalt über ein Vervielfältigungsstück des Bildnisses erlangt.

2. Verbreitung im Online-Bereich

Bei Veröffentlichungen im Internet kann von einer Verbreitung ausgegangen werden, wenn ein Dritter sich eine Kopie des Bildnisses anfertigt, was in der Regel ohne Schwierigkeiten durch simples Speichern oder Herunterladen der Bilddatei möglich ist.

Die Einbeziehung digitaler Formen des Bildnisses in den Verbreitungsbegriff[371] ist in Anbetracht des Telos der Norm geradezu zwingend, da der Betroffene davor geschützt werden soll, dass Dritte Verfügungsgewalt über Bildnisse in der Weise erlangen, dass sie selbst zu einer weiteren Verbreitung in der Lage wären. Gerade im Online-Bereich ist es für jeden, der die Foto- oder Videodatei in Besitz hat, ohne Weiteres möglich, diese Datei ohne Qualitätseinbußen und mit unerheblichem Aufwand weiterzugeben. Durch jede Weitergabe eines Bildnisses in digitaler Form entsteht daher das Risiko einer tatsächlich nicht mehr zu kontrollierenden Kenntnisnahme durch einen unbestimmten Personenkreis.

Insofern dürfen auch an das Kriterium der körperlichen Form keine zu hohen Anforderungen gestellt werden. Eine Beschränkung des Verbreitungsbegriffs auf eine Weitergabe von Bildnissen in digitaler Form, die auf Datenträgern gespeichert sind und damit ihre Körperlichkeit erlangen, widerspräche dem Schutzzweck des Gesetzes. In einem solchen Fall setzte die Verbreitung beispielsweise die Übergabe

---

368 *LG Frankfurt a.M.*, Beschl. v. 28.5.2015 – 2–03 O 452/14, MMR 2016, 482, 483.

369 *LG Frankfurt a.M.*, Urt. v. 4.3.2008 – 2/17 O 128/07, NJOZ 2008, 3545, 3546; *Engels*, in: Möhring/Nicolini, § 22 KUG Rn. 53; *Petershagen*, NJW 2011, 705, 706.

370 A.A. *Dreyer*, in: Dreyer/Kotthoff/Meckel, § 22 KUG Rn. 12.

371 *LG Frankfurt a.M.*, Urt. v. 4.3.2008 – 2/17 O 128/07, NJOZ 2008, 3545, 3546; *Kröner*, in: Paschke/Berlit/Meyer, 32. Abschnitt Rn. 16; *Prinz/Peters*, Rn. 829 Fn. 66; *Atzert/Franck*, RDV 2014, 136, 139; *Petershagen*, NJW 2011, 705, 706.

eines USB-Sticks oder einer Festplatte voraus. Bei einer solch engen Sichtweise wäre das Risiko einer nicht mehr zu kontrollierenden Kenntnisnahme aber deutlich geringer als bei dem bloßen Versand einer Datei über die Kommunikationsdienste im Internet, weil die Weitergabe eines Datenträgers für den potenziellen Täter mit einem deutlich größeren Aufwand verbunden ist als der simple Online-Versand einer Datei. Darüber hinaus liegt auch bei einem solchen Online-Versand eine gewisse körperliche Manifestation auf der Festplatte oder im Arbeitsspeicher des Empfängers vor.

Das Hochladen von Bildnissen in eine Cloud, in der dem Nutzer virtueller Speicherplatz für eigene Zwecke zur Verfügung gestellt wird, stellt dagegen keine Verbreitung dar, sofern nur der Nutzer selbst zugriffsberechtigt ist.[372] Selbst wenn der Cloud-Betreiber rein faktisch technisch dazu in der Lage wäre, die abgelegten Daten einzusehen, fehlt es in der Regel an einer entsprechenden Zugriffsberechtigung.[373] Außerdem intendiert und motiviert ein Nutzer einen solchen Zugriff durch den Cloud-Anbieter nicht, sodass es an einer Zurechenbarkeit fehlen würde, falls ein Zugriff dennoch erfolgte.[374]

Entscheidendes Kriterium zur Abgrenzung der Verbreitung von der öffentlichen Zurschaustellung muss im Online-Bereich deshalb die Weitergabe der das Bildnis enthaltenden Datei sein, die dazu führt, dass das Bildnis nicht nur weiteren Dritten gezeigt, sondern auch an sie weitergegeben werden kann.[375]

III. Öffentliche Zurschaustellung

Eine öffentliche Zurschaustellung verlangt dagegen schon vom Wortlaut her ein Bekanntwerden des Bildnisses in der Öffentlichkeit, weshalb es entscheidend ist, dass die Zurschaustellung gerade gegenüber einer unbestimmten Anzahl von Betrachtern erfolgt.[376]

1. Öffentlich

Für die Definition der Öffentlichkeit wird üblicherweise § 15 Abs. 3 UrhG zugrunde gelegt,[377] aus dem sich ergibt, dass ein Ausschluss der Öffentlichkeit in jedem Fall eine gewisse persönliche Verbundenheit der Personen, denen das Bildnis

372 *LG Heidelberg*, Urt. v. 2.12.2015 – 1 O 54/15, MMR 2016, 481, 482.
373 *LG Heidelberg*, Urt. v. 2.12.2015 – 1 O 54/15, MMR 2016, 481, 482.
374 *LG Heidelberg*, Urt. v. 2.12.2015 – 1 O 54/15, MMR 2016, 481, 482.
375 Vgl. *Dreyer*, in: Dreyer/Kotthoff/Meckel, § 22 KUG Rn. 13; *Helle*, S. 126.
376 *Rixecker*, in: MüKo, BGB Band 1, § 12 Anh. Das Allgemeine Persönlichkeitsrecht Rn. 64; s. auch *OLG Köln*, Urt. v. 15.11.2011 – 15 U 62/11, ZUM 2012, 703, 706.
377 *LG Oldenburg*, Urt. v. 22.3.1990 – 5 O 3328/89, AfP 1991, 652, 653; *Dreyer*, in: Dreyer/Kotthoff/Meckel, § 22 KUG Rn. 13; *Specht*, in: Dreier/Schulze, § 22 KUG Rn. 10; *Kröner*, in: Paschke/Berlit/Meyer, 32. Abschnitt Rn. 17; *Helle*, S. 123.

wahrnehmbar gemacht wird, voraussetzt.[378] Außerdem muss die Wiedergabe entsprechend § 15 Abs. 3 S. 1 UrhG für eine Mehrzahl von Mitgliedern dieser Öffentlichkeit bestimmt sein, um öffentlich zu sein. Der Anblick des Bildnisses muss also einem ausgedehnten Kreis von Personen zugänglich gemacht werden, der weder individuell noch der Zahl nach beschränkt ist.[379]

2. *Zurschaustellung*

Zurschaustellen ist jedes Sichtbar- beziehungsweise Wahrnehmbarmachen des Bildnisses, ohne dass es auf die Art des Sichtbarmachens oder das verwendete Medium ankommt.[380] Hierüber wird insbesondere die unkörperliche Wiedergabe erfasst, die bei einer Ausstrahlung in Film und Fernsehen vorliegt.[381] Dass die Sichtbarmachung tatsächlich wahrgenommen wurde, ist nicht erforderlich; es reicht schon die bloße Möglichkeit.[382]

Zum Teil wird die Definition der Zurschaustellung noch um die Voraussetzung erweitert, dass keine (körperliche) Weitergabe des Bildnisses an Dritte erfolgt.[383] Dadurch wäre gewährleistet, dass die Tathandlungen der Verbreitung und öffentlichen Zurschaustellung nie gleichzeitig vorliegen können. Gerade bei Veröffentlichungen im Internet, die als öffentliche Zurschaustellungen eingeordnet werden,[384] und bei der Online-Kommunikation ist dieses negative Tatbestandsmerkmal aufgrund technischer Besonderheiten jedoch häufig nicht erfüllt, soweit das Bildnis heruntergeladen werden kann und das Publikum dadurch die Verfügungsgewalt darüber erlangt. Selbst wenn technische Sperren gegen ein Herunterladen bestehen, können Nutzer Screenshots anfertigen und das Bildnis damit festhalten.

---

378 *Engels,* in: Möhring/Nicolini, § 22 KUG Rn. 54; *Helle, S.* 124.

379 *LG Oldenburg,* Urt. v. 22.3.1990 – 5 O 3328/89, AfP 1991, 652, 653.

380 *Dreyer,* in: Dreyer/Kotthoff/Meckel, § 22 KUG Rn. 13; *Kröner,* in: Paschke/Berlit/Meyer, 32. Abschnitt Rn. 17; *Götting,* in: Schricker/Löwenheim, § 60/§ 22 KUG, Rn. 37; vgl. auch *OLG Köln,* Urt. v. 15.11.2011 – 15 U 62/11, ZUM 2012, 703, 706; *LG Düsseldorf,* Urt. v. 18.12.2002 – 12 O 175/02, NJOZ 2003, 2883, 2884.

381 *Specht,* in: Dreier/Schulze, § 22 KUG Rn. 10; *Engels,* in: Möhring/Nicolini, § 22 KUG Rn. 54; *Kröner,* in: Paschke/Berlit/Meyer, 32. Abschnitt Rn. 16; *v. Gamm,* UrhG, Einf. Rn. 105; *Fricke,* in: Wandtke/Bullinger, § 22 KUG Rn. 9.

382 *VerfGH Berlin,* Beschl. v. 7. 11. 2006 – VerfGH 56/05, NJW-RR 2007, 1686, 1687; *OLG Karlsruhe,* Beschl. v. 2.2.2011 – 1 (7) Ss 371/10-AK 99/10, ZUM-RD 2011, 348, 349; *VG Köln,* Urt. v. 15.5.1987 – 20 K 168/86, NJW 1988, 367, 369; *Dreyer,* in: Dreyer/Kotthoff/Meckel, § 22 KUG Rn. 13; *von Strobl-Albeg,* in: Wenzel, Kapitel 7 Rn. 44.

383 *Dreyer,* in: Dreyer/Kotthoff/Meckel, § 22 KUG, Rn. 13; *Engels,* in: Möhring/Nicolini, § 22 KUG Rn. 54; *Prinz/Peters,* Rn. 830.

384 *LG Heidelberg,* Urt. v. 2.12.2015 – 1 O 54/15, MMR 2016, 481, 481; *Specht,* in: Dreier/Schulze, § 22 KUG Rn. 10; *Dreyer,* in: Dreyer/Kotthoff/Meckel, § 22 KUG, Rn. 13; *Engels,* in: Möhring/Nicolini, § 22 KUG Rn. 54; *Fricke,* in: Wandtke/Bullinger, § 22 KUG Rn. 9; *Lorenz,* K&R 2016, 450, 451.

Dennoch erscheint es sachgerecht, die Internetveröffentlichung als Zurschaustellung anzusehen,[385] da zunächst die Sichtbarmachung des Bildnisses im Vordergrund steht und nicht in jedem Fall eine dauerhafte Manifestation der jeweiligen Datei auf dem Gerät des Nutzers erfolgt. Das KUG muss insoweit entwicklungsoffen ausgelegt werden, um neue technische Wiedergabeformen erfassen zu können.[386] Außerdem reicht es angesichts der identischen Rechtsfolgen für beide Handlungsformen aus, wenn die Abgrenzung zwischen Verbreitung und öffentlicher Zurschaustellung nur in eine Richtung klar ist. Das heißt, nur der Begriff der Verbreitung muss eindeutig umrissen sein, da dieser nicht zwingend einen Öffentlichkeitsbezug erfordert und deshalb auch im Privatbereich die Verbotswirkung des KUG zur Anwendung bringen kann. Die Zurschaustellung ist dagegen auf Handlungsformen gegenüber der Öffentlichkeit beschränkt. Ob eine Wiedergabe des Bildnisses in der Öffentlichkeit eine Verbreitung oder eine Zurschaustellung darstellt, führt nicht zu unterschiedlichen Rechtsfolgen, sodass es unschädlich ist, wenn als Zurschaustellung auch Vorgänge eingeordnet werden, bei denen Dritte die Verfügungsgewalt über eine Kopie des Bildnisses erlangen. Insoweit kann eine Überschneidung von Verbreitung und öffentlicher Zurschaustellung hingenommen werden, da das KUG aufgrund beider Alternativen anwendbar wäre.

Erfasst sind hiervon insbesondere Uploads von Bildnissen auf Videoplattformen im Internet wie YouTube oder MyVideo, Veröffentlichungen auf den beliebten Plattformen Facebook oder Instagram, aber auch auf sonstigen Websites[387], die öffentlich zugänglich sind. Bei der Speicherung von Bildnissen in Cloud-Speichern ist danach zu differenzieren, ob eine Zugriffsberechtigung nur für den einzelnen Nutzer besteht oder ob darüber hinaus ein Zugriff für die Öffentlichkeit möglich ist. Nur in letzterem Fall wird eine öffentliche Zurschaustellung zu bejahen sein.[388]

C. Einwilligungsvorbehalt für Verbreitung und öffentliche Zurschaustellung

Für die aufgezeigten Handlungsweisen sieht das KUG einen Einwilligungsvorbehalt vor, dessen Missachtung vorbehaltlich §§ 23, 24 KUG zu einer Verletzung des Rechts am eigenen Bild führt.

385 *LG Nürnberg-Fürth*, Beschl. v. 6.2.2009 – 11 O 762/09, AfP 2009, 177, 178.

386 Vgl. auch *BGH*, Urt. v. 6.9.1966 – VI ZR 268/64, NJW 1966, 2353, 2354 – Vor unserer eigenen Tür.

387 s. z. B. *OLG Karlsruhe*, Beschl. v. 2.2.2011 – 1 (7) Ss 371/10-AK 99/10, ZUM-RD 2011, 348, 348.

388 Vgl. *LG Heidelberg*, Urt. v. 2.12.2015 – 1 O 54/15, MMR 2016, 481, 482.

I. Notwendigkeit des Einwilligungsvorbehalts

Bildnisse zeigen in der Regel nicht nur die individuellen Gesichtszüge des Einzelnen, sondern bilden ihn in einer bestimmten Situation ab, sodass man daraus eine Reihe zusätzlicher Schlüsse auf sein Verhalten oder gar seinen Charakter ziehen kann. Es gibt zahlreiche Situationen, in denen man in einer Weise auftritt, die zumindest nicht dauerhaft für die Öffentlichkeit festgehalten sein soll. Die Unbeschwertheit des Handelns wäre erheblich beeinträchtigt, wenn man jederzeit damit rechnen müsste, dass das Erscheinungsbild festgehalten und öffentlich zugänglich gemacht wird.[389] Viele Verhaltensweisen, die die Vielfalt des zwischenmenschlichen Miteinanders und Kontakts und die Freude daran prägen, werden nur an den Tag gelegt, wenn man sich gewiss sein kann, dass allein die in dem Moment anwesenden Personen davon unmittelbar Kenntnis erlangen und sie im Nachhinein nur noch anhand der (verblassenden) Erinnerungen der Anwesenden vor Augen geführt werden können. Deshalb werden in der Rechtsprechung häufig sogar bloße Kameraattrappen für unzulässig erklärt,[390] sofern diese einen Überwachungsdruck erzeugen und die Betroffenen das Gefühl bekommen, im privaten Bereich nicht mehr ungestört und unbeobachtet zu sein, sodass sie sich nicht mehr unbefangen bewegen können.[391]

1. *Gefahr der Fehldeutung von Bildnissen*

Sobald Bildnisse öffentlich werden, besteht die Gefahr, dass Missverständnisse und Fehlinterpretationen erfolgen, die eine Herabwürdigung des sozialen Geltungsanspruchs zur Folge haben. Durch das Herauslösen aus einer Gesamtsituation, wie dies Bildnissen geradezu immanent ist, und die Reproduktion vor einem unüberschaubaren Personenkreis[392] kann es zu einer verzerrten Wahrnehmung kommen, die zu einer Rufbeeinträchtigung des Betroffenen führt.[393]

Dies kann mit Aufnahmen beginnen, auf denen jemand in einem ungünstigen Moment erfasst wurde, sodass beispielsweise die Gesichtszüge mitten in einer Bewegung scheinbar merkwürdig verzerrt festgehalten werden, was sich in der laufenden Bewegung für den Betrachter aber überhaupt nicht so dargestellt hat. Deutlich

---

389 Vgl. *BVerfG,* Urt. v. 15.12.1999 – 1 BvR 653/96, NJW 2000, 1021, 1022 f. – Caroline von Monaco; *Horst,* NZM 2000, 937, 939; *Masing,* NJW 2012, 2305, 2308.

390 M.w.N. *Widegreen,* Anmerkung zu *LG Berlin,* Urt. v. 28.10.2015 – 67 S 82/15, in: ZD 2016, 189, 189 f.; a.A. *LG München I,* Urt. v. 21.10.2011 – 20 O 19879/10, ZD 2012, 77, 78; zu der Thematik auch *Kaufmann,* c't 2013, Heft 3, S. 144.

391 *LG Bonn,* Urt. v. 16.11.2004 – 8 S 139/04, NJW-RR 2005, 1067, 1068; *LG Darmstadt,* Urt. v. 17.3.1999 – 8 O 42/99, NZM, 2000, 360, 360; *Horst,* NZM 2000, 937, 941 f.; *Zilkens,* DuD 2007, 279, 283.

392 Vgl. *BVerfG,* Urt. v. 15.12.1999 – 1 BvR 653/96, NJW 2000, 1021, 1022 – Caroline von Monaco; *Götting,* in: Schricker/Loewenheim, § 60/§ 22 KUG Rn. 1; *Horst,* NZM 2000, 937, 939.

393 Vgl. *BVerfG,* Urt. v. 15. 12. 1999 – 1 BvR 653/96, NJW 2000, 1021, 1022 – Caroline von Monaco.

schädlicher ist es aber, wenn die Abbildung den Eindruck vermittelt, jemand habe in einem bestimmten Zusammenhang in einer bestimmten – möglicherweise sozial oder rechtlich missbilligten – Weise gehandelt oder sich an einem bestimmten Ort aufgehalten. So ist es vorstellbar, dass eine Person, die in einer Schlägerei tatsächlich nur schlichten wollte und sich dazu ins Geschehen eingemischt hat, auf einer Aufnahme aussieht wie ein Beteiligter der Schlägerei. Ähnliches würde beispielsweise gelten, wenn jemand im Zusammenhang mit einer Veranstaltung abgebildet wird, welche auf eine bestimmte Gesinnung oder politische Einstellung schließen lässt, obwohl er tatsächlich nur zufällig dort vorbeigekommen ist und sich in keiner Weise daran beteiligt hat.

Bei einer Veröffentlichung von Bildnissen hat der Betroffene keine Kontrolle mehr darüber, wem sein Auftreten bekannt wird und vor wem er dies verbergen kann. Deshalb ist es notwendig, dass eine solche Veröffentlichung eines Bildnisses unter einem Einwilligungsvorbehalt des Betroffenen steht, wie § 22 S. 1 KUG es anordnet. Dies gebietet nicht zuletzt auch das Recht auf informationelle Selbstbestimmung, wenn es fordert, dass der Einzelne grundsätzlich selbst über Preisgabe und Verwendung seiner persönlichen Daten bestimmen können muss.[394] Nur mit dem Plazet des Betroffenen darf die Gefahr eines Kontrollverlusts hingenommen werden, sofern nicht andere Rechte von Verfassungsrang eine Ausnahme gebieten. Dennoch gibt es kein allgemeines Recht, nur so von anderen dargestellt zu werden, wie man sich selbst sieht oder gesehen werden möchte.[395]

2. *Unumkehrbarkeit von Internet-Veröffentlichungen*

Die Erforderlichkeit des Einwilligungsvorbehalts zeigt sich außerdem an der Tatsache, dass es nahezu unmöglich ist, Inhalte, die einmal ins Internet gelangt sind, unwiderruflich zu löschen.[396] Bilder landen schnell im Cache von Suchmaschinen, in Internetarchiven[397] oder werden von anderen Nutzern heruntergeladen, die diese dann ihrerseits erneut hochladen können.[398] Das Risiko, dass kompromittierende oder intime Fotos dauerhaft der Kontrolle des Betroffenen entzogen werden und er mit den Reaktionen anderer Personen auf diese Abbildungen konfrontiert wird, ist deshalb sehr hoch. Durch die Angabe von Kontaktdaten des Abgebildeten wird dieses Risiko noch einmal erheblich gesteigert.[399]

Gerade im Bereich der immer häufiger anzutreffenden „Rache-Pornos" (i.e. pornographische/erotische Fotos oder Videos eines Ex-Partners, die nach dem Ende

394 *BVerfG,* Urt. v. 15.12.1983 – 1 BvR 209/83, NJW 1984, 419, 422 – Volkszählungsurteil.

395 St. Rspr. *BVerfG,* Urt. v. 15.12.1999 – 1 BvR 653/96, NJW 2000, 1021, 1022 – Caroline von Monaco.

396 *Jandt/Roßnagel,* MMR 2011, 637, 637; *Lorenz,* ZD 2012, 367, 369.

397 Z.B. https://archive.org.

398 *Lorenz,* ZD 2012, 367, 369.

399 So z.B. im Fall des *LG Kiel,* Urt. v. 27.4.2006 – 4 O 251/05, NJW 2007, 1002, 1002 ff.

einer Beziehung meist vom verlassenen Ex-Partner aus Rache im Internet auf einschlägigen Seiten hochgeladen und veröffentlicht werden) müssen Betroffene trotz aller rechtlichen Schutzinstrumente rein faktisch damit leben, dass solche pornographischen Amateur-Aufnahmen im Internet existent sind und nicht zuverlässig entfernt werden können. Obwohl das Zugänglichmachen eines Rache-Pornos je nach Art der Entstehung der Aufnahme sogar nach § 201a Abs. 1 Nr. 3 oder 4, Abs. 2 StGB strafbar und der Betroffene damit speziell davor geschützt ist, muss ein wirksamer Bildnisschutz auch jenseits dieser höchst sensiblen Inhalte bestehen. Nur durch den Einwilligungsvorbehalt zugunsten des Betroffenen kann sein Recht zur Selbstbestimmung über die Verwendung von Abbildungen von ihm angemessen gewahrt werden.

II. Rechtsnatur der Einwilligung im Sinne des KUG

Eine Besonderheit der kunsturheberrechtlichen Einwilligung liegt in der Frage ihrer Rechtsnatur und der daraus folgenden (Un-)Widerruflichkeit, welche umstritten ist.[400] Außerdem kommt der Rechtsnatur Bedeutung für die Frage zu, inwiefern Minderjährige selbst einwilligen können, da die §§ 104 ff. BGB besondere Regelungen für deren Willenserklärungen aufstellen. Dies gilt umso mehr, als es gerade unter Jugendlichen weit verbreitet ist, „Selfies“ oder sonstige Fotos mit Freunden zu machen, die dann bevorzugt in sozialen Netzwerken hochgeladen und „gepostet“ werden. Wäre hierfür stets die Einwilligung des gesetzlichen Vertreters erforderlich, wäre diese Praxis in vielen Fällen ein Verstoß gegen § 22 S. 1 KUG.

Außerdem kann dies zu Maßstäben für den Umgang mit Personenbildern führen, die von der DSGVO abweichen, sodass ein etwaiger Vorrang der DSGVO[401] aufgrund der unterschiedlichen Rechtsfolgen praktisch von erheblicher Bedeutung wäre. Insofern ist insbesondere darauf hinzuweisen, dass Art. 7 Abs. 3 S. 1 DSGVO die freie Widerruflichkeit der Einwilligung nach der DSGVO vorsieht. Zugleich bestimmt Art. 8 Abs. 1 DSGVO, dass Kinder mit Vollendung des sechzehnten Lebensjahres selbst wirksam in eine Datenverarbeitung einwilligen können, wobei Art. 8 Abs. 1 UAbs. 1 DSGVO den Mitgliedstaaten sogar die Möglichkeit einräumt, eine niedrigere Altersgrenze festzulegen, welche jedoch nicht unter dem vollendeten dreizehnten Lebensjahr liegen darf.

1. Einwilligung als Realakt

Eine Einordnung der Einwilligung als Realakt in Form der bloßen Gestattung zur Vornahme tatsächlicher Handlungen und nicht als rechtsgeschäftliche Willenserklärung findet sich insbesondere in der älteren Rechtsprechung, wenn auch nicht

---

400 *Götting*, in: Schricker/Löwenheim, § 60/§ 22 KUG Rn. 39; m.w.N. *Fricke*, in: Wandtke/Bullinger, § 22 KUG Rn. 13, 19 f.; *von Strobl-Albeg*, in: Wenzel, Kapitel 7 Rn. 59, 84 f.; *Schnabel*, ZUM 2008, 657, 659.

401 Siehe 4. Kapitel.

immer zur Einwilligung im Sinne des KUG, sondern mitunter zur Einwilligung in ärztliche Behandlungen oder Freiheitsentziehungen.[402] Selbst damals wurden jedoch schon im Rahmen der Auslegung dieses vermeintlichen Realakts die Grundsätze der rechtsgeschäftlichen Erklärungen für entsprechend anwendbar gehalten.[403] Literaturstimmen[404], die diese Ansicht erwähnen, verweisen ebenfalls auf Urteile, die nicht in Bezug auf die Einwilligung im Sinne des KUG ergangen sind, sondern die eine Einwilligung in eine ärztliche Behandlung und die damit verbundenen Eingriffe in die körperliche Integrität betrafen und nur in diesem Zusammenhang die Einwilligung nicht als rechtsgeschäftliche Willenserklärung einordneten.[405] Allein schon deshalb ist fragwürdig, inwiefern diese Einstufung der Einwilligung allgemeingültig sein kann oder doch auf den Bereich der Körperverletzungen beschränkt sein muss.

Zum Teil wird kein Unterschied zwischen der Einwilligung im Sinne des KUG und der Einwilligung in einen ärztlichen Eingriff gesehen, da beides als Betätigung der Selbstbestimmung einzuordnen sei.[406] Es ist zuzugeben, dass die Einwilligung im Sinne des KUG zu einer Disposition über das Recht führt, selbst bestimmen zu dürfen, wer sein Erscheinungsbild auf einem Datenträger fixieren und einem bestimmten oder gar einem unüberschaubaren Personenkreis zugänglich machen darf, was letztlich eine spezielle Ausprägung des Rechts auf informationelle Selbstbestimmung darstellt und auf das allgemeine Persönlichkeitsrecht zurückgeht.[407]

Im Vergleich dazu geht es bei Einwilligungen in ärztliche Eingriffe nicht nur um Eingriffe in die körperliche Unversehrtheit als solche, welche in Art. 2 Abs. 2 S. 1 GG garantiert ist, sondern damit verbunden auch in das Recht auf Selbstbestimmung über den eigenen Körper und die leiblich-seelische Integrität.[408] Ausfluss dieses Rechts auf Selbstbestimmung ist gerade das Erfordernis einer Einwilligung

402 *BGH,* Urt. v. 28.6.1988 – VI ZR 288/87, NJW 1988, 2946, 2947; *BGH,* Urt. v. 2.12.1963 – III ZR 222/62, NJW 1964, 1177, 1177; *BGH,* Urt. v. 5.12.1958 – VI ZR 266/57, NJW 1959, 811, 811; *OLG Karlsruhe,* Urt. v. 31.3.1983 – 4 U 179/81, FamRZ 1983, 742, 743; im Hinblick auf ärztliche Eingriffe ist dies sogar h.M.: statt aller *Katzenmeier,* in: BeckOK BGB, § 630d Rn. 7; *Wagner,* in: MüKo BGB, Band 4, § 630d Rn. 9.

403 *BGH,* Urt. v. 18.3.1980 – VI ZR 155/78, NJW 1980, 1903, 1904; *BGH,* Urt. v. 5.12.1958 – VI ZR 266/57, NJW 1959, 811, 811.

404 *Herrmann,* in: BeckOK InfoMedienR, § 22 KUG Rn. 13; *Specht,* in: Dreier/Schulze, § 22 KUG Rn. 16; *Engels,* in: Möhring/Nicolini, § 22 KUG Rn. 29.

405 *BGH,* Urt. v. 28.6.1988 – VI ZR 288/87, NJW 1988, 2946, 2947; *BGH,* Urt. v. 18.3.1980 – VI ZR 155/78, NJW 1980, 1903, 1904; *BGH,* Urt. v. 16.11.1971 – VI ZR 76/70, NJW 1972, 335, 337.

406 *Steffen,* in: Löffler, Presserecht, § 6 LPG Rn. 124.

407 *Di Fabio,* in: Maunz/Dürig, Art. 2 GG, Rn. 193; *Dreyer,* in: Dreyer/Kotthoff/Meckel, Einführung KUG, Rn. 1; *Götting,* in: Schricker/Loewenheim, § 60/§ 22 KUG Rn. 7.

408 *BVerfG,* Beschl. v. 23.3.2011 – 2 BvR 882/09, NJW 2011, 2113, 2114; *BVerfG,* Beschl. v. 25.7.1979 – 2 BvR 878/74, NJW 1979, 1925, 1931; *BGH,* Urt. v. 22.9.1987 – VI ZR 238/86, NJW 1988, 763, 764.

und einer vorherigen umfassenden Aufklärung, welches auch für Kranke gilt.[409] Selbst wenn ein ärztlicher Eingriff objektiv zu einer Verbesserung des Gesundheitszustandes führen würde, bleibt die Einwilligung unentbehrlich.[410] Unabhängig vom anfänglichen Gesundheits- beziehungsweise Krankheitszustand beansprucht das Recht auf Selbstbestimmung vollumfängliche Geltung und kann sogar als Recht zur Krankheit Niederschlag finden.[411] In jedem Fall gewährleistet es dem Einzelnen die Befugnis selbst zu bestimmen, wer wann und in welcher Weise körperliche (Heil-) Eingriffe durchführt.

In beiden Fällen verkörpert die Einwilligung daher eine Disposition über höchstpersönliche Rechtsgüter, was gegen eine unterschiedliche Qualifikation im Hinblick auf die Rechtsnatur spricht. Allerdings darf nicht verkannt werden, dass ärztliche Eingriffe und Veröffentlichungen oder Verbreitungen eines Bildnisses unterschiedliche Wirkungskreise haben. Die alleinige Orientierung an der Tatsache, dass in beiden Fällen das Selbstbestimmungsrecht betroffen ist, genügt insoweit nicht. Der ärztliche Eingriff erfolgt am Körper des Betroffenen und verlässt die private Sphäre des Patienten in aller Regel nicht, sodass Dritte davon keine unmittelbare Kenntnis erlangen.

Eine Veröffentlichung oder Verbreitung von Bildnissen führt dagegen dazu, dass eine Wahrnehmung durch einen größeren Personenkreis – von einzelnen Dritten bis zur breiten Öffentlichkeit – erfolgt. Hier wird schnell die Privatsphäre des Betroffenen verlassen, sodass es viel schwieriger ist, zu kontrollieren, wer unter welchen Umständen Kenntnis von der Abbildung nehmen kann. Außerdem muss sich der Betroffene zusätzlich mit den Bewertungen und Meinungen Dritter auseinandersetzen und konfrontieren lassen, sobald eine öffentliche Zurschaustellung stattgefunden hat. Wird bei Einwilligung in eine Bildnisveröffentlichung also deutlich weiter in den Rechtsverkehr und die Öffentlichkeit eingetreten als bei einem ärztlichen Eingriff, fehlt es an einer Vergleichbarkeit der Situation, in der nur die jeweilige Ausübung des Selbstbestimmungsrechts über höchstpersönliche Rechtspositionen eine Gemeinsamkeit darstellt.

Aus diesem Grund lassen sich Entscheidungen, die sich gar nicht mit der Einwilligung im Sinne des KUG, sondern mit der Einwilligung in ärztliche Heileingriffe befassen, nicht als zwingender Maßstab heranziehen, sodass eine unterschiedliche Qualifikation im Hinblick auf die Rechtsnatur möglich bleibt. Für die Einwilligung im Sinne des KUG ist es also ohne präjudizierende Wirkung, dass die Einwilligung in ärztliche Eingriffe in der Regel als Realakt und nicht als Willenserklärung eingestuft wird.

---

409 *BVerfG,* Beschl. v. 25.7.1979 – 2 BvR 878/74, NJW 1979, 1925, 1931; *BGH,* Urt. v. 22.9.1987 – VI ZR 238/86, NJW 1988, 763, 764.

410 *BGH,* 9.11.1993 – VI ZR 248/92, NJW 1994, 799, 800.

411 *BVerfG,* Beschl. v. 23.3.2011 – 2 BvR 882/09, NJW 2011, 2113, 2115.

2. *Einwilligung als Willenserklärung*

Dazu passt, dass die neuere Rechtsprechung und Literatur zunehmend dazu übergegangen sind, die Einwilligung im Sinne des KUG unmittelbar als rechtsgeschäftliche Erklärung und damit als einseitige, empfangsbedürftige Willenserklärung anzusehen.[412] In diesem Sinne lässt sich schon die Entscheidung des *BGH* im Fall „Paul Dahlke" aus dem Jahr 1956 deuten, in welcher er zum Ausdruck bringt, dass der Umfang der Einwilligung in die Veröffentlichung eines Bildnisses durch eine Auslegung gemäß §§ 133, 157 BGB zu ermitteln ist.[413] Da diese Vorschriften unmittelbar nur für die Auslegung von Willenserklärungen beziehungsweise Verträgen gelten, ist deren Heranziehung nur konsequent, wenn die Einwilligung im Sinne des KUG ebenfalls als Willenserklärung eingestuft wird. Zum Teil wird die Frage nach der Rechtsnatur aber auch schlicht offen gelassen, weil ohnehin Einigkeit bestehe, dass die für Willenserklärungen geltenden Grundsätze zumindest entsprechend anzuwenden seien.[414]

3. *Stellungnahme*

Die Einstufung der Einwilligung in die Verbreitung oder öffentliche Zurschaustellung eines Bildnisses als Willenserklärung ist konsequent.

a) *Gestaltungswirkung der Einwilligung*

Da eine Willenserklärung jede Willensäußerung ist, die auf die Setzung einer Rechtsfolge gerichtet ist, die nach der Rechtsordnung deswegen eintritt, weil sie gewollt ist,[415] ist dies für die Einwilligung insofern passend, als durch sie die Rechtsfolge gesetzt wird, dass das Verbot der Veröffentlichung eines Bildnisses im konkreten Fall aufgehoben wird. Dabei kommt es im Einzelnen nicht darauf an, ob dies aufgrund eines Gestattungsvertrages, eines pactum de non petendo[416] oder

---

412 *OLG Koblenz,* Urt. v. 20.5.2014 – 3 U 1288/13, ZD 2014, 568, 569; *OLG München,* Urt. v. 30.5.2001 – 21 U 1997/00, ZUM 2001, 708, 709; *OLG München,* Urt. v. 17.3.1989 – 21 U 4729/88, NJW-RR 1990, 999, 1000; *OLG München,* Urt. v. 21.12.1981 – 21 U 3951/81, AfP 1983, 276, 277; *LG Düsseldorf,* Urt. v. 27.10.2010 – 12 O 309/10, ZUM-RD 2011, 247, 249; *ArbG Frankfurt a.M.,* Urt. v. 19.11.2008 – 7 Ca 6715/08, BeckRS 2010, 67426; *Fricke,* in: Wandtke/Bullinger, § 22 KUG Rn. 13; *Dasch,* S. 57; *Helle,* S. 103; *Prinz/Peters,* Rn. 832; *von Strobl-Albeg,* in: Wenzel, Kapitel 7 Rn. 62; *Frömming/Peters,* NJW 1996, 958, 958; so wohl auch *BGH,* Urt. v. 28.9.2004 – VI ZR 305/03, GRUR 2005, 74, 75 – Charlotte Casiraghi II.

413 *BGH,* Urt. v. 8.5.1956 – I ZR 62/54, NJW 1956, 1554, 1554 – Paul Dahlke.

414 *BAG,* Urt. v. 11.12.2014 – 8 AZR 1010/13, NJW 2015, 2140, 2142 m. Anm. *Spielberger; Engels,* in: Möhring/Nicolini, § 22 KUG Rn. 29.

415 *BGH,* Urt. v. 17.10.2000 – X ZR 97/99, NJW 2001, 289, 290; *Wendtland,* in: BeckOK BGB, § 133 Rn. 4; *Mansel,* in: Jauernig, BGB, Vor § 104 Rn. 1 und Vor § 116 Rn. 2.

416 *OLG München,* Urt. v. 21.12.1981 – 21 U 3951/81, AfP 1983, 276, 277.

einer Rechtfertigung der Fall ist.[417] Die Geltendmachung von Unterlassungs- und Beseitigungsansprüchen ist bei Vorliegen einer wirksamen Einwilligung nicht mehr möglich. Diese Rechtsfolge tritt nur aufgrund der privatautonomen Willensbetätigung des Betroffenen ein,[418] die somit eine gestaltende Wirkung hat. Dass diese Rechtsfolge davon abhängig ist, dass der Betroffene sie will, und sie sich nicht unmittelbar nur aus dem Gesetz ergibt, erschließt sich mit Blick auf den Schutzzweck des § 22 KUG. Dieser schützt vorrangig die Entscheidungsfreiheit der abgebildeten Person über Verbreitung und Veröffentlichung von Abbildungen ihrer selbst.[419] Kann der Betroffene sich für oder gegen die Gestattung dieser Handlungen entscheiden und hängt davon die Handlungsbefugnis des Dritten ab, zeigt dies, dass der Wille des Betroffenen für den Eintritt der Rechtsfolge maßgeblich ist. Durch die Einwilligung werden also die Beziehungen des Abgebildeten zu anderen Teilnehmern am Rechtsverkehr verbindlich geregelt.[420]

b) Entbehrlichkeit vermögensrechtlicher Bezüge

Dies gilt auch dann, wenn eine besondere Kommerzialisierung des Rechts am eigenen Bild im Einzelfall gerade nicht vorliegt und es deshalb an der speziellen vermögensrechtlichen Komponente fehlt. Durch das Web 2.0 kann jedermann Bilder von anderen Personen auf einfachste Art und Weise veröffentlichen. Sofern dies durch Privatpersonen erfolgt, verfolgen diese damit in der Regel keine werblichen oder sonstigen geschäftlichen Zwecke. Stattdessen stehen für sie der private Austausch und die Kommunikation mit Freunden und Bekannten über persönliche Erlebnisse im Vordergrund. Dies ist bei Bildnisveröffentlichungen von Prominenten, Models oder anderen Personen, deren Abbildung zumindest mittelbar einen Geschäftszweck fördern soll (z.B. bei Imagefilmen von Unternehmen), anders. Nur im letzteren Fall wird man tatsächlich von einer besonderen (praktisch sehr bedeutsamen) vermögensrechtlichen Komponente des Rechts am eigenen Bild ausgehen können.[421] Im Privatbereich dagegen beschränkt sich die Beeinträchtigung zumeist auf den rein ideellen Teil des Rechts am eigenen Bild, ohne einen darüber hinausgehenden spürbaren vermögensrechtlichen Einschlag zu haben.

Dennoch können Persönlichkeitsrechte auch außerhalb des vermögensrechtlichen Bereichs Gegenstand von Rechtsgeschäften sein. Zwar sind Rechtsgeschäfte ursprünglich als Güteraustauschinstrumente konzipiert gewesen, die dem Einzelnen

---

417 Ausführlich dazu *von Strobl-Albeg,* in: Wenzel, Kapitel 7 Rn. 59 ff.; *v. Gamm,* UrhG, Einf. Rn. 109.

418 *Specht,* in: Dreier/Schulze, § 22 KUG Rn. 16.

419 M.w.N. *BGH,* Urt. v. 6.3.2007 – VI ZR 51/06, NJW 2007, 1977, 1977 – Winterurlaub; *Fricke,* in: Wandtke/Bullinger, § 22 KUG Rn. 3; *Helle,* AfP 1985, 93, 97; *Frömming/Peters,* NJW 1996, 958, 958.

420 *Helle,* S. 103.

421 Zur Kommerzialisierung des Rechts am eigenen Bild: *von Strobl-Albeg,* in: Wenzel, Kapitel 7 Rn. 61; *Schertz,* AfP 2000, 495–594.

die privatautonome Teilnahme am freien Markt ermöglichen sollten.[422] Deshalb finden Rechtsgeschäfte ihr größtes Anwendungsgebiet im Bereich wirtschaftlicher Tätigkeiten. Das Ziel einer Willenserklärung kann jedoch neben einem wirtschaftlichen auch ein gesellschaftlicher Erfolg sein.[423] Die einem Rechtsgeschäft zugrunde liegenden Willenserklärungen sind nicht nur Akt der Selbstbestimmung, sondern zugleich Kommunikations- oder Sozialakt.[424] Zudem sind rechtsgeschäftliche Willenserklärungen dem Gesetz außerhalb des Bereichs des Güteraustauschs nicht fremd, wie z. B. bei der Ehe oder der Adoption.[425] Dazu kommt, dass zahlreiche unentgeltliche Verträge ebenfalls vom Gesetz als rechtsverbindlich anerkannt werden und auf Willenserklärungen beruhen (wie z. B. der Leihvertrag, der unentgeltliche Verwahrungsvertrag, der Schenkungsvertrag, der Auftrag). In diesen Fällen fehlt es mangels Pflicht zur Zahlung eines Entgelts für die Erbringung einer bestimmten Leistung zumindest auf einer Seite an einer wirtschaftlich relevanten (Gegen-) Leistung. Ist somit aber ein beidseitiger Vermögensbezug für Rechtsgeschäfte nicht zwingend erforderlich, sind potenziell auch Rechtsgeschäfte ohne jeglichen Vermögensbezug möglich. Insbesondere besteht ein Bedürfnis dafür, außerhalb des vermögensrechtlichen Bereichs Angelegenheiten privatautonom und verbindlich regeln zu können, um Rechtssicherheit zu schaffen und sich vor Ansprüchen zu schützen, die aus einer Rechtsverletzung resultieren können. Die Regelungen über Willenserklärungen und deren Wirksamkeit bieten dafür ein verlässliches normatives Gerüst.

Ein zumindest mittelbarer Vermögensbezug entsteht bei persönlichkeitsrechtlichen Angelegenheiten obendrein dadurch, dass bei schwerwiegenden Verletzungen des Persönlichkeitsrechts gestützt auf § 823 Abs. 1 BGB i.V.m. Art. 2 Abs. 1, 1 Abs. 1 GG Ansprüche auf Ersatz des immateriellen Schadens in Form einer Geldentschädigung entstehen können.[426] Der Gefahr einer solchen Inanspruchnahme lässt sich dadurch begegnen, dass die Einwilligung in einen Eingriff ins Recht am eigenen Bild als rechtsgeschäftliche Erklärung angesehen und ihr damit die verbindliche Erlaubniswirkung zugestanden wird. Deshalb müssen Rechtsgeschäfte isoliert über ideelle Dinge oder Werte geschlossen werden können, ohne dass es einen Austausch von Gütern mit wirtschaftlichem Wert gibt.

---

422 *Dasch*, S. 54.

423 *Singer*, in: Staudinger, BGB, Vorbem zu §§ 116–144 Rn. 12.

424 *Singer*, in: Staudinger, BGB, Vorbem zu §§ 116–144 Rn. 13; *Armbrüster*, MüKo BGB, Band 1, Vor § 116 Rn. 3.

425 *Dasch*, S. 54 f.

426 Statt aller *BGH*, Urt. v. 5.12.1995 – VI ZR 332/94, NJW 1996, 984, 985 – Caroline von Monaco; *BGH*, Urt. v. 15.11.1994 – VI ZR 56/94, NJW 1995, 861, 864 f. – Erfundenes Exclusiv-Interview.

c) *Rechtssicherheit durch rechtsgeschäftliche Erlaubnis*

Darüber hinaus dient die Einordnung als Willenserklärung der Erreichung einer größtmöglichen Rechtssicherheit, auf die der Rechtsverkehr angewiesen ist, da der Umgang mit Abbildungen fremder Personen nicht nur in der Werbung und sonstigen geschäftlichen Tätigkeitsfeldern von großer Bedeutung ist, sondern auch im Privatbereich eine wichtige Rolle spielt. Es bedarf für den Umgang mit solchen Bildern klarer Regeln, wie sie in den §§ 104 ff. BGB für Willenserklärungen bestehen. Könnte die Einwilligung beispielsweise frei widerrufen werden, wäre derjenige, der sich auf den Bestand der Einwilligung verlassen hat, in keiner Weise in seinem Vertrauen und vor dem Verlust daraus resultierender Aufwendungen geschützt.

d) *Ergebnis*

Aufgrund dieser Erwägungen ist die Einwilligung im Sinne des § 22 S. 1 KUG als Willenserklärung und nicht als bloßer Realakt einzustufen.

4. *Modifizierte Anwendung der §§ 104 ff. BGB*

Einzugestehen ist aber, dass die Anwendung der für Willenserklärungen geltenden Regelungen auf die Einwilligung im Sinne des KUG nicht ausnahmslos zu interessengerechten Ergebnissen führen kann. Deshalb besteht weitgehende Einigkeit, dass die §§ 104 ff. BGB nicht uneingeschränkt gelten: insbesondere im Bereich der Widerruflichkeit und der Wirksamkeit der Einwilligungen Minderjähriger sollen nach verbreiteter Ansicht die allgemeinen Regeln über Willenserklärungen nur in modifizierter Form zur Anwendung kommen, was dem besonderen persönlichkeitsrechtlichen Einschlag des Rechts am eigenen Bild geschuldet ist.[427]

III. Reichweite der Einwilligung

Will man Aufnahmen, die andere Personen abbilden, verbreiten oder öffentlich zur Schau stellen, ist dafür eine Einwilligung erforderlich, die sich genau auf das geplante Verhalten bezieht. Zu differenzieren ist vor allem zwischen einer Einwilligung allein in die Herstellung der Aufnahme und der Einwilligung in die Verbreitung oder öffentliche Zurschaustellung.[428] Der Abgebildete muss über Art, Zweck und Umfang der geplanten Verwendung aufgeklärt sein, sodass der Maßstab der

---

427 *Engels*, in: Möhring/Nicolini, § 22 KUG Rn. 42, 46; *Kröner*, in: Paschke/Berlit/Mayer, 32. Abschnitt Rn. 22, 33; *Götting*, in: Schricker/Loewenheim, § 60/§ 22 KUG Rn. 41 f.; *von Strobl-Albeg*, in: Wenzel, Kapitel 7 Rn. 69, 84; *Ohly*, GRUR 2012, 983, 992; a.A. *Helle*, S. 104 f., der sich zumindest im Hinblick auf die Anwendung der §§ 104 ff. BGB auf Minderjährige gegen eine Modifikation ausspricht.

428 *OLG Frankfurt a.M.*, Urt. v. 8.5.1990 – 6 W 62/90, NJW-RR 1990, 1439, 1439.

informierten Einwilligung gilt.[429] Außerdem kann er seine Einwilligung räumlich, zeitlich und inhaltlich beschränken.[430] Damit bestehen im Wesentlichen die gleichen Anforderungen wie an eine Einwilligung nach Art. 4 Nr. 11 und Art. 7 DSGVO.

IV. Formerfordernisse der Einwilligung

Nach allgemeiner Ansicht soll die Einwilligung im Sinne des § 22 S. 1 KUG formfrei erfolgen können, sodass selbst eine konkludente Einwilligung möglich ist.[431] Eine solche Einwilligung erfordert, dass der Betroffene ein Verhalten gezeigt hat, das für den objektiven Erklärungsempfänger als Einwilligung verstanden werden kann.[432] Davon ist regelmäßig auszugehen, wenn der Abgebildete die Anfertigung der Aufnahmen in Kenntnis ihres Zweckes billigt beziehungsweise wenn die Aufnahme unter Umständen erfolgt, die eine spätere Veröffentlichung nahelegen.[433] Als Anzeichen für die konkludente Erklärung einer (nicht zwingend unbeschränkten) Einwilligung werden beispielsweise die Abgabe eines Interviews vor laufender Fernsehkamera oder das Lächeln in die Kamera eines Fotografen angesehen, sofern dies auf einer Veranstaltung geschieht, bei der mit einer Bildberichterstattung gerechnet werden muss.[434]

---

429 *OLG Hamburg,* Urt. v. 28.6.2011 – 7 U 39/11, ZUM-RD 2011, 589, 590; *OLG München,* Beschl. v. 13.1.2009 – 18 U 4520/08, ZUM 2009, 429, 429; *OLG Karlsruhe,* Urt. v. 26.5.2006 – 14 U 27/05, NJW-RR 2006, 1198, 1199; *OLG Hamburg,* Urt. v. 4.5.2004 – 7 U 10/04, NJW-RR 2005, 479, 480; *Specht,* in: Dreier/Schulze, § 22 KUG Rn. 19; *Dreyer,* in: Dreyer/Kotthoff/Meckel, § 22 KUG Rn. 17; *Götting,* in: Schricker/Loewenheim, § 60/§ 22 KUG Rn. 44.

430 *BGH,* Urt. v. 13.10.2015 – VI ZR 271/14, NJW 2016, 1094, 1097 m. Anm. *Lampmann; Specht,* in: Dreier/Schulze, § 22 KUG Rn. 17; *von Strobl-Albeg,* in: Wenzel, Kapitel 7 Rn. 80; *Helle, S.* 105; *Libertus,* ZUM 2007, 621, 624.

431 *BGH,* Urt. v. 11.11.2014 – VI ZR 9/14, NJW 2015, 1450, 1450 – Hostess auf Eventportal; *BGH,* Urt. v. 28.9.2004 – VI ZR 305/03, GRUR 2005, 74, 75 – Charlotte Casiraghi II; *BAG,* Urt. v. 11.12.2014 – 8 AZR 1010/13, NJW 2015, 2140, 2142 m. Anm. *Spielberger; Specht,* in: Dreier/Schulze, § 22 KUG Rn. 17; *Engels,* in: Möhring/Nicolini, § 22 KUG Rn. 30 f.; *Fricke,* in: Wandtke/Bullinger, § 22 KUG Rn. 13; *Libertus,* ZUM 2007, 621, 621; a.A. *Lorenz,* K&R 2016, 450, 452.

432 *OLG München,* Beschl. v. 13.1.2009 – 18 U 4520/08, ZUM 2009, 429, 429; *OLG Hamburg,* Urt. v. 4.5.2004 – 7 U 10/04, NJW-RR 2005, 479, 480; *LG Bielefeld,* Urt. v. 18.9.2007 – 6 O 360/07, NJW-RR 2008, 715, 716; *Fricke,* in: Wandtke/Bullinger, § 22 KUG Rn. 15; *von Strobl-Albeg,* in: Wenzel, Kapitel 7 Rn. 63.

433 *OLG Frankfurt a.M.,* Urt. v. 8.5.1990 – 6 W 62/90, NJW-RR 1990, 1439, 1439*; LG Oldenburg,* Beschl. v. 21.4.1988 – 5 S 1656/87, GRUR 1988, 694, 695 – Grillfest; *Schertz* in: Loewenheim, Handbuch des Urheberrechts, § 18 Rn. 16; *v. Gamm,* UrhG, Einf. Rn 110.

434 *OLG Karlsruhe,* Urt. v. 26.5.2006 – 14 U 27/05, NJW-RR 2006, 1198, 1198 f.; vgl. *von Strobl-Albeg,* in: Wenzel, Kapitel 7 Rn. 69; weitere Beispiele aus der Rechtsprechung sind zu finden bei *Specht,* in: Dreier/Schulze, § 22 KUG Rn. 17 und *Libertus,* ZUM 2007, 621, 621 f.

1. *Mangelnde Erkennbarkeit des Aufnahmeprozesses*

Bei den heutigen Aufnahmegeräten trifft man allerdings auf die Schwierigkeit, dass die Betroffenen die Aufnahme oft überhaupt nicht bemerken werden. Fährt jemand mit einer Dash-Cam im Auto oder einer Action-Cam am Ski-/Fahrradhelm durch die Gegend und zeichnet alles im Sichtbereich auf, ist dies für die Personen, die sich darin befinden, häufig nicht erkennbar. Selbst wenn im Einzelfall die Kamera erblickt wird, lässt dies noch nicht sicher darauf schließen, dass Kenntnis von der permanenten Aufnahme besteht.

Gerade weil die Herstellung einer Abbildung immer einfacher wird und sich nicht mehr eindeutig durch bestimmte Handlungen wie das Betätigen eines Auslösers auszeichnet,[435] kann selbst ein vermeintlich klarer Blick in die Kamera verbunden mit einem Lächeln nicht als eindeutiges Zeichen einer Einwilligung in die Aufnahme gedeutet werden. Denn dahinter könnte auch schlicht eine freundliche Geste gegenüber dem Aufnehmenden stecken, die nicht über einen Gruß oder eine kurze zwischenmenschliche Kontaktaufnahme hinausgehen soll. Ist schon die Erkennung der bloßen Aufnahmetätigkeit heutzutage bei vielen Geräten nur begrenzt möglich, ist es nahezu ausgeschlossen, dass jemand allein aus der Aufnahme auf die nachfolgenden geplanten Verwendungen schließen kann. Gerade diese sind jedoch im Bereich des KUG relevant, welches nur die Verbreitung und öffentliche Zurschaustellung von Bildnissen regelt.

2. *Aufklärungsdefizite*

Auch eine konkludente Einwilligung setzt für ihre Wirksamkeit voraus, dass der Betroffene Kenntnis von Art, Umfang und Zweck der geplanten Verwendung hat.[436] An einer entsprechenden Aufklärung des Betroffenen im Hinblick auf eine spätere Verbreitung oder öffentliche Zurschaustellung fehlt es praktisch in vielen Fällen, insbesondere wenn Private handeln. Es ist auch kaum vorstellbar, wie sich dies ändern lassen sollte, ohne den mit der jeweiligen Foto-/Videoaufnahme verfolgten Zweck zu vereiteln oder zumindest zu beeinträchtigen. Im engen Freundeskreis ist es sicherlich noch möglich, die Betroffenen hinreichend zu informieren und von jedem eine Einwilligung einzuholen. Wer aber im öffentlichen Raum beispielsweise

---

435 So für Datenbrillen *Mehta,* 30 J. Marshall J. Info. Tech. & Privacy L. 607, p. 618; *Schwenke,* DuD 2015, 161, 164; *Schwenke,* K&R 2013, 685, 686; *Solmecke/Kocatepe,* ZD 2014, 22, 22; *Weichert,* DANA 2013, 53, 54; zur Senkung der sozialen Hemmschwelle bei der Herstellung der Aufnahmen fremder Personen durch die fehlende Erkennbarkeit der Aufnahme *Wagner,* 11 J. on Telecomm. & High Tech. L. 477 2013, p. 488.

436 *OLG Hamburg,* Urt. v. 28.6.2011 – 7 U 39/11, ZUM-RD 2011, 589, 590; *OLG München,* Beschl. v. 13.1.2009 – 18 U 4520/08, ZUM 2009, 429, 429; *OLG Karlsruhe,* Urt. v. 26.5.2006 – 14 U 27/05, NJW-RR 2006, 1198, 1199; *OLG Hamburg,* Urt. v. 4.5.2004 – 7 U 10/04, NJW-RR 2005, 479, 480; *Dreyer,* in: Dreyer/Kotthoff/Meckel, § 22 KUG, Rn. 17.

seine Skiabfahrt mit einer Helmkamera filmt und dabei auch andere Skifahrer in erkennbarer Form erfasst, um sich anschließend durch Teilen des Films mit Freunden oder gar auf Online-Videoplattformen mit seinem fahrerischen Können zu brüsten, kann nicht bei jeder Person auf der Piste anhalten und erklären, wozu die Aufnahme gedacht ist. Konsequenz dessen ist, dass auch Privatleute, die entsprechende Videos in irgendeiner Form veröffentlichen wollen, sich kaum noch auf konkludente Einwilligungen der abgebildeten Personen stützen können. Hier kommt also den Ausnahmetatbeständen des § 23 KUG besondere Bedeutung zu.

3. *Konkludente Einwilligung nach der DSGVO*

Mittlerweile sind jedoch auch die Formerfordernisse der datenschutzrechtlichen Einwilligung verringert worden. Forderte § 4a Abs. 1 S. 3 BDSG a.F. noch grundsätzlich die Schriftform ein,[437] verlangt Art. 4 Nr. 11 DSGVO nur noch eine „unmissverständlich abgegebene Willensbekundung in Form einer Erklärung oder einer sonstigen eindeutigen bestätigenden Handlung". Demzufolge kann auch im Datenschutzrecht eine konkludente Einwilligung durch schlüssiges Handeln erteilt werden.[438] Die Anforderungen an eine Einwilligung nach KUG und Datenschutzrecht haben sich deshalb angenähert. Unabhängig von den rechtlichen Möglichkeiten bleibt es aus rein praktischer Sicht zu Beweiszwecken weiterhin sinnvoll, eine Einwilligung in Schrift- oder Textform einzuholen.

4. *Erhöhte Formanforderungen nach dem KUG im Arbeitsverhältnis*

Zu diesen Grundsätzen steht es im Widerspruch, dass noch vor In-Kraft-Treten der DSGVO gelegentlich unter dem KUG gegen eine Formfreiheit der Einwilligung votiert und stattdessen (zum Teil in Anlehnung an das Datenschutzrecht) die Einhaltung der Schriftform gefordert wurde. So hielt insbesondere das *BAG* eine verfassungskonforme Auslegung des § 22 KUG, den es als spezialgesetzliche Regelung gegenüber den Normen des BDSG a.F. ansah, im Hinblick auf das Recht auf informationelle Selbstbestimmung des Arbeitnehmers für erforderlich.[439] „Auch und gerade im Arbeitsverhältnis" führe eine Abwägung der verschiedenen Interessen von Arbeitgeber und Arbeitnehmer nämlich dazu, dass die Einwilligung des Arbeitnehmers in Schriftform erfolgen müsse, um ihm zu verdeutlichen, dass die Einwilligung unabhängig von den konkreten arbeitsvertraglichen Pflichten sei und ihre (Nicht-/)Erteilung keine Folgen für das Arbeitsverhältnis haben dürfe.[440] Zum Teil wurde dies sogar verallgemeinert und generell – also auch außerhalb des

437 *Benecke/Groß*, NZA 2015, 833, 837.

438 *Ernst*, in: Paal/Pauly, DSGVO, Art. 4 Rn. 89; *Redeker*, in: Redeker, IT-Recht, Anhang Rn. 1386; *Gossen/Schramm*, ZD 2017, 7, 12; *Kort*, DB 2016, 711, 715; *Spelge*, DuD 2016, 775, 780.

439 *BAG*, Urt. v. 11.12.2014 – 8 AZR 1010/13, NJW 2015, 2140, 2142 m. Anm. *Spielberger*.

440 *BAG*, Urt. v. 11.12.2014 – 8 AZR 1010/13, NJW 2015, 2140, 2142 m. Anm. *Spielberger*.

Beschäftigungskontextes – die Schriftform für die Einwilligung gefordert, da das KUG keine eigene Regelung zur Form der Einwilligung enthalte und deshalb ergänzend auf § 4a Abs. 1 S. 3 BDSG a.F. zurückzugreifen sei.[441] Der *BGH* hat jedoch ungeachtet der Rechtsprechung des *BAG* ausdrücklich an seiner Position festgehalten, dass die Einwilligung außerhalb des Beschäftigungsbereichs formlos und konkludent erteilt werden kann.[442] Inwiefern unter Geltung der DSGVO generell oder beschränkt auf den Bereich der Arbeitsverhältnisse eine Schriftform für die Einwilligung erforderlich sein kann, soll erst im nächsten Kapitel erörtert werden.[443]

V. Einwilligung von Minderjährigen

Für Minderjährige wird aufgrund der Einordnung als Willenserklärung überwiegend davon ausgegangen, dass sie bis zum Erreichen der vollen Geschäftsfähigkeit für die Erteilung einer eigenen wirksamen Einwilligung im Sinne des § 22 S. 1 KUG gemäß § 107 BGB der Einwilligung ihrer gesetzlichen Vertreter bedürfen.[444] Alternativ kann der gesetzliche Vertreter die Einwilligung selbst in Ausübung seiner Vertretungsmacht erklären.[445] Soweit der Minderjährige jedoch die nötige Einsichtsfähigkeit hat, um Bedeutung und Tragweite seiner Erklärung zu verstehen und zu überblicken, wird zur Wahrung des grundrechtlich geschützten Rechts am eigenen Bild eine Doppelzuständigkeit dergestalt angenommen, dass die Zustimmung des Minderjährigen neben der Einwilligung seines gesetzlichen Vertreters erforderlich ist, sodass dieser eine wirksame Einwilligung nicht gegen den Willen des betroffenen Minderjährigen erteilen kann.[446] Darin liegt die erste Modifikation der Anwendung der §§ 104 ff. BGB, die zum Schutz des Persönlichkeitsrechts vorgenommen werden soll. Von einer Vermutung für das Vorliegen der nötigen Einsichtsfähigkeit wird häufig bei Vollendung des vierzehnten Lebensjahres ausgegangen. [447]

---

441 *Lorenz,* K&R 2016, 450, 452; *Lorenz,* ZD 2012, 367, 369.

442 *BGH,* Urt. v. 13.10.2015 – VI ZR 271/14, NJW 2016, 1094, 1097 m. Anm. *Lampmann.*

443 4. Kapitel F. III. 5. b).

444 *BGH,* Urt. v. 5.10.200 – VI ZR 255/03, NJW 2005, 215, 217 – Tochter von Caroline von Hannover; *OLG München,* Urt. v. 21.12.1981 – 21 U 3951/81, AfP 1983, 276, 277; *LG Bielefeld,* Urt. v. 18.9.2007 – 6 O 360/07, NJW-RR 2008, 715, 715; *Dreyer,* in: Dreyer/Kotthoff/Meckel, § 22 KUG Rn. 16; *Götting,* in: Schricker/Loewenheim, § 22 KUG/§ 60 Rn. 42.

445 *von Strobl-Albeg,* in: Wenzel, Kapitel 7 Rn. 68; *Libertus,* ZUM 2007, 621, 624.

446 *LG Bielefeld,* Urt. v. 18.9.2007 – 6 O 360/07, NJW-RR 2008, 715, 716; *Specht,* in: Dreier/Schulze, § 22 KUG Rn. 26; *Götting,* in: Schricker/Loewenheim, § 22 KUG/§ 60 Rn. 42; *von Strobl-Albeg,* in: Wenzel, Kapitel 7 Rn. 69; *Libertus,* ZUM 2007, 621, 624; *Ohly,* GRUR 2012, 983, 992; nicht endgültig entschieden, aber in diese Richtung tendierend: *BGH,* Urt. v. 2.7.1974 – VI ZR 121/73, NJW 1974, 1947, 1950 – Nacktaufnahme.

447 *LG Bielefeld,* Urt. v. 18.9.2007 – 6 O 360/07, NJW-RR 2008, 715, 716; *Specht,* in: Dreier/Schulze, § 22 KUG Rn. 26; *Dreyer,* in: Dreyer/Kotthoff/Meckel, § 22 KUG Rn. 16; *Götting,* in: Schricker/Loewenheim, § 22 KUG/§ 60 Rn. 42; *von Strobl-Albeg,* in: Wenzel, Kapitel 7 Rn. 70; *Lauber-Rönsberg,* NJW 2016, 744, 749.

Dies stellt einen erheblichen Unterschied zur Rechtslage im Bereich des Datenschutzes dar, da nach Art. 8 Abs. 1 DSGVO Minderjährige zumindest für Dienste der Informationsgesellschaft, die ihnen direkt angeboten werden, ab dem vollendeten sechzehnten Lebensjahr eigenständig und ohne Einwilligung des Trägers der elterlichen Verantwortung Einwilligungen zur Datenverarbeitung erteilen können, ohne dass es auf eine Geschäftsfähigkeit ankommt.[448]

VI. Widerruflichkeit der Einwilligung nach dem KUG

Die Frage, ob die Einwilligung in die Verbreitung oder öffentliche Zurschaustellung eines Bildnisses widerrufen werden kann, beantwortet das KUG nicht, was einen Rückgriff auf die allgemeinen Regelungen erforderlich macht. Gegen die freie Widerruflichkeit wird vor allem die vermögensrechtliche Komponente vorgebracht, die dem Recht am eigenen Bild innewohnt und die zu einer (zumindest eingeschränkten) Anwendbarkeit der rechtsgeschäftlichen Regelungen führen soll.[449] Geht man davon aus, dass die Einwilligung im Sinne des KUG eine Willenserklärung darstellt, ergibt sich ihre Unwiderruflichkeit nach Zugang schon aus § 130 Abs. 1 S. 2 BGB, wonach der spätestmögliche Zeitpunkt für den wirksamen Widerruf einer Willenserklärung ihr Zugang beim Empfänger ist.[450]

1. Ausnahmen von der Unwiderruflichkeit zum Schutz der Persönlichkeit

Nimmt man nach Zugang der Willenserklärung ihre Unwiderruflichkeit an, muss es dennoch Wege geben, den im Recht am eigenen Bild enthaltenen persönlichkeitsrechtlichen Gehalt hinreichend zu berücksichtigen.[451] Hier ist deshalb eine weitere Modifikation der Regelungen über Willenserklärungen angezeigt. In welcher Form und unter welchen Voraussetzungen ein Widerruf ausnahmsweise zugelassen werden soll, ist immer noch umstritten. Obwohl die DSGVO für die datenschutzrechtliche Einwilligung in Art. 7 Abs. 3 S. 1 DSGVO bestimmt, dass ein jederzeitiger Widerruf möglich ist,[452] soll die Widerruflichkeit der Einwilligung nach dem KUG an dieser Stelle dennoch erörtert werden. Die Relevanz dieser Frage ergibt sich unter

---

448 Vgl. *Frenzel,* in: Paal/Pauly, DSGVO, Art. 8 Rn. 6 ff.; *Möhrke-Sobolewski/Klas,* K&R 2016, 373, 375.

449 *Specht,* in: Dreier/Schulze, § 22 KUG Rn. 35; *Götting,* in: Schricker/Löwenheim, § 60/§ 22 KUG Rn. 40; *Golla/Herbort,* GRUR 2015, 648, 653.

450 *Specht,* in: Dreier/Schulze, § 22 KUG Rn. 35; *Engels,* in: Möhring/Nicolini, § 22 KUG Rn. 45; *Götting,* in: Schricker/Löwenheim, § 60/§ 22 KUG Rn. 40.

451 *OLG München,* Urt. v. 17.3.1989 – 21 U 4729/88, NJW-RR 1990, 999, 1000; *Götting,* in: Schricker/Löwenheim, § 60/§ 22 KUG Rn. 40 f.; a.A. nach Beginn der Verwertung Unwiderruflichkeit *Dreyer,* in: Dreyer/Kotthoff/Meckel, § 22 KUG Rn. 21.

452 *Wendehorst/Graf v. Westphalen,* NJW 2016, 3745, 3745; *Ziegenhorn/von Heckel,* NVwZ 2016, 1585, 1587.

anderem daraus, dass in engen Grenzen, insbesondere im durch Art. 2 Abs. 2 lit. c DSGVO festgelegten Privatbereich, eine Fortgeltung des KUG anzunehmen ist, was im nächsten Kapitel aufzuzeigen sein wird.

2. *Widerruflichkeit bei wichtigem Grund*

Vielfach wird für die Bejahung einer Widerruflichkeit der Einwilligung auf das Vorliegen eines wichtigen Grundes abgestellt,[453] was nur aufgrund einer Abwägung der betroffenen Interessen festgestellt werden kann.[454] Vielfach wird dies dahingehend konkretisiert, dass der Widerruf einer Einwilligung im Fall eines Persönlichkeitswandels oder einer fundamentalen Änderung der inneren Einstellung des Betroffenen möglich sein soll.[455] In einem solchen Fall wird man in der Regel vom Vorliegen eines wichtigen Grundes ausgehen können. Potenziell kann an einen solchen Widerruf eine Ersatzpflicht hinsichtlich des Vertrauensschadens (analog § 122 BGB) geknüpft werden.[456] Im Hinblick auf den nötigen Persönlichkeitswandel bestehen jedoch hohe Anforderungen, was sich daran zeigt, dass dafür der Rechtsgedanke des § 35 VerlG und des § 42 UrhG herangezogen werden soll, der den Rückruf eines Nutzungsrechts im Fall der gewandelten Überzeugung des Urhebers ermöglicht.[457] In die nötige Interessenabwägung muss außerdem einbezogen werden, ob der Abgebildete für seine Einwilligung ein Entgelt erhalten hat.[458]

---

453 *OLG Düsseldorf,* Urt. v. 24.05.2011 – 20 U 39/11, BeckRS 2011, 21498; *OLG Frankfurt a.M.,* Urt. v. 24.2.2011 – 16 U 172/10, ZUM-RD 2011, 408, 410; *OLG München,* Urt. v. 17.3.1989 – 21 U 4729/88, NJW-RR 1990, 999, 1000; *LG Bielefeld,* Urt. v. 18.9.2007 – 6 O 360/07, NJW-RR 2008, 715, 716 f.; *Dreyer,* in: Dreyer/Kotthoff/Meckel, § 22 KUG Rn. 21; *Engels,* in: Möhring/Nicolini, § 22 KUG Rn. 46.

454 *Golla/Herbort,* GRUR 2015, 648, 652 ff.

455 *OLG Koblenz,* Urt. v. 20.5.2014 – 3 U 1288/13, ZD 2014, 568, 569; *OLG Frankfurt a.M.,* Urt. v. 24.2.2011 – 16 U 172/10, ZUM-RD 2011, 408, 410; *LG Nürnberg-Fürth,* Beschl. v. 6.2.2009 – 11 O 762/09, AfP 2009, 177, 179; *LG Bielefeld,* Urt. v. 18.9.2007 – 6 O 360/07, NJW-RR 2008, 715, 716; *Specht,* in: Dreier/Schulze, § 22 KUG Rn. 35; *Götting,* in: Schricker/Löwenheim, § 60/§ 22 KUG Rn. 40; *Helle, S.* 118.

456 *Specht,* in: Dreier/Schulze, § 22 KUG Rn. 35; *Dreyer,* in: Dreyer/Kotthoff/Meckel, § 22 KUG Rn. 21; *Götting,* in: Schricker/Löwenheim, § 60/§ 22 KUG Rn. 41; a.A. *von Strobl-Albeg,* in: Wenzel, Kapitel 7 Rn. 85 spricht sich für analoge Anwendung von § 42 Abs. 3 UrhG aus.

457 *OLG München,* Urt. v. 17.3.1989 – 21 U 4729/88, NJW-RR 1990, 999, 1000; *Specht,* in: Dreier/Schulze, § 22 KUG Rn. 35; *Engels,* in: Möhring/Nicolini, § 22 KUG Rn. 46; *Götting,* in: Schricker/Löwenheim § 60/§ 22 KUG Rn. 41; *von Strobl-Albeg,* in: Wenzel, Kapitel 7 Rn. 84; *Frömming,* NJW 1996, 958, 959.

458 *Helle, S.* 120.

3. *Widerruflichkeit nur bei einseitig erteilten Einwilligungen*

Vereinzelt wird vorgeschlagen, danach zu differenzieren, ob die Einwilligung einseitig oder vertraglich erteilt wurde.[459] So soll bei der einseitigen Erteilung ein Widerruf jederzeit und unbeschränkt möglich sein, während für den Widerruf einer vertraglich erteilten Einwilligung ein wichtiger Grund erforderlich sei.[460] Dem ist jedoch entgegenzuhalten, dass auch bei einseitig erteilten Einwilligungserklärungen ein Vertrauenstatbestand entsteht, aufgrund dessen der Verwender des Bildnisses Dispositionen trifft, die für ihn von hoher wirtschaftlicher Bedeutung sein können.[461] Hat jemand eine wirksame Einwilligung erteilt, was ein freiwilliges Handeln im Vollbesitz seiner geistigen Kräfte voraussetzt, muss er sich grundsätzlich an den Konsequenzen seines Tuns festhalten lassen, da er damit rechnen muss, dass der Erklärungsempfänger sein Handeln daran ausrichtet.

4. *Vereinfachte Widerrufsmöglichkeit bei Fehlen kommerzieller Interessen*

Schließlich wird erwogen, aufgrund der erhöhten Schutzbedürftigkeit des Abgebildeten eine vereinfachte Widerrufsmöglichkeit anzuerkennen, sofern es um die Veröffentlichung von Bildnissen ohne eine vermögensrechtliche Komponente geht.[462] Mangels kommerzieller Beweggründe basiert die Erteilung der Einwilligung in solchen Fällen auf ideellen Motiven, wozu vor allem persönliche Vertrauensverhältnisse in Form von Beziehungen oder Freundschaften zählen.[463] Ähnlich wie in der Konstellation des § 671 BGB könnte deshalb ein jederzeitiger Widerruf möglich sein.[464] Zu konzedieren ist, dass die Rechtsordnung in einigen Fällen, die durch besondere Vertrauensverhältnisse oder persönliche Beziehungen gekennzeichnet sind, eine jederzeitige Beendigungsmöglichkeit selbst von vertraglichen Beziehungen vorsieht. So ist beispielsweise die fristlose Kündigung eines Dienstvertrags gemäß § 627 Abs. 1 BGB möglich, wenn es um Dienste höherer Art geht, die auf Grund besonderen Vertrauens zu übertragen werden pflegen.

Dennoch zwingt dies nicht zu dem Schluss, dass bei der Veröffentlichung von Bildnissen ohne Vermögensbezug stets ein Widerruf möglich sein muss. Zu berücksichtigen ist zunächst, dass einer Einwilligung in diesen Fällen gar nicht immer ein Vertrauensverhältnis zugrunde liegen muss. Die Motive für die Erteilung einer solchen Einwilligung können vielfältig sein. Häufig wird sich der Abgebildete dadurch sogar eigene Vorteile versprechen, wie z. B. die Erlangung von Anerkennung im Freundes- oder Bekanntenkreis oder die Steigerung seiner Bekanntheit in

459 *Lorenz,* K&R 2016, 450, 453.
460 *Lorenz,* K&R 2016, 450, 453; ähnlich *Reber,* in: von Hartlieb/Schwarz, Handbuch des Filmrechts, 25. Kapitel Rn. 7.
461 Vgl. zur Situation im Arbeitsverhältnis *Grau/Schaut,* NZA 2015, 981, 984.
462 *Alexander,* ZUM 2011, 382, 386 f.; *Golla/Herbort,* GRUR 2015, 648, 653 f.
463 *Golla/Herbort,* GRUR 2015, 648, 653 f.
464 *Alexander,* ZUM 2011, 382, 387; *Golla/Herbort,* GRUR 2015, 648, 654.

der Öffentlichkeit. Darüber hinaus ist zu beachten, dass die Gewährung einer unbeschränkten Widerrufsmöglichkeit zu einer unangemessenen Belastung desjenigen führen kann, der das Bildnis veröffentlicht hat. Konsequenz des Widerrufs wäre, dass eine weitere Zurschaustellung insbesondere im Internet unzulässig wäre und die entsprechenden Dateien deshalb von den Servern gelöscht werden müssten. Dies kann allerdings mit einem hohen Aufwand verbunden sein, vor allem wenn für die Beseitigung des Bildnisses zusätzlich die Löschung von Suchmaschinen-Caches beantragt werden muss.[465] Eine solche Belastung wäre zumindest bei einem willkürlichen Widerruf nicht ohne Weiteres zumutbar.

Stattdessen wird man von dem Abgebildeten verlangen müssen, dass er sich vor Erteilung seiner Einwilligung Gedanken darüber macht, welche Konsequenzen diese Erklärung für ihn hat. Willenserklärungen sind nach Zugang grundsätzlich bindend. Hier lassen sich Parallelen zu einer Person ziehen, die einen Vertrag in Unkenntnis und ohne Vorstellung seines Inhalts ungelesen unterschreibt. Da sie sich über den Vertragsinhalt keine Gedanken gemacht hat, kann sie auch keinem Irrtum unterliegen und die Erklärung somit nicht mehr irrtumsbedingt anfechten.[466] Ähnlich ist das bei jemandem, der die Einwilligung zur Bildnisveröffentlichung nach hinreichender Information über Art und Umfang der Verwendung ohne weitere Überlegungen über die Konsequenzen erteilt und damit einen Vertrauenstatbestand schafft. Sofern der Einwilligung im Einzelfall tatsächlich ein besonderes Vertrauensverhältnis zugrunde liegt, kann dessen Wegfall hinreichend im Wege der umfassenden Interessenabwägung berücksichtigt werden, um festzustellen, ob der aus einem Erlöschen der Einwilligung folgende Aufwand dem anderen Part zumutbar ist. Insofern gebietet auch der persönlichkeitsrechtliche Charakter des Rechts am eigenen Bild keine jederzeitige und unbeschränkte Widerrufsmöglichkeit. Denn sofern der Widerruf der Einwilligung erforderlich ist, um nachteilige Beeinträchtigungen des Persönlichkeitsrechts des Abgebildeten abzuwenden, wird darin bei entsprechender Gewichtung im Rahmen der Interessenabwägung in der Regel ein wichtiger Grund zu sehen sein.

5. Sicherstellung einer Widerrufsmöglichkeit durch Widerrufsvorbehalt

Wird großen Wert auf das Bestehen einer uneingeschränkten Widerrufsmöglichkeit gelegt, gibt es für den Abgebildeten eine simple und zuverlässige Möglichkeit, sich diese zu verschaffen. Es steht ihm nämlich frei, seine Einwilligung nur unter einem entsprechenden Widerrufsvorbehalt zu erteilen oder die Einwilligung von vornherein nur zeitlich, räumlich und/oder sachlich beschränkt zu erteilen.[467] Da niemand verpflichtet

---

465 Vgl. *OLG Düsseldorf,* Urt. v. 3.9.2015 – I-15 U 119/14, MMR 2016, 114, 116; *OLG Celle,* Urt. v. 29.1.2015 – 13 U 58/14, MMR 2015, 408, 409.

466 *BGH,* Urt. v. 27.10.1994 – IX ZR 168/93, NJW 1995, 190, 190; *Armbrüster,* in: MüKo BGB, Band 1, § 119 Rn. 50.

467 *BGH,* Urt. v. 13.10.2015 – VI ZR 271/14, NJW 2016, 1094, 1097 m. Anm. *Lampmann; ArbG Frankfurt a.M.,* Urt. v. 19.11.2008 – 7 Ca 6715/08, BeckRS 2010, 67426; *Specht,* in:

ist, seine Einwilligung überhaupt zu erteilen, unterliegt es seiner privatautonomen Entscheidung, ob und in welchem Umfang er sich seines Rechts am eigenen Bild durch eine Einwilligung begibt.[468] Ein Widerrufsvorbehalt ist als auflösende Bedingung zulässig, da die Einwilligung als solche nicht bedingungsfeindlich ist.[469]

Wurden solche Beschränkungen vereinbart, kann sich der Verwender des Bildnisses darauf einstellen und die nötigen Vorkehrungen treffen beziehungsweise von vornherein auf solche Veröffentlichungen/Verbreitungen verzichten, die er im Fall eines Widerrufs der Einwilligung nicht oder nur unter großem Aufwand rückgängig machen kann. Dadurch bleibt die Rechtssicherheit auch bei einer unbeschränkten Widerrufsmöglichkeit erhalten und die verschiedenen Interessen der Beteiligten kommen hinreichend zur Geltung. Im Übrigen kann in solch einer Konstellation kein schutzwürdiges Vertrauen auf den Bestand der Einwilligung entstehen, da von Anfang an mit einem Widerruf oder einem Erlöschen der Einwilligung nach Ablauf einer bestimmten Frist gerechnet werden muss. Diese Erwägungen gelten sowohl im privaten als auch im geschäftlichen Kontext, sodass etwaige Einschränkungen zu berücksichtigen sind, wenn jemand Fotos oder Videos Dritter veröffentlichen möchte, ohne eine unbeschränkte Einwilligung eingeholt zu haben.

6. Ergebnis

Aus alledem ergibt sich, dass Einwilligungen im Sinne des KUG nicht frei widerruflich sind, sondern nur eine Widerruflichkeit bei Vorliegen eines wichtigen Grundes den widerstreitenden Rechten der Betroffenen gerecht wird. Ob ein solcher wichtiger Grund gegeben ist, ergibt sich aus einer Abwägung der im konkreten Fall betroffenen Interessen. Will ein Abgebildeter sich eine uneingeschränkte Widerrufsmöglichkeit vorbehalten, muss er sich diese bei Erteilung der Einwilligung vorbehalten. Anders als Art. 7 Abs. 3 S. 1 DSGVO sieht das KUG nicht vor, dass ein Widerruf jederzeit möglich sein muss, sodass dieses Ergebnis auch nicht dem Gesetz zuwiderläuft.

VII. Zweifelsregelung des § 22 S. 2 KUG

Eine praktisch nicht unwichtige Regelung findet sich außerdem in § 22 S. 2 KUG, wonach die Einwilligung im Zweifel als erteilt gilt, sofern der Abgebildete eine Entlohnung dafür erhalten hat, dass er sich abbilden ließ. Hierbei handelt es sich um eine widerlegliche gesetzliche Vermutung,[470] die in der DSGVO keine Entsprechung findet.

Dreier/Schulze, § 22 KUG Rn. 17; *Fricke* in Wandtke/Bullinger, § 22 KUG Rn. 13; *von Strobl-Albeg*, in: Wenzel, Kapitel 7 Rn. 80; *Helle*, S. 105; *Libertus*, ZUM 2007, 621, 624.

468 S. auch *Prinz/Peters*, Rn. 838.

469 *Rövekamp*, in: BeckOK BGB, § 158 Rn. 17; *Helle*, S. 117; vgl. *ArbG Frankfurt a.M.*, Urt. v. 20.6.2012 – 7 Ca 1649/12, ZD 2012, 530, 531.

470 *Götting*, in: Schricker/Löwenheim, § 60/§ 22 KUG Rn. 51; *Fricke*, in: Wandtke/Bullinger, § 22 KUG Rn. 18.

VIII. Ergebnis

Die Einwilligung ist nach dem KUG das primäre Mittel, um eine Verbreitung oder öffentliche Zurschaustellung von Bildnissen zu legitimieren. Sie ist eine rechtsgeschäftliche Erklärung, für die insbesondere bei der Widerruflichkeit und der Erteilung durch Minderjährige Modifikationen der gesetzlichen Regelungen anerkannt und angebracht sind. Besondere Formerfordernisse bestehen für sie nicht, was die Tür für eine konkludente Erteilung öffnet. Dies kann gerade im Privatbereich sinnvoll sein, für den im Interesse einer praxistauglichen Regelung keine allzu hohen Anforderungen bestehen sollten. Die Erteilung der Einwilligung steht im Ermessen des Abgebildeten und ist letztlich originärer Ausdruck der Selbstbestimmung.

D. Ausnahmen vom Einwilligungsvorbehalt gemäß § 23 KUG

So wie Art. 6 DSGVO für die Rechtmäßigkeit der Verarbeitung bestimmte Erlaubnistatbestände vorsieht, gibt es in § 23 Abs. 1 KUG einige Ausnahmen von dem Einwilligungsvorbehalt des § 22 S. 1 KUG. Zweck dieser Ausnahmevorschrift ist es, die Informations-, Abbildungs-, Meinungs- und Kunstfreiheit zu schützen und sie mit dem Recht am eigenen Bild in Einklang zu bringen.[471] In der Praxis stehen in der Regel das Informationsinteresse der Allgemeinheit und die Pressefreiheit im Fokus.[472] Wie weit diese Ausnahmen reichen und welchen Zwecken sie konkret dienen, wird im Folgenden noch bei der Frage relevant werden, inwiefern durch sie möglicherweise Öffnungsklauseln der DSGVO ausgefüllt werden können.

I. Bildnisse aus dem Bereich der Zeitgeschichte gemäß § 23 Abs. 1 Nr. 1 KUG

Die größte praktische Bedeutung kommt der Ausnahme für Bildnisse aus dem Bereich der Zeitgeschichte zu. Die lange übliche Differenzierung zwischen relativen und absoluten Personen der Zeitgeschichte ist mittlerweile überholt.[473]

1. Bereich der Zeitgeschichte

Wann ein Bildnis zum Bereich der Zeitgeschichte gehört, ist entsprechend der Zweckbestimmung dieser Ausnahme nach dem Informationsinteresse der Öffentlichkeit zu bestimmen und umfasst alle Fragen von allgemeinem gesellschaftlichem

---

471 *Specht,* in: Dreier/Schulze, § 23 KUG Rn. 1; *Kröner,* in: Paschke/Berlit/Meyer, 32. Abschnitt Rn. 40; *Fricke,* in: Wandtke/Bullinger, § 23 KUG Rn. 1.

472 *BGH,* Urt. v. 6.3.2007 – VI ZR 51/06, NJW 2007, 1977, 1978 – Winterurlaub.

473 *Specht,* in: Dreier/Schulze, § 23 KUG Rn. 10; *Dreyer,* in: Dreyer/Kotthoff/Meckel, § 23 KUG Rn. 5; *Engels,* in: Möhring/Nicolini, § 23 KUG Rn. 2; *Fricke,* in: Wandtke/Bullinger, § 23 KUG Rn. 7.

Interesse.[474] Dazu gehören insbesondere historische, politische, wirtschaftliche, kulturelle und soziale Geschehnisse.[475] Angesichts des erforderlichen weiten Verständnisses des Begriffs der Zeitgeschichte kann eine lokale Bedeutung bereits ausreichen.[476] Auch unterhaltende Beiträge können dem Informationsinteresse der Öffentlichkeit gerecht werden und das Ziel der Förderung der Meinungsbildung erreichen, zumal solche Beiträge häufig zahlreicher rezipiert werden und eine stärkere Wirkung erzeugen können als rein sachbezogene Beiträge.[477]

2. Bestimmung durch Interessenabwägung

Bei der Bestimmung der Inhalte, die aufgrund des öffentlichen Interesses zeitgeschichtliche Bedeutung haben und als solche aufgrund publizistischer Kriterien berichtenswert sind, besitzen die Medien einen großen Spielraum.[478] Dennoch muss das Informationsinteresse anhand eines normativen Maßstabs festgelegt werden, der sowohl die Pressefreiheit als auch den Schutz der Privatsphäre angemessen berücksichtigt.[479] Deswegen müssen die Gerichte bei der nötigen Interessenabwägung prüfen, ob es um Fragen geht, die die öffentliche Meinungsbildung wesentlich betreffen und deshalb ein öffentliches Informationsinteresse besteht oder ob nur private Angelegenheiten zur ausschließlichen Befriedigung von Neugier ausgebreitet werden.[480] Je größer der Informationswert der Abbildung für die Öffentlichkeit ist, desto eher müssen die Schutzinteressen des Abgebildeten dahinter zurücktreten.[481]

---

474 *BVerfG,* Urt. v. 15.12.1999 – 1 BvR 653/96, NJW 2000, 1021, 1025 – Caroline von Monaco; *BGH,* Urt. v. 27.9.2016 – VI ZR 310/14, K&R 2017, 42, 43; *BGH,* Urt. v. 19.6.2007 – VI ZR 12/06, NJW 2007, 3440, 3442 – Grönemeyer; *BGH,* Urt. v. 6.3.2007 – VI ZR 51/06, NJW 2007, 1977, 1979 – Winterurlaub.

475 *Kröner,* in: Paschke/Berlit/Meyer, 32. Abschnitt Rn. 45.

476 *BGH,* Urt. v. 8.4.2014 – VI ZR 197/13, NJW-RR 2014, 1193, 1194 – Mieterfest; *Specht,* in: Dreier/Schulze, § 23 KUG Rn. 3; *Engels,* in: Möhring/Nicolini, § 23 KUG Rn. 2; *Kröner,* in: Paschke/Berlit/Meyer, 32. Abschnitt Rn. 45.

477 *BVerfG,* Urt. v. 15.12.1999 – 1 BvR 653/96, NJW 2000, 1021, 1024 – Caroline von Monaco; *BGH,* Urt. v. 19.6.2007 – VI ZR 12/06, NJW 2007, 3440, 3442 – Grönemeyer; *BGH,* Urt. v. 6.3.2007 – VI ZR 51/06, NJW 2007, 1977, 1979 – Winterurlaub.

478 *BVerfG,* Urt. v. 15.12.1999 – 1 BvR 653/96, NJW 2000, 1021, 1024 – Caroline von Monaco; m.w.N. *BGH,* Urt. v. 27.9.2016 – VI ZR 310/14, K&R 2017, 42, 43; *BGH,* Urt. v. 19.6.2007 – VI ZR 12/06, NJW 2007, 3440, 3442 – Grönemeyer; *BGH,* Urt. v. 6.3.2007 – VI ZR 51/06, NJW 2007, 1977, 1979 – Winterurlaub.

479 *BGH,* Urt. v. 28.10.2008 – VI ZR 307/07, NJW 2009, 757, 758 m. Anm. *Wanckel* – Karsten Speck; *BGH,* Urt. v. 19.6.2007 – VI ZR 12/06, NJW 2007, 3440, 3442 – Grönemeyer; *BGH,* Urt. v. 6.3.2007 – VI ZR 51/06, NJW 2007, 1977, 1978 – Winterurlaub.

480 *BVerfG,* Beschl. v. 21.8.2006 – 1 BvR 2606/04, NJW 2006, 3406, 3407; *BGH,* Urt. v. 27.9.2016 – VI ZR 310/14, K&R 2017, 42, 44; *BGH,* Urt. v. 19.6.2007 – VI ZR 12/06, NJW 2007, 3440, 3442 – Grönemeyer.

481 *BGH,* Urt. v. 19.6.2007 – VI ZR 12/06, NJW 2007, 3440, 3442 – Grönemeyer; *BGH,* Urt. v. 6.3.2007 – VI ZR 51/06, NJW 2007, 1977, 1979 – Winterurlaub.

Geht es dagegen um bloße Unterhaltung, ist das Interesse des Lesers daran in der Regel aufgrund seines gegenüber dem Recht auf Schutz der Privatsphäre geringeren Gewichts nicht schutzwürdig.[482]

Diese Abwägung zwischen den Rechten des Abgebildeten aus Art. 1 Abs. 1, Art. 2 Abs. 1 GG, Art. 8 Abs. 1 EMRK einerseits und den Rechten der Presse aus Art. 5 Abs. 1 GG, Art. 10 EMRK andererseits muss bereits bei der Frage erfolgen, ob ein Bild überhaupt dem Bereich der Zeitgeschichte zuzuordnen ist.[483] Dabei sind Presse- und Meinungsfreiheit weit auszulegen, sodass sogar eine Informationsbroschüre einer Wohnungsbaugesellschaft zu den Medien gezählt wurde, in denen mithilfe von Bildern über zeitgeschichtliche Ereignisse berichtet werden darf.[484]

3. *Beitrag zur öffentlichen Meinungsbildung*

Dieses Beispiel zeigt, dass für eine Berufung auf die Ausnahme für Bildnisse aus dem Bereich der Zeitgeschichte kein starrer Rahmen für institutionalisierte Medien besteht, sodass grundsätzlich auch Private bei einem entsprechenden Beitrag zur öffentlichen Meinungsbildung von der Ausnahme profitieren können. Es existiert eine umfangreiche Kasuistik zu § 23 Abs. 1 Nr. 1 KUG und der im Rahmen der Interessenabwägung zu berücksichtigenden Faktoren. Für die folgende Bestimmung des Verhältnisses zwischen KUG und DSGVO ist jedoch an dieser Stelle nur festzuhalten, dass der Informationswert einer Abbildung für die Öffentlichkeit und ihr Beitrag zur öffentlichen Meinungsbildung die entscheidenden Kriterien für die Beurteilung darstellen, ob ein Bildnis aus dem Bereich der Zeitgeschichte vorliegt, welches das Erfordernis der Einwilligung entfallen lassen kann. Zu berücksichtigen sind daneben noch andere Umstände wie z. B. die Situation, in der der Abgebildete erfasst wird,[485] und der Kontext, in dem die Abbildung veröffentlicht wird.[486]

II. Personen als Beiwerk

Die Ausnahmen nach § 23 Abs. 1 Nr. 2 und Nr. 3 KUG zeichnen sich vor allem dadurch aus, dass es um Abbildungen geht, bei denen nicht die Darstellung einer einzelnen Person und ihrer persönlichen Wesenszüge im Vordergrund steht. Vielmehr kennzeichnen sie Fälle, in denen eine Person eher zufällig Teil eines Bildes geworden ist, welches vorwiegend der Darstellung bestimmter Ereignisse oder Örtlichkeiten dient.

---

482 *BGH,* Urt. v. 28.10.2008 – VI ZR 307/07, NJW 2009, 757, 758 m. Anm. *Wanckel* – Karsten Speck; *BGH,* Urt. v. 6.3.2007 – VI ZR 51/06, NJW 2007, 1977, 1979 – Winterurlaub.

483 Jeweils m.w.N. *BGH,* Urt. v. 27.9.2016 – VI ZR 310/14, K&R 2017, 42, 43; *BGH,* Urt. v. 28.10.2008 – VI ZR 307/07, NJW 2009, 757, 758 m. Anm. *Wanckel* – Karsten Speck; *BGH,* Urt. v. 19.6.2007 – VI ZR 12/06, NJW 2007, 3440, 3441 f. – Grönemeyer; *BGH,* Urt. v. 6.3.2007 – VI ZR 51/06, NJW 2007, 1977, 1978 – Winterurlaub.

484 *BGH,* Urt. v. 8.4.2014 – VI ZR 197/13, NJW-RR 2014, 1193, 1195 – Mieterfest.

485 *Kröner,* in: Paschke/Berlit/Meyer, 32. Abschnitt Rn. 54.

486 *Kröner,* in: Paschke/Berlit/Meyer, 32. Abschnitt Rn. 55.

So verlangt § 23 Abs. 1 Nr. 2 KUG, dass die abgebildete Person nur als Beiwerk neben einer Landschaft oder sonstigen Örtlichkeit erscheint. Wesentlich für das Eingreifen dieser Ausnahme ist, dass der Gehalt des jeweiligen Bildes gerade durch die Landschaft oder sonstige Örtlichkeit geprägt wird.[487] Deshalb muss der Stellenwert der mitabgebildeten Personen vom Gesamteindruck des Bildes aus gesehen erheblich geringer sein als der Stellenwert der abgebildeten Landschaft.[488] Der Beiwerkscharakter hängt unter anderem von der Größe der Person und ihrer Position innerhalb der abgebildeten Örtlichkeit ab.[489] Das maßgebliche Abgrenzungskriterium ist, ob die Person (unabhängig von ihrer Identität)[490] aus dem Bild hinweggedacht werden könnte, ohne dass sich Gegenstand und Charakter des Bildes ändern.[491] Bei klassischen Urlaubsbildern, in denen andere Touristen und Einheimische im Hintergrund der Abbildung von Landschaften, Bauwerken oder Sehenswürdigkeiten zu sehen sind und vom Aufnehmenden eher als störender, aber kaum zu verhindernder Faktor angesehen werden,[492] wird dies regelmäßig der Fall sein.

Davon kann jedoch nicht ausgegangen werden, wenn die Personenabbildung als Blickfang genutzt oder die Person in sonstiger Weise aus der Anonymität herausgelöst wird.[493] Dies passiert insbesondere, wenn Personen, die zunächst als Beiwerk erscheinen, gesondert vergrößert oder herausgeschnitten werden,[494] weil dadurch die Personenabbildung in den Vordergrund tritt und die Abbildung der Landschaft gleichzeitig zur Nebensache wird. Um Beiwerkscharakter aufzuweisen, dürfen die Personen nur zufällig „bei Gelegenheit“ neben der Örtlichkeit erscheinen.[495] Im

---

487 *BGH*, Urt. v. 21.4.2015 – VI ZR 245/14, NJW 2015, 2500, 2501; *OLG Brandenburg*, Urt. v. 21.5.2012 – 1 U 26/11, NJW-RR 2012, 1250, 1252; *OLG Karlsruhe*, Urt. v. 18.8.1989 – 14 U 105/88, NJW-RR 1990, 1328, 1329 – Unfallfoto; *OLG Oldenburg*, Urt. v. 14.11.1988 – 13 U 72/88, NJW 1989, 400, 401; *OLG München*, Urt. v. 13.11.1987 – 21 U 2979/87, NJW 1988, 915, 916; *Specht*, in: Dreier/Schulze, § 23 KUG Rn. 35.

488 *BGH*, Urt. v. 26.6.1979 – VI ZR 108/78, NJW 1979, 2205, 2206 – Fußballtor; *OLG München*, Urt. v. 13.11.1987 – 21 U 2979/87, NJW 1988, 915, 916; vgl. *Helle*, S. 164.

489 *Fricke*, in: Wandtke/Bullinger, § 23 KUG Rn. 24.

490 *Helle*, S. 165.

491 *OLG Brandenburg*, Urt. v. 21.5.2012 – 1 U 26/11, NJW-RR 2012, 1250, 1252; *OLG Karlsruhe*, Urt. v. 18.8.1989 – 14 U 105/88, NJW-RR 1990, 1328, 1329 – Unfallfoto; *OLG Oldenburg*, Urt. v. 14.11.1988 – 13 U 72/88, NJW 1989, 400, 401; *Specht*, in: Dreier/Schulze, § 23 KUG Rn. 35; *v. Gamm*, UrhG, Einf. Rn. 121; *von Strobl-Albeg*, in: Wenzel, Kapitel 7 Rn. 48.

492 Vgl. *Helle*, S. 164.

493 *OLG Oldenburg*, Urt. v. 14.11.1988 – 13 U 72/88, NJW 1989, 400, 401; *Kröner*, in: Paschke/Berlit/Meyer, 32. Abschnitt Rn. 62; *Helle*, S. 165.

494 *Specht*, in: Dreier/Schulze, § 23 KUG Rn. 36; *Götting*, in: Schricker/Loewenheim, § 60/§ 23 KUG Rn. 82; *Fricke*, in: Wandtke/Bullinger, § 23 KUG Rn. 24; *Schönewald*, ZUM 2013, 862, 863; gegen eine Aufhebung des Beiwerkscharakters bei bloßer Existenz einer Zoomfunktion *Lindner*, ZUM 2010, 292, 294.

495 *Götting*, in: Schricker/Loewenheim, § 60/§ 23 KUG Rn. 81.

Ergebnis wird durch die Ausnahme des § 23 Abs. 1 Nr. 2 KUG die Abbildungsfreiheit geschützt, welche zudem urheberrechtlich durch die Panoramafreiheit des § 57 UrhG eskortiert wird.[496]

III. Abbildungen von Versammlungen und Aufzügen

Ebenfalls einwilligungsfrei ist gemäß § 23 Abs. 1 Nr. 3 KUG die Verbreitung und öffentliche Zurschaustellung von Abbildungen von Versammlungen, Aufzügen und ähnlichen Vorgängen, an denen die dargestellten Personen teilgenommen haben. Auch mittels dieser Ausnahme sollen das Informationsinteresse der Allgemeinheit sowie die Abbildungs- und Pressefreiheit geschützt werden.[497] Die Einschränkung des Bildnisschutzes beruht darauf, dass derjenige, der an solchen öffentlichen Veranstaltungen teilnimmt, damit rechnen muss, in diesem Zusammenhang mittels Bildtechnik festgehalten zu werden.[498] Es muss jedoch der Vorgang insgesamt oder zumindest ein repräsentativer Ausschnitt von ihm gezeigt werden, während nicht nur einzelne oder mehrere Individuen abgebildet sein dürfen.[499] Dies schließt die Abbildung von Einzelpersonen aus, selbst wenn gerade diese Teilnehmer repräsentativ oder charakteristisch für die Veranstaltung sind.[500] Für solche Abbildungen sollte stattdessen § 23 Abs. 1 Nr. 1 KUG der Beurteilungsmaßstab sein.[501] Entscheidend ist also, dass Gegenstand des Bildes die Darstellung des Geschehens und nicht etwa die Darstellung der Personen ist, die daran teilgenommen haben.[502] Außerdem muss eine größere Menschenmenge auftreten.[503]

---

496 *Specht,* in: Dreier/Schulze, § 23 KUG Rn. 34.

497 *Specht,* in: Dreier/Schulze, § 23 KUG Rn. 38; *Kröner,* in: Paschke/Berlit/Meyer, 32. Abschnitt Rn. 63.

498 *Specht,* in: Dreier/Schulze, § 23 KUG Rn. 38; *Kröner,* in: Paschke/Berlit/Meyer, 32. Abschnitt Rn. 64; *Götting,* in: Schricker/Loewenheim, § 60/§ 23 KUG Rn. 84; *Solmecke/Nowak,* MMR 2014, 431, 433.

499 *OLG Frankfurt a.M.,* Urt. v. 15.6.2004 – 11 U 5/04, MMR 2004, 683, 684 m. Anm. *Stopp*; *LG Hamburg,* Urt. v. 11.1.2008 – 324 O 126/07, ZUM 2008, 801, 802; *Specht,* in: Dreier/Schulze, § 23 KUG Rn. 40; *Dreyer,* in: Dreyer/Kotthoff/Meckel, § 23 KUG Rn. 47; *Götting,* in: Schricker/Loewenheim, § 60/§ 23 KUG Rn. 85.

500 *LG Hamburg,* Urt. v. 11.1.2008 – 324 O 126/07, ZUM 2008, 801, 802; *Dreyer,* in: Dreyer/Kotthoff/Meckel, § 23 KUG Rn. 46; *Götting,* in: Schricker/Loewenheim, § 60/§ 23 KUG Rn. 86; *Prinz/Peters,* Rn. 872; a.A. *LG Berlin,* Urt. v. 26.03.2013 – 27 S 18/12, BeckRS 2014, 11376; *Kröner,* in: Paschke/Berlit/Meyer, 32. Abschnitt Rn. 67; *von Strobl-Albeg,* in: Wenzel, Kapitel 7 Rn. 51; vermittelnde Ansicht: *Fricke,* in: Wandtke/Bullinger, § 23 KUG Rn. 25 und *Schönewald,* ZUM 2013, 862, 864: zulässig bei besonderer räumlicher oder verhaltensbedingter Exposition des Abgebildeten.

501 *Specht,* in: Dreier/Schulze, § 23 KUG Rn. 40.

502 *OLG München,* Urt. v. 19.9.1996 – 6 U 6247/95, ZUM 1997, 388, 391; *LG Köln,* Urt. v. 29.6.1994 – 28 S 3/94, NJW-RR 1995, 1175, 1175 f.; *Dreyer,* in: Dreyer/Kotthoff/Meckel, § 23 KUG Rn. 46; *von Strobl-Albeg,* in: Wenzel, Kapitel 7 Rn. 49.

503 *Prinz/Peters,* Rn. 872; *Helle,* S. 167.

Aus der Systematik der Aufzählung in § 23 Abs. 1 Nr. 3 KUG ergibt sich zudem, dass ein ähnlicher Vorgang wenigstens in seinen Grundzügen mit einer Versammlung oder einem Aufzug vergleichbar sein muss, weshalb hierfür ein kollektiver Wille der Beteiligten erforderlich ist, etwas gemeinsam zu tun.[504] Außerdem muss der Wille darauf gerichtet sein, von Dritten wahrgenommen zu werden.[505] Für einen solchen kollektiven Willen kann es ausreichen, wenn die Personen nicht geplant zusammengekommen sind, sondern sich zufällig angesammelt haben.[506] Es muss dann jedoch ein verbindendes Element innerhalb der Ansammlung vorliegen, durch die aus der bloßen Anwesenheit mehrerer Menschen beispielsweise durch einen gemeinsamen Willen ein spezieller Vorgang wird.[507] Umstritten ist zudem, ob sich die jeweilige Veranstaltung in der Öffentlichkeit ereignen muss.[508] Dies ist zu bejahen, sofern nicht ausnahmsweise aufgrund besonderer Umstände innerhalb einer nicht-öffentlichen Veranstaltung eine vergleichbare Erwartungshaltung dergestalt zu unterstellen ist, dass auch dort mit einer Abbildung und nachfolgenden Information der Öffentlichkeit zu rechnen ist.[509]

IV. Verbreitung und Schaustellung für ein höheres Interesse der Kunst

Die letzte der vier als abschließend zu beurteilenden Ausnahmen des § 23 Abs. 1 KUG hebt das Einwilligungserfordernis für die Verbreitung oder Schaustellung von Bildnissen auf, die einem höheren Interesse der Kunst dienen, wobei das Bildnis nicht auf Bestellung angefertigt sein darf. Damit dient die Ausnahme ausdrücklich und ausschließlich künstlerischen Zwecken, allerdings ist es unschädlich, wenn gleichzeitig auch wirtschaftliche Zwecke verfolgt werden, soweit dies zur Sicherung des Lebensunterhalts des Künstlers erfolgt und dem künstlerischen

---

504 *OLG Celle,* Urt. v. 25.8.2010 – 31 Ss 30/10, ZUM 2011, 341, 344; *OLG München,* Urt. v. 13.11.1987 – 21 U 2979/87, NJW 1988, 915, 916; *LG Berlin,* Urt. v. 26.03.2013 – 27 S 18/12, BeckRS 2014, 11376; *Prinz/Peters,* Rn. 872.

505 *OLG Celle,* Urt. v. 25.8.2010 – 31 Ss 30/10, ZUM 2011, 341, 344; *OLG München,* Urt. v. 13.11.1987 – 21 U 2979/87, NJW 1988, 915, 916; *Specht,* in: Dreier/Schulze, § 23 KUG Rn. 39.

506 *OLG Karlsruhe,* Urt. v. 18.8.1989 – 14 U 105/88, NJW-RR 1990, 1328, 1329 – Unfallfoto; *von Strobl-Albeg,* in: Wenzel, Kapitel 7 Rn. 50.

507 Vgl. *OLG München,* Urt. v. 13.11.1987 – 21 U 2979/87, NJW 1988, 915, 916; *LG Berlin,* Urt. v. 26.03.2013 – 27 S 18/12, BeckRS 2014, 11376.

508 *Kröner,* in: Paschke/Berlit/Meyer, 32. Abschnitt Rn. 66; bejahend: *OLG Celle,* Urt. v. 25.8.2010 – 31 Ss 30/10, ZUM 2011, 341, 344; *LG Köln,* Urt. v. 29.6.1994 – 28 S 3/94, NJW-RR 1995, 1175, 1175; *Specht,* in: Dreier/Schulze, § 23 KUG Rn. 40; *Fricke,* in: Wandtke/Bullinger, § 23 KUG Rn. 25; *Prinz/Peters,* Rn. 872; *von Strobl-Albeg,* in: Wenzel, Kapitel 7 Rn. 49; verneinend: *Dreyer,* in: Dreyer/Kotthoff/Meckel, § 23 KUG Rn. 45; *Götting,* in: Schricker/Loewenheim, § 60/§ 23 KUG Rn. 84; *Helle,* S. 166 f.

509 S. auch *Kröner,* in: Paschke/Berlit/Meyer, 32. Abschnitt Rn. 66.

Zweck untergeordnet ist.[510] Geschützt werden soll die Freiheit künstlerischer Bildnisstudien.[511] Die Verbreitung oder Zurschaustellung der Abbildung einer Person muss jedoch für Zwecke der Kunst im Sinne des Art. 5 Abs. 3 S. 1 GG geboten und verhältnismäßig sein, wofür eine Interessenabwägung zwischen Kunstfreiheit und Persönlichkeitsrecht erforderlich ist.[512] Dabei muss der Kunstfreiheit das nötige Gewicht zugemessen werden, sodass sie grundsätzlich nur hinter schwerwiegenden Persönlichkeitsrechtsverletzungen zurücktreten muss.[513]

Weitgehende Einigkeit besteht zudem darüber, dass § 23 Abs. 1 Nr. 4 KUG analog auf wissenschaftliche Zwecke anzuwenden ist, wobei es praktisch häufig um die Wissenschaft im medizinischen Bereich geht.[514] Dass das Bildnis die Schwelle zur persönlichen geistigen Schöpfung im Sinne des § 2 Abs. 2 UrhG überspringt und damit Urheberrechtsschutzfähigkeit erreicht, ist jedoch nicht erforderlich.[515] Außerdem ist § 23 Abs. 1 Nr. 4 KUG nicht auf Malereien oder Zeichnungen beschränkt, sondern erfasst auch künstlerische Fotografien.[516] Bildnisse, die auf Bestellung angefertigt worden sind, sind ausgenommen, um die Rechte des abgebildeten Bestellers und sein Vertrauensverhältnis zum Künstler zu schützen.[517]

---

510 *OLG Düsseldorf,* Urt. v. 23.7.2013 – I-20 U 190/12, ZUM-RD 2013, 589, 590; *OLG München,* Urt. v. 19.9.1996 – 6 U 6247/95, ZUM 1997, 388, 391; *Kröner,* in: Paschke/Berlit/Meyer, 32. Abschnitt Rn. 69; *Götting,* in: Schricker/Loewenheim, § 60/§ 23 KUG Rn. 102; a.A. *LG Berlin,* Urt. v. 18.9.2008 – 27 O 870/07, ZUM-RD 2009, 277, 279.

511 *Dreyer,* in: Dreyer/Kotthoff/Meckel, § 23 KUG Rn. 49; *Schertz,* GRUR 2007, 558, 560.

512 *Dreyer,* in: Dreyer/Kotthoff/Meckel, § 23 KUG Rn. 49; vgl. auch *OLG Celle,* Urt. v. 25.8.2010 – 31 Ss 30/10, ZUM 2011, 341, 344.

513 *LG Berlin,* Urt. v. 3.6.2014 – 27 O 56/14, ZUM 2014, 729, 732; *Kröner,* in: Paschke/Berlit/Meyer, 32. Abschnitt Rn. 69.

514 *LG Hannover,* Urt. v. 30.3.2000 – 6 O 941/00(56), ZUM 2000, 970, 971 f. m. Anm. *Bobisch*; *Specht,* in: Dreier/Schulze, § 23 KUG Rn. 45; *Ricker,* in: Ricker/Weberling, Handbuch des Presserechts, 43. Kapitel Rn. 35; *Götting,* in: Schricker/Loewenheim, § 60/§ 23 KUG Rn. 104; *v. Gamm,* UrhG, Einf. Rn. 124; *Fricke,* in: Wandtke/Bullinger, § 23 KUG Rn. 27; *Helle,* S. 169; *Maaßen,* ZUM 2003, 830, 840.

515 *OLG Düsseldorf,* Urt. v. 23.7.2013 – I-20 U 190/12, ZUM-RD 2013, 589, 590; *LG Berlin,* Urt. v. 30.5.2013 – 27 O 632/12, ZUM-RD 2014, 105, 107; *Specht,* in: Dreier/Schulze, § 23 KUG Rn. 44; *Dreyer,* in: Dreyer/Kotthoff/Meckel, § 23 KUG Rn. 49; *Götting,* in: Schricker/Loewenheim, § 60/§ 23 KUG Rn. 103.

516 *OLG München,* Urt. v. 19.9.1996 – 6 U 6247/95, ZUM 1997, 388, 391; *Specht,* in: Dreier/Schulze, § 23 KUG Rn. 43; *Kröner,* in: Paschke/Berlit/Meyer, 32. Abschnitt Rn. 68; *Götting,* in: Schricker/Loewenheim, § 60/§ 23 KUG Rn. 100; *Prinz/Peters,* Rn. 873; *Hildebrand,* ZUM 2016, 305, 306 f.; *Schertz,* GRUR 2007, 558, 562 f.

517 *Kröner,* in: Paschke/Berlit/Meyer, 32. Abschnitt Rn. 68; *Schertz,* GRUR 2007, 558, 563.

V. Die Rückausnahme des § 23 Abs. 2 KUG

Problematisch werden diese Ausnahmen vom Einwilligungsvorbehalt, wenn die Schutzbedürftigkeit des Abgebildeten in den beschriebenen Situationen im Einzelfall erhebliche Ausmaße annimmt. Deshalb sieht § 23 Abs. 2 KUG eine Rückausnahme vor, die eine Einwilligung doch wieder fordert, wenn andernfalls berechtigte Interessen des Abgebildeten verletzt würden. Die ehemals enorme Bedeutung dieser Vorschrift ist jedoch stark gesunken, seit sich in der Rechtsprechung die Ansicht durchgesetzt hat, dass eine Interessenabwägung im Fall des § 23 Abs. 1 Nr. 1 KUG bereits bei der Frage vorzunehmen ist, ob überhaupt ein Bildnis aus dem Bereich der Zeitgeschichte gegeben ist.[518] Insofern verbleibt § 23 Abs. 2 KUG nur eine marginale Bedeutung und die Funktion eines Auffangtatbestandes,[519] der eingreifen kann, wenn zwar grundsätzlich ein hinreichendes Informationsinteresse der Öffentlichkeit besteht, welches die Veröffentlichung eines Bildnisses legitimieren kann, aber dennoch im Einzelfall so gewichtige Interessen des Abgebildeten bestehen, die aufgrund des Inhalts und/oder der Art der Darstellung und der Bildnisbeschaffung verletzt zu werden drohen.[520]

Größere Bedeutung behält § 23 Abs. 2 KUG deshalb vor allem für die Ausnahmen der § 23 Abs. 1 Nr. 2–4 KUG.[521] Zur Regelung des § 23 Abs. 2 KUG gibt es ebenfalls eine umfangreiche Kasuistik, auf deren Darstellung verzichtet werden soll. Typische Fallgruppen für ein Überwiegen berechtigter Interessen des Abgebildeten sind jedoch Abbildungen, die in die Intim- oder Privatsphäre des Betroffenen eingreifen, Verwendungen für bloße Werbezwecke, Gefährdungen des Abgebildeten durch die Veröffentlichung oder auch Bildmanipulationen, durch die der Aussagegehalt eines Bildnisses verfälscht wird.[522] Jedenfalls ist eine umfassende Abwägung aller betroffenen Interessen vorzunehmen, um zu bestimmen, ob im konkreten Fall doch der Einwilligungsvorbehalt des § 22 S. 1 KUG eingreifen muss.[523]

---

518 *OLG Köln*, Urt. v. 26.3.2013 – 15 U 149/12, ZUM 2013, 684, 686; *Kröner*, in: Paschke/Berlit/Meyer, 32. Abschnitt Rn. 72; *Götting*, in: Schricker/Loewenheim, § 60/§ 23 KUG Rn. 111; *Fricke*, in: Wandtke/Bullinger, § 23 KUG Rn. 28.

519 *Götting*, in: Schricker/Loewenheim, § 60/§ 23 KUG Rn. 111; *Fricke*, in: Wandtke/Bullinger, § 23 KUG Rn. 28.

520 *Specht*, in: Dreier/Schulze, § 23 KUG Rn. 48; *Engels*, in: Möhring/Nicolini, § 23 KUG Rn. 23; *Kröner*, in: Paschke/Berlit/Meyer, 32. Abschnitt Rn. 72; *Götting*, in: Schricker/Loewenheim, § 60/§ 23 KUG Rn. 111.

521 *Kröner*, in: Paschke/Berlit/Meyer, 32. Abschnitt Rn. 72; *Reber*, in: von Hartlieb/Schwarz, Handbuch des Filmrechts, 25. Kapitel Rn. 16; so wohl auch *Hildebrand*, ZUM 2016, 305, 308 f.; a.A. *Specht*, in: Dreier/Schulze, § 23 KUG Rn. 47.

522 *Engels*, in: Möhring/Nicolini, § 23 KUG Rn. 24 ff.; *Kröner*, in: Paschke/Berlit/Meyer, 32. Abschnitt Rn. 73 ff.; *Götting*, in: Schricker/Loewenheim, § 60/§ 23 KUG Rn. 112 ff.; *Fricke*, in: Wandtke/Bullinger, § 23 KUG Rn. 29; *Solmecke/Kocatepe*, ZD 2014, 22, 23.

523 *Engels*, in: Möhring/Nicolini, § 23 KUG Rn. 24; *Kröner*, in: Paschke/Berlit/Meyer, 32. Abschnitt Rn. 73.

VI. Verschiebung der Gewichte innerhalb von § 23 Abs. 2 KUG durch geänderte Risikosituation

In diesem Kontext stellt sich die Frage, ob sich durch die technische Entwicklung nicht zumindest in Bezug auf § 23 Abs. 1 Nr. 2 und 3 KUG das Verhältnis von Regel zu Ausnahme umkehren müsste.

Die Teilnahme an öffentlichen Veranstaltungen, bei denen man mit einer Kenntnisnahme und bildlichen Fixierung durch Dritte rechnen muss, und die Abbildung als unwesentliches, zufälliges Beiwerk sollen nach der Konzeption des Gesetzes dazu führen, dass nur eine geringe, in der Regel vernachlässigbare Schutzbedürftigkeit des Abgebildeten besteht. Zur Zeit der Schaffung des KUG war jedoch an eine Verbreitung von Gesichtserkennungstechnologien noch lange nicht zu denken. Mittlerweile etablieren sich diese immer stärker. In den USA beispielsweise durchläuft schon jedes Foto, das auf Facebook hochgeladen wird, einen softwaregesteuerten Prozess der Gesichtserkennung, in welchem die biometrischen Daten von Gesichtern erfasst und in einem Profil gespeichert werden sowie mit anderen bei Facebook gespeicherten Bildern verglichen werden können.[524] Die App Find Face hingegen erfreut sich in Russland großer Beliebtheit und ermöglicht es ihren Nutzern, Bilder einzuspeisen, auf denen Gesichter analysiert und mit frei zugänglichen Bildern aus sozialen Netzwerken und dem Internet verglichen werden.[525] Dadurch kann die Möglichkeit, sich noch weitgehend anonym in der Öffentlichkeit zu bewegen, erheblich eingeschränkt werden,[526] was gleichzeitig einen allgemeinen Anstieg des Überwachungsdrucks auslösen würde. Dadurch besitzen auch vermeintlich harmlose Aufnahmen als Beiwerk oder in Menschenmengen ein gesteigertes Gefährdungspotenzial für die Persönlichkeit. Denn wenn sie aufgrund von § 23 Abs. 1 Nr. 2 und 3 KUG ohne Einwilligung veröffentlicht werden dürfen, könnten sie als Quelle für die Erstellung von Bewegungs- und Beziehungsprofilen[527] einzelner Personen verwendet werden. Damit wäre die Schutzbedürftigkeit der abgebildeten Person jedoch direkt ungleich höher zu bewerten als bisher.

Diese Überlegungen müssten zukünftig bei der Abwägung der Interessen gemäß § 23 Abs. 2 KUG besonders berücksichtigt werden, sodass deutlich häufiger von einer Verletzung berechtigter Interessen des Abgebildeten ausgegangen werden könnte. Gleichzeitig ist jedoch zu beachten, dass eine Gesichtserkennung eine Datenverarbeitung darstellt, die ihrerseits nicht ohne Weiteres zulässig ist. Aus diesem Grund erließ beispielsweise der Hamburgische Beauftragte für Datenschutz und Informationsfreiheit im Jahr 2012 eine Verwaltungsanordnung gegen Facebook, in der das Unternehmen verpflichtet wurde, das Gesichtserkennungsverfahren datenschutzkonform zu gestalten, wofür insbesondere die Einholung von Einwilligungen

524 23. Tätigkeitsbericht Datenschutz 2010/2011 HmbBfDI, S. 164 ff.

525 http://www.spiegel.de/netzwelt/web/findface-app-mit-gesichtserkennung-loest-hype-in-russland-aus-a-1092951.html.

526 *Klar,* MMR 2012, 788, 789.

527 23. Tätigkeitsbericht Datenschutz 2010/2011 HmbBfDI, S. 166.

gefordert wurde.[528] Daraufhin entschied sich Facebook, die Gesichtserkennung für europäische Nutzer (vorläufig) einzustellen und alle bis dahin erstellten biometrischen Profile zu löschen.[529] Dies dürfte aber eher als Etappensieg des Datenschutzes zu beurteilen sein, zumal der technische Fortschritt in diesem Bereich kaum aufzuhalten sein wird. Dass der Prozess der Gesichtserkennung gar nicht dem KUG unterfällt, sofern er nicht mit einer Verbreitung oder öffentlichen Zurschaustellung eines Bildnisses verbunden ist, ist unschädlich, da § 23 Abs. 2 KUG die Beachtung sämtlicher berechtigter Interessen des Abgebildeten verlangt.

Dennoch könnte eine einheitliche Beurteilung der verschiedenen Stufen des Umgangs mit Bildnissen nach dem Datenschutzrecht vorteilhaft sein.

E. Ausnahmen gemäß § 24 KUG

Neben § 23 KUG findet sich in § 24 KUG eine weitere Ausnahme vom Einwilligungserfordernis, welche die Vervielfältigung, Verbreitung und öffentliche Zurschaustellung von Bildnissen durch Behörden für Zwecke der Rechtspflege und der öffentlichen Sicherheit freistellt. Inwiefern diese mit der DSGVO oder der Richtlinie 2016/680/EU, die den Datenschutz in Strafsachen regelt, kollidiert und Verarbeitungen im öffentlichen Interesse regelt, die in gewissem Grad von den Mitgliedstaaten aufgrund von Öffnungsklauseln konkretisierend oder abweichend geregelt werden dürfen, wird im vierten Kapitel aufbauend auf der an dieser Stelle erfolgenden Darstellung des Regelungsgehalts der Norm erörtert.

§ 24 KUG wird als öffentlich-rechtliche Regelung beziehungsweise Regelung im öffentlich-rechtlichen Interesse mit polizeilichem Charakter eingestuft.[530] Anders als bei § 23 KUG steht also nicht das öffentliche Informationsinteresse im Fokus.[531] Bei der Verwendung von Bildnissen zum Zwecke der Rechtspflege steht praktisch meistens die Strafrechtspflege im Vordergrund, dennoch ist die Norm nicht ausschließlich auf diesen Gerichtszweig beschränkt.[532] Gefordert wird jedoch mindestens ein anhängiges Verfahren.[533] Für eine Verwendung des Bildnisses für

528 24. Tätigkeitsbericht Datenschutz 2012/2013 HmbBfDI, S. 195.

529 24. Tätigkeitsbericht Datenschutz 2012/2013 HmbBfDI, S. 196.

530 *Kröner,* in: Paschke/Berlit/Meyer, 32. Abschnitt Rn. 80; *Götting,* in: Schricker/Loewenheim, § 60/§ 24 KUG Rn. 2; *Fricke,* in: Wandtke/Bullinger, § 24 KUG Rn. 1; *von Strobl-Albeg,* in: Wenzel, Kapitel 8 Rn. 107; *Prinz/Peters,* Rn. 883.

531 *Specht,* in: Dreier/Schulze, § 24 KUG Rn. 1; *Kröner,* in: Paschke/Berlit/Meyer, 32. Abschnitt Rn. 80; *Fricke,* in: Wandtke/Bullinger, § 24 KUG Rn. 1; *Prinz/Peters,* Rn. 883.

532 *Specht,* in: Dreier/Schulze, § 24 KUG Rn. 5; *Dreyer,* in: Dreyer/Kotthoff/Meckel, § 24 KUG Rn. 3; *Engels,* in: Möhring/Nicolini, § 24 KUG Rn. 5; *Götting,* in: Schricker/Loewenheim, § 60/§ 24 KUG Rn. 3; *Helle,* S. 194, 204.

533 *Dreyer,* in: Dreyer/Kotthoff/Meckel, § 24 KUG Rn. 3; *Götting,* in: Schricker/Loewenheim, § 60/§ 24 KUG Rn. 3; *von Strobl-Albeg,* in: Wenzel, Kapitel 8 Rn. 106; a.A. *Helle,* S. 204.

Zwecke der öffentlichen Sicherheit gilt dieses Erfordernis jedoch nicht.[534] Hierbei geht es primär um die Identifizierung von Personen, insbesondere von Straftätern, Vermissten oder auch Leichen.[535] Ob die öffentliche Sicherheit betroffen ist, ist nach der polizeirechtlichen Definition zu bestimmen.[536]

Zu beachten ist in jedem Fall, dass § 24 KUG ausschließlich Behörden die Vervielfältigung, Verbreitung oder öffentliche Zurschaustellung von Bildnissen erlaubt, sodass Private sich auf diese Ausnahme nur berufen können, wenn sie ausdrücklich von der zuständigen Behörde beauftragt worden sind.[537] Dies gilt auch, soweit Behörden sich der Hilfe der Medien bedienen wollen, um ein größeres Publikum zu erreichen.[538] Gerichte sind Behörden im Sinne des § 24 KUG.[539]

Der Katalog der zulässigen Verwendungshandlungen ist mit dem Vervielfältigen, Verbreiten und öffentlichen Zurschaustellen umfangreich, zumal § 24 KUG entsprechend für die Herstellung der Bildnisse gelten soll.[540] Allerdings muss bei der Anwendung von § 24 KUG stets der Verhältnismäßigkeitsgrundsatz eingehalten werden.[541] Außerdem kann § 24 KUG als bloße Beschränkung des Persönlichkeitsrechts nicht die Anordnung der jeweiligen Maßnahmen ersetzen, für die die Behörden entsprechende Ermächtigungsgrundlagen aufweisen können müssen.[542]

F. Rechtsfolgen bei Verletzung

Erfolgt eine Verbreitung oder öffentliche Zurschaustellung eines Bildnisses entgegen den Vorgaben aus §§ 22 ff. KUG, hat der Abgebildete gegen den Täter zunächst einen verschuldensunabhängigen Anspruch auf Beseitigung und Unterlassung analog

---

534 *Specht,* in: Dreier/Schulze, § 24 KUG Rn. 6; *Engels,* in: Möhring/Nicolini, § 24 KUG Rn. 6; *Götting,* in: Schricker/Loewenheim, § 60/§ 24 KUG Rn. 4.

535 *Dreyer,* in: Dreyer/Kotthoff/Meckel, § 24 KUG Rn. 1; *Engels,* in: Möhring/Nicolini, § 24 KUG Rn. 6; *Fricke,* in: Wandtke/Bullinger, § 24 KUG Rn. 2.

536 Vgl. *Dreyer,* in: Dreyer/Kotthoff/Meckel, § 24 KUG Rn. 3.

537 *Specht,* in: Dreier/Schulze, § 24 KUG Rn. 6; *Dreyer,* in: Dreyer/Kotthoff/Meckel, § 24 KUG Rn. 4; *Kröner,* in: Paschke/Berlit/Meyer, 32. Abschnitt Rn. 80; *Götting,* in: Schricker/Loewenheim, § 60/§ 24 KUG Rn. 5.

538 *LG Köln,* Urt. v. 21.4.2004 – 28 O 141/04, ZUM 2004, 495, 497; *Amelung,* in: Raue/Hegemann, Urheber- und Medienrecht, § 14 Rn. 91; *Schertz,* in: Loewenheim, Handbuch des Urheberrechts, § 18 Rn. 64; *Fricke,* in: Wandtke/Bullinger, § 24 KUG Rn. 3; *Schiffbauer,* NJW 2014, 1052, 1055.

539 *Specht,* in: Dreier/Schulze, § 24 KUG Rn. 6; *Dreyer,* in: Dreyer/Kotthoff/Meckel, § 24 KUG Rn. 4; *Atzert/Franck,* RDV 2014, 136, 139.

540 *Specht,* in: Dreier/Schulze, § 24 KUG Rn. 3; *Götting,* in: Schricker/Loewenheim, § 60/§ 24 KUG Rn. 9 f.; *Fricke,* in: Wandtke/Bullinger, § 24 KUG Rn. 4.

541 *Dreyer,* in: Dreyer/Kotthoff/Meckel, § 24 KUG Rn. 5; *Kröner,* in: Paschke/Berlit/Meyer, 32. Abschnitt Rn. 80; *Prinz/Peters,* Rn. 883; *von Strobl-Albeg,* in: Wenzel, Kapitel 8 Rn. 108; kritisch: *Helle,* S. 200 f.

542 *Specht,* in: Dreier/Schulze, § 24 KUG Rn. 2; *Engels,* in: Möhring/Nicolini, § 24 KUG Rn. 2; *Helle,* S. 202.

§§ 1004 Abs. 1 S. 1 und 2 BGB i.V.m. 823 Abs. 1 BGB sowie analog §§ 1004 Abs. 1 S. 1 und 2 BGB i.V.m. 823 Abs. 2 BGB i.V.m. 22, 23 KUG.[543] Praktisch sehr bedeutsam sind außerdem der Schadensersatzanspruch[544] und der aus §§ 823 Abs. 1, Abs. 2 BGB (i.V.m. §§ 22, 23 KUG) i.V.m. Art. 1, 2 Abs. 1 GG hergeleitete Anspruch auf Geldentschädigung,[545] mit dem immaterielle Schäden geltend gemacht werden können.

Zu beachten ist zudem die Strafbarkeit eines Verstoßes gegen die §§ 22, 23 KUG, die sich aus § 33 KUG ergibt. Es handelt sich gemäß § 33 Abs. 2 KUG um ein absolutes Antragsdelikt.[546] Die Strafbewehrung bei einfach-vorsätzlicher Rechtsverletzung ist von der Rechtsfolgenseite aus betrachtet ein deutlicher Unterschied zum Datenschutzrecht, welches bisher in § 44 BDSG a.F. eine Strafbarkeit für bestimmte Verstöße nur dann vorsah, wenn diese gegen ein Entgelt oder aber mit Schädigungs- oder Bereicherungsabsicht erfolgten. Allerdings sieht Art. 84 Abs. 1 DSGVO vor, dass die Mitgliedstaaten im nationalen Recht Vorschriften über die Sanktionen für Verstöße gegen die Verordnung festlegen, was insbesondere auf strafrechtliche Sanktionen abzielt.[547] Der Gesetzgeber könnte also eine dem KUG vergleichbare Strafbewehrung auch für Verstöße gegen das Datenschutzrecht einführen.

G. Ergebnis

Die vorstehenden Ausführungen haben gezeigt, dass das KUG auf einem sehr weiten Bildnisbegriff aufbaut und dadurch alle Abbildungen erfasst, auf denen Personen in irgendeiner Weise erkennbar festgehalten sind. Das KUG verfolgt jedoch keinen ganzheitlichen Ansatz, sondern erfasst nur solche Tathandlungen, die eine Außenwirkung erzeugen, indem sie eine Rezeption des Bildes durch die Öffentlichkeit oder im Fall der Verbreitung auch durch jeden beliebigen Dritten ermöglichen. Dadurch versäumt es die Chance, die zahlreichen sonstigen Möglichkeiten der Bildanalyse und die damit verbundenen persönlichkeitsrechtlichen Risiken einheitlich zu regulieren. Während die Grundregel des § 22 S. 1 KUG die Selbstbestimmung des

543 *BGH,* Urt. v. 21.4.2015 – VI ZR 245/14, NJW 2015, 2500, 2500; *BGH,* Urt. v. 11.11.2014 – VI ZR 9/14, NJW 2015, 1450, 1450 – Hostess auf Eventportal; *BGH,* Urt. v. 28.5.2013 – VI ZR 125/12, NJW 2013, 2890, 2891 – Eisprinzessin Alexandra; *BAG,* Urt. v. 11.12.2014 – 8 AZR 1010/13, NJW 2015, 2140, 2141 m. Anm. *Spielberger*; *Specht,* in: Dreier/Schulze, § 50 KUG Rn. 6, 9; *Baldus,* in: MüKo BGB, Band 7, § 1004 Rn. 33; *Fricke,* in: Wandtke/Bullinger, § 22 KUG, Rn. 23.

544 *Specht,* in: Dreier/Schulze, § 50 KUG Rn. 16 ff.; *Dreyer,* in: Dreyer/Kotthoff/Meckel, §§ 33–50 KUG Rn. 11 ff.; *Götting,* in: Schricker/Loewenheim, § 60/§§ 33–50 KUG Rn. 8 ff.; *Fricke,* in: Wandtke/Bullinger, § 22 KUG Rn. 28 f.

545 M.w.N. *BGH,* Urt. v. 5.10.2004 – VI ZR 255/03, NJW 2005, 215, 216 – Tochter von Caroline von Hannover; *Specht,* in: Dreier/Schulze, § 50 KUG Rn. 21 ff.; *Götting,* in: Schricker/Loewenheim, § 60/§§ 33–50 KUG Rn. 27 ff.; *Fricke,* in: Wandtke/Bullinger, § 22 KUG Rn. 30 ff.

546 *Sauren,* ZUM 2005, 425, 425; *Schiffbauer,* NJW 2014, 1052, 1057.

547 *Frenzel,* in: Paal/Pauly, DSGVO, Art. 84 Rn. 1.

Betroffenen sichert, verfolgen die §§ 23, 24 KUG eine Reihe öffentlicher Interessen und bezwecken die Herstellung eines Ausgleichs zwischen dem Recht am eigenen Bild einerseits und unter anderem der Meinungs-, Presse-, Informations-, Wissenschafts- und Kunstfreiheit andererseits. Ein solcher Ausgleich ist nur möglich, indem Ausnahmen von dem Erfordernis der Einwilligung anerkannt werden. In allen anderen Fällen ist jedoch die Einwilligung das entscheidende Instrument zur Legitimation des Umgangs mit Bildnissen. Durch die rechtsgeschäftliche Qualifikation wird die nötige Rechtssicherheit geschaffen, um ein rechtliches Fundament für die starke Kommerzialisierung des Rechts am eigenen Bild zu schaffen. Der hohen Bedeutung des Schutzes des Persönlichkeitsrechts trägt das KUG schließlich dadurch Rechnung, dass es in § 22 S. 3 KUG sogar einen zehnjährigen postmortalen Schutz vorsieht. Aus praktischer Sicht besticht vor allem die 110-jährige Geschichte des Gesetzes und die damit einhergehende Entwicklung umfassender Rechtsprechung und Literatur, welche die Anwendung des Gesetzes und die Klärung von Streitfragen vor Gericht einfacher und vorhersehbarer machen. Doch trotz der relativ entwicklungsoffenen Formulierung der erfassten Tathandlungen vermag es das KUG nicht, mit sämtlichen neuen Entwicklungen Schritt zu halten.

4. Kapitel: Das Verhältnis zwischen KUG und DSGVO

Soweit das KUG aufgrund seiner Regelungen über den Umgang mit Personenbildern als bereichsspezifisches Datenschutzrecht einzustufen ist, stellt sich in diesem Kapitel die Frage, ob es noch mit den Vorgaben der DSGVO vereinbar ist und wie etwaige Normkollisionen aufzulösen sind. Als höherrangiges gemeinschaftsrechtliches Sekundärrecht darf die Anwendung der DSGVO durch nationales Recht nicht unterlaufen werden, da der Gemeinschaftsgesetzgeber damit gerade eine einheitliche Rechtslage innerhalb der Union erreichen wollte.

Nach einer Darstellung der Motivation der EU für den Erlass der DSGVO soll zunächst die Reichweite des Vorrangs des Unionsrecht erörtert werden, bevor im Anschluss tatbestandliche Überschneidungen zwischen DSGVO und KUG erarbeitet werden. Schließlich wird die Frage beleuchtet werden, welche Auswirkungen die zahlreichen Öffnungsklauseln der DSGVO im Hinblick auf das KUG haben und welche Möglichkeiten sie dem deutschen Gesetzgeber für eine Fortgeltung des KUG eröffnen.

A. Uneinheitliches Schutzniveau auf Unionsebene

Es wurde bereits angedeutet, dass KUG und DSGVO nicht immer einheitliche Rechtsfolgen vorsehen. Eine Anwendung des KUG als nationaler Sonderregelung müsste deshalb zwangsläufig dazu führen, dass sich das Schutzniveau zwischen den einzelnen Mitgliedstaaten verschiebt, obwohl europäische Verordnungen gerade dazu dienen sollen, einen einheitlichen Rechtsrahmen zu schaffen. Dies gilt jedoch nicht nur für das KUG, sondern für sämtliche datenschutzrechtliche Regelungen, die bisher von jedem Mitgliedstaat selbst erlassen worden sind, auch wenn es durch die Datenschutz-Richtlinie eine einheitliche Basis gab.

Schon mit dieser Datenschutz-Richtlinie hatte der Unionsgesetzgeber eine Vereinheitlichung des Datenschutzrechts in der EU angestrebt, um in jedem Mitgliedstaat ein angemessenes und äquivalentes Schutzniveau zu schaffen. Trotz dieser Intention und der Feststellung des *EuGH*, dass die Richtlinie vollharmonisierenden Charakter hat,[548] führte der Einsatz des Instruments der Richtlinie und der damit verbundenen Umsetzungsspielräume nicht zu dem gewünschten Erfolg, da nicht nur die Umsetzung der Richtlinie, sondern auch die Anwendung des Rechts in unterschiedlicher Art und Weise erfolgten.[549] Statt einer datenschutzrechtlichen Vollharmonisierung etablierte sich eine stark divergierende nationale Rechtslage, bei der sich das Schutzniveau in den einzelnen Mitgliedstaaten zum Teil erheblich

548 *EuGH,* Urt. v. 24.11.2011 – Rs. C-468, 469/10, EuZW 2012, 37, 39.

549 S. auch Erwägungsgrund 9 DSGVO.

voneinander unterscheidet und manche Staaten aus datenschutzrechtlicher Perspektive als besonders unternehmensfreundlich bekannt sind. In Erwägungsgrund 9 DSGVO sieht der Unionsgesetzgeber dies als potenzielles Hindernis für die EU-weite Ausübung von Wirtschaftstätigkeiten an. Außerdem könne der Wettbewerb verzerrt und Behörden an der Erfüllung ihrer Pflichten gehindert werden.

Bei der Reformierung des europäischen Datenschutzrechts war es deshalb erklärtes Ziel des Gesetzgebers, diese Unterschiede abzuschaffen. Ausweislich des Erwägungsgrundes 10 DSGVO soll das Schutzniveau in allen Mitgliedstaaten gleichwertig sein, um ein gleichmäßiges und hohes Datenschutzniveau für natürliche Personen zu gewährleisten und Hemmnisse für den Verkehr personenbezogener Daten in der Union zu beseitigen. Dazu gehöre überdies eine unionsweit gleichmäßige und einheitliche Rechtsanwendung.[550]

Dies erklärt den Umstieg vom Instrument der Richtlinie auf das der Verordnung. Die DSGVO ist eine Verordnung im Sinne von Art. 288 Abs. 2 AEUV. Eine solche ist gemäß Erwägungsgrund 13 DSGVO erforderlich, um das gleichmäßige Datenschutzniveau für natürliche Personen gewährleisten und den Binnenmarkt behindernde Unterschiede beseitigen zu können. Eine solche Verordnung hat gemäß Art. 288 AEUV allgemeine Geltung, ist in allen ihren Teilen verbindlich und gilt unmittelbar in jedem Mitgliedstaat. Nationale Ermessensspielräume verbleiben nur für Bereiche, die vom Anwendungsbereich der DSGVO nicht erfasst werden oder für die explizit Öffnungsklauseln oder sonstige Ermessensspielräume für die Mitgliedstaaten vorgesehen sind. Mit Geltungsbeginn am 25. Mai 2018 sind die Regelungen der DSGVO somit unmittelbar geltendes Recht in jedem Mitgliedstaat und bilden den maßgeblichen datenschutzrechtlichen Rahmen.

B. Vorrang des EU-Rechts

Nationale Regelungen, die damit unvereinbar sind, müssen dahinter zurücktreten.

I. Anwendungsvorrang des Gemeinschaftsrechts

Dem Europarecht kommt ein Anwendungsvorrang zu, demzufolge konfligierende nationale Regelungen zwar nicht ungültig werden, aber nicht angewandt werden dürfen, soweit sie sich in Widerspruch zum Europarecht stellen.[551] Jedwede Abweichung in nationalen Regelungen hat deshalb außer Acht zu bleiben.[552] Dies gilt insbesondere auch für nationale Regelungen, die höhere Schutzstandards vorsehen, da

550 So auch *Ernst,* in: Paal/Pauly, DSGVO, Art. 1 Rn. 1.

551 *EuGH,* Urt. v. 9.3.1978 – Rs. 106/77, NJW 1978, 1741, 1741; *BVerfG,* Beschl. v. 6.7.2010 – 2 BvR 2661/06, NJW 2010, 3422, 3423 – Fall Honeywell; *Nettesheim,* in: Grabitz/Hilf/Nettesheim, Art. 288 AEUV Rn. 53; *Schroeder,* in: Streinz, EUV/AEUV, Art. 288 AEUV Rn. 62; *Kühling/Martini et al.,* S. 3; *Taeger/Rose,* BB 2016, 819, 830.

552 *VG München,* Urt. v. 26.9.2012 – M 18 K 11.5139, GewA 2013, 87, 88; *Spelge,* DuD 2016, 775, 776.

eine Verordnung keinerlei Spielraum für den nationalen Gesetzgeber lässt, sondern einzig und allein den relevanten Maßstab bildet.[553] Das Schutzniveau darf weder über- noch unterschritten werden.[554] Denn wenn die einheitliche Wirksamkeit des Unionsrechts in den Mitgliedstaaten nicht garantiert wäre, könnte die Union als Rechtsgemeinschaft keinen Bestand haben.[555] Würde innerstaatliches Recht dem Unionsrecht vorgehen, würde ihm sein Gemeinschaftsrechtscharakter aberkannt und die Rechtsgrundlage der Gemeinschaft in Zweifel gezogen.[556]

Der Anwendungsvorrang der DSGVO bezieht sich nicht nur auf einzelne Gesetze wie z.B. das BDSG (a.F.), sondern gilt allgemein für jede datenschutzrechtliche Regelung, die Situationen erfasst, die dem Anwendungsbereich der Verordnung unterliegen. Deshalb werden neben dem BDSG a.F. noch zahlreiche andere spezifische Regelungen verdrängt werden,[557] sofern der Gesetzgeber diese nicht bis zum Geltungsbeginn der DSGVO außer Kraft setzt. Sofern sich herausstellt, dass das KUG im Anwendungsbereich der DSGVO von deren Regelungen abweicht, dürfte es folglich in diesem Rahmen nicht mehr angewendet werden. Es wird dadurch jedoch noch nicht automatisch unwirksam. Erst wenn der deutsche Gesetzgeber das KUG aufhöbe, hätte es keinerlei Geltung mehr.

Generell sollte jedoch vermieden werden, nationale Regelungen beizubehalten, die keinen oder kaum noch einen eigenständigen Anwendungsbereich haben, weil ihnen Regelungen des Gemeinschaftsrechts vorgehen. Andernfalls drohen bei der Rechtsanwendung Fehler, die darauf beruhen, dass die ausführenden Stellen die vorrangigen Regelungen nicht kennen oder das Rangverhältnis falsch beurteilen. Eine einschränkende Auslegung des Gemeinschaftsrechts zur Auflösung eines Widerspruchs zwischen der Norm des Gemeinschaftsrechts und der nationalen Norm ist dagegen nicht möglich.[558] Stattdessen gebietet der Vorrang des Europarechts zwingend die Unanwendbarkeit der nationalen Regelung.[559] Deshalb kann dem KUG bei einer Überschneidung der Anwendungsbereiche nicht dadurch Geltung verliehen werden, dass die DSGVO im Sinne des KUG interpretiert und bei dessen Anwendung beachtet wird. Sofern sich eine Normkollision feststellen lässt, ist der nationale Gesetzgeber außerdem gehalten, die kollidierenden Normen des nationalen Rechts aufzuheben oder so zu ändern, dass die Kollision beseitigt wird, um Unklarheiten bei der Rechtsanwendung auszuschließen.[560]

---

553 *VG München,* Urt. v. 26.9.2012 – M 18 K 11.5139, GewA 2013, 87, 88.

554 *VG München,* Urt. v. 26.9.2012 – M 18 K 11.5139, GewA 2013, 87, 88.

555 *BVerfG,* Beschl. v. 6.7.2010 – 2 BvR 2661/06, NJW 2010, 3422, 3423 – Fall Honeywell.

556 *EuGH,* Urt. v. 15.7.1964 – Rs. 6/64, NJW 1964, 2371, 2372 – Costa/ENEL; *Nettesheim,* in: Grabitz/Hilf/Nettesheim, Art. 288 AEUV Rn. 49.

557 *Kutzki,* öAT 2016, 115, 115.

558 *EuGH,* Urt. v. 15.7.1964 – Rs. 6/64, NJW 1964, 2371, 2372 – Costa/ENEL; *SG Berlin,* Beschl. v. 29.6.2012 – S 96 AS 15360/12 ER, BeckRS 2012, 71088.

559 *SG Berlin,* Beschl. v. 29.6.2012 – S 96 AS 15360/12 ER, BeckRS 2012, 71088.

560 *Schroeder,* in: Streinz, EUV/AEUV, Art. 288 AEUV Rn. 62; *Schantz,* NJW 2016, 1841, 1841.

II. Normwiederholungsverbot als Ausfluss des Vorrangs des EU-Rechts

Der Vorrang des EU-Rechts steht jedoch nicht nur der Anwendung abweichender Regelungen entgegen, sondern gebietet es zugleich, dass keine nationalen Gesetze erlassen werden, die den Wortlaut der Verordnung bloß wiederholen und dadurch den Eindruck hervorrufen könnten, es sei eine Umsetzung in nationales Recht für die Wirksamkeit der Vorschriften erforderlich.[561] Es besteht also grundsätzlich ein Normwiederholungsverbot im nationalen Recht.[562] Herzuleiten ist dieses aus Art. 4 Abs. 3 EUV i.V.m. Art. 19 Abs. 1 S. 2 EUV.[563] Sofern das KUG also nur Regelungen der DSGVO wortlautidentisch wiederholt, stellt es zwar keine abweichende Regelung dar, verstößt aber dennoch gegen das Normwiederholungsverbot.

Eine Ausnahme kann gelten, wenn für die Durchführung einer Gemeinschaftsregelung das Zusammentreffen einer ganzen Reihe gemeinschaftsrechtlicher, einzelstaatlicher und regionaler Vorschriften erforderlich ist.[564] In dieser Sonderkonstellation kann es im Interesse der Veranschaulichung des inneren Zusammenhangs der Gesetze und ihrer Verständlichkeit für die Adressaten ausnahmsweise zulässig sein, Teile des Verordnungswortlauts zu wiederholen.[565] In diese Richtung deutet auch Erwägungsgrund 8 DSGVO, der es den Mitgliedstaaten erlaubt, Teile der Verordnung in ihr nationales Recht aufzunehmen, wenn in der Verordnung Präzisierungen oder Einschränkungen ihrer Vorschriften durch das Recht der Mitgliedstaaten vorgesehen sind und soweit dies erforderlich ist, um die Kohärenz zu wahren und für die ihnen unterliegenden Personen verständlicher zu machen. Als umfangreichen Freibrief für eine Normwiederholung kann diese Regelung aufgrund ihrer Einschränkungen jedoch nicht gesehen werden. Insbesondere gilt sie gerade nicht für die Fälle, in denen die Verordnung keinerlei nationalen Spielraum gewährt. Ließe sich im KUG also eine Normwiederholung feststellen, wäre diese zulässig, sofern sie sich in den Grenzen des Erwägungsgrundes 8 DSGVO bewegt.

---

561 *Ruffert,* in: Callies/Ruffert, EUV/AEUV, Art. 288 AEUV Rn. 20.

562 *EuGH,* Urt. v. 10.10.1973, Rs. 34/73 Rn. 11; *Nettesheim,* in: Grabitz/Hilf/Nettesheim, Art. 288 AEUV Rn. 101; *Schroeder,* in: Streinz, EUV/AEUV, Art. 288 AEUV Rn. 58.

563 *VG München,* Urt. v. 26.9.2012 – M 18 K 11.5139, GewA 2013, 87, 89.

564 *EuGH,* Urt. v. 28.3.1983 – Rs. 272/83, LMRR 1983, 49 Rn. 27; *Geismann,* in: von der Groeben/Schwarze/Hatje, Art. 288 AEUV Rn. 35.

565 *EuGH,* Urt. v. 28.3.1983 – Rs. 272/83, LMRR 1983, 49 Rn. 27; *Schroeder,* in: Streinz, EUV/AEUV, Art. 288 AEUV Rn. 65; *Geismann,* in: von der Groeben/Schwarze/Hatje, Art. 288 AEUV Rn. 35.

III. Normwiederholungsverbot bei älteren nationalen Normen (lex posterior)

Fraglich ist, ob dies auch gilt, obwohl das KUG weit vor der DSGVO erlassen wurde. Das Normwiederholungsverbot besteht unter anderem, um Unklarheiten über Urheberschaft und Geltungsrang von Normen zu verhindern.[566] So soll der Gemeinschaftsrechtscharakter deutlich erkennbar und die Zuständigkeit des *EuGH* für die Auslegung des Gemeinschaftsrechts unberührt bleiben.[567] Diese Ziele werden von Normen, die zeitlich vor dem Inkrafttreten der Verordnung erlassen wurden, in gleicher Weise beeinträchtigt wie von solchen, die erst danach erlassen werden. Zwar war es dem Gesetzgeber vorher nicht möglich, zukünftige ranghöhere Normen des Gemeinschaftsrechts bei der Gesetzgebung zu berücksichtigen, doch ändert dies nichts daran, dass bei einer Normwiederholung objektiv Unklarheiten über den Gemeinschaftsrechtscharakter bestehen. Deswegen ist vom nationalen Gesetzgeber dann zu fordern, zeitnah tätig zu werden, um die älteren nationalen Normen gegebenenfalls aufzuheben oder zu ändern und die Urheberschaft des Gemeinschaftsrechts dadurch zu verdeutlichen.[568] Praktisch dürfte dieses Problem aber ohnehin selten vorkommen, da es nur eintreten kann, wenn sich der Gemeinschaftsgesetzgeber im legislativen Prozess an bereits bestehenden nationalen Normen orientiert.

IV. Vereinbarkeit des KUG mit dem Normwiederholungsverbot

Das KUG ähnelt zwar teilweise den Vorschriften der DSGVO, ein identischer Wortlaut und damit eine komplette Normwiederholung liegen jedoch nicht vor. Während beispielsweise § 22 S. 1 KUG bestimmt, dass Bildnisse nur mit Einwilligung des Abgebildeten verbreitet oder öffentlich zur Schau gestellt werden dürfen, erklärt Art. 6 Abs. 1 UAbs. 1 lit. a DSGVO die Verarbeitung für rechtmäßig, wenn die betroffene Person ihre Einwilligung zu der Verarbeitung der sie betreffenden personenbezogenen Daten für einen oder mehrere bestimmte Zwecke gegeben hat. In beiden Fällen wird eine Einwilligung als Legitimation für eine bestimmte Form des Umgangs mit Bildnissen beziehungsweise personenbezogenen Daten anerkannt. Inhaltliche Parallelen können zwar hinsichtlich des Anwendungsvorrangs des EU-Rechts problematisch werden, von einer Normwiederholung kann indes noch nicht gesprochen werden. Sofern nicht wesentliche Teile der Regelung wortlautidentisch sind, besteht von vornherein kein Risiko, dass die Urheberschaft einer Norm verkannt werden oder die Auslegungskompetenz des *EuGH* untergraben werden

566 *BMJ*, Handbuch der Rechtsförmlichkeit, Rn. 289; *Roßnagel*, in: Ausschussdrucksache 18(24)94, Deutscher Bundestag, Ausschuss Digitale Agenda, Schriftliche Stellungnahme zum öffentlichen Fachgespräch zur Datenschutz-Grundverordnung am 24. Februar 2016 im Ausschuss Digitale Agenda des Deutschen Bundestags, S. 8.

567 *EuGH*, Urt. v. 10.10.1973, Rs. 34/73 Rn. 11 – Variola; *Schroeder*, in: Streinz, EUV/AEUV, Art. 288 AEUV Rn. 58; *Kühling/Martini et al.*, S. 7.

568 *Schroeder*, in: Streinz, EUV/AEUV, Art. 288 AEUV Rn. 62.

könnte. Gleiches gilt für §§ 22 S. 2–4, 23, 24 KUG. Auch bei diesen Normen bestehen zum Teil inhaltliche Parallelen, wohingegen ein mit Regelungen der DSGVO identischer Wortlaut nicht gegeben ist. Ein Rückgriff auf die Ausnahmeregelungen in Erwägungsgrund 8 DSGVO ist deshalb nicht erforderlich und ein Verstoß gegen das Normwiederholungsverbot nicht festzustellen.

V. Reichweite des Anwendungsvorrangs

Zwar ist nicht vollends geklärt, ob der Anwendungsvorrang des Gemeinschaftsrechts uneingeschränkt und damit auch für nationales Verfassungsrecht gilt und wer darüber die Letztentscheidungskompetenz besitzt. So bejaht der *EuGH* in erwartbarer Weise einen solchen uneingeschränkten Vorrang und sieht sich selbst als letzte Instanz für die Entscheidung über die Gültigkeit des Gemeinschaftsrechts an.[569] Das *BVerfG* hingegen ist genauso wenig bereit, sich das letzte Wort absprechen zu lassen und behält sich in seiner Solange-Rechtsprechung zumindest für besondere Extremfälle die Befugnis vor, Gemeinschaftsrecht aufgrund des deutschen Verfassungsrechts für unwirksam zu erklären.[570] Letztlich kann diese Frage an dieser Stelle jedoch offen bleiben. Denn es ist kaum zu unterstellen, dass die Regelungen der DSGVO dazu führen, dass eine generelle Gewährleistung eines wirksamen Grundrechtsschutzes, der dem vom Grundgesetz als unabdingbar gebotenen Grundrechtsschutz im wesentlichen gleichzuachten ist und den Wesensgehalt der Grundrechte verbürgt, nicht mehr gegeben ist.[571] Auch den Maßstäben der Identitätskontrolle[572] und der Ultra-vires-Kontrolle[573] wird die DSGVO standhalten, sodass der Anwendungsvorrang der DSGVO nicht zweifelhaft ist. Weitere verfassungsrechtliche Prüfungen sind hier nicht angezeigt. Somit ist das KUG vollumfänglich an den Maßstäben der DSGVO zu messen und zu prüfen, ob es mit deren Vorgaben kollidiert und deshalb eine Änderung oder Abschaffung des KUG erforderlich ist.

569 Vgl. *EuGH,* Urt. v. 9.3.1978 – Rs. 106/77, NJW 1978, 1741, 1741 f.; *EuGH,* Urt. v. 15.7.1964 – Rs. 6/64, NJW 1964, 2371, 2372 – Costa/ENEL; *Schöbener,* JA 2011, 885, 887.

570 *BVerfG,* Beschl. v. 22.10.1986 – 2 BvR 197/83, NJW 1987, 577 – Solange II; *BVerfG,* Beschl. v. 29. 5. 1974 – 2 BvL 52/71, NJW 1974, 1697 – Solange I; *Schöbener,* JA 2011, 885, 888.

571 Vgl. *BVerfG,* Beschl. v. 7.6.2000 – 2 BvL 1/97, NJW 2000, 3124, 3125 – Bananenmarktordnung; *BVerfG,* Urt. v. 12.10.1993 – 2 BvR 2134/92 und 2 BvR 2159/92, NJW 1993, 3047, 3049 – Maastricht; *BVerfG,* Beschl. v. 22.10.1986 – 2 BvR 197/83, NJW 1987, 577, 582 – Solange II.

572 M.w.N. *BVerfG,* Urt. v. 21.6.2016 – 2 BvR 2728/13 u. a., NJW 2016, 2473, 2477; *BVerfG,* Beschl. v. 19.7.2011 – 1 BvR 1916/09, NJW 2011, 3428, 3432 – Le-Corbusier-Möbel; *BVerfG,* Urt. v. 30.6.2009 – 2 BvE 2/08 u. a., NJW 2009, 2267, 2272; *Nettesheim,* in: Grabitz/Hilf/Nettesheim, Art. 288 AEUV Rn. 64.

573 M.w.N. *BVerfG,* Urt. v. 21.6.2016 – 2 BvR 2728/13 u. a., NJW 2016, 2473, 2478.

VI. Erfordernis einer tatbestandlichen Deckungsgleichheit

Das Gemeinschaftsrecht kann seinen Anwendungsvorrang nur so weit beanspruchen, wie sein Anwendungsbereich reicht. Dem KUG kann die DSGVO deshalb auch nur vorgehen, soweit sich ihre Anwendungsbereiche überschneiden. Hierbei ist auf die tatbestandliche Deckungsgleichheit abzustellen. Eine Überschneidung auf Rechtsfolgenseite ist schon deshalb nicht erforderlich, weil es sonst in der Praxis gar nicht darauf ankäme, welche Norm vorrangig anzuwenden ist. Denn solange Regelungen unterschiedlicher Normgeber ohnehin zu identischen Ergebnissen führen, weil ihre Rechtsfolgen identisch sind, ist die Frage nach der vorrangigen Norm nur eine rein dogmatische.

Fraglich ist also, inwieweit die Regelung des Rechts am eigenen Bild in §§ 22 ff. KUG tatbestandlich deckungsgleich mit den datenschutzrechtlichen Regelungen über Abbildungen von Menschen auf Fotos ist. Dies gebietet die Vornahme eines Vergleichs der Anwendungsbereiche der beiden Gesetze. Bei der DSGVO ist jedoch zu beachten, dass sie für bestimmte Regelungsbereiche Öffnungsklauseln vorsieht, was zusätzlich eine Analyse einzelner Erlaubnistatbestände erforderlich machen kann. Die dadurch von der DSGVO eröffneten Regelungsspielräume könnten nämlich potenziell durch Regelungen des KUG selbst dann ausgefüllt werden, wenn sich die Anwendungsbereiche der beiden Gesetze überschneiden und deshalb normalerweise der Anwendungsvorrang der DSGVO zur Geltung kommen müsste.

C. Überschneidungen im sachlichen Anwendungsbereich von DSGVO und KUG

Im 3. Kapitel wurde bereits dargelegt, dass das KUG auf Tatbestandsseite nur wenige Voraussetzungen enthält.

I. Bildnis vs. personenbezogenes Datum

Zunächst verlangt § 22 KUG das Vorliegen eines Bildnisses. Als Wiedergabe des äußeren Erscheinungsbildes einer Person in einer für Dritte erkennbaren Weise enthält ein Bildnis stets personenbezogene Daten.[574] Selbst wenn sich der Wiedergabe des äußeren Erscheinungsbildes keine umfangreichen weitergehenden Informationen wie Aufenthaltsort oder Aktivität entnehmen lassen, gibt es immer Aufschluss über das Aussehen und die Stimmungslage einer Person in einer konkreten Situation, was als Information über eine natürliche Person im Sinne von Art. 4 Nr. 1 DSGVO ausreicht.[575] Sofern im Folgenden von Bildnissen die Rede ist, sollen davon alle Bilder

574 Vgl. *BAG*, Urt. v. 11.12.2014 – 8 AZR 1010/13, NJW 2015, 2140, 2141 m. Anm. *Spielberger; Benecke/Groß*, NZA 2015, 833, 836; *Golla/Herbort*, GRUR 2015, 648, 649; *Grau/Schaut*, NZA 2015, 981, 981.

575 S. auch *Renner*, Anmerkung zu *BAG*, Urt. v. 11.12.2014 – 8 AZR 1010/13, in: ZUM 2015, 608, 609.

erfasst sein, auf denen eine Person in erkennbarer Weise abgebildet ist und somit auch solche Bilder, auf denen die abgebildeten Personen nur im Hintergrund, als Beiwerk im Sinne des § 23 Abs. 1 Nr. 2 KUG oder als Teilnehmer eines Vorgangs im Sinne des § 23 Abs. 1 Nr. 3 KUG erscheinen, obwohl diese streng genommen nicht als Bildnisse im Sinne des KUG gelten, sondern nur als Bilder.[576]

1. Besonderheiten bei nicht-fotografischen Wiedergabeformen

Im Hinblick auf den auf personenbezogene Daten beschränkten Anwendungsbereich der DSGVO können anders als im KUG jedoch nicht sämtliche Wiedergabeformen eines Bildnisses dem Datenschutzrecht untergeordnet werden. Vielmehr ist eine Beschränkung auf wirklichkeitsgetreue Fotos, Videos oder sonstige Wiedergabeformen vorzunehmen, die tatsächlich das äußere Erscheinungsbild des Abgebildeten wiedergeben. Nur dann lassen sich dem Bild als solchem Informationen über die Person entnehmen. Bei Zeichnungen, Karikaturen, Animationen, Münzprägungen, Schattenrissen oder sonstigen künstlerischen Wiedergabeformen kann der Ersteller das Erscheinungsbild in beliebiger Weise manipulieren, der abgebildeten Person Merkmale hinzufügen, die sie in der Realität gar nicht aufweist, oder sie in Situationen darstellen, in denen sie sich nie befunden hat. Insoweit handelt es sich jedoch gerade nicht um echte Informationen über die Verhältnisse des Abgebildeten, sodass es an personenbezogenen Daten fehlt. Dies gilt nur dann nicht, wenn ausnahmsweise eine der Realität entsprechende Abbildung vorgenommen wurde, die wahre Informationen transportiert.

Zwar sind vergleichbare Verfälschungen auch bei Fotos und Videos mithilfe von Bildbearbeitungsprogrammen ohne großen Aufwand möglich. Je nach Umfang der Bearbeitung kann für solche veränderten Bilder im Einzelfall der Anwendungsbereich des Datenschutzrechts entfallen. In diesen Fällen steht jedoch auch nicht mehr die Datenverarbeitung im Vordergrund, sondern der Eingriff in das Recht am eigenen Bild, welches sowohl auf gemeinschaftsrechtlicher Ebene gemäß Art. 7 Abs. 1 EU-GRCh[577] als auch auf nationaler Ebene gemäß Art. 2 Abs. 1 i.V.m. Art. 1 Abs. 1 GG[578] Grundrechtscharakter besitzt. Gezielte Verfälschungen können einen unzulässigen Eingriff in das allgemeine Persönlichkeitsrecht darstellen.[579]

Die DSGVO wird deshalb von vornherein in der Regel nur auf Fotos und Videos anwendbar sein. Für die übrigen Wiedergabeformen des Erscheinungsbildes einer Person greift der Anwendungsvorrang der DSGVO nicht ein, sodass das KUG dafür

---

576 *Specht,* in: Dreier/Schulze, § 22 KUG Rn. 1; *Götting,* in: Schricker/Loewenheim, § 60/§ 22 KUG Rn. 14.

577 *EGMR,* Urt. v. 24.6.2004 – 59320/00, NJW 2004, 2647, 2648 – Caroline von Hannover; *Kingreen,* in: Calliess/Ruffert, EUV/AEUV, Art. 7 EU-GRCh Rn. 6; *Jarass,* in: Jarass, EU-GRCh, Art. 7 Rn. 16.

578 *BVErfG,* Urt. v. 5.6.1973 – 1 BvR 536/72, NJW 1973, 1226, 1227 f. – Lebach; *Dreier,* in: Dreier, GG, Art. 2 I Rn. 73; *Murswick,* in: Sachs, GG, Art. 2 Rn. 71.

579 *Dreier,* in: Dreier, GG, Art. 2 I Rn. 75.

weiterhin den einfachgesetzlichen Maßstab bilden wird.[580] Da diesen Abbildungen jedoch auf den ersten Blick anzusehen ist, dass sie keine Gewähr dafür bieten, eine Momentaufnahme der Person aus der Realität darzustellen, besteht bei den Rezipienten auch keine entsprechende Erwartungshaltung. Der schutzwürdige Informationsgehalt solcher Abbildungen ist erkennbar niedriger, sodass die Anwendung der umfangreichen Schutzinstrumente des Datenschutzrechts entbehrlich ist.

2. Identität von Erkennbarkeit und Identifizierbarkeit

Soweit Personenbilder einen Bezug zu einer *identifizierten* beziehungsweise *identifizierbaren* Person aufweisen, kommt es darauf an, ob das Merkmal der Erkennbarkeit für Dritte im Sinne des KUG mit einer Identifizierbarkeit im Sinne der DSGVO gleichgesetzt werden kann.[581]

Wie in der DSGVO reicht für die Bejahung der Erkennbarkeit im Sinne des KUG eine hinreichend deutliche Abbildung aus, auf der man die zur jeweiligen Identifizierung nötigen Merkmale in wesentlichen Zügen erkennen kann. Dies bedeutet zugleich, dass eine namentliche oder sonstige Bekanntheit der abgebildeten Person bei der Person, die eine Verbreitung oder öffentliche Zurschaustellung beabsichtigt, gerade nicht vorliegen muss. Insofern wird das Recht am eigenen Bild nach § 22 KUG auch bei der Verbreitung von Abbildungen fremder Personen tangiert. Denn ausreichend ist schon, dass der mehr oder minder große Bekanntenkreis der abgebildeten Person diese erkennen und identifizieren könnte, sobald er auf die Abbildung stößt.[582]

Im Hinblick auf den Erkennbarkeitsbegriff des KUG wird eine relative Betrachtung und damit eine Einschränkung des Bildnisbegriffs nicht einmal diskutiert. Stattdessen besteht meist unausgesprochen Einigkeit darüber, dass es nicht auf die Möglichkeit einer (namentlichen) Identifizierung durch den konkreten Adressaten einer Verbreitungs- oder Zurschaustellungshandlung ankommt. Im Bereich des KUG wurde frühzeitig erkannt, dass die persönlichkeitsrechtlichen Risiken bei einer Verbreitung von Bildnissen erheblich sein können und dass Personenbilder deshalb grundsätzlich schutzbedürftig sind. Durch die abstrakte Anknüpfung an die Möglichkeit des Erkanntwerdens durch einen mehr oder minder großen Bekanntenkreis wird zum einen die Schwelle für die Erkennbarkeit sehr niedrig angesetzt, weil gerade Bekannte eine Person auch unter schlechteren Bedingungen gut auf Bildern wiedererkennen können. Zum anderen wird implizit ein absolutes Begriffsverständnis zugrunde gelegt, da der Bekanntenkreis der abgebildeten Person für

---

580 Vgl. *Klar*, MMR 2012, 788, 789.

581 Bejahend *Lorenz*, K&R 2016, 450, 453.

582 *BGH*, Urt. v. 21.6.2005 – VI ZR 122/04, NJW 2005, 2844, 2845 – Esra; *BGH*, Urt. v. 26. 6. 1979 – VI ZR 108/78, NJW 1979, 2205, 2205 – Fußballtor; *LG Berlin*, Urt. v. 14.5.2009 – 27 O 250/09, ZUM-RD 2009, 667, 670; *LG Frankfurt a.M.*, Urt. v. 19.1.2006 – 2/03 O 468/05, NJW-RR 2007, 115, 116; *Götting*, in: Schricker/Loewenheim, § 60/§ 22 KUG Rn. 25; *v. Gamm*, UrhG, Einf. Rn. 104.

die mit dem Personenbild agierende Person völlig fremd und unerreichbar sein kann, ohne dass dies für die Annahme der Erkennbarkeit von Belang ist. Ob eine Identifizierbarkeit, wie es die relative Ansicht innerhalb der DSGVO fordert, für die jeweilige aufnehmende Person tatsächlich gegeben ist, ist irrelevant.

Diese Auslegung des Begriffs der Erkennbarkeit ist jedoch im Ergebnis konform mit dem Begriff der Identifizierbarkeit im Sinne von Art. 4 Nr. 1 DSGVO, solange dieser in der im 2. Kapitel dargestellten Weise ausgelegt wird. Denn sofern man schon die bloße Möglichkeit der Wiedererkennung einer vollkommen fremden Person bei Vorlage eines hinreichend deutlichen Fotos für die Identifizierbarkeit ausreichen lässt und keine namentliche oder sonstige Bekanntheit fordert, liegen bei Abbildungen von Personen stets personenbezogene Daten vor.

Insoweit umfasst der Schutzbereich der DSGVO sämtliche Personenbilder (in fotografischer Wiedergabeform), die nach dem KUG als Bildnisse einzustufen sind, ohne dass es darauf ankommt, ob die DSGVO einen relativen oder absoluten Maßstab für die Identifizierbarkeit vorgibt. Somit ist die tatbestandliche Deckungsgleichheit der Schutzbereiche von KUG und DSGVO im Hinblick auf das Merkmal Bildnis zu bejahen.

3. *Sonderfall der Erkennbarkeit aufgrund von Zusatzinformationen*

Soweit jedoch Fälle betroffen sind, in denen die Wiedergabe des äußeren Erscheinungsbildes eigentlich unzureichend für eine Erkennung durch Dritte ist, die Erkennbarkeit im Sinne des KUG aber infolge einer extensiven Auslegung aufgrund von Zusatzinformationen (wie z. B. dem Namenszug unter dem Bild) angenommen wird, ist der sachliche Anwendungsbereich des Datenschutzrechts ebenso eröffnet. Denn in diesen Fällen ermöglicht gerade die Zusatzinformation zum Bild die Identifizierung der abgebildeten Person, sodass die Informationen, die sich aus dem Bild ergeben (z. B. Aufenthaltsort, Aktivität, Aussehen etc.), dieser Person zugeordnet werden können. Obwohl es aus den oben genannten Gründen einer klaren Abgrenzung zwischen dem Recht am eigenen Bild und dem allgemeinen Persönlichkeitsrecht konsequenter wäre, in diesen Fällen gar nicht von einem Bildnis im Sinne des KUG auszugehen, da sich die Erkennbarkeit nicht unmittelbar aus der Abbildung ergibt, wirkt sich diese weite Auslegung nicht zulasten der DSGVO aus. Denn das Datenschutzrecht ist im Gegensatz zum KUG nicht auf bildliche Informationen beschränkt, sodass ohnehin sämtliche (Zusatz-)Informationen in die datenschutzrechtliche Beurteilung einzubeziehen sind. Insoweit geht also mit der Einstufung als Bildnis im Sinne des KUG stets das Vorliegen personenbezogener Daten im Sinne der DSGVO einher.

4. *Ergebnis*

Zwar ist nicht jedes personenbezogene Datum ein Bildnis, doch jedes Bildnis enthält aufgrund des weiten Verständnisses der Begriffe „Erkennbarkeit“ und „Identifizierbarkeit“ zwangsläufig personenbezogene Daten, sodass unter diesem Gesichtspunkt stets eine Überschneidung des Anwendungsbereichs des KUG mit dem der

DSGVO vorliegt.[583] Die einzige Ausnahme kann Wiedergabeformen eines Bildnisses betreffen, die außerhalb einer wirklichkeitsgetreuen bildlichen Fixierung einer Person liegen und die damit keine zuverlässigen Informationen über die vermeintlich abgebildete Person vermitteln können.

II. Überschneidungen bei vom Schutzbereich erfassten Tätigkeiten

Neben dem Vorliegen eines Bildnisses fordert das KUG in § 22 S. 1 lediglich die Vornahme bestimmter Tathandlungen, um die Rechtsfolge des Einwilligungsvorbehalts auszulösen.

1. Verwendungsarten nach dem KUG

Diese tatbestandlich vom KUG erfassten Handlungen sind eng umgrenzt. Im Vordergrund stehen die Verbreitung und die öffentliche Zurschaustellung. § 24 KUG erwähnt außerdem noch den Akt der Vervielfältigung. Allerdings ist § 24 KUG als Erlaubnisnorm konzipiert, sodass er eine Vervielfältigung für die dort genannten Zwecke gerade nicht verbietet.

Angesichts des klaren Wortlauts von § 22 S. 1 KUG, der nur die Verbreitung und öffentliche Zurschaustellung unter den Einwilligungsvorbehalt stellt, kann aus § 24 KUG auch nicht der Umkehrschluss gezogen werden, dass in allen anderen, nicht von § 24 KUG erfassten Fällen eine Vervielfältigung einer Einwilligung nach dem KUG bedürfe. Bei den einwilligungsbedürftigen Handlungen geht es insgesamt um Tätigkeiten, durch die ein Bildnis Dritten bekannt wird, weil das persönlichkeitsrechtliche Risiko mit jeder Person, die ein Bildnis zur Kenntnis nehmen kann, wächst. Zum einen lässt sich dann immer schwieriger kontrollieren, wer das Bildnis wahrnehmen konnte oder gar Verfügungsmacht über eine Kopie erlangt hat, und zum anderen steigt die Gefahr, dass daraus tatsächlich negative Konsequenzen für den Betroffenen folgen, weil das Bildnis Entscheidungen oder Wahrnehmungen Dritter beeinflusst. Dies gilt für die bloße Vervielfältigung noch nicht, sodass auch aus teleologischen Gründen eine Ausweitung des Einwilligungsvorbehalts nicht angezeigt ist.

Darüber hinaus soll § 24 KUG entsprechend schon für die Anfertigung der Bildnisse gelten.[584] Hier müssen aber die gleichen Erwägungen herangezogen werden wie für den Begriff der Vervielfältigung, sodass das KUG auch im Hinblick auf die Bildnisanfertigung keine zusätzlichen Hürden aufstellt. Für die Stufe der Herstellung des Bildnisses besteht schon im Rahmen von § 22 KUG Einigkeit, dass sie gerade nicht dem Einwilligungsvorbehalt des § 22 S. 1 KUG unterfällt, sondern stattdessen nach allgemeinen Regeln dem Schutz des Allgemeinen Persönlichkeitsrechts

583 *Lorenz,* K&R 2016, 450, 453.

584 *BGH,* Urt. v. 12.8.1975 – 1 StR 42/75, NJW 1975, 2075, 2076; *Specht,* in: Dreier/Schulze, § 24 KUG Rn. 3; *Fricke,* in: Wandtke/Bullinger, § 24 KUG Rn. 4.

unterliegen kann.[585] Dieses Verständnis ist im Übrigen aufgrund der in § 33 KUG festgelegten Strafbewehrung zwingend, da es sonst zu einem Verstoß gegen das im Strafrecht bestehende Analogieverbot kommen könnte.[586]

2. *Verwendungsarten nach der DSGVO*

Ist also der Regelungsbereich des KUG auf zwei Tathandlungen begrenzt, geht die DSGVO weit darüber hinaus. Der sehr weit gefasste Tatbestand der Verarbeitung von Daten gemäß Art. 4 Nr. 2 DSGVO erfasst jede denkbare Verwendung personenbezogener Daten, da es ausreicht, dass es um einen mit oder ohne Hilfe automatisierter Verfahren ausgeführten Vorgang oder eine Vorgangsreihe im Zusammenhang mit personenbezogenen Daten geht.[587] Die in Art. 4 Nr. 2 DSGVO enthaltene Aufzählung von Verarbeitungsarten ist bereits sehr weitreichend, ist allerdings nur beispielhaft und nicht abschließend zu verstehen. Deshalb erfasst der Begriff der Datenverarbeitung im Sinne der DSGVO auch die Tathandlungen der Verbreitung und öffentlichen Zurschaustellung im Sinne des KUG.[588] Im Hinblick auf die vom Schutzbereich erfassten Tätigkeiten konsumiert der sachliche Anwendungsbereich der DSGVO den des KUG in vollem Umfang. Insoweit verbleibt dem KUG kein eigener sachlicher Anwendungsbereich mehr. Es kann keine Verbreitung oder öffentliche Zurschaustellung geben, die nicht zugleich eine Verarbeitung im Sinne der DSGVO darstellt, sofern der sachliche Anwendungsbereich der DSGVO nicht aus anderen Gründen nicht eröffnet ist.

Damit sorgt die DSGVO für einen einheitlichen Regelungsrahmen für alle Verwendungsarten der in den Bildnissen verkörperten personenbezogenen Daten. Insbesondere schützt die DSGVO im Gegensatz zum KUG schon vor der Erhebung personenbezogener Daten und kann damit bereits die Aufnahme der Fotos erfassen, auf denen Menschen abgebildet sind.[589] Ein Rückgriff auf das allgemeine Persönlichkeitsrecht wird also entbehrlich, da stets eine Datenverarbeitung vorliegt, die sich nach den Vorschriften der DSGVO beurteilt.

---

585 *BGH*, Urt. v. 13.10.2015 – VI ZR 271/14, NJW 2016, 1094, 1096 m. Anm. *Lampmann*; *BGH*, Urt. v. 6.9.1966 – VI ZR 268/64, NJW 1966, 2353, 2354 – Vor unserer eigenen Tür; m.w.N. *Specht*, in: Dreier/Schulze, § 22 KUG Rn. 11 f.; *Schertz*, in: Loewenheim, Handbuch des Urheberrechts, § 18 Rn. 9 f.; *Hubmann/Rehbinder*, S. 307.

586 *OLG Hamburg*, Beschl. v. 14.4.1972 – 1 Ws 84/72, NJW 1972, 1290, 1290; *Fricke*, in: Wandtke/Bullinger, § 22 KUG Rn. 9.

587 S. auch *Schreiber*, in: Plath, BDSG/DSGVO, Art. 4 DSGVO Rn. 12; *Kühling/Martini et al.*, S. 4.

588 Vgl. *Lorenz*, ZD 2012, 367, 368.

589 Noch zum BDSG a.F. *Balzer/Nugel*, NJW 2014, 1622, 1625; *Golla/Herbort*, GRUR 2015, 648, 649; *Schnabel*, ZUM 2008, 657, 661.

3. Auswirkungen einer Subsidiaritätsklausel im nationalen Recht

Daran ändert sich aufgrund des Anwendungsvorrangs der DSGVO selbst dann nichts, wenn das KUG als lex specialis angesehen werden könnte, da die DSGVO gerade keine Subsidiaritätsklausel zugunsten fachspezifischer Regelungen enthält. Eine solche fand sich jedoch in § 1 Abs. 3 S. 1 BDSG a.F., demzufolge andere Rechtsvorschriften des Bundes dem BDSG a.F. vorgingen, soweit sie auf personenbezogene Daten einschließlich deren Veröffentlichung anwendbar waren. Insofern kam das KUG als vorrangiges Spezialgesetz in Frage.[590] Obwohl daraus keine unmittelbaren Auswirkungen auf die DSGVO erwachsen, soll an dieser Stelle erörtert werden, was eine solche im nationalen Recht verankerte Subsidiaritätsklausel im Hinblick auf die vom Datenschutzrecht und die vom KUG erfassten Tathandlungen bedeutet, wenn der Vorrang der DSGVO ausnahmsweise nicht besteht.

a) Erhalt der Subsidiaritätsklausel im nationalen Recht

Denn im 2. Kapitel wurde gezeigt, dass es für den Umgang mit Personenbildern einige Lücken im Anwendungsbereich der DSGVO gibt. Jedenfalls die Bundesregierung hält in ihrem Entwurf eines an die DSGVO angepassten Datenschutzrechts in § 1 Abs. 2 S. 1 BDSG-E[591] an der Subsidiaritätsklausel fest. Dort wird wie bisher statuiert, dass andere Rechtsvorschriften des Bundes über den Datenschutz dem BDSG-E vorgehen.

b) Subsidiarität bei Tatbestandskongruenz

Damit diese Subsidiaritätsklausel tatsächlich eingreift, muss auch auf nationaler Ebene der Anwendungsbereich der beiden in Rede stehenden Normen deckungsgleich sein und die bereichsspezifische Norm eindeutig datenschutzrechtliche Belange regeln.[592] Es muss also eine Tatbestandskongruenz vorliegen.[593] Deshalb bleibt das BDSG-E so weit anwendbar, wie es eine weitergehende Regelung enthält als die bereichsspezifische Norm beziehungsweise soweit es Sachverhalte regelte, die von der besonderen datenschutzrechtlichen Norm gar nicht erfasst wurden.[594]

---

590 *BAG*, Urt. v. 11.12.2014 – 8 AZR 1010/13, NJW 2015, 2140, 2141 m. Anm. *Spielberger; Grau/Schaut*, NZA 2015, 981, 981; *Lorenz*, ZD 2012, 367, 369.

591 BR-Drs. 110/17, Gesetzentwurf der Bundesregierung: Entwurf eines Gesetzes zur Anpassung des Datenschutzrechts an die Verordnung (EU) 2016/679 und zur Umsetzung der Richtlinie (EU) 2016/680.

592 *Plath*, in: Plath, BDSG/DSGVO, § 1 BDSG Rn. 36.

593 *Gola/Klug/Körffer*, in: Gola/Schomerus, BDSG, § 1 Rn. 24; *Dix*, in: Simitis, BDSG, § 1 Rn. 170; *Schmidt*, in: Taeger/Gabel, BDSG, § 1 Rn. 34; *Schnabel*, ZUM 2008, 657, 661; so nun auch ausdrücklich in BR-Drs. 110/17, S. 74 [Gesetzentwurf der Bundesregierung: Entwurf eines Gesetzes zur Anpassung des Datenschutzrechts an die Verordnung (EU) 2016/679 und zur Umsetzung der Richtlinie (EU) 2016/680].

594 *Schmidt*, in: Taeger/Gabel, BDSG, § 1 Rn. 34; vgl. auch *Grau/Schaut*, NZA 2015, 981, 983; *Lorenz*, K&R 2016, 450, 452; *Lorenz*, ZD 2012, 367, 369.

Es nimmt somit eine Auffangfunktion wahr.[595] Dies ergibt sich nunmehr ausdrücklich aus § 1 Abs. 2 S. 2 BDSG-E, demzufolge das BDSG-E Anwendung findet, wenn die anderen Rechtsvorschriften des Bundes über den Datenschutz einen Sachverhalt, für den das BDSG-E gilt, nicht oder nicht abschließend regeln. Entscheidend für diese Beurteilung ist der Regelungsgegenstand und damit der Tatbestand der bereichsspezifischen Norm.[596] Auf die einzelnen Voraussetzungen, unter denen ein bestimmter Umgang mit den personenbezogenen Daten nach den jeweiligen Normen zulässig sein soll, kommt es dagegen nicht an.[597] Deshalb ist es unerheblich, ob die jeweilige Datenverarbeitung in dem Spezialgesetz strenger oder großzügiger geregelt ist.[598]

c) Anwendung der Subsidiaritätsklausel auf Vorbereitungshandlungen für Bildnisveröffentlichungen

Aufgrund des Erfordernisses der Tatbestandskongruenz war und ist unklar, inwieweit sich dieser Vorrang des Spezialgesetzes gemäß § 1 Abs. 3 S. 1 BDSG a.F. beziehungsweise § 1 Abs. 2 S. 1 BDSG-E auch auf nicht ausdrücklich vom KUG erfasste, vorgelagerte Handlungen erstreckt, also insbesondere auf die Herstellung des Bildnisses und technisch notwendige Zwischenspeicherungen im Rahmen der Verbreitung oder öffentlichen Zurschaustellung. Bei strenger Betrachtung ist eine Entsprechung für diese Vorbereitungshandlungen im KUG nicht zu finden, sodass keine Subsidiarität des BDSG-E angenommen werden kann.[599] Wird dem BDSG-E deshalb eine Auffangfunktion zugestanden, führt dies infolge der unterschiedlichen Erlaubnistatbestände zu wenig pragmatischen Ergebnissen. Aufgrund der erforderlichen Verarbeitungsschritte, die der Veröffentlichung vorgelagert sind, könnte die Veröffentlichung im Ganzen möglicherweise über die Vorschriften des BDSG-E verhindert werden, obwohl das KUG eine Verbreitung oder öffentliche Zurschaustellung im Einzelfall erlauben würde.

Dies entspricht nicht dem Sinn und Zweck der speziellen Regelung im KUG, die eine Veröffentlichung unter den dort genannten Voraussetzungen gerade erlauben will, ohne dass weitere Anforderungen erfüllt werden müssen. Deshalb wurde vorgeschlagen, den Regelungstatbestand des KUG implizit auf alle Zwischenschritte

---

595 BR-Drs. 110/17, S. 74 [Gesetzentwurf der Bundesregierung: Entwurf eines Gesetzes zur Anpassung des Datenschutzrechts an die Verordnung (EU) 2016/679 und zur Umsetzung der Richtlinie (EU) 2016/680].

596 BR-Drs. 110/17, S. 74 [Gesetzentwurf der Bundesregierung: Entwurf eines Gesetzes zur Anpassung des Datenschutzrechts an die Verordnung (EU) 2016/679 und zur Umsetzung der Richtlinie (EU) 2016/680].

597 *Schmidt,* in: Taeger/Gabel, BDSG, § 1 Rn. 34.

598 BR-Drs. 110/17, S. 74 [Gesetzentwurf der Bundesregierung: Entwurf eines Gesetzes zur Anpassung des Datenschutzrechts an die Verordnung (EU) 2016/679 und zur Umsetzung der Richtlinie (EU) 2016/680].

599 Noch zum BDSG a.F. *Schnabel,* ZUM 2008, 657, 661.

auszuweiten, die für die Veröffentlichung (technisch) zwingend erforderlich sind, sodass diese Vorbereitungshandlungen den gleichen Voraussetzungen unterliegen sollten wie die Verbreitung oder öffentliche Zurschaustellung.[600] Diese Ansicht dürfte unter dem BDSG-E jedoch nicht mehr haltbar sein, da es ausdrücklich anordnet, dass die nicht (abschließend) geregelten Sachverhalte wiederum dem BDSG-E unterfallen. Der Vorrang des KUG gegenüber dem BDSG-E kann nur für die von diesem erfassten Handlungen der Verbreitung und öffentlichen Zurschaustellung gelten. Dass dies zu unbefriedigenden Ergebnissen führt, ist die Konsequenz aus der unvollständigen Regelung des KUG und kann nur durch den Gesetzgeber behoben werden. Soweit die DSGVO also einen Anwendungsbereich für das KUG belässt, geht dieses für Veröffentlichungen und Verbreitungen von Bildnissen dem BDSG-E vor. Sobald aber der Anwendungsbereich der DSGVO eröffnet ist, müssen alle Verarbeitungsschritte rein datenschutzrechtlich nach der DSGVO beurteilt werden, da diese mit dem weiten Verarbeitungsbegriff einen umfassenden Geltungsanspruch erhebt, sodass eine Spezialität des KUG nur auf nationaler Ebene von Belang ist.

4. *Vorteil des einheitlichen Rechtsrahmens für alle Verarbeitungsphasen*

Für den Rechtsanwender ist es ein großer Vorteil, dass die DSGVO einheitlich auf sämtliche Verarbeitungsschritte im Umgang mit Bildnissen anzuwenden ist, da er sich so auf ein Gesetzeswerk fokussieren kann. Dadurch werden widersprüchliche Ergebnisse, die sich aus der Anwendung unterschiedlicher Gesetze auf einzelne Verarbeitungsphasen ergeben könnten, vermieden. Außerdem ist gewährleistet, dass jegliche Art der Verwendung von Bilddaten dem gleichen Maßstab unterliegt.

Gerade im Hinblick auf die Phase der Datenerhebung zeigt sich der Vorteil, der sich aus der einheitlichen Anwendung der DSGVO für alle Verarbeitungsschritte ergibt. Die Aufnahme eines Fotos ist zwar eine Vorstufe von dessen Veröffentlichung, dennoch hat sie eine besondere selbständige Bedeutung, die vom KUG überhaupt nicht gewürdigt wird. Der Aufnahme, durch welche die relevanten Daten überhaupt erst erhoben werden, kommt eine andere Qualität zu als einer bloßen Speicherung auf einem Internet-Server, die aus technischen Gründen erforderlich ist, um Inhalte im Internet zugänglich zu machen. Erst mit der Aufnahme entsteht überhaupt ein datenschutzrechtliches Risiko, da dadurch eine Manifestation der Daten erfolgt, die sie weiteren Verarbeitungen zugänglich macht und die qualitativ über den Charakter eines bloßen Zwischenschritts hinausgeht. Als Ausgangspunkt aller weiteren Verarbeitungen ist es angemessen, schon die Aufnahme eines Bildnisses am Datenschutzrecht zu messen. Die DSGVO gewährt dafür einen klaren Rechtsrahmen, dank dessen die Rechtmäßigkeit der Aufnahme nicht mehr ausschließlich generalklauselartig am Maßstab des allgemeinen Persönlichkeitsrechts beurteilt werden muss.

600 *Renner*, Anmerkung zu *BAG*, Urt. v. 11.12.2014 – 8 AZR 1010/13, in: ZUM 2015, 608, 609; *Schnabel*, ZUM 2008, 657, 661; a.A. *Benecke/Groß*, NZA 2015, 833, 838.

Doch auch im weiteren Umgang mit Fotos muss nicht mehr für einzelne Verwendungshandlungen geprüft werden, ob ein Vorrang des KUG besteht oder die Auffangfunktion des Datenschutzrechts greifen könnte. Für sonstige Nutzungshandlungen enthielt das KUG keine Regelungen und gewährte deshalb keinen speziellen Bildnisschutz. Aus persönlichkeitsrechtlicher Sicht kommt zwar der Veröffentlichung und Verbreitung von Bildern eine besondere Eingriffsqualität zu, allerdings gibt es mittlerweile andere Verwertungsformen, die nicht minder riskant sind. Gesichtserkennungsinstrumente ermöglichen es zunehmend, unbekannte Personen auf Bildern einem Namen zuzuordnen und mithilfe dieser Daten weitere Informationen über eine Person zu ermitteln. Je nach Umfang des vorhandenen Datenmaterials können auch Bewegungs- oder Persönlichkeitsprofile erstellt werden, wenn jemand von einer Software auf verschiedenen Bildern in verschiedenen Situationen erfasst wird. Die Verbindung von Bildern mit Standortdaten durch handelsübliche Smartphones leistet dafür einen erheblichen Beitrag. Der Einsatz einer Gesichtserkennungssoftware ist deshalb ein besonders gravierender Verarbeitungsschritt, der strengen Voraussetzungen unterliegen muss, was durch die DSGVO gewährleistet ist.

Schließlich sichert die DSGVO auch Übermittlungen von Bilddaten in Drittstaaten durch zusätzliche Voraussetzungen ab, um den gesteigerten Risiken aufgrund unzureichender Datenschutzstandards in den Empfängerländern Rechnung zu tragen. Das KUG hingegen differenziert überhaupt nicht danach, welchen Vorschriften der Empfänger von Bildnissen unterliegt und wie hoch oder niedrig deshalb das Schutzniveau für den Betroffenen ist. Die DSGVO ist durch diese Unterscheidung besser als das KUG in der Lage, die unterschiedlichen Gefahren für die Persönlichkeit des Betroffenen bei Veröffentlichungen in Drittländern zu würdigen und den erforderlichen Schutz zu gewährleisten. Zur Zeit der Schaffung des KUG zu Beginn des 20. Jahrhunderts war es undenkbar, dass Bildnisse innerhalb von Sekunden auf der ganzen Welt zugänglich gemacht werden könnten, sodass dafür keine gesonderten Schutzmechanismen eingezogen werden mussten. Deshalb verwundert es nicht, dass das im Wortlaut nahezu unveränderte KUG heutzutage wenigstens teilweise nicht mehr zeitgemäß ist.

III. Ergebnis

Sämtliche Tatbestandsvoraussetzungen, die zum sachlichen Anwendungsbereich des KUG gehören, finden eine Entsprechung in der DSGVO, sodass von einer Tatbestandskongruenz auszugehen ist, die den Anwendungsvorrang der DSGVO zur Geltung bringt. Dies legt eine vollständige Verdrängung des KUG durch die DSGVO nahe. Allerdings berücksichtigt dies noch nicht, dass der sachliche Anwendungsbereich der DSGVO Einschränkungen unterliegt, die nicht immer eine Entsprechung im KUG finden. Somit muss nachfolgend geprüft werden, an welchen Stellen das KUG tatbestandlich über die DSGVO hinausgeht, da in diesen Fällen kein Anwendungsvorrang der DSGVO besteht, obwohl Bildnisse als personenbezogene Daten verarbeitet werden. Diese Einschränkungen sind somit konstitutiv für eine weitere Anwendbarkeit des KUG, auch wenn sie sich auf die Bereiche beschränken muss, in denen die DSGVO gerade nicht gilt.

D. Unterschiede im sachlichen Anwendungsbereich

I. Haushaltsausnahme

Im Hinblick auf den sachlichen Anwendungsbereich wurde bereits die Einschränkung durch die Haushaltsausnahme in Art. 2 Abs. 2 lit. c DSGVO und deren Grenzen erörtert. In diesem engen Privatbereich gilt die DSGVO nicht. Das KUG sieht hingegen keinerlei vergleichbare Einschränkung vor, sondern beansprucht eine umfassende Geltung.[601] Es regelt also auch den Umgang von Privatpersonen mit Personenbildern. Zu berücksichtigen ist aber, dass das KUG nur die Verbreitung und die öffentliche Zurschaustellung von Bildnissen beschränkt.

1. Öffentliche Zurschaustellung im Privatbereich

Eine öffentliche Zurschaustellung kann begriffsnotwendig nur gegenüber einer Öffentlichkeit, in der es an persönlichen Beziehungen untereinander gerade fehlt, stattfinden. Sobald eine Verwendung von Bildnissen die Öffentlichkeit tangiert, wird der Bereich der ausschließlich persönlichen oder familiären Tätigkeiten im Sinne der Haushaltsausnahme verlassen, sodass eine öffentliche Zurschaustellung nie von dem Anwendungsbereichsausschluss des Art. 2 Abs. 2 lit. c DSGVO erfasst sein kann.[602] Insofern reicht der Anwendungsbereich des KUG nicht weiter als der der DSGVO.

2. Verbreitungen im Privatbereich

Dies gilt allerdings nicht für die Verbreitung. Diese setzt gerade keinen Bezug zur Öffentlichkeit voraus, sondern kann – nach umstrittener Ansicht – auch im Privatbereich erfolgen.[603] Somit ist es nicht nur denkbar, sondern wird praktisch häufig der Fall sein, dass eine Verbreitung im Rahmen ausschließlich persönlicher oder familiärer Tätigkeiten erfolgt und damit aus Sicht der DSGVO der Haushaltsausnahme unterfällt, während das KUG uneingeschränkt Geltung beansprucht. Dies gilt umso mehr vor dem Hintergrund, dass als entsprechende körperliche Weitergabe auch der Versand von Bildern mittels Messenger-Diensten wie WhatsApp anzusehen ist,[604] die sehr oft genutzt werden. Ein anderes Ergebnis wird nur erzielt, wenn für das Verbreiten eine begrenzte Ausnahme im rein privaten Bereich angenommen

601 *Lorenz,* ZD 2012, 367, 368.

602 Vgl. auch *Lorenz,* ZD 2012, 367, 368.

603 *Schertz,* in: Loewenheim, Handbuch des Urheberrechts, § 18 Rn. 13; *Engels,* in: Möhring/Nicolini, § 22 KUG Rn. 52; *Götting,* in: Schricker/Loewenheim, § 60/§ 22 KUG Rn. 36; *v. Gamm,* UrhG, Einführung Rn. 105; *Fricke,* in: Wandtke/Bullinger, § 22 KUG Rn. 8; a.A. *Specht,* in: Dreier/Schulze, § 22 KUG Rn. 9; *von Strobl-Albeg,* in: Wenzel, Kapitel 7 Rn. 43.

604 *LG Frankfurt a.M.,* Beschl. v. 28.5.2015 – 2-03 O 452/14, MMR 2016, 482, 483.

wird.[605] Dadurch könnte der Anwendungsbereich von DSGVO und KUG harmonisiert werden. Ein solch eingeschränktes Verständnis des KUG ergibt sich aus dem Gesetz jedoch nicht. Schon allein aus der Tatsache, dass § 22 KUG als relevante Handlungen das Begriffspaar der Verbreitung und der *öffentlichen* Zurschaustellung benennt, lässt sich ableiten, dass die Verbreitung gerade nicht öffentlich erfolgen muss.[606] Eine begrenzte Ausnahme für den Privatbereich ist deshalb nicht angezeigt.

Entscheidend ist, dass auch bei einer Weitergabe an Einzelpersonen, selbst wenn zu diesen familiäre oder persönliche Bindungen bestehen, die Verfügungsgewalt über das Bildnis an einen Dritten übergeht, wodurch sie der Kontrolle und dem Selbstbestimmungsrecht des Abgebildeten entzogen wird.[607] Eine bloße Wahrnehmbarmachung (im Sinne einer Zurschaustellung) wird dadurch nicht ausgeschlossen, sodass auch im Privatbereich keine unzumutbaren Einschränkungen drohen. Nur die körperliche Weitergabe, die im Gegensatz zur bloßen Präsentation eines Bildes stets das Risiko einer unzulässigen Weiterverbreitung mit sich bringt, unterliegt im Privatbereich dem Einwilligungsvorbehalt. Rein faktisch dürfte dies aber nur geringe Auswirkungen haben, da der Abgebildete nur selten von solchen Verbreitungshandlungen Kenntnis erlangt oder nicht immer an einer Ahndung interessiert ist. Im Hinblick auf die körperliche Weitergabe von Bildnissen hat das KUG also einen die DSGVO überschreitenden Anwendungsbereich, soweit die Haushaltsausnahme des Art. 2 Abs. 2 lit. c DSGVO reicht.[608]

3. Verbleibender Anwendungsbereich des KUG

Sofern der Gesetzgeber das KUG nicht aufhebt oder verändert, wird es deshalb in den Grenzen der Haushaltsausnahme weiterhin zur Anwendung kommen können und müssen, da es dort nicht von der DSGVO verdrängt wird. Dagegen ließe sich einwenden, dass die DSGVO eine Vollharmonisierung des Datenschutzrechts in der Union bezweckt und in diesem Sinne als abschließende Regelung zu verstehen ist, sodass auch für die Bereiche, die aus ihrem Anwendungsbereich herausfallen, keine sonstigen nationalen datenschutzrechtlichen Vorschriften erlassen werden dürfen. Sie würde damit nicht nur festlegen, welches Datenschutzrecht gilt, sondern zusätzlich noch, in welchen Fällen das Datenschutzrecht nicht gelten soll und damit eine Sperrwirkung entfalten.[609] Dem ist zwar grundsätzlich zuzustimmen, dennoch

605 *Specht*, in: Dreier/Schulze, § 22 KUG Rn. 9; *von Strobl-Albeg*, in: Wenzel, Kapitel 7 Rn. 43.

606 *Helle*, S. 123; s. auch *Dreyer*, in: Dreyer/Kotthoff/Meckel, § 22 KUG Rn. 12.

607 *Specht*, in: Dreier/Schulze, § 22 KUG Rn. 9.

608 *Lorenz*, K&R 2016, 450, 454.

609 S. *Roßnagel*, in: Ausschussdrucksache 18(24)94, Deutscher Bundestag, Ausschuss Digitale Agenda, Schriftliche Stellungnahme zum öffentlichen Fachgespräch zur Datenschutz-Grundverordnung am 24. Februar 2016 im Ausschuss Digitale Agenda des Deutschen Bundestags, S. 5 f.

müssen die jeweiligen Ausnahmen vom Anwendungsbereich und ihre Hintergründe individuell betrachtet werden.

So ergibt sich beispielsweise schon aus der Natur der Ausnahmen des Art. 2 Abs. 2 lit. a und b DSGVO, dass andere Regeln nicht ausgeschlossen sein können, da es um Bereiche geht, in denen spezielle Kompetenzen bestehen. Im Hinblick auf die hier erörterte Haushaltsausnahme des Art. 2 Abs. 2 lit. c DSGVO und die letztlich allein betroffenen privaten Verbreitungshandlungen, bei denen das KUG über die DSGVO hinaus geht, sollten nationale Regelungen ebenfalls möglich sein. Denn es geht um einen sehr engen Privatbereich, der für den freien Verkehr personenbezogener Daten im Binnenmarkt keine wirtschaftliche Relevanz hat.[610] Schon Erwägungsgrund 9 der DSGVO zeigt, dass die DSGVO vor Wettbewerbsverzerrungen und Hemmnissen für die unionsweite Ausübung von Wirtschaftstätigkeiten schützen will, die durch Unterschiede im Schutzniveau des Datenschutzrechts verursacht werden könnten. Diese Gefahren drohen im Privatbereich gerade nicht. Insoweit haben sich die Maßstäbe des KUG auch bewährt, sodass deren Anwendung auf private Verbreitungshandlungen, die unter den Ausnahmetatbestand des Art. 2 Abs. 2 lit. c DSGVO fallen, eine angemessene Konsequenz darstellt.

Die Zulässigkeitsmaßstäbe des KUG sind gut überschaubar und gehen mit deutlich weniger organisatorischen Pflichten einher, als dies nach der DSGVO der Fall wäre. Als Beispiel sollen nur die Verpflichtungen zum Ergreifen von technischen und organisatorischen Maßnahmen nach Art. 25 und 32 DSGVO genannt werden. Die Belastungen halten sich deshalb für die privaten Bildnisverwender in zumutbaren Grenzen. Daran ändert sich nichts durch die Schaffung des BDSG-E mit seiner Auffangfunktion, da dieses in § 1 Abs. 1 S. 2 BDSG-E die gleiche Haushaltsausnahme enthält wie die DSGVO und deshalb in gleichem Umfang ausscheidet, sodass sich auch daraus keine zusätzlichen Pflichten ergeben. Dies ist wichtig, weil Art. 7 EU-GRCh dem Recht auf Achtung des Privat- und Familienlebens Grundrechtscharakter einräumt. Es umfasst die personale Lebensführung und die Möglichkeit, persönliche Beziehungen zu anderen Menschen zu knüpfen und zu entwickeln.[611] In diesem engen Bereich sollte es möglich sein, die persönlichen Beziehungen ungehindert vom Datenschutzrecht durch die Verwendung von Bildnissen zu bereichern, da dies im menschlichen Miteinander Teil der Entfaltung der Persönlichkeit sein kann.

Deshalb erlaubt das KUG die einfache Zurschaustellung im privaten Bereich. Nichtsdestotrotz müssen auch die Interessen der Betroffenen am Schutz ihres Rechts am eigenen Bild berücksichtigt werden, da dieses ebenfalls von Art. 7 EU-GRCh erfasst ist.[612] Dem trägt das KUG durch seinen Einwilligungsvorbehalt für

---

610 Vgl. *Ziegenhorn/von Heckel,* NVwZ 2016, 1585, 1586.

611 *Kingreen,* in: Calliess/Ruffert, EUV/AEUV, Art. 7 EU-GRCh Rn. 4; *Jarass,* in: Jarass, EU-GRCh, Art. 7 Rn. 14.

612 *EGMR,* Urt. v. 24.6.2004 – 59320/00, NJW 2004, 2647, 2648 – Caroline von Hannover; *Kingreen,* in: Calliess/Ruffert, EUV/AEUV, Art. 7 EU-GRCh Rn. 6; *Jarass,* in: Jarass, EU-GRCh, Art. 7 Rn. 16.

Verbreitungen im privaten Bereich Rechnung, wodurch es den Betroffenen eine Handhabe gegen Verächtlichmachungen, Mobbing oder sonstige unerwünschte Verwendungen von Bildnissen gibt, die beispielsweise nur innerhalb eines Freundeskreises oder innerhalb von Klassengemeinschaften in Schulen[613] erfolgen.

4. *Ergebnis*

Ein strengerer datenschutzrechtlicher Rahmen ist für den Ausgleich der verschiedenen Interessen der Beteiligten somit nicht erforderlich. Das KUG ist für diesen engen Privatbereich zwar nicht unverzichtbar, da bei seiner Aufhebung immer noch auf die Grundsätze des allgemeinen Persönlichkeitsrechts zurückgegriffen werden könnte, was zu weitgehend identischen Ergebnissen führen sollte. Allerdings ist es mit seinen typisierenden Fallgruppen in § 23 Abs. 1 KUG für den Rechtsanwender deutlich komfortabler, da es jedenfalls auf abstrakter Ebene die bei Persönlichkeitsrechten erforderliche Interessenabwägung schon in Teilen vorwegnimmt.

Dazu kommt, dass § 23 Abs. 2 KUG immer noch ein Einfallstor für die Berücksichtigung der gestiegenen Risiken durch neue Techniken beinhaltet, sodass insbesondere die Gefahr der Gesichtserkennung und der Erstellung umfangreicher Persönlichkeitsprofile in der Hand einzelner Personen hinreichend gewürdigt werden kann. Dabei darf diese Gefahr jedoch nicht überbewertet werden, solange es um den engen Privatbereich geht, da eine gesetzgeberische Intervention in dieser geschützten Sphäre guter Gründe bedarf, die Eingriffsintensität für Betroffene gering ist und das Datenschutzrecht ohnehin eingreift, sobald dieser Bereich verlassen wird.

Im Ergebnis könnte der Gesetzgeber deshalb für den Privatbereich im Sinne des Art. 2 Abs. 2 lit. c DSGVO am KUG festhalten, auch wenn dessen Aufhebung dank der Rückgriffsmöglichkeit auf das allgemeine Persönlichkeitsrecht keinen großen Schaden hinterließe. Praktisch betrifft dies jedoch nur Verbreitungshandlungen, während öffentliche Zurschaustellungen stets der DSGVO unterfallen.

II. Automatisierte Tätigkeit oder Speicherung in einem Dateisystem

Eine weitere Einschränkung des Anwendungsbereichs der DSGVO ergibt sich aus dem Erfordernis, dass es gemäß Art. 2 Abs. 1 DSGVO stets um Verarbeitungen personenbezogener Daten gehen muss, die ganz oder teilweise automatisiert erfolgen oder aber um solche, die zwar nichtautomatisiert ablaufen, sich aber auf Daten beziehen, die in einem Dateisystem gespeichert sind oder gespeichert werden sollen.

613 So etwa im Fall des *LG Frankfurt a.M.*, Beschl. v. 28.5.2015 – 2-03 O 452/14, MMR 2016, 482–483; vgl. auch Fall des *AG Düsseldorf*, Urt. v. 7.6.2016 – 137 Ds -70 Js 1831/16-63/16, MMR-Aktuell 2016, 379020: Hier hatte die verurteilte Schülerin zwar ein Bild ihres Lehrers öffentlich auf Facebook gepostet, sodass der private Bereich verlassen war, doch ist ein solcher Fall genauso gut mit bloßer Weitergabe des Bildes per WhatsApp o.ä. im privaten Umfeld denkbar.

Eine solche Differenzierung kennt das KUG nicht. Es gilt unabhängig von den Mitteln, die eingesetzt werden, um ein Bildnis zu verbreiten oder öffentlich zur Schau zu stellen. Ebenso wenig relevant ist, woher das Bildnis kommt und in welcher Form es gespeichert ist.

1. *Geringe Auswirkungen der Unterschiede in der Praxis*

Dennoch ergeben sich nur geringe Abweichungen vom Anwendungsbereich der DSGVO, da der Umgang mit digitalen Bildern – wie oben gezeigt – in der Regel automatisiert erfolgt oder die jeweiligen Bildersammlungen ein Dateisystem darstellen. Insofern ist der Anwendungsbereich der DSGVO nur bei analogen Bildern, die nicht Teil eines Dateisystems sind, nicht eröffnet, was in der Praxis nur noch einen geringen Anteil der Bilder betrifft. So nutzten beispielsweise im Jahr 2015 nur noch knapp 8% der Fotoamateure in Deutschland nicht-digitale Kameras.[614] In diesem kleinen Teilgebiet vermag die DSGVO es nicht, das KUG zu verdrängen.

2. *Sonderfall Printmedien*

Dies berücksichtigt jedoch noch nicht die zahlreichen Bildveröffentlichungen in Printmedien. Sofern die darin verwendeten Personenbilder nicht aufgrund der automatisiert erfolgenden Druck- und Vervielfältigungsprozesse als personenbezogene Daten angesehen werden, die automatisiert verarbeitet werden, fehlt es an dieser Voraussetzung, sodass die DSGVO nicht anwendbar wäre. Die praktischen Auswirkungen können jedoch aus zweierlei Gründen vernachlässigt werden: zum einen bieten die meisten Printmedien mittlerweile eine identische Online-Ausgabe an, in der sich digitale Bilder finden, sodass die Zulässigkeit der jeweiligen Verarbeitung im Online-Magazin an den Maßstäben der DSGVO zu messen ist, was dann zumindest faktisch auf die Printausgabe ausstrahlt. Zum anderen sind für Verarbeitungen zu journalistischen Zwecken gemäß Art. 85 DSGVO ohnehin Abweichungen und Ausnahmen von der DSGVO vorzusehen, was später noch eingehend erörtert wird. Etwaige Lücken in der Anwendbarkeit der DSGVO führen deshalb nicht zu einer spürbaren Absenkung des Schutzniveaus für Personenbilder in Printmedien.

Dennoch ist eine solche unterschiedliche Behandlung von Personenbildern, die letztlich wesentlich von der Art der Herstellung abhängt, im Hinblick auf Rechtssicherheit und einen möglichst einheitlichen Rechtsrahmen nicht erstrebenswert.

614 Statistik „Deutsche Fotoamateure nach hauptsächlich verwendeten Kamera-Typen von 2012 bis 2015 (in Millionen)" abrufbar unter: http://de.statista.com/statistik/daten/studie/171118/umfrage/am-meisten-benutzte-kamera-fuer-fotografie/.

3. *Unterschiede bei nicht-fotografischen Abbildungen*

An dem Merkmal der automatisierten Verarbeitung wird es außerdem bei den sonstigen künstlerischen Darstellungsformen, wie z. B. in Gemälden oder anderen Zeichnungen/Malereien, meist fehlen, zumal diese auch den üblichen Gesichtserkennungstechnologien nicht zugänglich sind. Es wurde aber bereits dargelegt, dass bei diesen schon der Informationscharakter und damit das Vorliegen eines personenbezogenen Datums zweifelhaft ist. Für solche Abbildungen verbleibt deshalb ebenfalls ein exklusiver Anwendungsbereich des KUG. Dies ist jedoch adäquat, weil dabei weniger die informationelle Selbstbestimmung im Vordergrund steht als generell das allgemeine Persönlichkeitsrecht.

4. *Abschließender Regelungscharakter der DSGVO*

Auch hier ist im Hinblick auf eine mögliche abschließende Regelungswirkung der DSGVO einzuwenden, dass die DSGVO nicht so verstanden werden sollte, dass die Mitgliedstaaten jegliche nichtautomatisierte Verarbeitung personenbezogener Daten, die nicht in einem Dateisystem gespeichert sind oder gespeichert werden sollen, ohne Einschränkungen hinnehmen müssten. Bei solchen Daten kann aufgrund der erschwerten Auswertungsmöglichkeiten, die mit viel Aufwand verbunden sind, nur eine geringe wirtschaftliche Relevanz und damit ein geringer Binnenmarktbezug angenommen werden, welcher bei der DSGVO aber stets im Vordergrund steht. Wohl aus diesem Grund sieht die DSGVO solche Daten als nicht einheitlich regelungsbedürftig an. Außerdem ist es schon verfassungsrechtlich geboten, solche Daten im Einzelfall nicht völlig ungeschützt zu lassen, da auch eine manuelle Datenverarbeitung gravierende Folgen haben kann. Es kann jedoch angemessen sein, für diese Fälle, in denen zumindest allgemein ein geringeres Gefahrenpotenzial besteht, nicht sämtliche Schutzinstrumente der DSGVO aufzufahren, weshalb die DSGVO ihren Anwendungsbereich einschränkt. Bei teleologischer Betrachtung ist deshalb davon auszugehen, dass die DSGVO rudimentäreren Regelungen nichtautomatisierter Verarbeitungen ohne Speicherung in einem Dateisystem nicht im Wege steht, sodass der Spielraum für das KUG eröffnet bleibt.

III. Fotos Verstorbener

Im Hinblick auf Bilder, die (mittlerweile) verstorbene Personen zeigen, bleibt ebenfalls ein Anwendungsbereich für das KUG erhalten. Zwar ergibt sich aus der Definition des personenbezogenen Datums in Art. 4 Nr. 1 DSGVO nicht eindeutig, ob unter einer natürlichen Person, auf die sich die jeweilige Information beziehen muss, nur lebende Personen zu verstehen sind. Allerdings ist jedenfalls im deutschen Recht anerkannt, dass die Rechtsfähigkeit einer Person vorbehaltlich der Fragen rund um den postmortalen Persönlichkeitsschutz mit ihrem Tod endet.[615] Gewichtiger ist

---

615 *Schmitt,* in: MüKo BGB, Band 1, § 1 Rn. 18.

aber noch die Tatsache, dass Erwägungsgrund 27 DSGVO ausdrücklich bestimmt, dass die Verordnung nicht für die Daten Verstorbener gilt.[616] Diese Feststellung ist kombiniert mit einer Öffnungsklausel, der zufolge die Mitgliedstaaten Vorschriften für die Verarbeitung der personenbezogenen Daten Verstorbener vorsehen können.

Da die DSGVO insofern eine Lücke hinterlässt, kann diese bildnisspezifisch durch das KUG gefüllt werden, wenn dieses den Umgang mit Bildnissen Verstorbener regelt. Aus § 22 S. 3 KUG ergibt sich deutlich, dass die Grundsätze des KUG für Bildnisse Verstorbener gelten sollen. Dieser Schutz unterliegt allerdings einer zeitlichen Grenze von 10 Jahren nach dem Tod des Abgebildeten. Solange diese Frist noch nicht abgelaufen ist, schützt das KUG Bildnisse von Lebenden und Verstorbenen in gleichem Maße. Einziger Unterschied ist, dass die Einwilligung nach dem Tod des Verstorbenen von dessen Angehörigen zu erteilen ist. Bis auf Weiteres bleibt das KUG deshalb in vollem Umfang anwendbar, soweit es um Bilder verstorbener Personen geht.

Im Gegensatz zu einigen anderen Öffnungsklauseln der DSGVO, die (nur) eine nähere Spezifizierung ihrer Vorschriften erlauben, besteht hier nicht die Notwendigkeit für den Gesetzgeber, sich an bestimmte Vorgaben zu halten oder das KUG ausdrücklich zur Anwendung zu berufen. Denn bei den anderen Öffnungsklauseln geht es um Fälle, die grundsätzlich durchaus von der DSGVO geregelt werden und in denen nur optional die Befugnis für bestimmte Abweichungen oder Spezifizierungen eingeräumt wird. Im Hinblick auf die Verarbeitung der Daten Verstorbener macht die DSGVO aber keinerlei Vorgaben, sondern ist von vornherein nicht anwendbar. Insoweit droht also kein Konflikt verschiedener Regelungen. Zwar können Wertungswidersprüche nicht gänzlich ausgeschlossen werden, falls das KUG die Daten Verstorbener im Einzelfall zum Teil besser schützt als die DSGVO die Daten lebender Personen. Dennoch läge eine solche Regelung noch im Ermessen des Gesetzgebers, der das KUG für die von der DSGVO nicht erfassten Bereiche als spezialgesetzlichen Bildnisschutz beibehalten kann, wenn er ihn in dieser Form noch für zeitgemäß hält.

IV. Ausnahme für Strafverfolgung und Gefahrenabwehr

Eine weitere zu beachtende Einschränkung des sachlichen Anwendungsbereichs der DSGVO ergibt sich aus Art. 2 Abs. 2 lit. d DSGVO. Demnach ist die Verordnung nicht anwendbar auf die Datenverarbeitung durch die zuständigen Behörden zum Zwecke der Verhütung, Ermittlung, Aufdeckung oder Verfolgung von Straftaten oder der Strafvollstreckung, einschließlich des Schutzes vor und der Abwehr von Gefahren für die öffentliche Sicherheit. Diese Lücke, die die Nichtanwendbarkeit der DSGVO hinterlässt, kann und muss zunächst durch das KUG geschlossen werden, da der Anwendungsvorrang der DSGVO gerade nicht gilt. Somit erweitert sich der Bereich, in dem das KUG nicht von der DSGVO verdrängt wird und in dem es eine eigenständige Bedeutung behalten kann.

616 *Schild,* in: BeckOK DSR, Art. 4 DS-GVO Rn. 12; *Ernst,* in: Paal/Pauly, DSGVO, Art. 4 Rn. 4; *Schreiber,* in: Plath, BDSG/DSGVO, Art. 4 DSGVO Rn. 6.

1. *Freibrief für Verarbeitung durch § 24 KUG*

Allerdings bestimmt § 24 KUG, dass Behörden für Zwecke der Rechtspflege und öffentlichen Sicherheit Bildnisse vervielfältigen, verbreiten und öffentlich zur Schau stellen dürfen, ohne eine Einwilligung des Berechtigten sowie des Abgebildeten oder seiner Angehörigen einholen zu müssen. Das KUG schränkt den Umgang mit Bildnissen durch Behörden zu den genannten Zwecken also in keiner Weise ein. Einzig der Grundsatz der Verhältnismäßigkeit ist zu beachten, da dieser bei jedem behördlichen Handeln gilt.[617] Rein faktisch ist deshalb die eigenständige Verbotswirkung des KUG in diesem Bereich erheblich reduziert. Betroffene sind jedoch trotz Nichtanwendbarkeit der DSGVO und weitgehender Freistellung durch § 24 KUG nicht schutzlos gestellt, da sich die Behörden an die jeweiligen Spezialgesetze halten müssen.[618] Dies erfordert insbesondere die Einhaltung der Zuständigkeiten und die Erfüllung der Voraussetzungen der zugrundeliegenden Ermächtigungsgrundlagen.[619] Ob entsprechende Verarbeitungshandlungen im Einzelfall zulässig sind, muss stets im Lichte des Rechts auf informationelle Selbstbestimmung und des Rechts am eigenen Bild beurteilt werden. Da die DSGVO hier nicht anwendbar ist, steht der Heranziehung der nationalen Grundrechtsmaßstäbe nichts im Wege.

2. *Auswirkungen der neuen RL 2016/680/EU*

Allerdings fällt § 24 KUG hier nicht in einen Bereich, der von Gemeinschaftsrecht völlig frei ist. Ab dem 6. Mai 2018 müssen sich Spezialgesetze zur Datenverarbeitung im Bereich der Strafverfolgung und -verhütung gemäß Art. 63 Abs. 1 RL 2016/680/EU an den Vorgaben dieser Richtlinie[620] messen lassen. Diese weist große Parallelen zur DSGVO auf und soll die Lücken schließen, die Art. 2 Abs. 2 lit. d DSGVO hinterlässt. Als Richtlinie räumt sie den Mitgliedstaaten naturgemäß einen gewissen Umsetzungsspielraum ein, dennoch genießen auch ihre Regelungen den Anwendungsvorrang des Gemeinschaftsrechts. Nationale Vorschriften, die in Umsetzung der Richtlinie erlassen werden, dürfen ihr deshalb nicht zuwiderlaufen.

---

617 *Dreyer,* in: Dreyer/Kotthoff/Meckel, § 24 KUG Rn. 5; *Engels,* in: Möhring/Nicolini, Urheberrecht, § 24 KUG Rn. 5; *Kröner,* in: Paschke/Berlit/Meyer, 32. Abschnitt Rn. 80; *von Strobl-Albeg,* in: Wenzel, Kapitel 8 Rn. 108; *Prinz/Peters,* Rn. 883; kritisch: *Helle,* S. 200 f.

618 *Specht,* in: Dreier/Schulze, § 24 KUG Rn. 2; *Engels,* in: Möhring/Nicolini, § 24 KUG Rn. 2; *Helle,* S. 202.

619 *Engels,* in: Möhring/Nicolini, § 24 KUG Rn. 7.

620 Richtlinie (EU) 2016/680 des Europäischen Parlaments und des Rates vom 27. April 2016 zum Schutz natürlicher Personen bei der Verarbeitung personenbezogener Daten durch die zuständigen Behörden zum Zwecke der Verhütung, Ermittlung, Aufdeckung oder Verfolgung von Straftaten oder der Strafvollstreckung sowie zum freien Datenverkehr und zur Aufhebung des Rahmenbeschlusses 2008/977/JI des Rates.

a) Anwendungsbereich der Richtlinie

Hinsichtlich der wirksamen justiziellen Zusammenarbeit in Strafsachen und der polizeilichen Zusammenarbeit bezweckt diese Richtlinie ausweislich ihres siebten Erwägungsgrundes, ein einheitliches und hohes Schutzniveau für die personenbezogenen Daten natürlicher Personen zu gewährleisten und außerdem den Austausch personenbezogener Daten zwischen den zuständigen Behörden der Mitgliedstaaten zu erleichtern. Gemäß Art. 2 Abs. 1 i.V.m. Art. 1 Abs. 1 S. 1 RL 2016/680/EU erstreckt sich ihr Anwendungsbereich auf Verarbeitungen personenbezogener Daten durch die zuständigen Behörden zum Zwecke der Verhütung, Ermittlung, Aufdeckung oder Verfolgung von Straftaten oder der Strafvollstreckung, einschließlich des Schutzes vor und der Abwehr von Gefahren für die öffentliche Sicherheit. Sie enthält umfangreiche Vorgaben, die deutlich näher an denen der DSGVO liegen als an der knappen Regelung des KUG.

Grundsätzlich soll die Verarbeitung gemäß Art. 8 RL 2016/680/EU rechtmäßig sein, wenn und soweit sie für die Erfüllung einer Aufgabe erforderlich ist, die von der zuständigen Behörde zu den soeben benannten Zwecken wahrgenommen wird, und sie auf Grundlage des Unionsrechts oder des Rechts der Mitgliedstaaten erfolgt. Die Einzelheiten dieser Richtlinie sollen hier jedoch nicht im Detail dargestellt werden, da sie sich auf den Spezialbereich der Strafverfolgung und öffentlichen Sicherheit beschränken.

b) § 24 KUG als partielle Umsetzung der Richtlinie zur Rechtmäßigkeit der Verarbeitung

Stattdessen ist nur zu klären, inwiefern § 24 KUG das Potenzial hat, als Umsetzungsvorschrift dieser Richtlinie nach Ablauf der Umsetzungsfrist weiterhin anwendbar zu sein.

In Übereinstimmung mit Art. 8 Abs. 1 RL 2016/680/EU regelt § 24 KUG Verwendungen von Bildnissen für Zwecke der Rechtspflege und öffentlichen Sicherheit, worunter vor allem die Strafverfolgung und die Gefahrenabwehr verstanden werden.[621] Weiterhin räumt § 24 KUG nur den zuständigen Behörden die Erlaubnis zur Bildnisverwendung ein,[622] was sich ebenfalls im Rahmen von Art. 8 Abs. 1 RL 2016/680/EU bewegt. Nicht ausdrücklich festgelegt ist in § 24 KUG, dass die Bildnisverwendung nur erfolgen darf, wenn dies erforderlich ist, um die Aufgabe der Strafverfolgung oder Gefahrenabwehr zu erfüllen. Eine solche Einschränkung ergibt sich aber bei Auslegung von § 24 KUG unter Heranziehung des für alle Behörden

621 *Specht,* in: Dreier/Schulze, UrhG, § 24 KUG Rn. 1; *Fricke,* in: Wandtke/Bullinger, § 24 KUG Rn. 2.

622 *Specht,* in: Dreier/Schulze, § 24 KUG Rn. 6; *Dreyer,* in: Dreyer/Kotthoff/Meckel, § 24 KUG Rn. 4; *Kröner,* in: Paschke/Berlit/Meyer, 32. Abschnitt Rn. 80; *Götting,* in: Schricker/Loewenheim, § 60/§ 24 KUG Rn. 5.

geltenden Verhältnismäßigkeitsgrundsatzes.[623] Die Behörde muss im Einzelfall nicht nur zuständig sein und zum Zwecke der Rechtspflege oder öffentlichen Sicherheit handeln,[624] sondern sie darf Bildnisse auch nur dann verwenden, wenn dies zur Wahrnehmung ihrer Aufgabe erforderlich ist, was sich wiederum mit Art. 8 Abs. 1 RL 2016/680/EU deckt. Soweit es für die Behörde mildere gleich geeignete Mittel zur Erfüllung ihrer Aufgaben gibt, wäre der Eingriff in das grundrechtlich geschützte Recht am eigenen Bild, der in der behördlichen Bildnisverwendung liegt, nicht erforderlich, damit unverhältnismäßig und nicht gerechtfertigt. Dies gilt auch vor dem Hintergrund, dass § 24 KUG bereits eine gesetzgeberische Vorentscheidung zugunsten der Zulässigkeit der Bildnisverwendung bei Verfolgung der von ihm erfassten Zwecke enthält,[625] da dies die Abwägung im Einzelfall nicht abbedingen kann, die grundrechtlich zwingend geboten ist.[626]

Darüber hinaus stellt Art. 8 Abs. 2 RL 2016/680/EU Anforderungen an die nationalen Umsetzungsvorschriften auf. Demnach müssen zumindest die Ziele der Verarbeitung, die personenbezogenen Daten, die verarbeitet werden sollen, und die Zwecke der Verarbeitung angegeben werden. Dem wird § 24 KUG aber ohne Weiteres gerecht. Die zu verarbeitenden Daten sind Bilddaten und die Zwecke der Verarbeitung sind Rechtspflege und öffentliche Sicherheit. Sofern unter den Zielen der Verarbeitung noch etwas anderes zu verstehen ist als unter den Zwecken der Verarbeitung, was die gesonderte Aufzählung in Art. 8 Abs. 2 RL 2016/680/EU nahelegt, ergeben sich die Ziele der Verarbeitung aus der jeweiligen Ermächtigungsgrundlage, die ergänzend heranzuziehen ist und die das Ziel vorgibt, das durch die Bildnisverwendung erreicht werden soll. Dies kann beispielsweise die Identifizierung eines Verdächtigen oder das Auffinden eines flüchtigen Täters im Rahmen einer Fahndung sein. Im Übrigen benennt § 24 KUG auch die zulässigen Arten der Verarbeitung, nämlich die Vervielfältigung, Verbreitung und öffentliche Zurschaustellung. Diese Handlungsarten-Trias ist sehr umfangreich und deckt die meisten denkbaren Arten der Verarbeitung im Sinne des Art. 3 Nr. 2 RL 2016/680/EU ab. Dies gilt umso mehr, als § 24 KUG auch auf das Anfertigen des Bildnisses entsprechend anwendbar sein soll.[627] Dafür spricht, dass der Akt des Anfertigens zwar eine eigenständige Eingriffsqualität besitzt, da durch ihn die Bilddaten überhaupt

623 *Engels,* in: Möhring/Nicolini, Urheberrecht, § 24 KUG Rn. 5; *Amelung,* in: Raue/Hegemann, Urheber- und Medienrecht, § 14 Rn. 90.

624 Vgl. zu den geplanten Umsetzungsvorschriften im BDSG-E: BR-Drs. 110/17, S. 113 [Gesetzentwurf der Bundesregierung: Entwurf eines Gesetzes zur Anpassung des Datenschutzrechts an die Verordnung (EU) 2016/679 und zur Umsetzung der Richtlinie (EU) 2016/680].

625 *Helle,* S. 200.

626 *von Strobl-Albeg,* in: Wenzel, Kapitel 8 Rn. 107 f.

627 *BGH,* Urt. v. 12.8.1975 – 1 StR 42/75, NJW 1975, 2075, 2076; *Specht,* in: Dreier/Schulze § 24 KUG Rn. 3; *Engels,* in: Möhring/Nicolini, § 24 KUG Rn. 9; *Götting,* in: Schricker/Loewenheim, § 60/§ 24 KUG Rn. 9; *Fricke,* in: Wandtke/Bullinger, § 24 KUG Rn. 4.

erst fixiert werden, dass diese aber nicht schwerwiegender ist als die erlaubte Handlung der öffentlichen Zurschaustellung.

c) Spezielle formelle Anforderungen an Umsetzungsvorschriften

Genügt § 24 KUG also den Anforderungen des Art. 8 RL 2016/680/EU, ergeben sich weitere Erfordernisse für die Umsetzung der Richtlinie aus Art. 63 Abs. 1 RL 2016/680/EU. So müssen die Mitgliedstaaten gemäß Art. 63 Abs. 1 UAbs. 1 S. 2 RL 2016/680/EU der Kommission unverzüglich den Wortlaut der Vorschriften mitteilen, die sie erlassen haben, um der Richtlinie nachzukommen. Außerdem sind diese gemäß Art. 63 Abs. 1 UAbs. 1 S. 3 RL 2016/680/EU erst ab dem 6. Mai 2018 anzuwenden.

aa) Erforderlichkeit des Erlasses neuer Vorschriften

Insoweit geht die Richtlinie also davon aus, dass die Umsetzung im nationalen Recht durch neu zu erlassende Regelungen geschieht. Dennoch ist nicht ersichtlich, warum bereits bestehende Regelungen, die den Anforderungen der Richtlinie gerecht werden, nicht ebenfalls zur Umsetzung beibehalten werden dürfen sollten. Würde ein zwingender vollständiger Neuerlass gefordert, wäre dies ein überflüssiger Formalismus. Dafür spricht auch die Formulierung, dass die Mitgliedstaaten, diejenigen Rechts- und Verwaltungsvorschriften erlassen und veröffentlichen, „die erforderlich sind, um dieser Richtlinie nachzukommen". Bestehen bereits nationale Regelungen, die den Anforderungen der Richtlinie entsprechen, ist es nicht mehr erforderlich im Sinne des Art. 63 Abs. 1 UAbs. 1 S. 1 RL 2016/680/EU, neue Vorschriften zu erlassen. Dazu kommt, dass Art. 288 Abs. 3 AEUV den Mitgliedstaaten die Wahl der Form und der Mittel zur Erreichung des Ziels der Richtlinie überlässt.[628]

bb) Mitteilungspflicht und Zitiergebot

Außerdem ist durch zweierlei Vorkehrungen dafür Sorge getragen, dass der Gesetzgeber sich mit bestehenden Normen auseinandersetzt und diese auf Richtlinienkonformität überprüft, sofern er sie beibehalten möchte. Zum einen wird dies durch die angesprochene Mitteilungspflicht gegenüber der Kommission gewährleistet, weil dies ein aktives Tätigwerden und eine Befassung mit den jeweiligen Normen erfordert. Zum anderen verlangt Art. 63 Abs. 1 UAbs. 2 RL 2016/680/EU, dass die Mitgliedstaaten bei Erlass der die Richtlinie umsetzenden Vorschriften in diesen selbst oder durch einen Hinweis bei der amtlichen Veröffentlichung auf die Richtlinie Bezug nehmen. Dieses Zitiergebot ist seit einer Einigung zwischen Rat und Kommission Bestandteil jeder Richtlinie.[629] In der Regel wird dieses erfüllt, indem eine Fußnote zur Überschrift des Gesetzes oder zur einzelnen Norm eingefügt wird.[630] Eine andere gängige Variante ist die Nennung der Richtlinie in der Überschrift des

628 Vgl. *EuGH*, Urt. v. 16.6.2005, Rs. C-456/03, BeckEuRS 2005, 403101, Rn. 51.
629 *BMJ*, Handbuch der Rechtsförmlichkeit, Rn. 308.
630 *BMJ*, Handbuch der Rechtsförmlichkeit, Rn. 310.

Gesetzes.[631] Beides findet sich bei § 24 KUG nicht, da dieser aus einer Zeit stammt, in der es die RL 2016/680/EU noch lange nicht gab.

Im Hinblick auf die Beibehaltung bestehenden Rechts – anstatt des Neuerlasses –, das eine solche Bezugnahme naturgemäß nicht enthält, müsste der Gesetzgeber deshalb einen entsprechenden Hinweis oder eine Ergänzung in der jeweiligen Norm aufnehmen. Diese Anforderungen erfüllt § 24 KUG bisher nicht, jedoch wäre es für den Gesetzgeber ohne weiteres möglich, dies bis zum 6. Mai 2018 noch zu ändern. Im Übrigen soll es dafür aber auch ausreichen, dass ein Fußnotenhinweis eingefügt wird, wenn das bestehende Gesetz neu bekanntgemacht oder geändert wird.[632] Dies würde also vorerst keine Bezugnahme des § 24 KUG auf die Richtlinie erfordern.

d) Rechtsfolge bei Nichteinhaltung der Vorgaben des Art. 63 Abs. 1 RL 2016/680/EU

Sollte der Gesetzgeber dies jedoch nicht tun, ist unklar, was dies für die weitere Anwendbarkeit von § 24 KUG bedeutet, da die RL 2016/680/EU für diesen Fall keine Sanktion bestimmt. Es gäbe dann zwar ein gewisses Umsetzungsdefizit, allerdings ist nicht anzunehmen, dass diese Voraussetzungen für die Wirksamkeit der Umsetzungsnormen konstitutiv sein sollen.[633] Sie dienen hauptsächlich dem Zweck, der Kommission einen Überblick über das nationale Regelungsgeflecht zu ermöglichen, damit diese als Hüterin der Verträge (vgl. Art. 17 Abs. 1 EUV) darüber wachen kann, ob die Richtlinie hinreichend umgesetzt wird.[634] Die Pflicht der Bezugnahme auf die Richtlinie soll zudem den Rechtsanwendern bewusst machen, dass es sich um gemeinschaftsrechtlich vorgeprägtes Recht handelt, das im Lichte der Richtlinie auszulegen ist und dessen Interpretation bei Unklarheiten der Auslegungshoheit des *EuGH* unterliegt, der dann im Wege des Vorabentscheidungsverfahrens gemäß Art. 267 AEUV zu konsultieren ist.[635] Daneben geht es um eine transparentere Gestaltung der europäischen Rechtsangleichung für die Öffentlichkeit.[636]

All diese Zwecke sind durchaus gewichtig, führen aber nicht per se zu einer Unwirksamkeit der nationalen Umsetzungsvorschrift. Stattdessen stellt die Verletzung der Mitteilungspflicht – sowohl bei Unterlassen jeglicher Meldung als auch

---

631 *BMJ,* Handbuch der Rechtsförmlichkeit, Rn. 312.
632 *BMJ,* Handbuch der Rechtsförmlichkeit, Rn. 314.
633 Vgl. *Ohler,* Art. 11 ÜberweisungsRL Rn. 4.
634 *EuGH,* Urt. v. 11.6.2015 – Rs. C-29/14, BeckEuRS 2015, 432890, Rn. 33; noch zur DS-RL *Brühann,* in: Grabitz/Hilf, Art. 32 RL 95/46/EG Rn. 7 f.; vgl. auch *Ohler,* Art. 11 ÜberweisungsRL Rn. 5.
635 S. auch *Ohler,* Art. 11 ÜberweisungsRL Rn. 4.
636 Noch zur DS-RL *Brühann,* in: Grabitz/Hilf, Art. 32 RL 95/46/EG Rn. 7 f.

bei Mitteilung nicht ausreichend klarer und genauer Informationen – eine Vertragsverletzung des Mitgliedstaats dar, die die Eröffnung eines Vertragsverletzungsverfahrens gemäß Art. 258 AEUV rechtfertigen kann.[637]

e) Gesetzgebungskompetenz

Fraglich ist außerdem, ob die etwaige Beibehaltung von § 24 KUG der Gesetzgebungskompetenz des Bundes oder der der Länder unterfällt. Das Gefahrenabwehrrecht und damit die Bildnisverwendungen zu Zwecken der öffentlichen Sicherheit unterliegen traditionell der Länderkompetenz.[638] Strafprozessuale Regelungen, die nicht nur den gerichtlichen Strafprozess umfassen, sondern auch entsprechende polizeiliche Ermittlungsverfahren, fallen dagegen unter die konkurrierende Gesetzgebungskompetenz des Bundes gemäß Art. 74 Abs. 1 Nr. 1 GG.[639] § 24 KUG hat Verbindungen zu beiden Bereichen. Allerdings ist zu berücksichtigen, dass § 24 KUG gerade nicht die Ermächtigungsnormen für Eingriffsbefugnisse der Behörden ersetzt, sondern nur das Persönlichkeitsrecht einschränkt.[640] Deshalb richtet sich die Schaffung oder Änderung der nötigen Ermächtigungsgrundlagen, in denen festgelegt wird, was die Behörden im Einzelnen dürfen, nach der dargestellten Kompetenzverteilung, während § 24 KUG weiterhin der Kompetenz des Bundes unterliegt. Erst wenn § 24 KUG als eigenständige Erlaubnisgrundlage für eine Datenverarbeitung im Sinne der DSGVO angesehen werden soll, ohne dass es auf andere Ermächtigungsgrundlagen ankommt, müssten die unterschiedlichen Kompetenzen für öffentliche Sicherheit und Rechtspflege wieder beachtet werden, sodass sowohl der Bund als auch die Länder für eine Beibehaltung des § 24 KUG tätig werden müssten.

f) Ergebnis

Festzuhalten ist somit, dass § 24 KUG grundsätzlich geeignet ist, als bildnisspezifische partielle Umsetzung der Richtlinienvorgaben zu dienen, obwohl er keine Hürden für den Umgang mit Bildnissen zu diesen Zwecken aufstellt, sondern nur deren Zulässigkeit festschreibt. In diesem Bereich der Strafverfolgung und Gefahrenabwehr ist die DSGVO nicht anwendbar, sodass stattdessen der Vorrang der RL 2016/680/EU zu beachten ist, an der § 24 KUG zu messen ist. Das gleiche gilt für die spezialgesetzlichen Ermächtigungsgrundlagen, die die Ziele der Datenverarbeitung konkret bestimmen und die konkrete Aufgabe im Bereich der Strafverfolgung oder Gefahrenabwehr zuweisen. Will der Gesetzgeber § 24 KUG als Umsetzungsnorm einsetzen, muss er dies jedoch unverzüglich der Kommission mitteilen und spätestens bei einer Neubekanntmachung oder Änderung der Vorschrift müsste auch ein Hinweis auf die umzusetzende Richtlinie aufgenommen werden.

---

637 *EuGH*, Urt. v. 11.6.2015 – Rs. C-29/14, BeckEuRS 2015, 432890, Rn. 33; *EuGH*, Urt. v. 16.6.2005 – Rs. C-456/03, BeckEuRS 2005, 403101, Rn. 27.

638 *Helle*, S. 202.

639 *Maunz*, in: Maunz/Dürig, GG, Art. 74 Rn. 79 ff.

640 *Specht*, in: Dreier/Schulze, § 24 KUG Rn. 2; *Helle*, S. 202.

g) *Sinnhaftigkeit des Fortbestands von § 24 KUG*

Unabhängig von der Möglichkeit der Beibehaltung des § 24 KUG in diesem Rahmen ist deren Sinnhaftigkeit jedoch höchst zweifelhaft. § 24 KUG ist insgesamt eine relativ rudimentäre Regelung, die letztlich einer Ergänzung durch eine weitere Ermächtigungsgrundlage bedarf, um das behördliche Handeln rechtfertigen zu können. Der Gesetzgeber wird außerdem ohnehin für die sonstigen personenbezogenen Daten, die außerhalb von Bildnissen von den Strafverfolgungs- und Gefahrenabwehrbehörden verarbeitet werden, eigenständige Rechtsgrundlagen für die Verarbeitung erlassen müssen, um die Richtlinie 2016/680/EU umzusetzen. Diese Aufgabe soll nach aktuellem Stand Teil 3 BDSG-E[641] übernehmen, in dem vom KUG jedoch keine Rede ist. Das KUG könnte allenfalls bildnisspezifisch aufgrund der Subsidiaritätsklausel in § 1 Abs. 2 S. 1 BDSG-E fortgelten und neben diesen Regelungen zur Anwendung kommen. Dennoch ist eine einheitliche Rechtsgrundlage für die Verarbeitung personenbezogener Daten für den Rechtsanwender leichter zu handhaben und sorgt für eine übersichtlichere Rechtslage. Dabei könnten sämtliche Vorgaben in der fachspezifischen Ermächtigungsgrundlage gebündelt werden, die zugleich Zuständigkeiten und Aufgaben regelt. Hierfür besteht außerdem eine klare Verteilung der Gesetzgebungskompetenzen.

Auch wenn das Recht am eigenen Bild als spezielle Ausprägung des allgemeinen Persönlichkeitsrechts verfassungsrechtlich anerkannt ist, erfordert dies nicht zwingend eine bildnisspezifische Sonderregelung. Einem möglicherweise gesteigerten Risiko für den Betroffenen kann durch Interessenabwägungen oder die Grenze der Verhältnismäßigkeit noch hinreichend Rechnung getragen werden, sodass nicht ersichtlich ist, warum an der Spezialregelung festgehalten werden müsste.

Deshalb wäre es vorteilhaft, im Zuge der Umsetzung der RL 2016/680/EU den Sonderstatus der Bildnisse durch eine Aufhebung des § 24 KUG zu beseitigen und die nötigen Maßstäbe für den Bildnisschutz in den sonstigen Umsetzungsnormen für die Verarbeitung personenbezogener Daten zu implementieren. Dass dann in einer Bildnisverwendung keine Verletzung des Persönlichkeitsrechts mehr liegen kann, die zivilrechtliche Unterlassungs- und Schadensersatzansprüche auslöst, ergibt sich aus der Rechtmäßigkeit der Datenverarbeitung aufgrund der jeweiligen Ermächtigungsgrundlage. Ein Bedürfnis für eine Art Doppeltürmodell, welches der Gesetzgeber beispielsweise bei der Neuregelung der Bestandsdatenauskunft in § 113 Abs. 2 S. 1 TKG verankert hat,[642] gibt es hier nicht, da einziger Akteur die handelnde Behörde ist. Selbst wenn die Behörde sich Dritter bedient, um ihre Aufgabe zu erfüllen, bleibt sie grundsätzlich Verantwortlicher für die Datenverarbeitung und kann sich dabei

641 BR-Drs. 110/17 [Gesetzentwurf der Bundesregierung: Entwurf eines Gesetzes zur Anpassung des Datenschutzrechts an die Verordnung (EU) 2016/679 und zur Umsetzung der Richtlinie (EU) 2016/680].

642 Entwurf eines Gesetzes zur Änderung des Telekommunikationsgesetzes und zur Neuregelung der Bestandsdatenauskunft, BT-Drs. 17/12034, S. 12; s. auch *BVerfG*, Beschl. v. 24.1.2012 – 1 BvR 1299/05, NJW 2012, 1419, 1423.

auf die jeweilige Rechtsgrundlage stützen. Klassischer Anwendungsfall dafür ist die Weitergabe von Bildnissen an die Medien im Rahmen einer Fahndung, da diese im Gegensatz zu den Behörden über die effektiveren Verbreitungswege verfügen, was aber bisher auch schon von § 24 KUG erfasst sein sollte.[643]

V. Ergebnis

Im sachlichen Anwendungsbereich der DSGVO gibt es einige Beschränkungen, die sich aus Art. 2 DSGVO ergeben und die keine Entsprechung im KUG finden. Somit bleibt dem KUG in kleinen Randbereichen ein Spielraum für eine eigenständige Fortgeltung. Dies betrifft Verbreitungshandlungen im Privatbereich, die der Haushaltsausnahme der DSGVO unterfallen, den Umgang mit analogen Fotos, die nicht in einem Dateisystem gespeichert sind, sämtliche Aufnahmen Verstorbener und in den aufgezeigten Grenzen die Verwendung von Bildnissen durch Behörden, wobei § 24 KUG insoweit ohnehin keine besonderen Hürden aufbaut. Zwar kann § 24 KUG hier nach dem Ermessen des nationalen Gesetzgebers in Umsetzung der Richtlinie 2016/680/EU einen neuen Anwendungsbefehl erhalten, allerdings ist zu empfehlen, darauf im Sinne eines einheitlichen datenschutzrechtlichen Rahmens zu verzichten.

E. Unterschiede im räumlichen Anwendungsbereich

Konnten somit die Unterschiede im sachlichen Anwendungsbereich eruiert werden, müssen noch die räumlichen Anwendungsbereiche der Normen verglichen werden, da ein Anwendungsvorrang der DSGVO nur bei völliger Tatbestandskongruenz besteht. Soweit der territoriale Anwendungsbereich des KUG über den der DSGVO hinausgeht, kann das KUG vollumfänglich zur Anwendung gebracht werden.

I. Deliktsstatut für KUG

Grundsätzlich ist der Schutz des KUG in räumlicher Hinsicht auf das Gebiet der Bundesrepublik Deutschland beschränkt.[644] Eine spezielle Einschränkung oder Ausweitung des räumlichen Geltungsbereichs enthält es nicht. Durch das Kollisionsrecht kann es jedoch zum Teil auch dann zur Anwendung kommen, wenn es um Sachverhalte geht, die sich außerhalb des Bundesgebietes ereignen. Das KUG gehört mit seinen Regelungen über die Einschränkungen beim Umgang mit Bildnissen zum Recht der unerlaubten Handlungen.[645] Wann es als nationales materielles Recht bei

---

643 *LG Köln,* Urt. v. 21.4.2004 – 28 O 141/04, ZUM 2004, 495, 497; *Schertz,* in: Loewenheim, Handbuch des Urheberrechts, § 18 Rn. 64; *Amelung,* in: Raue/Hegemann, Urheber- und Medienrecht, § 14 Rn. 91; *Fricke,* in: Wandtke/Bullinger, § 24 KUG Rn. 3; *Schiffbauer,* NJW 2014, 1052, 1055; offen gelassen in *OLG Frankfurt,* Urt. v. 24. 9. 1970 – 6 U 41/70, NJW 1971, 47, 49.

644 *V. Gamm,* UrhG, Einf. Rn. 107; *von Strobl-Albeg,* in: Wenzel, Kapitel 7 Rn. 46.

645 S. schon *OLG Oldenburg,* Urt. v. 14.11.1988 – 13 U 72/88, NJW 1989, 400, 401

der Beurteilung von Bildnisverletzungen zur Anwendung kommt, bestimmt sich nach dem Internationalen Privatrecht, das am Ort des angerufenen Gerichts gilt.[646] Spezialgesetzliche Kollisionsregeln finden sich im KUG nicht. Da es sich insofern um ein außervertragliches Schuldverhältnis in Zivilsachen handelt, muss gemäß Art. 1 Abs. 1 S. 1 Rom II-VO das anzuwendende Recht nach der Rom II-VO bestimmt werden, soweit es um einen grenzüberschreitenden Sachverhalt geht. Allerdings enthält Art. 1 Abs. 2 lit. g Rom II-VO eine Ausnahme für außervertragliche Schuldverhältnisse aus der Verletzung der Privatsphäre oder der Persönlichkeitsrechte.[647] Da das KUG solche außervertraglichen Schuldverhältnisse aus der Verletzung von Persönlichkeitsrechten regelt, erfordert dies im Ergebnis einen Rückgriff auf Art. 40 EGBGB.[648]

1. Recht des Handlungsorts

Gemäß Art. 40 Abs. 1 S. 1 EGBGB ist grundsätzlich das Recht des Handlungsorts anzuwenden. Handlungsort ist der Ort, an dem die rechtsverletzende Handlung ausgeführt wurde, wobei bloße Vorbereitungshandlungen außer Betracht bleiben müssen.[649] Bei Delikten, die im Internet begangen werden, soll Handlungsort der Ort sein, an dem der betreffende Inhalt ins Netz eingespeist wird.[650] Im Hinblick auf Medien-/Presseunternehmen wird insoweit regelmäßig auf den Unternehmenssitz beziehungsweise den Verlagsort abgestellt.[651] Bei Presseerzeugnissen ist im Offline-Bereich als Handlungsort der Erscheinungsort des Druckwerkes oder der Verlagsort maßgeblich.[652] Gelegentlich wird jedoch auch vorgeschlagen, auf den Ort des gewöhnlichen Aufenthalts des Handelnden abzustellen oder zumindest von einer Vermutung für ein Handeln am gewöhnlichen Aufenthaltsort beziehungsweise am Ort der Niederlassung auszugehen.[653] Hiernach kann das KUG also nur zur Anwendung kommen, wenn die Verletzungshandlung innerhalb des deutschen Staatsgebietes vorgenommen wird.

---

646 *Von Strobl-Albeg*, in: Wenzel, Kapitel 7 Rn. 47.

647 *Specht*, in: Dreier/Schulze, § 50 KUG, Rn. 30; *Junker*, in: MüKo BGB, Band 10, Art. 1 Rom II-VO Rn. 43.

648 *Specht*, in: Dreier/Schulze, § 50 KUG, Rn. 30; *Wurmnest*, in: jurisPK-BGB, Art. 40 EGBGB Rn. 7; *Junker*, in: MüKo BGB, Band 10, Art. 1 Rom II-VO Rn. 43.

649 *Fornasier*, in: BeckOGK EGBGB, Art. 40 Rn. 70; *Spickhoff*, in: BeckOK BGB, Art. 40 EGBGB Rn. 38; *Sonnenberger*, in: FS Henrich, S. 583; *Bachmann*, IPrax 1998, 179, 181; a.A. hinsichtlich der Vorbereitungshandlungen *Mankowski*, RabelsZ 1999, 203, 263 f.

650 *Fornasier*, in: BeckOGK EGBGB, Art. 40 Rn. 71; *Spickhoff*, in: BeckOK BGB, Art. 40 EGBGB Rn. 42; *Dörner*, in: Schulze, BGB, Art. 40 EGBGB Rn. 8; *Weller/Nordmeier*, in: Spindler/Schuster, Art. 40 EGBGB Rn. 10; *von Hoffmann*, in: Staudinger, BGB, Art. 40 EGBGB Rn. 18; *Bachmann*, IPrax 1998, 179, 182; *Mankowski*, RabelsZ 1999, 203, 257.

651 *Spickhoff*, in: BeckOK BGB, Art. 40 EGBGB Rn. 38; *Heiderhoff*, *S.* 57.

652 *BGH*, Urt. v. 19.12.1995 – VI ZR 15/95, NJW 1996, 1128, 1128 – Caroline von Monaco II, *Spickhoff*, in: BeckOK BGB, Art. 40 EGBGB Rn. 38.

653 *Junker*, in: MüKo BGB, Band 11, Art. 40 EGBGB Rn. 75; *Mankowski*, RabelsZ 1999, 203, 266.

2. *Wahlweise Recht des Erfolgsorts*

Nach Wahl des Verletzten kann jedoch alternativ das Recht des Erfolgsorts herangezogen werden, Art. 40 Abs. 1 S. 2 EGBGB. Dies ist generell der Ort, an dem die Rechtsguts-/Rechtsverletzung eintritt.[654] Dadurch wird es möglich, dass das KUG gilt, wenn die rechtsverletzende Handlung nicht auf deutschem Staatsgebiet vorgenommen wird, sondern nur der Erfolg dort eintritt.

a) Ort der bestimmungsgemäßen Abrufbarkeit

Dies ist beim Umgang mit Bildern und damit für das KUG von besonderer Bedeutung, da bei Persönlichkeitsrechtsverletzungen im Internet jeder Ort Erfolgsort sein soll, an dem die jeweilige Internetseite bestimmungsgemäß abgerufen werden kann.[655] Deshalb kann aus kollisionsrechtlicher Sicht das KUG zum Beispiel auch für Veröffentlichungen von Bildnissen in sozialen Netzwerken zur Anwendung kommen, selbst wenn das Netzwerk nicht über eine deutsche Niederlassung betrieben wird, sofern es in Deutschland bestimmungsgemäß zugänglich ist. Für entsprechende Verwendungen auf anderen Webseiten gilt das in gleichem Maße.

Zum Teil wird sogar ohne eine Einschränkung durch das Kriterium des bestimmungsgemäßen Abrufs ein Erfolgsort überall dort bejaht, wo der jeweilige Inhalt abgerufen wird.[656] Aufgrund der globalen Zugänglichkeit des Internets müsste ein Anbieter von Inhalten im Internet vorsorglich sämtliche Rechtsordnungen der Welt beachten und sich an der strengsten orientieren, um sich keinen Risiken auszusetzen.[657] In Anbetracht des Aufwands, der mit der Ermittlung der Rechtslage nach sämtlichen Rechtsordnungen verbunden ist, müsste dies praktisch meist dazu führen, dass von einer Nutzung des Internets als Kommunikationskanal Abstand genommen wird.

b) Erfolgsort am Mittelpunkt der Interessen

Allerdings werden bei Rechtsverletzungen im Internet auch andere Kriterien zur Bestimmung des Erfolgsorts diskutiert, wobei sich entsprechende Erörterungen meistens in der vorgelagerten Frage der Gerichtszuständigkeit finden. So soll ein Erfolgsort

---

654 *BGH,* Urt. v. 2.3.2010 – VI ZR 23/09, GRUR 2010, 461, 462 – The New York Times; *Bachmann,* IPrax 1998, 179, 181.

655 *LG Nürnberg-Fürth,* Beschl. v. 6.2.2009 – 11 O 762/09, AfP 2009, 177, 178; *Specht,* in: Dreier/Schulze, § 50 KUG Rn. 30; *Fornasier,* in: BeckOGK EGBGB, Art. 40 Rn. 74; *Spickhoff,* in: BeckOK BGB, Art. 40 EGBGB Rn. 43; im Hinblick auf wettbewerbswidrige unerlaubte Handlungen *LG Düsseldorf,* Urt. v. 4.4.1997 – 34 O 191/96, NJW-RR 1998, 979, 980.

656 *Bachmann,* IPrax 1998, 179, 184; *Mankowski,* RabelsZ 1999, 203, 269.

657 *Mankowski,* RabelsZ 1999, 203, 270.

dort gegeben sein, wo die betroffene Person den Mittelpunkt ihrer Interessen hat.[658] Dies entspricht zwar meistens ihrem gewöhnlichen Aufenthaltsort, doch sind Abweichungen möglich, wenn es Indizien wie z. B. die Ausübung einer beruflichen Tätigkeit dafür gibt, dass zu einem anderen Ort engere Beziehungen bestehen.[659]

c) Erfordernis eines deutlichen objektiven Inlandsbezugs

Wiederum eine andere Ansicht in der Rechtsprechung lehnt das Kriterium des bestimmungsgemäßen Abrufs bei Persönlichkeitsrechtsverletzungen als ungeeignet ab und fordert stattdessen einen deutlichen objektiven Inlandsbezug der rechtsverletzenden Inhalte dergestalt, dass nach den Umständen des betroffenen Einzelfalls eine Kollision der widerstreitenden Interessen im Inland tatsächlich eingetreten ist oder eintreten kann.[660] Bei diesen widerstreitenden Interessen handelt es sich um das Persönlichkeitsrecht des Verletzten einerseits und das Interesse des Verletzers an der Gestaltung seines Internetauftritts und an seiner Berichterstattung andererseits.[661] Von einem solchen objektiven Inlandsbezug soll ausgegangen werden können, wenn es aufgrund der Umstände des konkreten Falles erheblich näherliegend ist, dass der rechtsverletzende Inhalt im Inland zur Kenntnis genommen wird, als dies aufgrund seiner bloßen Abrufbarkeit der Fall wäre und gleichzeitig durch diese Kenntnisnahme der Eintritt der Beeinträchtigung des Persönlichkeitsrechts im Inland erfolgen würde.[662]

Häufig führen diese Kriterien zu einem Erfolgsort am gewöhnlichen Aufenthaltsort des Verletzten.[663] Dies ist für ihn insofern günstig, als ihm seine heimische Rechtsordnung am vertrautesten ist und die Rechtsdurchsetzung dort schon aus logistischen Gründen häufig von Vorteil ist.

d) Erfolgsort bei Presseveröffentlichungen

Im Bereich von Presseveröffentlichungen wird jeder Ort, an dem das Presseerzeugnis verbreitet wird, als Erfolgsort angesehen.[664] Kommt es im Bereich von Veröffentlichungen in Presse, Medien oder Internet jedoch zu Rechtsverletzungen in

---

658 *EuGH,* Urt. v. 25.10.2011 – Rs. C-509/09, EuZW 2011, 962, 964 – eDateAdvertising und Martinez.

659 *EuGH,* Urt. v. 25.10.2011 – Rs. C-509/09, EuZW 2011, 962, 964 – eDateAdvertising und Martinez.

660 *BGH,* Urt. v. 14.5.2013 – VI ZR 269/12, NJW 2013, 2348, 2348 – "Autocomplete"-Funktion; *BGH,* Urt. v. 2.3.2010 – VI ZR 23/09, NJW 2010, 1752, 1754 – The New York Times.

661 *BGH,* Urt. v. 14.5.2013 – VI ZR 269/12, NJW 2013, 2348, 2348 – "Autocomplete"-Funktion; *BGH,* Urt. v. 2.3.2010 – VI ZR 23/09, NJW 2010, 1752, 1754 – The New York Times.

662 *BGH,* Urt. v. 14.5.2013 – VI ZR 269/12, NJW 2013, 2348, 2348 – "Autocomplete"-Funktion; *BGH,* Urt. v. 2.3.2010 – VI ZR 23/09, NJW 2010, 1752, 1754 – The New York Times.

663 *Weller/Nordmeier,* in: Spindler/Schuster, Art. 40 EGBGB Rn. 10.

664 *BGH,* Urt. v. 19.12.1995 – VI ZR 15/95, NJW 1996, 1128, 1128 – Caroline von Monaco II; *Spickhoff,* in: BeckOK BGB, Art. 40 EGBGB Rn. 39.

mehreren Staaten, ist das Prinzip der Mosaikbetrachtung zu beachten, demzufolge nach dem Recht des Erfolgsortes nicht sämtliche Schäden geltend gemacht werden können, sondern nur derjenige Schadensersatz verlangt werden kann, der auf dem Gebiet des jeweiligen Staates entstanden ist.[665]

3. Ergebnis

Das KUG als Teil des deutschen Rechts wird zum Beurteilungsmaßstab, wenn der Abgebildete als Verletzter die Anwendung des deutschen Rechts als Recht des Erfolgsorts wählt oder wenn die Verletzungshandlung in Deutschland vorgenommen wurde. Damit Verbreitungen oder öffentliche Zurschaustellungen von Bildnissen im Internet dem KUG unterliegen, muss also nach dem Ubiquitätsprinzip[666] entweder der Handlungs- oder aber der Erfolgsort in Deutschland liegen.

II. Räumlicher Anwendungsbereich der DSGVO

Fraglich ist, ob sich dadurch Abweichungen von der Reichweite der DSGVO ergeben und damit ein vom Anwendungsvorrang der DSGVO unberührter Anwendungsbereich des KUG.

Die DSGVO statuiert ihren räumlichen Anwendungsbereich in Art. 3 DSGVO und enthält somit eine eigene Kollisionsnorm. Insoweit kann die Rom II-VO nicht zur Anwendung kommen, weil Art. 27 Rom II-VO vorsieht, dass sie nicht die Anwendung von Vorschriften des Gemeinschaftsrechts berührt, die für besondere Gegenstände Kollisionsnormen für außervertragliche Schuldverhältnisse enthalten.

1. Niederlassungs-/Sitzlandprinzip

Maßgeblich ist also zunächst die Regelung des Art. 3 Abs. 1 DSGVO. Demnach findet die Verordnung Anwendung auf die Verarbeitung personenbezogener Daten, soweit diese im Rahmen der Tätigkeiten einer Niederlassung eines Verantwortlichen oder eines Auftragsverarbeiters in der Union erfolgt, unabhängig davon, ob die Verarbeitung in der Union erfolgt. Primärer Anknüpfungspunkt für die Anwendbarkeit der DSGVO ist also das Bestehen einer Niederlassung im Bereich der Union. Gemäß Erwägungsgrund 22 DSGVO setzt eine Niederlassung die effektive und tatsächliche Ausübung einer Tätigkeit durch eine feste Einrichtung voraus, was bereits erörtert wurde.

665 M.w.N. *Spickhoff*, in: BeckOK BGB, Art. 40 EGBGB Rn. 39.

666 *Fornasier*, in: BeckOGK EGBGB, Art. 40 Rn. 36; *von Hoffmann*, in: Staudinger, BGB, Art. 40 EGBGB Rn. 5.

2. *Marktortprinzip*

Gemäß Art. 3 Abs. 2 DSGVO findet die Verordnung in zwei Fällen auch Anwendung auf die Verarbeitung personenbezogener Daten von betroffenen Personen, die sich in der Union befinden, durch Verantwortliche oder Auftragsverarbeiter, die nicht in der Union niedergelassen sind. Dies gilt zum einen, wenn die Datenverarbeitung im Zusammenhang damit steht, betroffenen Personen in der Union Waren oder Dienstleistungen anzubieten und zwar unabhängig davon, ob von diesen betroffenen Personen dafür eine Zahlung zu leisten ist. Zum anderen betrifft dies die Fälle, in denen die Datenverarbeitung im Zusammenhang damit steht, das Verhalten betroffener Personen zu beobachten, soweit ihr Verhalten in der Union erfolgt. Über dieses Marktortprinzip beansprucht die DSGVO eine sehr weitreichende Geltung auch außerhalb des Gebiets der EU.

In der DSGVO findet sich also keine strikte Anknüpfung an das Tatortprinzip. Im Vordergrund stehen stattdessen das Niederlassungs- und das Marktortprinzip.

III. Deliktsstatut auch bei DSGVO für privatrechtliche Ansprüche aus unerlaubter Handlung?

Trotz dieser Unterschiede im räumlichen Anwendungsbereich könnte anzunehmen sein, dass das KUG nicht weiter als die DSGVO reicht, wenn privatrechtliche Ansprüche wegen Datenschutzverletzungen ebenfalls als Ansprüche aus unerlaubter Handlung angesehen würden und unabhängig von Art. 3 DSGVO nach Art. 40 EGBGB angeknüpft werden müssten. Ausgangspunkt für diese Überlegung ist, dass es sich bei Datenschutzverstößen auch um Persönlichkeitsrechtsverletzungen handelt. Während das KUG nur knapp die Zulässigkeit einer Verbreitung und öffentlichen Zurschaustellung regelt und sich damit auf privatrechtliche Ansprüche aus unerlaubter Handlung beschränkt, regelt die DSGVO den Komplex des Datenschutzrechts deutlich umfassender. Neben den Kernregelungen zur Zulässigkeit der Datenverarbeitung als solcher enthält sie zahlreiche Vorschriften unter anderem zu technischen und organisatorischen Schutzvorkehrungen, Betroffenenrechten, Datenschutzbeauftragten und Aufsichtsbehörden.

1. *Anwendbarkeit von Art. 40 EGBGB*

Sofern jedoch aufgrund des rechtswidrigen Umgangs mit personenbezogenen Daten privatrechtliche Ansprüche aus unerlaubter Handlung geltend gemacht werden sollen, gilt auch im Bereich der DSGVO der Rückgriff auf Art. 40 EGBGB.[667] Denn insoweit ist die Rom II-VO – unabhängig von der Vorrangregelung für spezialgesetzliches Gemeinschaftsrecht in Art. 27 Rom II-VO – in keinem Fall anwendbar. Maßgeblich

---

667 Vgl. *Dammann,* in: Simitis, BDSG, § 1 Rn. 197a; *Gabel,* in: Taeger/Gabel, BDSG, § 1 Rn. 50; *Heiderhoff,* S. 63; *Jotzo,* MMR 2009, 232, 233; a.A. *von Lewinski,* in: Auernhammer, BDSG, § 1 Rn. 65.

dafür ist wiederum die Ausnahme für außervertragliche Schuldverhältnisse aus der Verletzung von Persönlichkeitsrechten in Art. 1 Abs. 2 lit. g Rom II-VO.[668]

2. Tatort bei Datenschutzrechtsverletzungen

Die Bestimmung des Tatorts bei Datenschutzrechtsverletzungen ist angesichts der vielen verschiedenen Ansichten in Rechtsprechung und Literatur nicht unproblematisch. Als Handlungsort wird häufig der Geschäftssitz der datenverarbeitenden Stelle angesehen.[669] Zum Teil wird aber auch auf den Ort abgestellt, an dem die konkrete Verarbeitung stattfindet.[670] Dem wird jedoch zu Recht entgegengehalten, dass es gerade im Bereich der elektronischen Datenverarbeitung, die häufig nicht mehr lokal stattfindet, sehr schwierig ist, den konkreten Verarbeitungsort festzumachen, weshalb der Geschäftssitz maßgeblich sein sollte.[671] Soweit als Handlungsort auf die Orte der Datenverwaltung und -verwertung abzustellen sein soll,[672] ist schon unklar, was konkret darunter zu verstehen ist. Erfasst sein könnte sowohl der Ort der konkreten Verarbeitung als auch der Geschäftssitz der verarbeitenden Stelle. Als Tatort wird außerdem in Form des Erfolgsorts der Wohnsitz beziehungsweise gewöhnliche Aufenthalt des Betroffenen eingestuft.[673] Alternativ wird gefordert, die Schwerpunkttheorie des *EuGH*[674] heranzuziehen.[675]

3. Anwendung nationalen Deliktsrechts neben der DSGVO

Sollen Datenschutzrechtsverletzungen als unerlaubte Handlungen zivilrechtlich geahndet werden, ist jedoch Zurückhaltung geboten, soweit dies auf Normen des nationalen Rechts, insbesondere solche des BGB, gestützt werden soll, da auch dadurch der Anwendungsvorrang der DSGVO nicht unterlaufen werden darf.

---

668 *Moritz*, K&R Beihefter 2/2010, 1, 4.

669 *Spickhoff*, in: BeckOK BGB, Art. 40 EGBGB Rn. 40; *Fornasier*, in: BeckOGK EGBGB, Art. 40 Rn. 97; *Junker*, in: MüKo BGB, Band 11, Art. 40 EGBGB Rn. 88; *Jotzo*, MMR 2009, 232, 233; *Moritz*, K&R Beihefter 2/2010, 1, 4.

670 *Spickhoff*, in: BeckOK BGB, Art. 40 EGBGB Rn. 40; *Weller/Nordmeier*, in: Spindler/Schuster, Art. 40 EGBGB Rn. 12; *Sonnenberger*, in: FS Henrich, S. 584.

671 *Junker*, in: MüKo BGB, Band 11, Art. 40 EGBGB Rn. 88; *von Hoffmann*, in: Staudinger, BGB, Art. 40 EGBGB Rn. 69; vgl. *Weller/Nordmeier*, in: Spindler/Schuster, Art. 40 EGBGB Rn. 12.

672 *Hohloch*, in: Erman, BGB, Art. 40 EGBGB Rn. 18d.

673 *Fornasier*, in: BeckOGK EGBGB, Art. 40 Rn. 97; *Junker*, in: MüKo BGB, Band 11, Art. 40 EGBGB Rn. 88; *Weller/Nordmeier*, in: Spindler/Schuster, Art. 40 EGBGB Rn. 12; *von Hoffmann*, in: Staudinger, BGB, Art. 40 EGBGB Rn. 69; ablehnend *Heiderhoff*, S. 60.

674 *EuGH*, Urt. v. 25. 10. 2011 – Rs. C-509/09, EuZW 2011, 962, 964 – eDateAdvertising und Martinez.

675 *Heiderhoff*, S. 60.

Unter Geltung des BDSG a.F. bestand Einigkeit, dass das Haftungs- und Sanktionssystem des BDSG a.F., das auf Art. 23 RL 95/46/EG aufbaute, nicht abschließend war und deshalb durch allgemeines Deliktsrecht ergänzt werden konnte.[676] Dennoch konnte § 823 Abs. 1 BGB als Haftungstatbestand wegen einer Verletzung des Allgemeinen Persönlichkeitsrechts beziehungsweise des Rechts auf informationelle Selbstbestimmung neben § 7 BDSG a.F. nur noch als Auffangtatbestand mit Hilfsfunktion herangezogen werden.[677] Dies betraf vorwiegend die Fälle, in denen § 7 BDSG a.F. nicht einschlägig war, wie z. B. beim Ersatz immaterieller Schäden oder wenn Anspruchsgegner nicht das datenverarbeitende Unternehmen, sondern der konkret handelnde Angestellte sein sollte.[678]

Sofern die spezialgesetzliche Regelung in der DSGVO für die Rechtsfolgen eines unzulässigen Datenumgangs abschließenden Charakter haben soll, ist ein Rückgriff auf § 823 Abs. 1 BGB wegen Verletzung eines sonstigen Rechts grundsätzlich nicht möglich.[679] Möglicherweise kann jedoch eine Schutzgesetzverletzung gemäß § 823 Abs. 2 BGB geltend gemacht werden.[680] Dabei ist zu bedenken, dass die DSGVO zwar eine Vollharmonisierung bezweckt und ein einheitliches Schutzniveau schaffen will, dieser Anspruch aber durch zahlreiche Öffnungsklauseln wieder aufgeweicht wird.

4. *Abschließender Charakter des Sanktionssystems der DSGVO*

Fraglich ist deshalb, ob das Sanktionssystem der DSGVO als abschließend zu betrachten ist, wodurch deliktische Ansprüche nach nationalem Recht ausgeschlossen wären. Die DSGVO regelt detailliert Betroffenenrechte (Kapitel III DSGVO) und Schadensersatzansprüche (Art. 82 DSGVO). Die Betroffenenrechte in Art. 12–23 DSGVO setzen jedoch keine Rechtsverletzung und damit keine unerlaubte Handlung voraus, sondern gelten schon vorher als Begleitregelungen für eine zulässige Datenverarbeitung. Diese Betroffenenrechte sind deshalb gerade nicht Teil des Sanktionssystems, sondern vielmehr Teil des vorgelagerten Regelungsrahmens der DSGVO. Erst wenn gegen sie verstoßen wird, liegt eine Rechtsverletzung vor, die nach der DSGVO nach anderen Regelungen (insbesondere Art. 82 DSGVO) sanktioniert werden kann und die einen Ansatzpunkt für das Deliktsrecht des BGB bieten würde. Neben Schadensersatzansprüchen ist insbesondere an Unterlassungsansprüche zu denken. Letztere sieht die DSGVO jedoch nicht ausdrücklich vor, sodass durchaus ein Bedürfnis nach einer ergänzenden Anwendung des nationalen Deliktsrechts

676 *Weller/Nordmeier,* in: Spindler/Schuster, Art. 40 EGBGB Rn. 11; *Heiderhoff,* S. 62; *Jotzo,* MMR 2009, 232, 233; *Moritz,* K&R Beihefter 2/2010, 1, 4.

677 *Simitis,* in: Simitis, BDSG, § 7 Rn. 60; vgl. *BGH,* Urt. v. 19.5.1981 – VI ZR 273/79, NJW 1981, 1738, 1740.

678 *Simitis,* in: Simitis, BDSG, § 7 Rn. 60; *Jotzo,* MMR 2009, 232, 233; *Moritz,* K&R Beihefter 2/2010, 1, 4.

679 So wohl *Frenzel,* in: Paal/Pauly, DSGVO, Art. 82 Rn. 1.

680 Vgl. noch zum BDSG a.F. *BGH,* Urt. v. 19.5.1981 – VI ZR 273/79, NJW 1981, 1738, 1740.

besteht. Der Anspruch auf Schadensersatz ist in Art. 82 DSGVO nunmehr weitaus detaillierter geregelt als noch in Art. 23 RL 95/46/EG. Erfasst werden ausdrücklich auch immaterielle Schäden,[681] wohingegen ein Anspruch gegen einzelne Mitarbeiter des Verantwortlichen weiterhin nicht vorgesehen ist.

Deshalb ist es nicht abwegig, wenn unter Geltung der DSGVO davon ausgegangen wird, dass die herkömmlichen Anspruchsgrundlagen für Schadensersatz, insbesondere die vertraglichen (§§ 280 ff. BGB) und deliktsrechtlichen (§§ 823 ff. BGB) Haftungsregeln, weiterhin zur Anwendung kommen können.[682] Genauso gut könnte aber angenommen werden, dass eine zivilrechtliche Verantwortlichkeit nur im Rahmen des Art. 82 DSGVO gegeben sein soll, da eine Ausweitung auf nationale deliktsrechtliche Regelungen wiederum zu einem Unterschied im unionsweiten Schutzniveau führen könnte und damit dem Verordnungsziel der Vollharmonisierung zuwiderlaufen würde. Ob die DSGVO im Bereich der Sanktionierung von Datenschutzverstößen auf privatrechtlicher Ebene abschließend sein soll und dadurch die Anwendung nationalen Deliktsrechts ausschließt, lässt sich nicht mit letzter Gewissheit klären.

Im Ergebnis kann diese Frage an dieser Stelle jedoch offen bleiben, da sie zumindest kein bildnisspezifisches Problem betrifft und für die weitere Beurteilung aus den nachfolgenden Gründen ohne Auswirkungen bleibt.

5. *Autonome Anknüpfung für Datenschutzrecht als Vorfrage*

Selbst wenn Ansprüche nach den §§ 823 ff. BGB, gegebenenfalls in Verbindung mit § 1004 BGB analog als quasinegatorischer Unterlassungsanspruch, zugelassen werden sollen, fordert Art. 40 EGBGB zwar eine Bestimmung des anwendbaren Rechts nach Handlungs- und Erfolgsort, so wie dies beim KUG der Fall ist. Dennoch können die Ansprüche nur bestehen, wenn eine rechtswidrige Verletzung des Datenschutzrechts vorliegt.

Dies ist jedoch eine Vorfrage zur Haftung aus unerlaubter Handlung, die autonom anzuknüpfen ist.[683] Entscheidend ist deshalb, welche Verhaltensanforderungen das konkret anwendbare Datenschutzrecht aufstellt.[684] Dies kann sogar zur Anwendung ausländischen Datenschutzrechts führen, dessen Verletzung deliktisch geahndet werden könnte.[685] Nur wenn Art. 3 DSGVO bestimmt, dass die DSGVO am

---

681 *Wybitul,* BB 2016, 1077, 1077.

682 So *Quaas,* in: BeckOK DSR, Art. 82 DS-GVO Rn. 11 f.; *Heiderhoff,* S. 63; *Franck,* RDV 2016, 111, 119; zurückhaltend *Frenzel,* in: Paal/Pauly, DSGVO, Art. 82 Rn. 1, 20.

683 *Herbrich/Beyvers,* RDV 2016, 3, 4 f.; *Piltz,* Anmerkung zu *LG Berlin,* Urt. 30.4.2013 – 15 O 92/12, in: K&R 2013, 413, 414; vgl. zu Ansprüchen nach dem UWG *Steinrötter,* EWS 2015, 83, 88.

684 *Fornasier,* in: BeckOGK EGBGB, Art. 40 Rn. 97; vgl. auch *Piltz,* Anmerkung zu *LG Berlin,* Urt. 30.4.2013 – 15 O 92/12, in: K&R 2013, 413, 414.

685 *Fornasier,* in: BeckOGK EGBGB, Art. 40 Rn. 97; *Junker,* in: MüKo BGB, Band 11, Art. 40 EGBGB Rn. 88; s. auch *Sonnenberger,* in: FS Henrich S. 582 f.

nach dem Deliktsstatut maßgeblichen Ort anwendbar ist, können Verstöße gegen die DSGVO privatrechtlich über das allgemeine Deliktsrecht geahndet werden.[686] Andernfalls fehlt es nämlich zwangsläufig an einer Verletzung der DSGVO, sodass diese nicht zur Haftungsbegründung herangezogen werden kann. Nicht ausreichend ist es also, dass allein Art. 40 EGBGB die Anwendung deutschen Rechts bestimmt, da dieser gerade nur den Normen des deutschen Deliktsrechts zur Geltung verhelfen kann.[687] Der räumliche Anwendungsbereich der DSGVO erweitert sich dadurch nicht, sondern ist abschließend durch Art. 3 DSGVO festgelegt.

6. *Maßgeblichkeit des Verhältnisses von KUG und DSGVO untereinander*

Somit ist in kollisionsrechtlicher Hinsicht für die Geltendmachung privatrechtlicher Ansprüche wegen einer Verbreitung oder öffentlichen Zurschaustellung eines Bildnisses zunächst Art. 40 EGBGB einschlägig, der das anwendbare Deliktsrecht bestimmt. Sowohl für Verstöße gegen das KUG als auch gegen die DSGVO sind Handlungs- und Erfolgsort für das Deliktsstatut ausschlaggebend.

Sobald jedoch deutsches Recht vom IPR des angerufenen und zuständigen Gerichts als berufenes Recht festgestellt ist, dürfen KUG und DSGVO nicht mehr isoliert betrachtet werden. Vielmehr kommt es dann wieder auf deren Verhältnis untereinander und damit auf den sachlichen Anwendungsbereich der Gesetze an. Auch über den Umweg des Rechts der unerlaubten Handlung kann nämlich nur das Gesetz zur Anwendung kommen, das im konkreten Fall vorrangig beziehungsweise spezieller ist.

Muss also das Bestehen eines Haftungsgrundes aus unerlaubter Handlung festgestellt werden, kann ein Verstoß gegen das KUG nur vorliegen, wenn dieses überhaupt anwendbar ist. Angesichts des Anwendungsvorrangs des Unionsrechts ist ein Rückgriff auf das KUG nur in den oben dargestellten Fällen möglich, in denen der sachliche Anwendungsbereich des KUG weiter reicht als der der DSGVO. Würde das KUG bei grenzüberschreitenden Sachverhalten isoliert betrachtet und ein deliktsrechtlicher Anspruch schon deshalb bejaht, weil nominell gegen die Vorschriften des KUG verstoßen wurde, könnte dies den Vorrang der DSGVO unterlaufen. Somit ist aufgrund der stets zu beachtenden Vorrangwirkung der DSGVO in der Rechtsanwendung keine parallele Anwendung von KUG und DSGVO möglich, sodass es nicht darauf ankommt, ob das Haftungssystem der DSGVO abschließend ist.

Sofern die DSGVO räumlich und sachlich anwendbar ist und ihre Verletzung inzidenter innerhalb eines Anspruchs nach §§ 823 ff. (ggf. i.V.m. 1004 Abs. 1 analog) BGB geprüft werden soll, ist die Beantwortung dieser Frage zwar maßgeblich für den einzelnen Anspruch. Dennoch käme ein Rückgriff auf das KUG nicht in Betracht, weil dieses sachlich von der DSGVO verdrängt wäre. Soweit die DSGVO

---

686 S. noch zum BDSG a.F. *Weller/Nordmeier,* in: Spindler/Schuster, Art. 40 EGBGB Rn. 11.

687 Vgl. *Weller/Nordmeier,* in: Spindler/Schuster, Art. 40 EGBGB Rn. 11.

jedoch sachlich nicht anwendbar ist und das KUG zur Anwendung kommen kann, ist das Haftungssystem der DSGVO ohnehin nicht maßgeblich, sodass es trotz potenziell abschließenden Charakters nicht unterlaufen würde. Durch eine Anwendung des KUG und die Bejahung deliktsrechtlicher Ansprüche können zwar durchaus unterschiedliche Rechtsfolgen entstehen. Dies ist aber unbeachtlich, weil der Vorrang der DSGVO gewahrt bleibt, ihr Anwendungsbereich vollumfänglich zur Geltung kommt und eine gleichzeitige Anwendung beider Gesetze ausgeschlossen ist. Relevant ist die Frage nach dem abschließenden Charakter des Sanktionssystems der DSGVO in diesem Kontext erst auf Rechtsfolgenseite und nicht schon auf Tatbestandsebene, sodass sie für die Abgrenzung der Anwendungsbereiche nicht entschieden werden muss.

7. Überschießender räumlicher Anwendungsbereich des KUG

Dennoch verbleibt ein kleiner Bereich, in dem der räumliche Anwendungsbereich des KUG unabhängig von den Unterschieden im sachlichen Anwendungsbereich weiter reicht als der der DSGVO. Insoweit geht es um privatrechtliche deliktische Ansprüche, für die nach dem IPR deutsches Recht berufen ist und für die das KUG mangels eines weiteren Vorbehalts einer räumlichen Anwendbarkeit unmittelbar zur Geltung kommt. Im Gegensatz zum KUG beinhaltet die DSGVO mit Art. 3 noch eine spezielle Einschränkung ihres Anwendungsbereichs, die auch deliktisch relevant wird, da die Verletzung des Datenschutzrechts eine Vorfrage für den deliktischen Anspruch ist. Sofern Art. 3 DSGVO also trotz Handlungs- oder Erfolgsorts in Deutschland nicht die Anwendbarkeit der DSGVO vorsieht, weil es an einer Niederlassung und einem Marktort in Deutschland respektive in der Union fehlt, kann das KUG eingreifen, obwohl sachlich die DSGVO vorrangig wäre. In diesen seltenen Fällen reicht der räumliche Anwendungsbereich des KUG, der sich auf sämtliche Handlungen im deutschen Staatsgebiet erstreckt, daher weiter als der der DSGVO, sodass es in dieser Hinsicht Lücken für eine Fortgeltung des KUG gibt.

Dieses Ergebnis liegt letztlich darin begründet, dass Art. 40 EGBGB eine allseitige Kollisionsnorm darstellt, während Art. 3 DSGVO als Regelung über den räumlichen Anwendungsbereich der DSGVO nur eine einseitige Kollisionsnorm ist[688]. Diese unterschiedliche Normqualität erklärt zudem, warum die Regelung über den räumlichen Anwendungsbereich des Datenschutzrechts vereinzelt gar nicht als Kollisionsregel eingestuft wird.[689] Als Kollisionsnorm für das Recht der unerlaubten Handlungen entscheidet Art. 40 EGBGB, welches Recht anwendbar ist. Art. 3 DSGVO legt dagegen nur fest, in welchen Fällen die DSGVO räumlich anwendbar ist, ohne zu bestimmen, welches Datenschutzrecht zur Geltung kommt, wenn die Voraussetzungen des Art. 3 DSGVO nicht erfüllt sind. Gleichzeitig bedeutet dies,

688 Noch zu § 1 Abs. 5 BDSG a.F. *Fornasier,* in: BeckOGK EGBGB, Art. 40 Rn. 95; *Heiderhoff,* S. 53; *Steinrötter,* EWS 2015, 83, 88.

689 *Wieczorek,* DuD 2013, 644, 648; noch zu § 1 Abs. 5 BDSG a.F. *Hohloch,* in: Erman, BGB, Art. 40 EGBGB Rn. 18d.

dass Art. 40 EGBGB gar nicht zu einer Erweiterung des Anwendungsbereichs der DSGVO führen kann, da diese selbst abschließend bestimmt, wann sie gilt.

Dies ist beim KUG anders, welches gar keine explizite Kollisionsnorm enthält. Sofern kein räumlicher Anwendungsbereich bestimmt ist, ist zunächst davon auszugehen, dass ein Gesetz in dem Gebiet zur Anwendung kommt, das der Legislativgewalt seines Normgebers unterliegt. Das KUG regelt deshalb als Bundesgesetz jede Verbreitung und öffentliche Zurschaustellung eines Bildnisses in der Bundesrepublik Deutschland. Läse man diese allgemeine Regelung in das KUG hinein, drängte sich der Eindruck auf, auch das KUG tendiere in Richtung einer einseitigen Kollisionsnorm, die bestimmt, wann das inländische Recht anwendbar ist. Allerdings handelt es sich dabei nur um eine rechtliche Selbstverständlichkeit, die durch andere Regeln modifiziert werden kann. Mangels ausdrücklicher und vor allem abschließender Regelung des räumlichen Anwendungsbereichs des KUG vermag es Art. 40 EGBGB, das KUG in Fällen mit Auslandsberührung zur Geltung zu bringen, welche sich nicht ausschließlich auf deutschem Territorium ereignen. Somit ist primär entscheidend, welche Unterschiede sich aus der Anwendung von Art. 40 EGBGB und Art. 3 DSGVO ergeben können. Soweit diese sich jedoch überschneiden, lebt die übliche Normenkonkurrenz wieder auf, die zugunsten des Vorrangs der DSGVO aufzulösen ist.

8. Beispielsfall für eigenständigen räumlichen Anwendungsbereich des KUG

Ein Beispielsfall, in dem trotz Geltung der DSGVO dem KUG ein eigenständiger räumlicher Anwendungsbereich verbleibt, ist die folgende Konstellation: X ist Alleinunternehmer aus einem Land außerhalb der EU und besitzt auch keine Niederlassung in der EU. Er begibt sich auf Geschäftsreise nach Deutschland und macht dort heimlich Werbebilder für seine Unternehmenswebseite, die jedoch ausschließlich an seinen heimischen Markt gerichtet ist und auch keinerlei Anzeichen dafür aufweist, dass Europäer dort tätig werden sollen. Diese Bilder, auf denen der Deutsche Y klar erkennbar abgebildet ist, lädt X mithilfe seines Smartphones noch über das WLAN seines Hotels in Deutschland auf die Webseite. Will Y nun deswegen gegen X privatrechtlich vorgehen, ist zunächst Art. 40 EGBGB maßgeblich. In diesem Fall fand das Einspeisen der Bilder ins Netz von Deutschland aus statt, sodass aufgrund des Handlungsortes deutsches Recht zur Anwendung kommt. Nach dem KUG kommen deshalb bei unterstellter Tatbestandsmäßigkeit dieses Handelns deliktische Ansprüche in Betracht.

Dies gilt jedoch nur, sofern nicht die DSGVO einschlägig ist, was nach dem berufenen deutschen Recht vorrangig zu prüfen ist. Ein Ausschlussgrund aus sachlicher oder persönlicher Hinsicht ist nach der DSGVO nicht ersichtlich, doch ist sie in diesem Fall nach Art. 3 DSGVO nicht anwendbar, da weder eine Niederlassung im Gebiet der Union vorliegt, noch der betroffenen Person Waren oder Dienstleistungen angeboten werden oder ihr Verhalten beobachtet werden soll. In diesem Fall scheitert die Anwendung der DSGVO nur an ihrem räumlichen Geltungsbereich, während das KUG zur Anwendung kommen kann.

Solche Fälle, in denen zwar ein Handlungs- oder Erfolgsort in Deutschland gegeben ist, aber weder eine Niederlassung in der Union besteht, noch eine Beobachtung der betroffenen Person oder ein Angebot von Waren oder Dienstleistungen an die betroffenen Personen in der Union erfolgt, werden jedoch Ausnahmen sein, die praktisch zu vernachlässigen sind. Eine nennenswerte praktische Bedeutung verbleibt dem KUG deshalb eher aufgrund der Ausnahmen im sachlichen Anwendungsbereich der DSGVO.

IV. Angleichung der Kriterien zur Bestimmung des Tatorts

Die aufgezeigten räumlichen Unterschiede zwischen DSGVO und KUG führen dazu, dass eine alleinige Fokussierung auf die DSGVO beim Umgang mit Bildnissen de lege lata nicht möglich ist. Da sich bei Ansprüchen aus unerlaubter Handlung die Bestimmung des anwendbaren Rechts zunächst nach der Kollisionsregel des Art. 40 EGBGB richtet und erst danach entschieden wird, ob im Einzelfall die DSGVO oder das KUG zur Anwendung kommen muss, sollten bei der Bestimmung des Tatorts einheitliche Kriterien gelten. Bisher ist es ein Manko, dass zum Teil unterschiedliche Maßstäbe zur Bestimmung des Tatorts bei Datenschutzrechtsverletzungen einerseits und bei (sonstigen) Persönlichkeitsrechtsverletzungen andererseits angelegt werden. Bei natürlicher Betrachtung ist Ausgangspunkt eines deliktischen Anspruchs der unerlaubte Umgang mit einem Bildnis, der beispielsweise in einem Upload eines Bildes im Internet liegen kann. Dieser tatsächliche Vorgang unterscheidet sich jedoch nicht in Abhängigkeit davon, ob nachfolgend darin eine Verletzung des Rechts am eigenen Bild oder des Datenschutzrechts gesehen wird.

Deshalb sollte zukünftig nicht mehr zwischen Datenschutzrechtsverletzungen und sonstigen Verletzungen des Persönlichkeitsrechts unterschieden werden, um potenziell unterschiedliche Ergebnisse bei der Beurteilung ein und derselben Handlung zu verhindern. Insbesondere bei der Verwendung des Internets ist der Ort des Einspeisens ins Internet sowie der Ort der jeweiligen Datenverarbeitung häufig nicht nur nahezu zufällig und leicht veränderbar, sondern auch kaum sicher bestimmbar und nachweisbar. Als Anknüpfungspunkt und Handlungsort bietet sich stattdessen der Sitz der verarbeitenden Stelle beziehungsweise bei natürlichen Personen der Ort ihres gewöhnlichen Aufenthalts an.[690] Angesichts der eher schwachen Verbindung, die ein bloßes Einspeisen eines Inhalts ins Internet von deutschem Territorium aus zum Inland aufweist, entstünden dadurch keine unerträglichen Schutzlücken. Eine andere Lösung für die Eliminierung rein zufälliger Erfolgsorte wäre deren Außerachtlassung gemäß Art. 41 Abs. 1 EGBGB mangels einer engen sachlichen Verbindung zur Rechtsverletzung.[691]

690 Nur bei Nichtfeststellbarkeit des eigentlichen Handlungsortes: *Spickhoff*, in: BeckOK BGB, Art. 40 EGBGB Rn. 42.

691 So *Fornasier*, in: BeckOGK EGBGB, Art. 40 Rn. 72.

V. Ergebnis

Sollen aufgrund des Umgangs mit Personenbildern zivilrechtliche Entschädigungsansprüche aus unerlaubter Handlung geltend gemacht werden und hat der Sachverhalt grenzüberschreitende Bezüge, ist das anwendbare Deliktsrecht zunächst nach Art. 40 EGBGB zu bestimmen. Beruft Art. 40 EGBGB deutsches Recht, ist auf sachlicher Ebene zu klären, ob es sich um eine Datenschutzrechtsverletzung nach der DSGVO handelt, die aufgrund ihres Anwendungsvorrangs einen Rückgriff auf das KUG ausschließen würde, oder ob einer der Fälle vorliegt, in denen das KUG einen eigenen sachlichen Anwendungsbereich behält. Der Anwendungsvorrang der DSGVO darf nicht durch Art. 40 EGBGB unterlaufen werden. Dies erfordert jedoch zugleich, dass bei der Prüfung des Vorliegens einer Datenschutzrechtsverletzung Art. 3 DSGVO beachtet wird. Sofern demnach der räumliche Anwendungsbereich der DSGVO im Einzelfall trotz der Anwendbarkeit deutschen Rechts nicht eröffnet ist, muss und kann der Rückgriff auf das KUG erfolgen. Im Hinblick auf die Reichweite insbesondere von Art. 3 Abs. 2 DSGVO, der ihren Anwendungsbereich zwar auf viele Fälle erstreckt, in denen der Verantwortliche gar nicht vom Gebiet der Union aus agiert, aber gleichzeitig auch keine ausdrückliche Erfassung sämtlicher Handlungen, die in der Union stattfinden, vorsieht, bleibt Raum für das KUG vor allem in den Fällen, in denen jemand ohne Niederlassung in der Union auf deutschem Boden handelt.

Festgehalten werden kann außerdem, dass sich das Deliktsstatut nicht als maßgebliches Kriterium für die Abgrenzung zwischen den räumlichen Anwendungsbereichen von DSGVO und KUG erwiesen hat. Stattdessen kommt es hierfür auf einen Vergleich der Regelung des Art. 3 DSGVO mit der in das KUG hineinzulesenden Regelung an, der zufolge das KUG als Bundesgesetz für alle Handlungen im Staatsgebiet der Bundesrepublik Deutschland gilt. Durch die Anforderungen des Art. 3 DSGVO schränkt sich die DSGVO insoweit zumindest auf dem Territorium der EU im Gegensatz zum KUG unnötig selbst ein, gleicht dies aber durch die Erstreckung auf bestimmte Handlungen in fremden Territorien durch Art. 3 Abs. 2 DSGVO wieder aus. In der Praxis wird dieser Unterschied nur selten zugunsten einer Anwendbarkeit des KUG zum Tragen kommen.

F. Einschränkungen der Anwendbarkeit der DSGVO durch Öffnungsklauseln

Unter den Punkten D. und E. konnte aufgezeigt werden, dass es einige Einschränkungen im Anwendungsbereich der DSGVO gibt, die sich nicht im KUG widerspiegeln und diesem deshalb trotz Anwendungsvorrangs der DSGVO einen beschränkten Anwendungsbereich erhalten. Allein dadurch verbleibt dem KUG aber allenfalls noch eine marginale Bedeutung. Größere Auswirkungen zeitigen dagegen die zahlreichen Öffnungsklauseln, die als Eingeständnis an die Mitgliedstaaten in der DSGVO aufgenommen worden sind und dadurch neue Chancen für einen (begrenzten) Fortbestand des KUG eröffnen.

In diesem Sinne enthält die DSGVO an vielen Stellen Spielräume für den nationalen Gesetzgeber, aufgrund derer er ermächtigt ist, im nationalen Recht konkretisierende oder ausfüllende Vorschriften zu erlassen.[692] Vor allem deshalb ist davon die Rede, bei der DSGVO handle es sich um eine Hybridform zwischen Verordnung und Richtlinie.[693] Sofern solche Öffnungsklauseln in der DSGVO von den nationalen Gesetzgebern zum Erlass nationalen Rechts genutzt werden, kann sich auch das Verhältnis von DSGVO und KUG in diesen Bereichen verschieben. Ein eindeutiger Anwendungsvorrang der DSGVO besteht insoweit nämlich gerade nicht. Öffnungsklauseln enthält insbesondere Kapitel IX DSGVO für besondere Verarbeitungssituationen.

I. Unmittelbare Anwendbarkeit des KUG aufgrund der Öffnungsklauseln

Allein die Existenz dieser Öffnungsklauseln führt noch nicht dazu, dass das KUG automatisch jeden Spielraum ausfüllt, der den Mitgliedstaaten eingeräumt wird und für den es passt. Dies gilt selbst dann, wenn die Subsidiaritätsklausel des § 1 Abs. 2 S. 1 BDSG-E eingreifen und dadurch das KUG als potenzielles Spezialgesetz zur Anwendung berufen werden könnte. Das BDSG-E wird Ergebnis einer Reform des Datenschutzrechts sein, mit der das nationale Datenschutzrecht an die Vorgaben der DSGVO angepasst werden soll. Im ersten Gesetzentwurf[694] findet das KUG jedoch keinerlei Erwähnung. Zwar ist nicht ausgeschlossen, dass sich der nationale Gesetzgeber noch dafür entscheidet, dass das KUG in den von den Öffnungsklauseln betroffenen Bereichen als Spezialgesetz zur Anwendung kommen soll. Denn in der 18. Legislaturperiode sollten wegen des knappen Zeitrahmens zunächst nur die absolut notwendigen Anpassungen vorgenommen werden, während insbesondere der umfangreiche spezialgesetzliche Datenschutz erst in der nachfolgenden Legislaturperiode überarbeitet werden sollte.[695] Dennoch ist für eine Ausfüllung der optionalen Öffnungsklauseln durch das KUG zu verlangen, dass der Gesetzgeber eine entsprechende Willensäußerung verlautbaren lässt.

Die bloße Fortgeltung des mehr als hundertjährigen KUG reicht als Indiz nicht aus. Zum einen könnte dies nämlich darauf hindeuten, dass der datenschutzrechtliche Charakter des KUG[696] angesichts der Komplexität der Umsetzungsaufgaben schlicht verkannt oder übersehen wurde. Zum anderen verlangt beispielsweise Art. 88 Abs. 3 DSGVO, dass jeder Mitgliedstaat der Kommission bis zum 25. Mai

---

692 *Schantz,* NJW 2016, 1841, 1842.

693 *Keppeler,* EnZW 2016, 99, 105; *Körner,* NZA 2016, 1383, 1386; *Kühling/Martini,* EuZW 2016, 448, 449.

694 BR-Drs. 110/17, Gesetzentwurf der Bundesregierung: Entwurf eines Gesetzes zur Anpassung des Datenschutzrechts an die Verordnung (EU) 2016/679 und zur Umsetzung der Richtlinie (EU) 2016/680.

695 https://cdn.netzpolitik.org/wp-upload/2016/09/BMJV_Widerspruch_Versendung.pdf S. 3 f.

696 *Benecke/Groß,* NZA 2015, 833, 838; *Lorenz,* ZD 2012, 367, 369.

2018 (Geltungsbeginn der DSGVO) die Rechtsvorschriften mitteilt, die er aufgrund von Art. 88 Abs. 1 DSGVO erlässt. Für alle späteren Änderungen dieser Vorschriften gilt ebenfalls eine unverzügliche Mitteilungspflicht. Ähnliche Regelungen enthalten die Artikel 84 Abs. 2, 85 Abs. 3 und 90 Abs. 2 DSGVO. Dies spricht dagegen, dass eine vor Inkrafttreten der DSGVO bestehende nationale Rechtsvorschrift ohne eine bewusste Entscheidung des Gesetzgebers fortgilt. Nur wenn das KUG in der entsprechenden Mitteilung an die Kommission benannt ist, kann es als spezifischere nationale Vorschrift angesehen werden, die den Spielraum der Öffnungsklausel ausfüllt und deshalb nicht dem Anwendungsvorrang der DSGVO unterliegt.

II. Bewusstes Tätigwerden des Gesetzgebers zur Ausfüllung der Öffnungsklauseln

1. Zwecke der Mitteilungspflichten

Die Mitteilungspflicht sorgt nicht nur dafür, dass die Kommission beurteilen kann, welche Abweichungen es auf nationaler Ebene vom Schutzniveau der DSGVO gibt, sondern auch dafür, dass sich der nationale Gesetzgeber aktiv damit befassen muss, für welche Bereiche er Abweichungen in welchem Umfang für erforderlich oder sinnvoll erachtet. Dafür, dass das KUG als Spezialgesetz nur beachtet werden kann, wenn der Gesetzgeber dies irgendwie bewusst zum Ausdruck bringt, spricht außerdem, dass die Öffnungsklauseln dem nationalen Gesetzgeber nur die Möglichkeit einer spezifischeren Rechtsetzung geben, ihn jedoch in den meisten Fällen nicht dazu verpflichten. Somit ist es den Mitgliedstaaten unbenommen, auf den Erlass spezifischerer Vorschriften zu verzichten und sich auf die Anwendung der DSGVO auch in den von der DSGVO anerkannten besonderen Verarbeitungssituationen zu beschränken.

2. Nutzung der Spielräume nur durch aktives Tun

Solange der Gesetzgeber also nicht beschließt, dass er konkretisierende Regelungen erlassen möchte, muss der Anwendungsvorrang der DSGVO uneingeschränkt gelten. Selbst wenn der Gesetzgeber davon ausgeht, dass bereits existente nationale Regelungen, die von der DSGVO abweichen, einen angemessenen Regelungsrahmen bieten, um den von der Öffnungsklausel gewährten Spielraum auszufüllen und somit kein Erlass neuer Gesetze erforderlich ist, ist zu fordern, dass dies nur bei einer entsprechenden Willensäußerung gilt. Insofern muss von diesem Spielraum aktiv Gebrauch gemacht werden, damit die Einschränkungen der Verordnung beachtet werden können und der Anwendungsvorrang der DSGVO nicht durch bestehende nationale Regelungen unterlaufen wird, die der Gesetzgeber schlicht übersehen hat.

Eine Benennung der jeweiligen Vorschriften in der Mitteilung an die Kommission ist als Willensäußerung jedoch ausreichend. Ein formeller Neuerlass oder eine formelle Bestätigung bestehender Normen ist nicht erforderlich, obwohl die entsprechenden Normen in der DSGVO die Pflicht zur Mitteilung für solche Vorschriften vorsehen, die der Mitgliedstaat „erlässt“ oder „erlassen hat“, da es sich dabei um eine bloße Förmelei handeln würde.[697] Die Erreichung der Ziele der Mitteilungspflicht wird durch die einfache Benennung hinreichend gewährleistet, da eine solche nur möglich ist, wenn die zuständigen Stellen sich zuvor überlegt haben, welche Normen zur Ausfüllung von Öffnungsklauseln zur Anwendung kommen sollen.

3. Strengere Anforderungen als bei Umsetzungsvorschriften zu Richtlinien

Damit verbietet sich aber eine Anwendung des KUG als konkretisierende Regelung in Bereichen, die zwar einer Öffnungsklausel unterfallen, für die der Gesetzgeber aber nicht die Fortgeltung des KUG beschlossen hat.

Dass insoweit ein strengeres Ergebnis besteht als für § 24 KUG als Umsetzungsvorschrift der RL 2016/680/EU, ist durch den Unterschied zwischen Richtlinie und Verordnung gerechtfertigt. Die Richtlinie bedarf zwingend der Umsetzung und kann nur in eng begrenzten Ausnahmefällen nach Ablauf der Umsetzungsfrist unmittelbar anwendbar sein, während die Verordnung stets unmittelbar anwendbar ist. Wenn durch bestehende innerstaatliche Rechtsnormen bereits eine Rechtslage herrscht, die der von der Richtlinie gewünschten Rechtslage entspricht, würde es dem Gebot, die praktische Wirksamkeit des Gemeinschaftsrechts zu sichern, widersprechen, wenn solche Normen nur mangels Mitteilung an die Kommission unangewendet blieben. Bei der Verordnung dagegen ist ein vollständiger und unmittelbar anwendbarer Rechtsrahmen bereits durch die Verordnung selbst vorgegeben. Die praktische Wirksamkeit des Gemeinschaftsrechts ist insoweit auch ohne Ausnutzung des Spielraums von Öffnungsklauseln gesichert, zumal die Öffnungsklauseln häufig optional ausgestaltet sind.

III. Öffnungsklausel für den Bereich des Arbeitsrechts

Eine praktisch bedeutsame Öffnungsklausel enthält Art. 88 DSGVO, der die Datenverarbeitung im Beschäftigungskontext betrifft. Gemäß Art. 88 Abs. 1 DSGVO können die Mitgliedstaaten durch Rechtsvorschriften oder Kollektivvereinbarungen spezifischere Vorschriften zur Gewährleistung des Schutzes der Rechte und Freiheiten hinsichtlich der Verarbeitung personenbezogener Beschäftigtendaten im Beschäftigungskontext vorsehen, wobei die Norm eine umfangreiche Aufzählung von Beispielen dafür enthält, welche Situationen im Beschäftigungskontext stehen.

1. Abweichungen von Vorgaben der DSGVO

Sofern die Verwendung von Bildnissen im Beschäftigungskontext eine Rolle spielt, was insbesondere bei Webauftritten von Unternehmen, Werbematerialien, Personalakten oder Bewerbungsunterlagen der Fall ist, dürfen die Mitgliedstaaten spezifischere Regelungen erlassen. Grundsätzlich könnte der deutsche Gesetzgeber deshalb

---

697 *Stamer/Kuhnke*, in: Plath, BDSG/DSGVO, Art. 88 DSGVO Rn. 5; *Gola/Pötters/Thüsing*, RDV 2016, 57, 59; *Wybitul/Sörup/Pötters*, ZD 2015, 559, 561.

befugt sein, das KUG zur Anwendung zu berufen, um dadurch den eingeräumten Spielraum für Datenverarbeitungen im Beschäftigungskontext auszufüllen. Die Einführung eines allgemeinen Einwilligungsvorbehalts für die Verbreitung und öffentliche Zurschaustellung von Bildnissen von Beschäftigten, wie § 22 S. 1 KUG es anordnet, könnte insofern eine spezifischere Regelung für einzelne Verarbeitungen im Beschäftigtenkontext darstellen. Dadurch würden allerdings die Erlaubnistatbestände des Art. 6 DSGVO selbst unter Berücksichtigung von §§ 23, 24 KUG teilweise eingeschränkt, wobei insbesondere § 23 Abs. 1 KUG als Spezifizierung von Art. 6 Abs. 1 UAbs. 1 lit. f DSGVO angesehen werden kann. Doch eine solche Abweichung von den Grundsätzen der DSGVO liegt bereits in der Natur der Öffnungsklausel, die andere Regelungen ausdrücklich zulässt, sodass gegen diese Einschränkung keine grundlegenden Bedenken bestehen.

Insbesondere fordert Art. 88 Abs. 1 DSGVO in seiner finalen Version anders als noch im Kommissionsvorschlag[698] nicht mehr, dass sich die nationalen Regelungen „in den Grenzen" der DSGVO bewegen müssten, weshalb die DSGVO insoweit nur einen Mindeststandard vorgibt und strengere Regelungen zulässt.[699] Nationale Vorschriften dürfen dennoch nur konkretisierende Vorgaben machen und damit die Anwendung der DSGVO genauer festlegen.[700] Eine Pflicht zur Schaffung speziellen nationalen Rechts besteht jedoch nicht.[701] Wird von dieser Option kein Gebrauch gemacht, verbleibt es bei der Anwendung der allgemeinen Regelungen der DSGVO. Zu prüfen ist deshalb, unter welchen Voraussetzungen davon ausgegangen werden kann, dass das KUG eine spezifischere nationale Vorschrift für den Beschäftigungsbereich darstellen soll.

2. Verhältnis von nationalem Datenschutzgesetz und KUG

Da das KUG spezielle Fälle der Verarbeitung bestimmter personenbezogener Daten regelt und keine besonderen sachlichen Beschränkungen des Anwendungsbereichs enthält, kommt es auch im Beschäftigungskontext als datenschutzrechtliche Regelung in Betracht. Sofern es also nach Geltungsbeginn der DSGVO noch in Kraft ist, muss es als nationale Sonderregelung im Sinne des Art. 88 Abs. 1 DSGVO in Erwägung gezogen werden.

---

698 Vorschlag der Europäischen Kommission vom 25.1.2012, KOM(2012) 11 endgültig; 2012/0011 (COD).

699 *Pauly,* in: Paal/Pauly, DSGVO, Art. 88 Rn. 3 f.; *Stamer/Kuhnke,* in: Plath, BDSG/DSGVO, Art. 88 DSGVO Rn. 6; *Düwell/Brink,* NZA 2016, 665, 666; *Gola/Pötters/Thüsing,* RDV 2016, 57, 59; *Jerchel/Schubert,* DuD 2016, 782, 783; a.A. *Spelge,* DuD 2016, 775, 778.

700 *Spelge,* DuD 2016, 775, 776.

701 *Gola,* EuZW 2012, 332, 336; *Körner,* NZA 2016, 1383, 1384.

a) *Vorrang der Spezialregelung*

Allerdings ist die Rolle des KUG unklar, wenn der Gesetzgeber gleichzeitig in mehr oder weniger großem Umfang (inhaltlich) an der bisherigen Regelung des § 32 BDSG a.F. oder einer ähnlichen Nachfolgenorm festhält, um von der Öffnungsklausel des Art. 88 DSGVO Gebrauch zu machen, ohne dabei an das KUG zu denken. Dann käme es nämlich wie vor Geltungsbeginn der DSGVO zusätzlich auf das Verhältnis des KUG zum BDSG-E an. Bisher wurde das KUG im Beschäftigungskontext zumindest beschränkt auf die Verbreitung oder öffentliche Zurschaustellung von Arbeitnehmerbildnissen als Spezialgesetz angesehen, hinter dem das BDSG a.F. aufgrund von § 1 Abs. 3 S. 1 BDSG a.F. zurücktreten musste.[702] In seinem Geltungsbereich müsste das KUG somit als bildnisspezifische Regelung für bestimmte Umgangsformen mit Personenbildern das BDSG-E verdrängen. Dieser Ansicht ist unter Berücksichtigung der obigen Ausführungen zur Überschneidung der Anwendungsbereiche von KUG und DSGVO, die in dieser Hinsicht entsprechend gelten, zuzustimmen. Für die Bereiche, die im KUG nicht geregelt sind und für die deshalb keine Tatbestandskongruenz besteht, müssten als Lückenfüller jedoch die Bestimmungen des BDSG-E gelten.

b) *Einfluss der Mitteilungspflicht*

Aber selbst wenn im reformierten BDSG-E eine entsprechende Subsidiaritätsklausel erhalten bleibt, was sich in § 1 Abs. 2 S. 1 BDSG-E abzeichnet, gibt es berechtigte Zweifel an der Möglichkeit einer weiteren vorrangigen Anwendung des KUG. So unterliegen die nationalen Sonderregelungen für Beschäftigungsverhältnisse der Mitteilungspflicht des Art. 88 Abs. 3 DSGVO, sodass eine Anwendung des KUG im Beschäftigungsverhältnis nur möglich wäre, wenn dieses der Kommission bis zum 25.5.2018 als konkretisierende Rechtsvorschrift mitgeteilt wird.[703] Dies ist jedoch angesichts der geringen Aufmerksamkeit, die dem KUG bisher als Regelung mit datenschutzrechtlichem Charakter zuteil wurde,[704] zumindest unwahrscheinlich. Dass für Regelungen, die nur mittelbar die Datenverarbeitung im Beschäftigungsverhältnis betreffen, ein Absehen von der Mitteilungspflicht denkbar ist,[705] führt hier zu keinem anderen Ergebnis, da das KUG spezielle Arten der Datenverarbeitung unmittelbar regelt und somit im Kern Datenschutzfragen betrifft. Es fehlt zwar an einem ausschließlichen Beschäftigungskontext, da das KUG auch darüber hinaus

702 *BAG*, Urt. v. 11.12.2014 – 8 AZR 1010/13, NJW 2015, 2140, 2141 m. Anm. *Spielberger*; *Seifert*, in: Simitis, BDSG, § 32 Rn. 125; *Benecke/Groß*, NZA 2015, 833, 836 f.; *Renner*, Anmerkung zu *BAG*, Urt. v. 11.12.2014 – 8 AZR 1010/13, in: ZUM 2015, 608, 609; *Schierbaum*, PersR 2010, 268, 272.

703 *Kort*, ZD 2016, 555, 555; wohl a.A. *Wybitul/Sörup/Pötters*, ZD 2015, 559, 561.

704 S. *Renner*, Anmerkung zu *BAG*, Urt. v. 11.12.2014 – 8 AZR 1010/13, in: ZUM 2015, 608, 608; *Schnabel*, ZUM 2008, 657, 662.

705 *Gola/Pötters/Thüsing*, RDV 2016, 57, 58 f.

Geltung beansprucht. Dennoch ist zu beachten, dass aufgrund des Anwendungsvorrangs der DSGVO ohnehin nur noch ein geringer Anwendungsbereich für das KUG verbleibt, zu dem spezifisch der Beschäftigungsbereich gehören kann.

3. *Anforderungen an nationales Recht nach Art. 88 Abs. 2 DSGVO*

Außerdem ist fraglich, ob das KUG überhaupt den Anforderungen des Art. 88 DSGVO gerecht wird.

a) Angemessene und besondere Schutzmaßnahmen

Art. 88 Abs. 2 DSGVO schreibt vor, dass die konkretisierenden Vorschriften der Mitgliedstaaten angemessene und besondere Maßnahmen umfassen zur Wahrung der menschlichen Würde, der berechtigten Interessen und Grundrechte der betroffenen Person, insbesondere im Hinblick auf die Transparenz der Verarbeitung, die Übermittlung personenbezogener Daten innerhalb einer Unternehmensgruppe oder einer Gruppe von Unternehmen, die eine gemeinsame Wirtschaftstätigkeit ausüben, und die Überwachungssysteme am Arbeitsplatz. Nationale Rechtsvorschriften, die diesen Anforderungen nicht gerecht werden, können nicht als Vorschriften qualifiziert werden, die in Ausfüllung des in Art. 88 Abs. 1 DSGVO eingeräumten Spielraums den Anwendungsvorrang der DSGVO beseitigen können.[706]

b) Besondere Schutzmaßnahmen des KUG

Das KUG mit seinem spärlichen Regelungsgeflecht enthält keine besonderen Maßnahmen im Sinne des Art. 88 Abs. 2 DSGVO. Es gibt keine direkten Schutzmechanismen für den Abgebildeten, mittels derer eine Information oder sonstige Transparenz schaffende Maßnahmen gewährleistet wären, da das KUG keine Informationspflicht statuiert, die Art. 13, 14 DSGVO vergleichbar wäre. Auch Überwachungssysteme am Arbeitsplatz, die praktisch häufig in Form von Videoüberwachung auftreten, reguliert das KUG überhaupt nicht, sofern Bildaufnahmen nur erstellt und nicht an Dritte weitergegeben werden. Zumindest aber regelt das KUG die Übermittlung von Bilddaten innerhalb einer Unternehmensgruppe, da darin in jedem Fall eine Verbreitung im Sinne des KUG zu sehen ist. Es handelt sich insofern aber gerade nicht um besondere Maßnahmen für diese spezielle Situation, sondern nur um den allgemeinen Einwilligungsvorbehalt, den das KUG für jegliche Verbreitung vorsieht.

Allerdings ist zuzugestehen, dass durch die Einführung des Einwilligungsvorbehalts immerhin die menschliche Würde angemessen geschützt würde, da der Abgebildete selbst bestimmen kann, welche Bildnisse von ihm Dritten zugänglich gemacht werden. Zugleich ist die Erlangung einer wirksamen Einwilligung ohne entsprechende Information und Transparenz über die geplante Bildnisverwendung nicht möglich, da sonst der Maßstab der informierten Einwilligung nicht

---

706 S. auch *Gola/Pötters/Thüsing*, RDV 2016, 57, 59.

eingehalten wäre. Dies wird zwar durch die Ausnahmen des § 23 Abs. 1 KUG etwas beeinträchtigt, aber nicht wesentlich ausgehöhlt, da diese Ausnahmen wiederum gemäß § 23 Abs. 2 KUG nicht bei Verletzung berechtigter Interessen des Abgebildeten gelten. Diese Rückausnahme führt also für alle Fälle, in denen eine Einwilligung und Information des Betroffenen nicht erforderlich ist, zu der nötigen Absicherung der menschlichen Würde.

c) Ergänzung durch Schutzmaßnahmen des BDSG-E

Betrachtet man das KUG zudem nicht isoliert, sondern im Zusammenspiel mit dem BDSG-E als Auffanggesetz muss der Einwand der unzureichenden speziellen Regulierung von Überwachungssystemen durch das KUG außen vor bleiben, soweit diese schon gar nicht in dessen Anwendungsbereich fallen. Solange das KUG keine Regelungen für solche Überwachungssysteme enthält – also weder eine Erlaubnis noch ein Verbot –, können keine besonderen Schutzmechanismen gefordert werden. Stattdessen erfolgt der Rückgriff entweder auf die Regelungen der DSGVO oder auf andere nationale Regelungen, die in Ausfüllung des Art. 88 Abs. 1 DSGVO ergangen sind. Es ist dem Gesetzgeber unbenommen, die Öffnungsklausel des Art. 88 Abs. 1 DSGVO durch mehrere Einzelregelungen zu füllen. Somit müssten Überwachungssysteme potenziell nicht nach dem KUG, sondern nach dem reformierten BDSG-E beurteilt werden, was gleichzeitig bedeutet, dass die besonderen Schutzmechanismen dort zu suchen sind. So finden sich in § 4 BDSG-E spezielle Regelungen für die Videoüberwachung öffentlich zugänglicher Räume, welche für die Videoüberwachung nicht öffentlich zugänglicher Räume und sonstige Überwachungssysteme am Arbeitsplatz durch die allgemeine Verarbeitungsregel für Zwecke des Beschäftigungsverhältnisses in § 26 BDSG-E ergänzt wird. Soweit das KUG jedoch anwendbar ist, weil beispielsweise Bildnisse aus einer Videoüberwachung verbreitet werden, gilt wiederum der Einwilligungsvorbehalt, der hinreichenden Schutz gewährt. KUG und BDSG-E können sich also ergänzen und zusammen den spezifischeren nationalen Beschäftigtendatenschutz verkörpern. Entsprechendes gilt für die Regelungen über Information und Transparenz der Verarbeitung, für welche gemäß § 1 Abs. 2 S. 1 BDSG-E subsidiär auf das BDSG-E zurückzugreifen ist.

d) Ergebnis

Bei großzügiger Betrachtung kann der Regelungsrahmen des KUG deshalb zwar nicht für sich allein als geeignet angesehen werden, um innerhalb seines Regelungsbereichs den Anforderungen des Art. 88 Abs. 2 DSGVO zu genügen. Im Zusammenspiel mit dem subsidiären BDSG-E ließe sich dies aber bejahen.

Mithin ist davon auszugehen, dass das KUG prinzipiell die nötigen Qualifikationen aufweist, um als Teil der konkretisierenden Rechtsvorschriften im Sinne von Art. 88 DSGVO eingestuft zu werden. Zu beachten ist jedoch die Notwendigkeit der Einhaltung der Mitteilungsfrist durch die zuständigen Stellen. Außerdem wäre es wünschenswert, im Gesetz kenntlich zu machen, dass das KUG der Ausfüllung von Art. 88 DSGVO dienen soll, damit seine Sonderstellung gegenüber der

DSGVO deutlich wird. Ohne eine dahingehende Willensäußerung des Gesetzgebers durch die Mitteilung ist eine Anwendung des KUG im Beschäftigungsverhältnis abzulehnen, weil damit der Anwendungsvorrang der DSGVO untergraben würde, der nur Normen ausnimmt, die den Anforderungen von Art. 88 DSGVO genügen. Deshalb dürfte das KUG in unveränderter Form im Rahmen der in § 1 Abs. 2 S. 1 BDSG-E festgelegten Subsidiaritätsklausel nur dann herangezogen werden, wenn es als Rechtsvorschrift, die aufgrund von Art. 88 Abs. 1 DSGVO erlassen wurde, bis zum 25.5.2018 an die Kommission gemeldet wird. Alternativ wird es auch ausreichen müssen, wenn der Gesetzgeber eine vergleichbare Willensäußerung kundtut, aus der sich ergibt, dass das KUG aufgrund von Art. 88 Abs. 1 DSGVO fortgelten soll. In einem solchen Fall wird das bloße Fehlen der Mitteilung nicht zur Unwirksamkeit der ausfüllenden Norm führen können.

4. Vorteile der Abschaffung des KUG hinsichtlich des Beschäftigungsverhältnisses

Fraglich ist jedoch, ob eine solche Fortgeltung überhaupt erstrebenswert ist. Das KUG ist zwar zunächst einfach in der Handhabung, da es eine sehr überschaubare Regelung enthält. Dies ist unter anderem darauf zurückzuführen, dass es kaum Nebenregelungen zu Betroffenenrechten oder anderen Schutzmaßnahmen enthält.

a) Eingeschränkte Betroffenenrechte im KUG

In den §§ 37, 38 KUG finden sich nur Vorschriften über die Vernichtung und das Recht der Übernahme von widerrechtlich verbreiteten oder öffentlich zur Schau gestellten Bildnissen. Das Recht auf Vernichtung stellt eine spezialgesetzliche Regelung des Löschungsanspruchs des Betroffenen dar. Ein Auskunftsanspruch ist nicht ausdrücklich normiert, soll sich aber nach allgemeinen Regeln aus dem Grundsatz von Treu und Glauben ergeben.[707] Dafür ist insbesondere erforderlich, dass der Verletzte in entschuldbarer Weise über das Bestehen und den Umfang seiner Rechte im Ungewissen ist und der Verletzer die benötigte Auskunft unschwer erteilen kann.[708] Außerdem ist er nur ein Hilfsanspruch, welcher der Vorbereitung des Vernichtungsanspruchs oder eines Schadensersatzanspruchs dient.[709] Damit bleibt er jedoch hinter dem datenschutzrechtlichen Auskunftsanspruch gemäß Art. 15 DSGVO zurück, der im Vergleich deutlich geringere Anforderungen stellt.

---

707 *LG Düsseldorf,* Urt. v. 18.12.2002 – 12 O 175/02, NJOZ 2003, 2883, 2886; *Specht,* in: Dreier/Schulze, § 50 KUG Rn. 29; *Fricke,* in: Wandtke/Bullinger, § 22 KUG Rn. 39.

708 *BGH,* Urt. v. 7.6.1971 – I ZR 32/70, GRUR 1971, 519, 521 – Urheberfolgerecht; *Specht,* in: Dreier/Schulze, § 50 KUG Rn. 29; *Fricke,* in: Wandtke/Bullinger, § 22 KUG Rn. 39.

709 *LG Düsseldorf,* Urt. v. 18.12.2002 – 12 O 175/02, NJOZ 2003, 2883, 2886; *LG Bonn,* Urt. v. 22.3.1990 – 5 O 3328/89, AfP 1991, 652, 654.

Auch darüber hinaus regelt die DSGVO Betroffenenrechte deutlich umfangreicher und detaillierter, sodass zukünftig ohnehin subsidiär auf diese (unter Berücksichtigung der Einschränkungen durch §§ 32 ff. BDSG-E) zurückgegriffen werden müsste, wenn das KUG als Spezialregelung zur Ausfüllung einer Öffnungsklausel berufen wird, aber zu Einzelfragen keine (abschließende) Regelung enthält. Dadurch geht der Vorteil der einfachen Handhabung jedoch verloren und verkehrt sich ins Gegenteil. Statt einen Sachverhalt einheitlich nach der DSGVO beziehungsweise dem aufgrund von Art. 88 Abs. 1 DSGVO erlassenen nationalen Beschäftigtendatenschutz (z.B. § 26 BDSG-E) beurteilen zu können, müsste das KUG herangezogen, dessen Lücken ermittelt und diese wiederum durch das subsidiäre Recht gefüllt werden.

b) Uneinheitliche Beurteilung verschiedener Verarbeitungsschritte

Besonders deutlich wird dies, wenn man sich den auf die Verbreitung und öffentliche Zurschaustellung beschränkten Anwendungsbereich des KUG vor Augen führt. Der generelle Einwilligungsvorbehalt sowie die speziellen Ausnahmen des § 23 Abs. 1 KUG beziehen sich nur auf diese Handlungen. Alle anderen Verarbeitungshandlungen, die im Vorfeld (insbesondere die Herstellung oder Speicherung des Bildnisses) oder im Nachgang der Veröffentlichung ausgeführt werden, müssten nach dem allgemeinen Datenschutzrecht beziehungsweise nach dem nationalen Datenschutzrecht für Beschäftigte in § 26 BDSG-E behandelt werden, das eine Reihe anderer Erlaubnistatbestände vorsieht. Dies führt nicht nur zur Notwendigkeit, auf verschiedene Verarbeitungsschritte das komplexe Zusammenspiel von KUG, BDSG-E und DSGVO anzuwenden, sondern birgt auch die Gefahr unterschiedlicher Ergebnisse, in denen Wertungswidersprüche zutage treten können, wenn beispielsweise für bloße Vorbereitungshandlungen strengere Anforderungen gelten als für die eingriffsintensivere nachfolgende Verbreitung.

c) Kein Zuschnitt des KUG auf Beschäftigungskontext

Darüber hinaus sind die Ausnahmen des § 23 Abs. 1 KUG nicht speziell auf Arbeitsverhältnisse angepasst, sodass deren Besonderheiten häufig im Rahmen der Interessenabwägung des § 23 Abs. 2 KUG eine Rückausnahme und damit eine Unzulässigkeit der Verwendung begründen können. Gleichzeitig gibt es Situationen, in denen eine Bildnisverwendung erforderlich oder geboten ist, die vom KUG aber nicht erlaubt ist. Hier erweist sich das Datenschutzrecht als deutlich flexibler, das mit Art. 6 Abs. 1 UAbs. 1 lit. b und f DSGVO und § 26 Abs. 1 BDSG-E Möglichkeiten bietet, um in diesen Fällen potenziell eine zulässige Verarbeitung zu erreichen, deren Rechtmäßigkeit sich an den individuellen Interessen der Beteiligten orientiert.

d) Fehlende Notwendigkeit einer Sonderbehandlung von Personenbildern

Schließlich besteht gerade im Bereich des Beschäftigtendatenschutzes, der in Deutschland traditionell eher streng gehandhabt wird, kein zwingendes Bedürfnis für eine Sonderbehandlung von Bilddaten gegenüber anderen Daten der

Beschäftigten. Dies zeigt sich schon daran, dass die Videoüberwachung von Arbeitnehmern häufig Gegenstand von Gerichtsentscheidungen war und für diese allein anhand des § 32 BDSG a.F. angemessene Lösungen gefunden wurden, um den Arbeitnehmer zu schützen, aber auch den Bedürfnissen des Arbeitgebers Rechnung zu tragen.[710] Hierbei geht es wie beim KUG im Kern um die Verarbeitung von Bilddaten, obwohl zu konzedieren ist, dass in diesen Fällen in der Regel keine Verbreitung oder öffentliche Zurschaustellung der Aufnahmen erfolgte. Wesentliche Schutzlücken haben sich bei der Anwendung des Datenschutzrechts nicht offenbart, sodass eine Sonderregelung durch das KUG verzichtbar ist. Insbesondere müsste der Arbeitgeber auch bei Wegfall des KUG für Verarbeitungen, die eine Verbreitung oder öffentliche Zurschaustellung darstellen, eine Erlaubnis nach Art. 6 Abs. 1 DSGVO vorweisen können, wofür regelmäßig neben der Einwilligung und der Erforderlichkeit im Rahmen der Vertragserfüllung gemäß Art. 6 Abs. 1 UAbs. 1 lit. b DSGVO nur Art. 6 Abs. 1 UAbs. 1 lit. f DSGVO in Frage kommen wird, der bei überwiegenden schutzwürdigen Arbeitnehmerinteressen aber nicht eingreift.

Selbst wenn Bilddaten im Einzelfall besonders schutzwürdig erscheinen, kann dies im Rahmen der Interessenabwägung gemäß Art. 6 Abs. 1 UAbs. 1 lit. f DSGVO oder auch bei der Bestimmung der Erforderlichkeit im Rahmen von Art. 6 Abs. 1 UAbs. 1 lit. b DSGVO in hinreichendem Maße berücksichtigt werden, obwohl letztere keine strikte Verhältnismäßigkeitsprüfung erfordert.[711] Fehlt es jedoch an einem Erlaubnistatbestand nach Art. 6 Abs. 1 UAbs. 1 lit. b-f DSGVO, verbleibt es auch aus Sicht der DSGVO bei der Notwendigkeit der Einwilligung, sodass letztlich ein Zustand eintritt, der mit dem KUG vergleichbar ist.

Entsprechendes gilt, wenn der Beschäftigtendatenschutz im Wege des § 26 BDSG-E konkretisierend im deutschen Recht implementiert wird, der in Absatz 1 im Wesentlichen auf die Erforderlichkeit für die Vertragsbegründung, -durchführung oder -beendigung oder für die Erfüllung bestimmter rechtlicher Verpflichtungen abstellt. Sofern diese Erlaubnistatbestände nicht erfüllt sind, bleibt auch nach dem nationalen Konzept nur noch die Einwilligung des Beschäftigten gemäß § 26 Abs. 2 BDSG-E.

e) Ergebnis

Insgesamt wäre es somit nicht nur im Sinne der Einheitlichkeit der Rechtsanwendung, sondern auch mangels eines zwingenden speziellen Schutzbedürfnisses zu präferieren, wenn der bildnisspezifische Schutz des KUG im Beschäftigungsverhältnis nicht zur Anwendung käme, sondern nur die bereichsspezifischen Regelungen

---

710 *BAG*, Urt. v. 19.2.2015 – 8 AZR 1007/13, ZD 2015, 484, 486 m. Anm. *Tiedemann*; *BAG*, Urt. v. 21.11.2013 – 2 AZR 797/11, ZD 2014, 371, 375 f.; *LAG Düsseldorf*, Urt. v. 7.12.2015 – 7 Sa 1078/14, ZD 2016, 443, 445; *LAG Hamm*, Urt. v. 11.7.2013 – 11 Sa 312/13, ZD 2014, 204, 205; *Thüsing/Pötters*, in: Thüsing, Beschäftigtendatenschutz und Compliance, § 11 Rn. 41, 44; *Alter*, NJW 2015, 2375, 2379; *Bauer/Schansker*, NJW 2012, 3537, 3539 f.

711 *Frenzel*, in: Paal/Pauly, DSGVO, Art. 6 Rn. 14.

des BDSG-E und der DSGVO. Der Gesetzgeber sollte deshalb von der Möglichkeit absehen, das KUG als nationales Spezialgesetz für den Bereich der Datenverarbeitung im Beschäftigungsverhältnis gemäß Art. 88 Abs. 1 DSGVO einzusetzen.

5. *Einfluss des KUG im Beschäftigungsverhältnis unter Geltung der DSGVO*

Da die Anforderungen des Art. 88 Abs. 2 und 3 DSGVO durch den Gesetzgeber relativ leicht eingehalten werden können und der Verzicht auf das KUG insoweit eine politische Entscheidung ist, sollen noch einige Besonderheiten aufgezeigt werden, die im Beschäftigungskontext bei der Fortgeltung des KUG unter der DSGVO zu beachten wären.

a) Allgemeiner Beschäftigtendatenschutz nach dem Vorbild von § 32 BDSG a.F.

Aktuell zeichnet sich ab, dass der Gesetzgeber in § 26 BDSG-E inhaltlich weitgehend an der Regelung des § 32 BDSG a.F. festhalten möchte[712] und dass die Subsidiaritätsklausel fortbestehen soll, die bei Tatbestandskongruenz speziellerem Bundesrecht den Vorrang einräumt und im Übrigen dem BDSG-E zur Füllung von Lücken zur Geltung verhilft[713]. Dabei lässt der Gesetzgeber außer Acht, dass auch § 32 BDSG a.F. nicht ausdrücklich angemessene und besondere Maßnahmen im Sinne des Art. 88 Abs. 2 DSGVO vorsieht und deshalb möglicherweise den Anforderungen der DSGVO an nationale Regelungen zum Beschäftigtendatenschutz nicht gerecht wird.[714] Gerade wenn das Gesetz ohnehin überarbeitet wird, sollte dies zum Anlass genommen werden, entsprechende Vorkehrungen ausdrücklich vorzusehen, anstatt die Vereinbarkeit mit der DSGVO mit Verweis auf die ausdifferenzierte, aber eben nicht kodifizierte Rechtsprechung zu bejahen.[715] Zutreffend ist jedoch, dass durch den Einzug der Verhältnismäßigkeitsprüfung innerhalb von § 32 Abs. 1 BDSG a.F.[716]

---

712 S. § 26 BDSG-E in: BR-Drs. 110/17 [Gesetzentwurf der Bundesregierung: Entwurf eines Gesetzes zur Anpassung des Datenschutzrechts an die Verordnung (EU) 2016/679 und zur Umsetzung der Richtlinie (EU) 2016/680]; dies befürwortend *Stelljes,* DuD 2016, 787, 791.

713 S. § 1 Abs. 2 S. 1 BDSG-E in: BR-Drs. 110/17 [Gesetzentwurf der Bundesregierung: Entwurf eines Gesetzes zur Anpassung des Datenschutzrechts an die Verordnung (EU) 2016/679 und zur Umsetzung der Richtlinie (EU) 2016/680].

714 *Kort,* ZD 2016, 555, 556; *Körner,* NZA 2016, 1383, 1384; *Taeger/Rose,* BB 2016, 819, 830 f.; zurückhaltender *Pauly,* in: Paal/Pauly, DSGVO, Art. 88 Rn. 18; a.A. *Stamer/Kuhnke,* in: Plath, BDSG/DSGVO, Art. 88 DSGVO Rn. 7.

715 So aber *Stamer/Kuhnke,* in: Plath, BDSG/DSGVO, Art. 88 DSGVO Rn. 7; *Düwell/Brink,* NZA 2016, 665, 667 f.; *Wybitul/Pötters,* RDV 2016, 10, 14; wie hier dagegen *Kort,* ZD 2016, 555, 556.

716 *Riesenhuber,* in: BeckOK DSR, § 32 BDSG Rn. 44 ff.; *Gola/Klug/Körffer,* in: Gola/Schomerus, BDSG, § 32 Rn. 10; *Maier/Ossoinig,* in: Roßnagel, Europäische DS-GVO, § 4 Rn. 45 f.; *Kort,* ZD 2016, 555, 556; *Taeger/Rose,* BB 2016, 819, 824.

jedenfalls die menschliche Würde der Betroffenen hinreichend gesichert ist, da dadurch unangemessene Beeinträchtigungen verhindert werden.[717] Es ließe sich deshalb mit etwas Wohlwollen vertreten, die Anforderungen des Art. 88 Abs. 2 DSGVO unter Hinzuziehung der konkretisierenden Rechtsprechung als erfüllt anzusehen.[718]

Das KUG regelt zwar nicht spezifisch die Datenverwendung im Beschäftigungskontext, aber es enthält spezifischen Bildnisschutz und gehört zum Bundesrecht. Da die Möglichkeit der Qualifikation von Bildnissen als personenbezogene Daten bereits aufgezeigt wurde, wäre das KUG also grundsätzlich geeignet, im Anwendungsbereich von § 26 BDSG-E[719] aufgrund der Subsidiaritätsklausel des BDSG-E alle Verarbeitungshandlungen vorrangig zu regeln, die einer öffentlichen Zurschaustellung oder Verbreitung entsprechen.

b) Formerfordernis in Bezug auf die Einwilligung

Käme das KUG also zur Anwendung, stellen sich zahlreiche Fragen, deren Antworten bereits vor Geltung der DSGVO umstritten waren. Eine davon ist die nach der Form der nach § 22 S. 1 KUG erforderlichen Einwilligung.

aa) Rechtsprechung des BAG zur Schriftform der Einwilligung

Klärungsbedürftig ist, ob an der Rechtsprechung des *BAG* festgehalten werden kann, wonach die Einwilligung nach dem KUG im Arbeitsverhältnis aufgrund einer verfassungskonformen Auslegung stets schriftlich erfolgen muss, da nur so der Bedeutung des Rechts der Arbeitnehmer auf informationelle Selbstbestimmung Rechnung getragen werden könne.[720] Denn nur auf diese Weise könne ihnen verdeutlicht werden, dass ihre Einwilligung zur Veröffentlichung ihrer Bildnisse unabhängig von den jeweiligen Verpflichtungen aus dem eingegangenen Arbeitsverhältnis erfolge und dass die Erteilung oder Verweigerung der Einwilligung für das Arbeitsverhältnis keine Folgen haben dürfe.[721]

Damals hatte jedoch § 4a Abs. 1 S. 3 BDSG a.F. noch ein generelles Schriftformerfordernis für datenschutzrechtliche Einwilligungen aufgestellt, während Art. 7 DSGVO keinerlei Formerfordernis mehr enthält. Art. 7 Abs. 1 und Erwägungsgrund 42 DSGVO fordern nur, dass der Verantwortliche nachweisen können muss, dass die betroffene Person in die Verarbeitung eingewilligt hat. Noch eindeutiger formuliert dies Erwägungsgrund 32 DSGVO, in der für die Einwilligung neben einer schriftlichen Erklärung die elektronische Form oder eine mündliche Erklärung

717 Vgl. *Wybitul/Sörup/Pötters,* ZD 2015, 559, 561.

718 *Wybitul/Pötters,* RDV 2016, 10, 14; ohne Zweifel *Maier/Ossoinig,* in: Roßnagel, Europäische DS-GVO, § 4 Rn. 45 f.

719 BR-Drs. 110/17 [Gesetzentwurf der Bundesregierung: Entwurf eines Gesetzes zur Anpassung des Datenschutzrechts an die Verordnung (EU) 2016/679 und zur Umsetzung der Richtlinie (EU) 2016/680].

720 *BAG,* Urt. v. 19.2.2015 – 8 AZR 1011/13, MMR 2015, 544, 545 m. Anm. *Stück.*

721 *BAG,* Urt. v. 19.2.2015 – 8 AZR 1011/13, MMR 2015, 544, 545 m. Anm. *Stück.*

als Optionen benannt werden.[722] Genauso wenig enthält Art. 88 DSGVO Anhaltspunkte dafür, dass der europäische Gesetzgeber im Beschäftigungskontext nur eine schriftliche Einwilligung als ausreichend ansieht.

Außerdem lässt sich die zwingende verfassungsrechtliche Gebotenheit der Schriftform bei Einwilligungserklärungen im Arbeitsverhältnis durchaus infrage stellen. Zwar haben schriftliche Erklärungen einen gesteigerten Beweiswert, werden zögerlicher erteilt als mündliche Zusagen und können beiden Seiten insgesamt deutlicher aufzeigen, wie weit die Einwilligung reicht. Ein Arbeitnehmer kann jedoch auch dann hinreichend geschützt sein, wenn er nach ausführlicher Information eine entsprechende mündliche Einwilligung erteilt.

bb) Hinreichender Schutz des Arbeitnehmers durch Freiwilligkeitserfordernis

Der Schutz des Arbeitnehmers sollte nicht an einem strengen Formerfordernis festgemacht werden, sondern vielmehr beim Merkmal der Freiwilligkeit ansetzen. Die Möglichkeit der freien Willensbildung ist im Arbeitsverhältnis häufig eingeschränkt, was aber nicht bedeutet, dass diese allein schon wegen des Abhängigkeitsverhältnisses zwischen Arbeitnehmer und Arbeitgeber stets ausgeschlossen ist.[723] Dies zeigt auch die Entwicklung der Regelung zur Einwilligung in der DSGVO.[724] Erwägungsgrund 34 des Kommissionsentwurfs[725] hatte noch vorgesehen, dass eine Einwilligung ausgeschlossen sein sollte, wenn ein klares Ungleichgewicht zwischen Betroffenem und Verantwortlichem besteht, wobei als Beispiel die Verarbeitung von Daten des Arbeitnehmers durch den Arbeitgeber im Rahmen von Beschäftigungsverhältnissen benannt wurde. Dieser Ausschluss der Einwilligung im Beschäftigungsverhältnis wurde jedoch in den späteren Versionen nicht beibehalten, um den Mitgliedstaaten die Möglichkeit zu gewähren, eigene Regelungen zu treffen.[726]

Sofern dem Betroffenen im Arbeitsverhältnis unklar ist, dass die Einwilligung nicht erteilt werden muss, und sie von den Arbeitnehmern eher aufgrund faktischer Zwänge oder Drucksituationen erteilt wird, kann schon diese Tatsache die Unwirksamkeit der Einwilligung begründen. Vor einer solchen Ausnutzung der Abhängigkeit des Arbeitnehmers durch seinen Arbeitgeber schützt die Schriftform nicht, da in diesen Fällen im Zweifel auch eine schriftliche Einwilligung – unfreiwillig – erteilt werden wird. Die informationelle Selbstbestimmung ist deshalb bei mündlichen oder gar konkludenten Einwilligungen zur Verwendung von Personenbildern hinreichend gewahrt, sofern diese auf der nötigen Informationsbasis beruhen und

722 *Lorenz,* K&R 2016, 450, 454; *Ziegenhorn/von Heckel,* NVwZ 2016, 1585, 1587.

723 *BAG,* Urt. v. 19.2.2015 – 8 AZR 1011/13, MMR 2015, 544, 546 m. Anm. *Stück; Körner,* NZA 2016, 1383, 1385 f.; *Thüsing,* BB 2016, 2165, 2166.

724 S. auch *Kort,* DB 2016, 711, 715.

725 Vorschlag der Europäischen Kommission vom 25.1.2012, KOM(2012) 11 endgültig; 2012/0011 (COD).

726 *Gierschmann,* ZD 2016, 51, 54.

tatsächlich freiwillig erteilt werden. Dies muss der Arbeitgeber nachweisen können, was eine nicht unerhebliche Hürde ist, die in der Praxis schon aus Beweisgründen häufig zur Einhaltung der Schrift- oder wenigstens Textform führen wird.[727]

cc) Schriftformerfordernis in § 26 Abs. 2 S. 3 BDSG-E

Allerdings deutet sich nach aktuellem Stand eine einfache Klärung dieser Frage durch den Gesetzgeber an. So enthält § 26 Abs. 2 S. 3 BDSG-E speziell für die Einwilligung im Beschäftigungskontext ein Schriftformerfordernis, soweit nicht wegen besonderer Umstände eine andere Form angemessen ist. Im Ergebnis ist es deshalb in der Praxis unerheblich, ob das Schriftformerfordernis mit dem *BAG* aufgrund einer verfassungskonformen Auslegung konstruiert wird oder ob unmittelbar auf das BDSG-E rekurriert wird. Die zweite Alternative ist jedoch zumindest dogmatisch vorzugswürdig, da das KUG selbst schlicht keine Regelung zur Form der Einwilligung enthält, sodass gemäß der Subsidiaritätsklausel in § 1 Abs. 2 S. 1 BDSG-E auf die entsprechende Vorschrift im BDSG-E über die Verarbeitung im Beschäftigungsverhältnis zurückzugreifen ist.[728]

Somit besteht zwar nach der DSGVO kein zwingendes Schriftformerfordernis für Verbreitungen oder öffentliche Zurschaustellungen von Bildnissen von Beschäftigten, allerdings ergibt sich dies aus den nationalen Regelungen und gilt auch für das KUG, sofern dieses überhaupt vom Gesetzgeber nach den Vorgaben des Art. 88 DSGVO als spezialgesetzliche datenschutzrechtliche Regelung im Beschäftigungsverhältnis erhalten wird. Diese Abweichung von der DSGVO ist dem deutschen Gesetzgeber unbenommen, da der von Art. 88 DSGVO eingeräumte Spielraum ihm erlaubt, ein Schriftformerfordernis für Datenverarbeitungen im Beschäftigungsverhältnis vorzusehen.[729]

Sollte das Schriftformerfordernis des § 26 Abs. 2 S. 3 BDSG-E im Laufe des weiteren Gesetzgebungsverfahrens wieder wegfallen, wäre es zwar denkbar, im Rahmen der Ausfüllung der Öffnungsklausel des Art. 88 DSGVO auf die Rechtsprechung des *BAG* zu verweisen und dadurch ein Schriftformerfordernis für eine Einwilligung im Arbeitsverhältnis zu begründen.[730] Allerdings wird dies nicht möglich sein, weil Art. 88 Abs. 1 DSGVO bestimmt, dass spezifischere Vorschriften nur durch Rechtsvorschriften und Kollektivvereinbarungen vorgesehen werden können. Eine Gerichtsentscheidung fällt unter keine der beiden Kategorien. Außerdem verlangt Art. 88 Abs. 3 DSGVO, dass die aufgrund von Art. 88 Abs. 1 DSGVO erlassenen „Vorschriften" der Kommission mitgeteilt werden. Die Entscheidung des *BAG* und ihre Herleitung aus einer verfassungskonformen Auslegung stellen keine Vorschrift dar, die der Kommission als solche gemeldet werden könnte.

---

727 *Maier/Ossoinig,* in: Roßnagel, Europäische DS-GVO, § 4 Rn. 43.

728 So noch zum BDSG a.F. *Lorenz,* K&R 2016, 450, 452; *Lorenz,* ZD 2012, 367, 369.

729 *Wybitul/Pötters,* RDV 2016, 10, 13; allgemein zur Abweichungsbefugnis *Kort,* ZD 2016, 555, 557.

730 So wohl *Stamer/Kuhnke,* in: Plath, BDSG/DSGVO, Art. 88 DSGVO Rn. 13.

Dass Art. 88 Abs. 3 DSGVO nicht alle Spezifizierungsmaßnahmen im Sinne des Art. 88 Abs. 1 DSGVO aufnimmt, sondern Kollektivvereinbarungen, die in Ausfüllung der Öffnungsklauseln erlassen werden, von der Mitteilungspflicht ausnimmt,[731] kann die Eignung von Gerichtsentscheidungen zur Ausfüllung von Öffnungsklauseln nicht begründen. Denn über Kollektivvereinbarungen, zu denen neben Tarifverträgen auch Dienst- und Betriebsvereinbarungen gehören,[732] haben die Mitgliedstaaten keine Kontrolle und umfassende Kenntnis, welche für eine Mitteilung jedoch erforderlich wären. Außerdem haben sie einen gewissen normativen, wenn auch häufig betriebsinternen Charakter und sind mit staatlichen Rechtsnormen deshalb eher vergleichbar als bloße Urteile. Wenn der nationale Gesetzgeber von Spielräumen der DSGVO Gebrauch machen möchte, ist es ihm schon aus Gründen der Rechtsklarheit zumutbar, entsprechende Normen ausdrücklich zu erlassen oder bereits bestehende zumindest als solche zu kennzeichnen.

c) Möglichkeit des Widerrufs

Ähnliche Erwägungen gelten für den Widerruf der Einwilligung. Oben wurde bereits dargestellt, dass die Möglichkeit und die Anforderungen an einen zulässigen Widerruf nach dem KUG umstritten sind.[733]

aa) Freie Widerruflichkeit nach DSGVO

Ob bisher ein wichtiger Grund, ein fundamentaler Überzeugungswandel oder nur eine plausible Erklärung als Widerrufsgrund gefordert wurde, kann zukünftig keine Rolle mehr spielen.[734] Art. 7 Abs. 3 S. 1 DSGVO sieht die freie Widerruflichkeit einer datenschutzrechtlichen Einwilligung vor, ohne dass der Betroffene einen besonderen Grund anführen müsste.[735] Diese Regelung ist mangels nationaler Sonderregelungen im KUG oder dem BDSG-E maßgeblich für die Frage des Widerrufs. Allerdings könnte der nationale Gesetzgeber diesbezüglich im Beschäftigungskontext aufgrund von Art. 88 Abs. 1 DSGVO strengere Anforderungen an den Widerruf stellen, um Arbeitgeberinteressen und gegenseitige Rücksichtnahmepflichten anders zu gewichten.[736] Dass er dies nicht plant, ergibt sich wiederum aus § 26 Abs. 2 S. 4 BDSG-E, demzufolge der Arbeitgeber die beschäftigte Person in Textform über sein Widerrufsrecht gemäß Art. 7 Abs. 3 DSGVO aufklären muss. Insofern will der deutsche Gesetzgeber es also bei der Regelung der DSGVO belassen und nicht vom Spielraum des Art. 88 DSGVO Gebrauch machen.

---

731 *Spelge,* DuD 2016, 775, 776.

732 Erwägungsgrund 155 DSGVO; *Gola/Pötters/Thüsing,* RDV 2016, 57, 58; *Spelge,* DuD 2016, 775, 776.

733 S. 3. Kapitel C. VI.

734 So auch *Kort,* DB 2016, 711, 715; *Spelge,* DuD 2016, 775, 781.

735 *Frenzel,* in: Paal/Pauly, DSGVO, Art. 7 Rn. 16.

736 A.A. *Kort,* ZD 2016, 555, 557.

bb) Einschränkung der Widerruflichkeit bei vertraglichen Erklärungen

Zu beachten ist jedoch, dass eine freie Widerruflichkeit trotz der auf die Zukunft beschränkten Wirkung[737] bedenklich erscheint, wenn die Einwilligung vertraglich erteilt wurde und der Betroffene eine Gegenleistung dafür erhalten hat. Wer sein Gesicht beispielsweise für Werbezwecke hergibt und dafür entlohnt wird, könnte mit einem Widerruf den Vertragszweck torpedieren. Deshalb wird vereinzelt angenommen, dass Art. 7 Abs. 3 S. 1 DSGVO nur die einseitige Einwilligungserklärung, nicht jedoch die vertragliche betreffe.[738]

Eine solche Differenzierung lässt sich Art. 7 Abs. 3 S. 1 DSGVO jedoch nicht entnehmen. Die Unwiderruflichkeit einer im Rahmen eines Vertrages erteilten Einwilligung liefe vielmehr dem klaren Gesetzeswortlaut zuwider und ist deshalb abzulehnen.

cc) Entbehrlichkeit der Einwilligung aufgrund gesetzlicher Erlaubnis

Der Vertragspartner wird dadurch nicht unzumutbar benachteiligt, da er in solchen Fällen regelmäßig gar keiner Einwilligung bedarf. Denn die jeweilige Verarbeitung wird schon gemäß Art. 6 Abs. 1 UAbs. 1 lit. b DSGVO rechtmäßig sein, weil sie zur Erfüllung eines Vertrages erforderlich ist, dessen Vertragspartei die betroffene Person ist.[739] Die Heranziehung einer konkludenten Einwilligung wird dadurch entbehrlich. Insoweit obliegt es dem Verantwortlichen, dafür zu sorgen, dass der Vertragszweck die jeweilige Verarbeitung abdeckt. Dies erfasst auch Fälle, in denen die Bildnisverwendung nicht der primäre Gegenstand des Vertrags ist, sondern nur einem Nebenzweck dient, solange dieser Zweck dem Betroffenen deutlich gemacht wurde und die Bildnisverwendung deshalb zumindest zur Erfüllung dieses vertraglichen Nebenzwecks erforderlich ist.

Dadurch können interessengerechte Ergebnisse erzielt werden, da sich der Vertragspartner, der in vielen Fällen ein Entgelt für die Bildnisverwendung gezahlt haben wird, nicht auf die willkürliche Möglichkeit des Widerrufs der Einwilligung einstellen muss, sondern sich auf den Bestand des Vertrags und damit einer Verarbeitungserlaubnis verlassen kann. Der Betroffene ist ebenfalls hinreichend geschützt, da er frei entscheiden kann, welche Verträge er schließt, worin gleichzeitig – wie in der Einwilligung – eine Ausübung seines Recht der informationellen Selbstbestimmung liegt, wenn der Vertrag entsprechende Verarbeitungen bedingt.

dd) Notwendigkeit einer Aufhebung der Verarbeitungserlaubnis zum Schutz des Persönlichkeitsrechts

Gegen die Erlaubnis der Verarbeitung ohne Einwilligung allein aufgrund des Vertrages ließe sich einwenden, dass Verträge aufgrund ihrer Unwiderruflichkeit nicht einseitig aufgehoben werden können, sodass der Abgebildete selbst in Extremfällen an diesen

---

737 *Frenzel,* in: Paal/Pauly, DSGVO, Art. 7 Rn. 16.

738 *Lorenz,* K&R 2016, 450, 454; ähnlich *Benecke/Groß,* NZA 2015, 833, 837.

739 Noch zum BDSG a.F. *Schnabel,* ZUM 2008, 657, 660.

Vertrag gebunden wäre und die Verwendung des Bildnisses nicht mehr einseitig stoppen könnte. Dadurch könnte eine erhebliche Beeinträchtigung seines Persönlichkeitsrechts eintreten. Dieser Gedanke steht schon hinter § 42 UrhG und wird häufig angeführt, um eine Widerruflichkeit für Einwilligungen nach dem KUG zu begründen.[740]

Dieser Einwand kann aber widerlegt werden, weil es sich bei entsprechenden Verträgen über die dauerhafte Verwendung von Bildnissen in der Regel um Dauerschuldverhältnisse handeln wird,[741] die ihrerseits gemäß § 314 Abs. 1 S. 1 BGB bei Vorliegen eines wichtigen Grundes fristlos gekündigt werden können. Dies betrifft vor allem die Fälle, in denen die Bildnisverwendung nicht Hauptzweck des Arbeitsvertrages ist, sondern eine gesonderte (möglicherweise isoliert kündbare) Abrede über die Verwendung des Bildnisses für Nebenzwecke des Arbeitsverhältnisses getroffen wurde. Sofern es sich jedoch um Arbeitsverträge handelt, die gerade auf die Erstellung von Bildnissen und ihre Nutzung zu werblichen oder sonstigen Zwecken gerichtet sind, wie dies insbesondere bei Models der Fall ist, gibt es für diese die Möglichkeit der ordentlichen und außerordentlichen Kündigung gemäß §§ 622, 626 BGB. Droht also tatsächlich durch die fortgesetzte Verwendung des Bildnisses eine massive Persönlichkeitsrechtsverletzung des Betroffenen, hätte er die Möglichkeit, den zugrundeliegenden Vertrag zu kündigen und damit die gesetzliche Verarbeitungserlaubnis des Art. 6 Abs. 1 UAbs. 1 lit. b DSGVO zum Erlöschen zu bringen.

Außerdem ist es im Rahmen der Vertragsfreiheit möglich, einen Widerrufsvorbehalt in den Vertrag aufzunehmen.[742] Die vermögensrechtlichen Interessen des Bildnisverwenders können gegebenenfalls Berücksichtigung finden, indem ein Anspruch auf Ersatz des Vertrauensschadens analog § 122 BGB oder auf angemessene Entschädigung analog § 42 Abs. 3 S. 1 UrhG in Betracht gezogen wird, welcher schon für den Widerruf der Einwilligung nach dem KUG gelegentlich angenommen wurde.[743]

ee) Ergebnis

Sofern die Bildnisverwendung jedoch nicht zur Erfüllung des Vertrages erforderlich ist, wofür ein strenger Maßstab anzulegen ist, und keine andere Rechtsgrundlage einschlägig ist, verbleibt es bei der Notwendigkeit der Einwilligung, mit deren freier Widerruflichkeit der jeweilige Verwender dann rechnen muss. Will er eine solche Situation

740 *OLG München,* Urt. v. 17.3.1989 – 21 U 4729/88, NJW-RR 1990, 999, 1000; *Specht,* in: Dreier/Schulze, § 22 KUG Rn. 35; *Engels,* in: Möhring/Nicolini, § 22 KUG Rn. 46; *Götting,* in: Schricker/Löwenheim § 60/§ 22 KUG Rn. 41; *von Strobl-Albeg,* in: Wenzel, Kapitel 7 Rn. 84; *Frömming,* NJW 1996, 958, 959.

741 *OLG München,* Urt. v. 17.3.1989 – 21 U 4729/88, NJW-RR 1990, 999, 1000.

742 *Helle,* S. 117; vgl. *ArbG Frankfurt a.M.,* Urt. v. 20.6.2012 – 7 Ca 1649/12, ZD 2012, 530, 531.

743 *Specht,* in: Dreier/Schulze, § 22 KUG Rn. 35; *Dreyer,* in: Dreyer/Kotthoff/Meckel, § 22 KUG Rn. 21; *Fricke,* in: Wandtke/Bullinger, § 22 KUG Rn. 20; *Frömming,* NJW 1996, 958, 959; nur Ersatz des Vertrauensschadens *AG Berlin-Charlottenburg,* Urt. v. 21.2.2002 – 204 C 574/01, GRUR-RR 2002, 187, 188.

ausschließen, muss er sich um adäquate vertragliche Abreden bemühen, die sowohl neben dem Arbeitsvertrag getroffen werden können als auch nicht stets vergütet werden müssen, auch wenn eine Vergütung seine Interessen im Zweifel stärken wird.

Die freie Widerruflichkeit der Einwilligung, die Art. 7 Abs. 3 S. 1 DSGVO vorsieht, wird dadurch nicht berührt. Mangels abweichender nationaler Regelungen ist deshalb davon auszugehen, dass eine Einwilligung im Sinne des § 22 S. 1 KUG zukünftig ohne jegliche Begründung frei mit Wirkung für die Zukunft widerrufen werden kann. Eine abweichende Auslegung der Vorschrift ist nicht möglich, sondern bedürfte einer expliziten normativen Grundlage im nationalen Recht, welche die Macht hätte, die vorrangigen Regelungen der DSGVO gemäß Art. 88 Abs. 1 DSGVO zu verdrängen.

d) *Sonderfall nichtautomatisierter Verarbeitungen ohne Speicherung in einem Dateisystem*

Schließlich ist noch darauf hinzuweisen, dass § 26 Abs. 7 BDSG-E anordnet, dass die Regelungen des § 26 Abs. 1–6 BDSG-E auch anzuwenden sind, wenn personenbezogene Daten, einschließlich besonderer Kategorien personenbezogener Daten, von Beschäftigten verarbeitet werden, ohne dass sie in einem Dateisystem gespeichert sind oder gespeichert werden sollen. Damit reicht das BDSG-E weiter als die DSGVO, deren sachlicher Anwendungsbereich gemäß Art. 2 Abs. 1 DSGVO nicht eröffnet ist, soweit es um eine nichtautomatisierte Verarbeitung personenbezogener Daten geht, die in einem Dateisystem gespeichert sind oder gespeichert werden sollen. Diese Ausweitung des Datenschutzrechts im Beschäftigungskontext auf jegliche nichtautomatisierte Verarbeitung fand sich bereits in § 32 Abs. 2 BDSG a.F. und liegt im Ermessen des Gesetzgebers, da die DSGVO einerseits mangels Regelung in diesem Bereich keinen Anwendungsvorrang beanspruchen kann und andererseits ohnehin in Art. 88 DSGVO für den Beschäftigungskontext nationale Spielräume schafft.[744] Erneut kann eine Befugnis des Gesetzgebers zu einer weitergehenden Regelung als der in der DSGVO deshalb nicht mit Verweis auf deren abschließenden vollharmonisierenden Charakter verneint werden, da die Öffnungsklausel in Art. 88 DSGVO den Weg für strengere Regelungen im Beschäftigungskontext freimacht.[745] Außerdem ist zu beachten, dass die Kompetenz der EU im Bereich des Arbeitsrechts gemäß Art. 153 i.V.m. 114 Abs. 2 AEUV darauf beschränkt sein soll, Richtlinien zu erlassen, die einer nationalen Umsetzung bedürfen, während die Kompetenz zum Erlass von Verordnungen gemäß Art. 16 Abs. 2 AEUV nur das allgemeine Datenschutzrecht betrifft.[746] Schon daraus folgt, dass die EU in der DSGVO solche strengeren Regelungen für den Beschäftigtendatenschutz nicht verbieten darf.[747]

744 *Kort,* ZD 2016, 555, 556; *Wybitul,* ZD 2016, 203, 206; a.A. *Spelge,* DuD 2016, 775, 777.

745 *Pauly,* in: Paal/Pauly, DSGVO, Art. 88 Rn. 18; *Taeger/Rose,* BB 2016, 819, 823.

746 *Stamer/Kuhnke,* in: Plath, BDSG/DSGVO, Art. 88 DSGVO Rn. 2; *Körner,* NZA 2016, 1383, 1383.

747 *Körner,* NZA 2016, 1383, 1383.

Insoweit konkurriert das KUG deshalb nicht mit der DSGVO, sondern allein mit dem BDSG-E. Somit bleibt es bei dem Vorrang des KUG für Verbreitungen und öffentliche Zurschaustellungen von Bildnissen im Beschäftigungskontext, welcher ihm als datenschutzrechtlichem Spezialgesetz gemäß § 1 Abs. 2 S. 1 BDSG-E zusteht, soweit eine Tatbestandskongruenz gegeben ist. Ein praktisch bedeutsamer Unterschied besteht nur darin, dass dieser Vorrang unabhängig von einer Mitteilung an die Kommission oder einer anderen ausdrücklichen Äußerung des gesetzgeberischen Willens zur Fortgeltung des KUG gilt, da ein Rückgriff auf Art. 88 DSGVO mangels Anwendbarkeit der DSGVO für diese nichtautomatisierten Verarbeitungen ohne Dateibezug überhaupt nicht nötig ist. Der Vorrang des KUG wäre deshalb schon zu berücksichtigen, sobald das BDSG-E in Kraft tritt und das KUG noch nicht aufgehoben oder geändert wurde.

e) Ergebnis

Wenn der Empfehlung zur Abschaffung des KUG für Verarbeitungen im Beschäftigungsverhältnis nicht gefolgt wird, sondern der Gesetzgeber das KUG als spezifischere Regelung unter Einhaltung der Voraussetzungen des Art. 88 Abs. 2, 3 DSGVO beibehält, muss das KUG vorrangig vor dem BDSG-E und der DSGVO für Verbreitungen und Zurschaustellungen von Beschäftigtenbildnissen angewendet werden. Soweit es Lücken hinterlässt, was insbesondere für Betroffenenrechte und andere Verarbeitungsarten gilt, werden diese durch das BDSG-E oder unmittelbar durch die DSGVO geschlossen. Aus diesem Grund unterläge die Einwilligung nach dem KUG in Zukunft gemäß § 26 Abs. 2 S. 3 BDSG-E der Schriftform, während ein Widerruf durch den Beschäftigten frei möglich wäre. Zugleich könnte der Arbeitgeber jedoch fordern, dass der Widerruf in Schriftform erfolgt, da der insoweit maßgebliche Art. 7 Abs. 3 S. 4 DSGVO nur verlangt, dass der Widerruf so einfach wie die Erteilung der Einwilligung sein muss.

Im Hinblick auf nichtautomatisierte Verarbeitungen, die keinen Bezug zu einem Dateisystem aufweisen, käme das KUG unmittelbar zur Anwendung. Etwaige Lücken dürften aber nicht mithilfe der DSGVO geschlossen werden, da diese für solche Verarbeitungen gemäß Art. 2 Abs. 1 DSGVO nicht anwendbar ist, sodass nur ein Rückgriff auf subsidiäre Regelungen des BDSG-E möglich bliebe.

IV. Öffnungsklausel zur Rechtmäßigkeit der Verarbeitung

Eine weitere Öffnungsklausel betrifft die Rechtmäßigkeit der Verarbeitung und ist niedergelegt in Art. 6 Abs. 2 DSGVO. Demnach können die Mitgliedstaaten spezifischere Bestimmungen zur Anpassung der Vorschriften der DSGVO in Bezug auf die Verarbeitung zur Erfüllung von Art. 6 Abs. 1 UAbs. 1 lit. c und e DSGVO beibehalten oder einführen, indem sie spezifische Anforderungen für die Verarbeitung sowie sonstige Maßnahmen präziser bestimmen, um eine rechtmäßig und nach Treu und Glauben erfolgende Verarbeitung zu gewährleisten.

Daraus ergibt sich zunächst, dass die Öffnungsklausel auf zwei Erlaubnistatbestände beschränkt ist: einerseits die Verarbeitung zur Erfüllung einer rechtlichen Verpflichtung, der der Verantwortliche unterliegt, und andererseits die Verarbeitung für die Wahrnehmung einer Aufgabe, die im öffentlichen Interesse liegt oder in Ausübung öffentlicher Gewalt erfolgt, die dem Verantwortlichen übertragen wurde. Hieraus folgt jedoch keine Ermächtigung, in beliebiger Weise von der DSGVO abzuweichen, sondern nur zur präziseren Bestimmung der spezifischen Voraussetzungen. Dies soll insbesondere die Beibehaltung oder den Erlass des bereichsspezifischen Datenschutzrechts ermöglichen, in dem die Voraussetzungen und Rahmenbedingungen der Datenverarbeitung spezifiziert und der jeweiligen Interessenlage angepasst werden können.[748]

Da die Öffnungsklausel ausdrücklich die Beibehaltung nationaler Vorschriften vorsieht, könnte das KUG potenziell als eine diese Öffnungsklausel ausfüllende Norm angesehen werden, wenn es sachlich in den Bereich eines der beiden in Bezug genommenen Erlaubnistatbestände fällt und den Anforderungen an eine präzisere Bestimmung gerecht wird. Dies hätte zur Folge, dass das KUG als Spezialregelung des Bildnisschutzes generell im Hinblick auf die Verarbeitung von Personenbildern anwendbar sein könnte und damit keine vorrangige Beurteilung anhand der Maßstäbe der DSGVO erfolgen müsste.

1. Verarbeitung zur Erfüllung einer rechtlichen Verpflichtung

Im Hinblick auf die Ausfüllung der Erlaubnis der Verarbeitung zur Erfüllung einer rechtlichen Verpflichtung ist darauf hinzuweisen, dass die Rechtsnorm, aus der sich die rechtliche Verpflichtung ergibt, gemäß Art. 6 Abs. 3 S. 4 DSGVO ein im öffentlichen Interesse liegendes Ziel verfolgen und in einem angemessenen Verhältnis zu dem verfolgten legitimen Zweck stehen muss.[749]

a) Konstituierung einer rechtlichen Verpflichtung

Das KUG enthält nationale Rechtsnormen, es begründet jedoch für den Verwender eines Bildnisses keine rechtliche Verpflichtung, zu deren Erfüllung eine Verbreitung oder öffentliche Zurschaustellung eines Bildnisses erforderlich wäre. Stattdessen regelt es, unter welchen Voraussetzungen diese Art der Bildnisverwendung zulässig ist, und statuiert dadurch einen eigenen Erlaubnistatbestand, der unmittelbar auf bestimmte Arten der Verarbeitung abzielt. Dadurch hat das KUG allenfalls einen Verbotscharakter. Rechtliche Handlungspflichten erlegt es dagegen niemandem auf.

Dies entspricht nicht der Regelungssystematik des Art. 6 Abs. 1 UAbs. 1 lit. c DSGVO, der gerade keine anderen Erlaubnistatbestände voraussetzt. Vielmehr geht er von der Situation aus, dass es eine gemeinschaftsrechtliche oder nationale

748 *Schantz,* NJW 2016, 1841, 1842.

749 *Albrecht/Jotzo,* Das neue Datenschutzrecht der EU, Teil 3 Rn. 46; *Kühling/Martini et al.,* S. 29; *Piltz,* K&R 2016, 557, 565.

Norm gibt, die einen Verantwortlichen zu einer bestimmten Handlung verpflichtet, die entweder originär eine Datenverarbeitung darstellt oder bei der die Datenverarbeitung nur ein Begleitprozess ist, ohne den die eigentliche Handlung, zu der der Betroffene verpflichtet ist, nicht ausgeübt werden kann. Art. 6 Abs. 1 UAbs. 1lit. c DSGVO dient insoweit der Vermeidung von Normenkonflikten, die entstünden, wenn ein Verantwortlicher rechtlich verpflichtet wäre, eine bestimmte Handlung vorzunehmen, während das Datenschutzrecht ihm die damit zwingend einhergehende Verarbeitung verböte. Sofern also eine Datenverarbeitung erforderlich ist, um die rechtliche Verpflichtung zu erfüllen, muss diese auch datenschutzrechtlich zulässig sein.

Da rechtliche Verpflichtungen auf vielerlei Ebenen und zu den verschiedensten Zwecken denkbar sind, könnte das Recht auf Schutz personenbezogener Daten der Betroffenen leicht ausgehöhlt werden, indem die Mitgliedstaaten entsprechende rechtliche Verpflichtungen schaffen, die als Rechtsgrundlage für damit verbundene Verarbeitungsprozesse fungieren. Diese Gefahr wird jedoch unter anderem durch Art. 6 Abs. 3 S. 4 DSGVO gebannt, der als Rechtsgrundlage nur eine verhältnismäßige Regelung ausreichen lässt, die öffentlichen Interessen dient.

b) Anforderungen an nationale Normen

Zwar sieht Art. 6 Abs. 3 S. 2 und 3 DSGVO vor, dass die entsprechende Rechtsgrundlage im nationalen Recht den Zweck der Verarbeitung festlegen muss und spezifische Bestimmungen im Hinblick auf die Datenverarbeitung enthalten kann, was beim KUG möglicherweise noch als gegeben angesehen werden könnte. Dennoch entbindet dies nicht von dem Erfordernis, überhaupt erst eine rechtliche Verpflichtung zu begründen.

Da das KUG die Datenverarbeitung selbst regelt, ohne eine Pflicht zur Vornahme der jeweiligen Handlungen zu implementieren, ist es schon von vornherein kein taugliches Gesetz zur Ausfüllung der Regelungsspielräume des Art. 6 Abs. 2 DSGVO im Hinblick auf den Erlaubnistatbestand des Art. 6 Abs. 1 UAbs. 1 lit. c DSGVO. Die Öffnungsklausel ermöglicht nicht die Schaffung neuer nationaler Erlaubnistatbestände, sondern erlaubt nur eine Spezifizierung der Vorgaben der DSGVO in den von ihr vorgegebenen Grenzen.

Selbst wenn sich aus anderen Normen eine rechtliche Verpflichtung ergeben sollte, deren Erfüllung eine Verbreitung oder öffentliche Zurschaustellung eines Bildnisses erforderlich macht, wäre diese Norm selbst an Art. 6 Abs. 2 und 3 DSGVO zu messen. Die Erlaubnis für die Bildnisverwendung kann sich dann ausschließlich aus Art. 6 Abs. 1 UAbs. 1 lit. c DSGVO, aber nicht etwa aus dem KUG ergeben. Ein Rückgriff auf das KUG ist wegen des Anwendungsvorrangs der DSGVO in diesen Fällen nicht mehr möglich, sofern nicht eine Ausnahme vom Anwendungsbereich der DSGVO einschlägig ist.

2. *Verarbeitung für Aufgaben im öffentlichen Interesse*

Unberührt bleibt davon jedoch die Möglichkeit, mittels des KUG die Öffnungsklausel des Art. 6 Abs. 2 DSGVO im Hinblick auf Art. 6 Abs. 1 UAbs. 1 lit. e DSGVO auszufüllen.

a) *Verfolgung öffentlicher Interessen durch § 23 KUG*

Das KUG verfolgt aber nicht per se ausschließlich öffentliche Interessen. Durch das in § 22 S. 1 KUG niedergelegte Einwilligungserfordernis für die Verbreitung oder öffentliche Zurschaustellung eines Bildnisses sollen zuvorderst Individualinteressen geschützt werden.[750] Dadurch wird dem Recht am eigenen Bild spezialgesetzlich Ausdruck verliehen.

Erst die Ausnahmetatbestände in den folgenden §§ 23, 24 KUG dienen dem Ausgleich des Rechts am eigenen Bild mit besonderen öffentlichen Interessen.[751] Im Vordergrund stehen bei § 23 KUG die Informations-, Abbildungs-, Meinungs- und Kunstfreiheit.[752] Wie im 3. Kapitel dargestellt kann der Bildnisschutz nicht unbeschränkt gelten, sondern steht im Konflikt mit den genannten, ebenfalls grundrechtlich geschützten Rechtspositionen, die eine einwilligungsfreie Bildnisverwendung im Einzelfall aufgrund individueller oder öffentlicher Interessen erforderlich machen können. Eine besondere praktische Bedeutung kommt § 23 KUG im Pressebereich im Hinblick auf die Bildberichterstattung zu. Dennoch ist § 23 KUG nicht auf den Bereich der Presse limitiert, sondern geht darüber hinaus und kann jedem die Verbreitung oder öffentliche Zurschaustellung unter dessen Voraussetzungen unabhängig davon erlauben, ob im Einzelfall der Zweck einer öffentlichen Meinungsbildung oder Information verfolgt wird.

Auf dem öffentlichen Informationsinteresse beruhen insbesondere die Ausnahmen für Bildnisse aus dem Bereich der Zeitgeschichte (§ 23 Abs. 1 Nr. 1 KUG)[753] und für Bilder von Versammlungen, Aufzügen und ähnlichen Vorgängen (§ 23 Abs. 1 Nr. 3 KUG)[754]. Obwohl Sinn und Zweck dieser Ausnahmen darauf festgelegt sind, ist im Einzelfall nicht stets erforderlich, dass der Verwender des Bildnisses auch tatsächlich diese Zwecke verfolgt.[755] Allerdings kann bei deren Fehlen eher

---

750 Vgl. *BVerfG,* Urt. v. 15.12.1999 – 1 BvR 653/96, NJW 2000, 1021, 1023 – Caroline von Monaco; *BGH,* Urt. v. 1. 12. 1999 – I ZR 49/97, NJW 2000, 2195, 2197 – Marlene Dietrich I; *Fricke,* in: Wandtke/Bullinger, § 22 KUG Rn. 4.

751 *Specht,* in: Dreier/Schulze, § 23 KUG Rn. 1; *Fricke,* in: Wandtke/Bullinger, § 23 KUG Rn. 1, § 24 KUG Rn. 1.

752 *Specht,* in: Dreier/Schulze, § 23 KUG Rn. 1; *Kröner,* in: Paschke/Berlit/Meyer, 32. Abschnitt Rn. 40; *Fricke,* in: Wandtke/Bullinger, § 23 KUG Rn. 1.

753 *BGH,* Urt. v. 9.2.2010 – VI ZR 243/08, NJW 2010, 2432, 2436 f. – Sedlmayr-Mord II; *BGH,* Urt. v. 6.3.2007 – VI ZR 51/06, NJW 2007, 1977, 1978 – Winterurlaub.

754 *Specht,* in: Dreier/Schulze, § 23 KUG Rn. 38; *Kröner,* in: Paschke/Berlit/Meyer, 32. Abschnitt Rn. 63.

755 Vgl. *BGH,* Urt. v. 6.2.1979 – VI ZR 46/77, NJW 1979, 2203, 2204; *Helle,* S. 135.

eine Unzulässigkeit der Bildnisverwendung nach § 23 Abs. 2 KUG gegeben sein.[756] Außerdem muss zumindest bei § 23 Abs. 1 Nr. 1 KUG objektiv ein schutzwürdiges Informationsbedürfnis der Allgemeinheit bestehen.[757] Für § 23 Abs. 1 Nr. 2–4 KUG gilt dies jedoch nicht. Insofern könnte das Vorliegen eines öffentlichen Interesses im Einzelfall durchaus zweifelhaft sein.

b) Erfordernis der Übertragung einer Aufgabe auf den Verantwortlichen

Es gibt jedoch noch einen gewichtigeren Grund, der dagegen spricht, dass die Öffnungsklausel des Art. 6 Abs. 2 DSGVO im Hinblick auf Art. 6 Abs. 1 UAbs. 1 lit. e DSGVO durch das KUG ausgefüllt werden kann. Erforderlich ist insoweit nämlich nicht nur eine Aufgabe, die im öffentlichen Interesse liegt, sondern auch, dass die Aufgabe dem Verantwortlichen übertragen wurde.[758]

aa) Unklarer Wortlaut

Allerdings ist der Wortlaut von Art. 6 Abs. 1 UAbs. 1 lit. e DSGVO nicht eindeutig, da er auch so verstanden werden könnte, dass sich der Relativsatz „die dem Verantwortlichen übertragen wurde“ nicht auf die Aufgabe bezieht, sondern nur auf die öffentliche Gewalt, in deren Ausübung die Aufgabe wahrgenommen wird. Nichts anderes ergibt sich aus der englischen Sprachfassung, die wie folgt lautet: „processing is necessary for the performance of a task carried out in the public interest or in the exercise of official authority vested in the controller“. Auch hier könnte der entscheidende Part des „vested in the controller“ ausschließlich auf die „official authority“ bezogen sein. Dies würde bedeuten, dass Aufgaben, die im öffentlichen Interesse liegen, dem Verantwortlichen gerade nicht förmlich übertragen worden sein müssten, sondern ihm die Aufgabe auf andere Weise auferlegt worden sein könnte.

So wäre beispielsweise die Information der Öffentlichkeit, die § 23 KUG teilweise ermöglichen möchte, zwar nicht allgemein Aufgabe von Privatpersonen oder anderen nicht-öffentlichen natürlichen oder juristischen Personen. Allerdings könnte davon ausgegangen werden, dass zumindest der Presse, dem Rundfunk und anderen Medien ohne Weiteres eine solche Aufgabe der Meinungsbildung und öffentlichen Information zukommt, die obendrein im öffentlichen Interesse liegt.[759] Indes sieht § 23 KUG keine derartige Einschränkung seines Anwendungsbereichs vor, sondern gilt unabhängig davon, ob jemand eine entsprechende Aufgabe wahrnimmt. Er müsste also einschränkend ausgelegt werden, um überhaupt das Potenzial zu

---

756 *BGH,* Urt. v. 6.2.1979 – VI ZR 46/77, NJW 1979, 2203, 2203 f.

757 *BGH,* Urt. v. 10.5.1957 – I ZR 234/55, NJW 1957, 1315, 1316 – Spätheimkehrer; *BGH,* Urt. v. 8.5.1956 – I ZR 62/54, NJW 1956, 1554, 1555 – Paul Dahlke.

758 *Frenzel,* in: Paal/Pauly, DSGVO, Art. 6 Rn. 24 f.; *Schaller,* in: Roßnagel, Europäische DS-GVO, § 4 Rn. 7.

759 *BGH,* Urt. v. 9.2.2010 – VI ZR 243/08, NJW 2010, 2432, 2435 – Sedlmayr-Mord II; *OLG Frankfurt,* Urt. v. 24. 9. 1970 – 6 U 41/70, NJW 1971, 47, 48.

haben, als Erlaubnistatbestand für die allgemeine Rechtmäßigkeit einer Datenverarbeitung die genannte Öffnungsklausel auszufüllen.

bb) Systematische und historische Auslegung

Ungeachtet dessen ist ein derartiges Verständnis aber ohnehin abzulehnen. Bei näherer Betrachtung der sonstigen Umstände ergibt sich, dass Art. 6 Abs. 1 UAbs. 1 lit. e DSGVO so zu verstehen ist, dass auch Aufgaben, die im öffentlichen Interesse liegen, dem Verantwortlichen übertragen worden sein müssen.[760] Demnach bezieht sich der am Ende stehende Relativsatz doch auf den Begriff der Aufgabe und nicht auf den der öffentlichen Gewalt.

Der Gesetzgeber hat sich bei Art. 6 Abs. 1 UAbs. 1 lit. e DSGVO augenscheinlich an der Vorgängernorm des Art. 7 lit. e RL 95/46/EG orientiert, deren einziger Unterschied zur aktuell gültigen Norm ist, dass es ausreichte, wenn die Aufgabe nicht dem Verantwortlichen, sondern einem Dritten, an den die Daten übermittelt wurden, übertragen worden war. Diese Option der Datenverarbeitung zur Erfüllung der Aufgaben der empfangenden Stelle ist nunmehr weggefallen.[761] Sonstige Änderungen waren jedoch nicht bezweckt, sodass die Auslegung der Datenschutz-Richtlinie ergänzend herangezogen werden kann. Deren Erwägungsgrund 32 sah vor, dass nach einzelstaatlichem Recht festzulegen ist, ob es sich bei dem für die Verarbeitung Verantwortlichen, der mit der Wahrnehmung einer Aufgabe betraut wurde, die im öffentlichen Interesse liegt oder in Ausübung hoheitlicher Gewalt erfolgt, um eine Behörde oder um eine andere unter das öffentliche Recht oder das Privatrecht fallende Person handeln soll. Daraus ergibt sich eindeutig, dass der Verantwortliche in beiden Fällen mit der Aufgabe betraut worden sein musste, also sowohl bei einer Aufgabe, die im öffentlichen Interesse liegt, als auch bei einer Aufgabe, die in Ausübung hoheitlicher Gewalt erfolgte. Ähnlich – wenn auch nicht ganz so eindeutig – ist dies in Satz 6 des Erwägungsgrundes 45 DSGVO formuliert. Außerdem soll es bei Art. 6 Abs. 1 UAbs. 1 lit. c und e DSGVO um die klassischen Staatsaufgaben gehen, die zwar teilweise auf Unternehmen oder Private übertragen werden können, die aber dennoch von allgemeinen privatwirtschaftlichen Tätigkeiten und Interessen zu unterscheiden sind.[762]

cc) Ergebnis

Folglich kann Art. 6 Abs. 2 i.V.m. Abs. 1 UAbs. 1 lit. e DSGVO nur einschlägig sein, wenn es um Aufgaben geht, die dem Verantwortlichen durch förmlichen Rechtsakt übertragen worden sind, was im Hinblick auf nicht-öffentliche Stellen beispielsweise durch eine Beleihung erfolgen kann.[763]

---

760 *Plath,* in: Plath, BDSG/DSGVO, Art. 6 DSGVO Rn. 15.

761 *Plath,* in: Plath, BDSG/DSGVO, Art. 6 DSGVO Rn. 15.

762 *Albrecht/Jotzo,* Das neue Datenschutzrecht der EU, Teil 3 Rn. 47.

763 *Frenzel,* in: Paal/Pauly, DSGVO, Art. 6 Rn. 24; s. noch zur DS-RL *Brühann,* in: Grabitz/Hilf, Art. 7 RL 95/46/EG, Rn. 18.

c) *Aufgabe der öffentlichen Information im Pressebereich*

Selbst wenn nicht-öffentliche Stellen außerhalb des Presse- und Medienbereichs mit einzelnen Bildnisveröffentlichungen die Öffentlichkeit informieren wollen, nehmen sie damit noch nicht allgemein eine entsprechende Aufgabe wahr, die ihnen förmlich übertragen wurde. Der Presse dagegen wird nicht nur nach allgemeinem Verständnis die Aufgabe der öffentlichen Information und Meinungsbildung zugesprochen. Stattdessen findet sich eine Übertragung dieser Aufgabe in den Landespressegesetzen. So sieht beispielsweise § 3 PresseG NRW vor, dass die Presse eine öffentliche Aufgabe insbesondere dadurch erfüllt, dass sie Nachrichten beschafft und verbreitet, Stellung nimmt, Kritik übt oder auf andere Weise an der Meinungsbildung mitwirkt. Auch aus verfassungsrechtlicher Sicht obliegt ihr (ebenso wie dem Rundfunk) die Erfüllung einer meinungsbildenden Funktion.[764] Für die Presse wäre deshalb zu erwägen, die Öffnungsklausel des Art. 6 Abs. 2 i.V.m. Abs. 1 UAbs. 1 lit. e DSGVO heranzuziehen und für sie spezifischere nationale Vorschriften über die Rechtmäßigkeit der Verarbeitung zu erlassen.

Soweit das KUG aufgrund der Ausnahmen in § 23 Abs. 1 KUG Pressetätigkeiten ermöglicht, könnte es also eine bildnisspezifische Regelung der Datenverarbeitung im Rahmen der Wahrnehmung dieser Aufgabe darstellen. Dennoch sollte für die Presse nicht die allgemeine Öffnungsklausel des Art. 6 Abs. 2 i.V.m. Abs. 1 UAbs. 1 lit. e DSGVO herangezogen werden, sondern die Regelung für Verarbeitungen im Kontext der Freiheit der Meinungsäußerung und Informationsfreiheit in Art. 85 Abs. 1 und 2 DSGVO, die insofern spezieller und auf journalistische Tätigkeiten zugeschnitten ist. Daraus ergibt sich ebenfalls eine umfangreiche nationale Regelungsbefugnis, die den besonderen Interessen und dem Schutz der Presse Rechnung tragen kann.

Dafür spricht außerdem, dass die Aufgabenübertragung in den Landespressegesetzen eine sehr allgemeine Regelung darstellt, während Art. 6 Abs. 1 UAbs. 1 lit. e DSGVO eher auf die Aufgaben öffentlicher Stellen abzielt.[765] Für diese ist jedoch nicht nur eine genaue und förmliche Aufgabenzuweisung zu fordern, sondern auch eine damit einhergehende Regelung der sachlichen und örtlichen Zuständigkeiten, damit klar ist, wer zur Wahrnehmung welcher Aufgabe berechtigt und verpflichtet ist.[766] Eine solche Zuständigkeitsregelung gibt es im Pressebereich nicht, da die Presse gerade selbst entscheiden können soll, welche Informationen sie für veröffentlichungswürdig hält und in welchen Bereichen sie recherchieren und berichten will.[767] Die Presse hat insoweit eine Sonderstellung inne und unterscheidet

764 *BVerfG,* Urt. v. 15.12.1999 – 1 BvR 653/96, NJW 2000, 1021, 1024 – Caroline von Monaco; *BVerfG,* Urt. v. 16.6.1981 – 1 BvL 89/78, NJW 1981, 1774, 1775.

765 Vgl. *Frenzel,* in: Paal/Pauly, DSGVO, Art. 6 Rn. 23.

766 Vgl. *Roggenkamp,* in: Plath, BDSG/DSGVO, § 13 BDSG Rn. 4; *Sokol/Scholz,* in: Simitis, BDSG, § 13 Rn. 15 ff.; *Heckmann,* in: Taeger/Gabel, BDSG, § 13 Rn. 8 ff.

767 Vgl. *BVerfG,* Urt. v. 15.12.1999 – 1 BvR 653/96, NJW 2000, 1021, 1024 – Caroline von Monaco; m.w.N. *BGH,* Urt. v. 27.9.2016 – VI ZR 310/14, K&R 2017, 42, 43; *BGH,*

sich wesentlich von den überwiegend öffentlichen Stellen und deren Ausübung hoheitlicher Gewalt, um die es in dieser Öffnungsklausel primär geht. Selbst wenn mithilfe dieser Öffnungsklausel für die Datenverarbeitung durch nicht-öffentliche Stellen im Rahmen der Erfüllung von Aufgaben im öffentlichen Interesse Sonderregelungen getroffen werden können,[768] fehlt es weiterhin an einer hinreichend konkreten Aufgabenübertragung.

Außerdem wäre die Sonderregelung für Verarbeitungen zu journalistischen Zwecken in Art. 85 DSGVO zum Teil überflüssig, wenn die Presse schon vollumfänglich von Art. 6 Abs. 1 UAbs. 1 lit. e DSGVO erfasst wäre. Hier muss ein Vorrang der lex specialis zugunsten des Art. 85 DSGVO gelten. Insgesamt kann der ohnehin nicht pressespezifische § 23 KUG deshalb nicht zur Ausfüllung der Öffnungsklausel des Art. 6 Abs. 2 i.V.m. Abs. 1 UAbs. 1 lit. e DSGVO eingesetzt werden.

Sofern das KUG stattdessen auf Basis von Art. 85 DSGVO aufrechterhalten werden sollte, bedürfte es zwar ebenfalls einer einschränkenden Auslegung, die im Wortlaut der Norm keinen Anhaltspunkt findet. Dennoch wäre diese aus systematischer Sicht im Hinblick auf ein Medienprivileg besser zu rechtfertigen und vor allem vom Anwendungsbereich präziser bestimmbar als bei allgemeiner Bezugnahme auf Art. 6 Abs 1. UAbs. 1 lit. e DSGVO.

d) Verfolgung öffentlicher Aufgaben durch § 24 KUG

Im Gegensatz zu § 23 KUG gilt § 24 KUG nur für Behörden und damit für einen begrenzten Adressatenkreis.[769]

aa) Öffentliche Sicherheit und Rechtspflege als öffentliche Aufgaben

Dabei handelt es sich schon per se um öffentliche Stellen, denen öffentliche Aufgaben auferlegt sind und die in öffentlichem Interesse handeln.[770] Außerdem beschränkt § 24 KUG die Erlaubnis zur Verwendung von Bildnissen strikt auf Zwecke der Rechtspflege und der öffentlichen Sicherheit. Dadurch soll eine funktionierende Rechtspflege ermöglicht werden, wozu insbesondere die Strafverfolgung und die Prävention von Straftaten gehören, woran ein erhebliches öffentlich-rechtliches Interesse besteht.[771] § 24 KUG entbindet die Behörden jedoch nicht davon, eine Ermächtigungsgrundlage für die jeweilige Maßnahme vorweisen zu müssen, aufgrund derer die Bildnisverwendung angeordnet werden kann.[772] Erst aus dieser

Urt. v. 19.6.2007 – VI ZR 12/06, NJW 2007, 3440, 3442 – Grönemeyer; *BGH,* Urt. v. 6.3.2007 – VI ZR 51/06, NJW 2007, 1977, 1979 – Winterurlaub.

768 *Schaller,* in: Roßnagel, Europäische DS-GVO, § 4 Rn. 11 f.

769 *Fricke,* Wandtke/Bullinger, § 24 KUG Rn. 1.

770 *Engels,* in: Möhring/Nicolini, § 24 KUG Rn. 7.

771 *Specht,* in: Dreier/Schulze, § 24 KUG Rn. 1; *Fricke,* Wandtke/Bullinger, § 24 KUG Rn. 1 f.

772 *Specht,* in: Dreier/Schulze, § 24 KUG Rn. 2; *Engels,* in: Möhring/Nicolini, § 24 KUG Rn. 2.

Ermächtigungsgrundlage ergeben sich die Zuständigkeiten im Einzelfall. § 24 KUG dient nur der Beschränkung des Rechts am eigenen Bild und stellt klar, dass keine Persönlichkeitsrechtsverletzung gegeben ist.[773]

bb) Keine Anwendbarkeit der DSGVO für Strafrechtspflege und Gefahrenabwehr

Allerdings ist zu berücksichtigen, dass Art. 6 DSGVO im Bereich der Strafrechtspflege und der Gefahrenabwehr beziehungsweise der öffentlichen Sicherheit aufgrund von Art. 2 Abs. 2 lit. d DSGVO von vornherein nicht anwendbar ist. Dort ist stattdessen die RL 2016/680/EU einschlägig, in deren Kontext § 24 KUG bereits erörtert wurde.[774]

Allerdings hat § 24 KUG einen im Vergleich zu Art. 2 Abs. 2 lit. d DSGVO leicht überschießenden Anwendungsbereich, sodass noch ein Teilbereich verbleibt, in dem § 24 KUG potenziell zur Ausfüllung von Art. 6 Abs. 2 i.V.m. Abs. 1 UAbs. 1 lit. e DSGVO herangezogen werden kann. Die in § 24 KUG genannte Bildnisverwendung für Zwecke der öffentlichen Sicherheit ist zwar vollumfänglich von dem Anwendungsbereichsausschluss erfasst und auch die Rechtspflege bezieht sich primär auf den Bereich der Strafrechtspflege, doch gilt dies gerade nicht ausschließlich.[775] Dort hat § 24 KUG nur in der Praxis bisher seine größte Bedeutung.[776] Dies schließt jedoch nicht aus, dass in den anderen Bereichen der Rechtspflege eine Bildnisverwendung erforderlich sein kann. Davon erfasst sind nicht nur die Gerichtszweige außerhalb der Strafgerichtsbarkeit, sondern auch die Behörden außerhalb der Ordnungs- und Polizeibehörden.[777] Für diese gilt Art. 2 Abs. 2 lit. d DSGVO nicht.

cc) Verbleibender Spielraum für § 24 KUG unter Berücksichtigung von Art. 6 Abs. 3 DSGVO

Durch die doppelte Beschränkung des § 24 KUG auf Behörden einerseits und Zwecke der Rechtspflege und öffentlichen Sicherheit andererseits ist gewährleistet, dass die in seinem Rahmen erfolgenden Verarbeitungen vollumfänglich sowohl in Wahrnehmung einer Aufgabe erfolgen, die im öffentlichen Interesse liegt, als auch in Ausübung öffentlicher Gewalt, die dem Verantwortlichen übertragen wurde. Damit

---

773 *Specht,* in: Dreier/Schulze, § 24 KUG Rn. 2; *Engels,* in: Möhring/Nicolini, § 24 KUG Rn. 2.

774 S. 4. Kapitel IV. D. 2.

775 *Specht,* in: Dreier/Schulze, § 24 KUG Rn. 5; *Engels,* in: Möhring/Nicolini, § 24 KUG Rn. 5; *Götting,* in: Schricker/Loewenheim, UrhR, § 60/§ 24 KUG Rn. 1; *Fricke,* in: Wandtke/Bullinger, § 24 KUG Rn. 2; *Maaßen,* ZUM 2003, 830, 839.

776 *Engels,* in: Möhring/Nicolini, § 24 KUG Rn. 1.

777 Siehe *Specht,* in: Dreier/Schulze, § 24 KUG Rn. 6; *v. Gamm,* UrhG, Einf. Rn. 126; für die Zivilgerichtsbarkeit indirekt *AG Nürnberg,* Urt. v. 8.5.2015 – 18 C 8938/14, DAR 2015, 472, 473.

sind die Voraussetzungen des Art. 6 Abs. 1 UAbs. 1 lit. e DSGVO erfüllt, sodass § 24 KUG einen Bereich abdeckt, für den der nationale Gesetzgeber gemäß Art. 6 Abs. 2 DSGVO spezifische Anforderungen für die Verarbeitung vorsehen darf.

§ 24 KUG bewegt sich auch vom konkreten Regelungsgehalt innerhalb des von der DSGVO vorgesehenen Rahmens und macht zum Teil Gebrauch von den fakultativen Regelungsmöglichkeiten, die Art. 6 Abs. 3 S. 3 DSGVO den Mitgliedstaaten einräumt. So legt er durch seine inhaltliche Beschränkung auf Vervielfältigungen, Verbreitungen und öffentliche Zurschaustellungen von Bildnissen fest, welche Arten der Verarbeitung und welche Art von Daten erfasst sein sollen. Gleichzeitig stellt dies eine Regelung der Zwecke dar, für die personenbezogene Daten offengelegt werden dürfen, was durch eine öffentliche Zurschaustellung geschieht. Mit der Adressierung der Behörden wird außerdem festgestellt, wer Verantwortlicher für die jeweilige Verarbeitung ist.

Vor allem aber ist den obligatorischen Anforderungen des Art. 6 Abs. 3 S. 2 DSGVO Genüge getan, die an die nationalen Rechtsgrundlagen gestellt werden, mit denen von dem Spielraum der Öffnungsklauseln Gebrauch gemacht werden soll. Zum einen ist der Zweck der Verarbeitung mit den Zwecken der Rechtspflege und öffentlichen Sicherheit eindeutig benannt. Zum anderen geht es sogar kumulativ zwingend um Verarbeitungen, die für die Erfüllung der Aufgaben der Behörde erforderlich sind.

dd) Ergebnis

Da Art. 6 DSGVO außerdem keine weiteren formellen Anforderungen aufstellt, insbesondere keine Pflicht zur Mitteilung ausfüllender Vorschriften an die Kommission oder einen Neuerlass von Vorschriften, wird § 24 KUG als spezialgesetzliche Regelung für den Umgang mit Bildnissen durch Behörden auch unter der DSGVO fortgelten, sofern der nationale Gesetzgeber keine abweichenden Maßnahmen trifft. Durch ihn wird für den Bereich der Rechtspflege mit Ausnahme der Strafrechtspflege, für welche die DSGVO nicht anwendbar ist, von der Öffnungsklausel in Art. 6 Abs. 2 DSGVO Gebrauch gemacht, der die Beibehaltung bestehender Normen ausdrücklich zulässt. Ob dies allerdings weiterhin sinnvoll ist, unterliegt den gleichen Zweifeln wie im Hinblick auf die Umsetzung der RL 2016/680/EU, weshalb eher eine Abschaffung der Norm zugunsten der fachspezifischen Ermächtigungsgrundlagen anzuraten ist.

V. Verarbeitung und Freiheit der Meinungsäußerung und Informationsfreiheit, Art. 85 DSGVO

Art. 85 Abs. 2 DSGVO bestimmt, dass die Mitgliedstaaten für Verarbeitungen, die zu journalistischen oder zu wissenschaftlichen, künstlerischen oder literarischen Zwecken erfolgen, Abweichungen oder Ausnahmen von den Kapiteln II-VII und IX vorsehen, wenn dies erforderlich ist, um das Recht auf Schutz der personenbezogenen Daten mit der Freiheit der Meinungsäußerung und der Informationsfreiheit in Einklang zu bringen. Hier findet sich der normative Anker für das schon zuvor bekannte „Medienprivileg“.[778]

1. *Reichweite des Anpassungsauftrags in Art. 85 Abs. 1 DSGVO*

Demgegenüber steht der offener formulierte Art. 85 Abs. 1 DSGVO. Dieser verlangt nur allgemein, dass die Mitgliedstaaten durch Rechtsvorschriften das Recht auf den Schutz personenbezogener Daten gemäß der DSGVO mit dem Recht auf freie Meinungsäußerung in Einklang bringen, einschließlich der Verarbeitung zu journalistischen Zwecken und zu wissenschaftlichen, künstlerischen oder literarischen Zwecken. Zwar werden damit ausdrücklich die von Art. 85 Abs. 2 DSGVO erfassten Verarbeitungen angesprochen, allerdings ist Art. 85 Abs. 1 DSGVO darauf gerade nicht beschränkt. Selbst wenn andere Zwecke verfolgt werden, soll ein angemessenes Gleichgewicht der Rechte durch die Mitgliedstaaten sichergestellt sein. Deshalb ist fraglich, wie sich Absatz 1 und 2 zueinander verhalten und welche Grenzen Art. 85 DSGVO vorgibt, um nationales Recht wie das KUG zur Anwendung zu bringen.

Anders als Art. 85 Abs. 2 DSGVO, der eine echte Öffnungsklausel enthält und Ausnahmen und Abweichungen von den Regelungen der DSGVO zulässt, stellt Art. 85 Abs. 1 DSGVO nur einen Anpassungsauftrag dar.[779] Als solcher lässt er keine Ausnahmen von den Vorgaben der DSGVO zu, sondern verlangt vielmehr, dass die Mitgliedstaaten ihre Vorschriften, die der Wahrung der Meinungsfreiheit und der Informationsfreiheit dienen, im Hinblick auf das darin enthaltene Datenschutzniveau dem der DSGVO anpassen.[780] Das Schutzniveau wird insofern von der DSGVO selbst bestimmt, die als Maßstab für das nationale Recht dient. Für dieses Verständnis streitet nicht zuletzt die Mitteilungspflicht des Art. 85 Abs. 3 DSGVO, die sich explizit nur auf Vorschriften bezieht, die aufgrund von Absatz 2 erlassen wurden. Es wäre nicht nachvollziehbar, warum Vorschriften aufgrund des Absatzes 1 nicht gemeldet werden sollten, obwohl dieser viel weiter reichte, wenn ihm ein Regelungsspielraum entnommen würde.[781] Darüber hinaus wäre Art. 85 Abs. 2 DSGVO sonst auch schlicht überflüssig, da sämtliche Fälle bereits von Art. 85 Abs. 1 DSGVO erfasst wären. Da aber erst Absatz 2 ausdrücklich Abweichungen und Ausnahmen von bestimmten Vorschriften der DSGVO zulässt und einen Erforderlichkeitsvorbehalt implementiert, kann nur dieser als Öffnungsklausel angesehen werden, die zum Erlass abweichenden nationalen Rechts ermächtigt. Im Ergebnis ist deshalb nur Art. 85 Abs. 2 DSGVO maßgeblich für eine zulässige Beibehaltung des KUG im deutschen Recht.

---

778 *Grages*, in: Plath, BDSG/DSGVO, Art. 85 DSGVO Rn. 3; *Gola/Klug/Körffer*, in: Gola/Schomerus, BDSG, § 41 Rn. 1 f.
779 *Kühling/Martini et al.*, S. 286.
780 *Kühling/Martini et al.*, S. 287.
781 *Kühling/Martini et al.*, S. 288.

2. *Erforderlichkeitskriterium als Grenze der Regelungsbefugnis*

Sofern die Regelungen des KUG als abweichende Vorschriften im Sinne des Art. 85 Abs. 2 DSGVO angesehen werden können, könnte das KUG in den Grenzen dieser Öffnungsklausel, die weite Spielräume für die nationalen Gesetzgeber schafft, weiterhin zur Anwendung kommen. Zu prüfen ist aber stets, ob die Abweichung in der nationalen Vorschrift tatsächlich erforderlich ist, um das Recht auf Schutz personenbezogener Daten mit der Meinungsfreiheit in Einklang zu bringen.[782] Das Kriterium der Erforderlichkeit statuiert die Grenze der nationalen Regelungsbefugnisse. Zugleich ergibt sich für diese Ausnahmevorschrift das Gebot einer engen Auslegung, da sie ausschließlich der Auflösung von Grundrechtskollisionen dienen soll.[783] Sie betrifft insbesondere die Verarbeitung im audiovisuellen Bereich, was sich aus Erwägungsgrund 153 S. 3 DSGVO ergibt, sodass die praktische Bedeutung der Vorschrift sehr hoch ist, da audiovisuelle Meinungsäußerungen im Internet und Fernsehen an der Tagesordnung sind und erhebliche Verbreitung finden.

3. *Bisherige Sonderregelungen zum Schutz der Meinungsfreiheit*

Eine dem Art. 85 Abs. 2 DSGVO vergleichbare Regelung fand sich schon in Art. 9 RL 95/46/EG, auch wenn dieser weniger Abweichungsmöglichkeiten vorsah als die DSGVO und keine wissenschaftlichen Zwecke einbezog. Art. 85 Abs. 2 DSGVO geht insoweit über Art. 9 RL 95/46/EG hinaus. Aufgrund der Ähnlichkeiten ist ein Blick auf die bisherige nationale Rechtslage jedoch aufschlussreich, um die angelegten Maßstäbe aufzuzeigen und das KUG daran zu messen. So lässt sich dem Zusammenspiel der gemeinschaftsrechtlichen und nationalen Normen entnehmen, welche Voraussetzungen eine nationale Regelung erfüllen muss, um dem Regelungsauftrag des Art. 85 Abs. 2 DSGVO gerecht zu werden und damit Abweichungen und Ausnahmen vom Datenschutzrecht rechtfertigen zu können.

Darüber hinaus gewinnt die außerhalb des KUG bestehende Rechtslage an Bedeutung, wenn gefordert wird, dass der Gesetzgeber von der Öffnungsklausel aktiv Gebrauch macht, sei es auch nur durch eine Mitteilung der entsprechenden Normen an die Kommission, und das KUG dabei außen vor bleibt. Dies hätte möglicherweise zur Konsequenz, dass das KUG aufgrund des Anwendungsvorrangs der DSGVO nicht zur Anwendung kommt und auch im Medienbereich der Umgang mit Personenbildern nach den allgemein geltenden datenschutzrechtlichen Regelungen beurteilt werden muss.

Aufgrund einer uneinheitlichen Verteilung der Gesetzgebungskompetenzen sind datenschutzrechtliche „Medienprivilegien" über viele Vorschriften verteilt. Bisher hat der Bundesgesetzgeber Art. 9 RL 95/46/EG unter anderem mittels § 41 BDSG a.F. umsetzen wollen, der in Absatz 1 eine weitreichende Befreiung von den

782 *Pauly,* in: Paal/Pauly, DSGVO, Art. 85 Rn. 9.
783 *Pauly,* in: Paal/Pauly, DSGVO, Art. 85 Rn. 9.

datenschutzrechtlichen Normen für Presseunternehmen vorsah. Die Richtlinienkonformität dieser pauschalen Freistellung und der damit einhergehenden datenschutzrechtlichen Sonderstellung wurde vielfach angezweifelt.[784] Maßgebliches Beurteilungskriterium für die Zulässigkeit der Einschränkung des Datenschutzrechts ist sowohl nach Art. 9 RL 95/46/EG als auch nach Art. 85 Abs. 2 DSGVO die Erforderlichkeit für den Ausgleich der betroffenen Grundrechte. Diese kann je nach Art und Intensität der Verarbeitung einerseits und nach Zweck, Reichweite und Art der Publikation andererseits sehr unterschiedlich ausfallen, was dementsprechend in den Abweichungen und Ausnahmen vom materiellen Datenschutzrecht im nationalen Recht in Form differenzierender Regelungen berücksichtigt werden müsste, was bisher jedoch kaum der Fall war.[785]

4. *Adressatenkreis der Öffnungsklausel*

Wie schon die Datenschutz-Richtlinie knüpft auch Art. 85 Abs. 2 DSGVO nicht an die Eigenschaft eines Verarbeiters als Medienunternehmen an, sondern stellt auf den Zweck der konkreten Verarbeitung ab.

a) Funktionale Vorgabe in Art. 85 DSGVO

Dies führt dazu, dass einerseits nicht jede Verarbeitung durch Mitarbeiter eines Medienunternehmens datenschutzrechtlich freigestellt oder zumindest privilegiert werden darf, sondern nur eine solche, die tatsächlich den privilegierten Zwecken dient. Andererseits können auch Verarbeitungen durch eine Person in weitem Umfang freigestellt und damit privilegiert sein, obwohl sie nicht für ein Medienunternehmen tätig ist. Richtigerweise kommt es nicht darauf an, ob Verarbeiter ein Medienunternehmen ist, sondern unabhängig von seiner Organisationsform nur darauf, ob der Verarbeiter journalistisch tätig ist.[786] Selbst Privatpersonen sollten, soweit sie zu journalistischen Zwecken handeln, nicht von vornherein von einer Berufung auf die entsprechenden nationalen Regelungen ausgeschlossen sein, weil jeder dank der Möglichkeiten des Internets ohne großen Aufwand und ohne unternehmerische Organisationsstruktur einen Beitrag zur öffentlichen Meinungsbildung leisten kann.[787]

Die gemeinschaftsrechtlichen Vorgaben fordern also eine differenzierte Betrachtung und können nicht durch pauschale Freistellungen von Unternehmen erfüllt werden, die (nur) typischerweise einem der privilegierten Zwecke nachgehen.[788]

784 *Buchner,* in: BeckOK DSR, § 41 BDSG Rn. 2; *Dix,* in: Simitis, BDSG, § 41 Rn. 6; *Westphal,* in: Taeger/Gabel, BDSG, § 41 Rn. 7 ff.; *Benecke/Wagner,* DVBl 2016, 600, 603; *Buchner,* DuD 2016, 155, 161.

785 *Buchner,* in: BeckOK DSR, § 41 BDSG Rn. 2.

786 *EuGH,* Urt. v. 16.12.2008 – Rs. C-73/07, EuZW 2009, 108, 110 – Satamedia.

787 *Lauber-Rönsberg,* ZD 2014, 177, 180.

788 A.A. *Schulz/Heilmann,* in: Löffler, Presserecht, Kap. Mediendatenschutz BT Rn. 19.

Verfolgt beispielsweise ein Presseunternehmen mit einer Verarbeitung im konkreten Fall keine journalistischen Zwecke, ist das Recht der Meinungsäußerung und der Informationsfreiheit nicht zwangsläufig betroffen, sodass es nicht erforderlich ist, dieses mit dem Recht auf Schutz der personenbezogenen Daten in Einklang zu bringen. Angezeigt ist deshalb eine funktionale Betrachtungsweise, die sich nicht allein an der Institutionalisierung als Medienunternehmen orientiert.[789]

b) Beschränkung auf Unternehmen im nationalen Recht

Dies hat die deutschen Landesgesetzgeber, die nach dem GG die Gesetzgebungskompetenz für den Medienbereich innehaben,[790] jedoch nicht davon abgehalten, ihre Regelungen zumindest dem Wortlaut nach auf solche institutionalisierten Medienunternehmen zu beschränken, auch wenn stets eine Verarbeitung zu eigenen journalistisch-redaktionellen Zwecken vorausgesetzt wird. Dies war jedoch die schlichte Konsequenz der innerdeutschen Verteilung der Gesetzgebungskompetenzen. Da sich darüber hinaus weder im Bundes- noch im Landesrecht Regelungen finden, die vergleichbare datenschutzrechtliche Freistellungen für Personen enthalten, die ohne Zugehörigkeit zu einem Presse-/Medienunternehmen Verarbeitungen für journalistisch-redaktionelle Zwecke vornehmen, gab es bisher schon ein Umsetzungsdefizit, welches sich im Hinblick auf die Öffnungsklausel des Art. 85 Abs. 2 DSGVO fortsetzen würde, wenn der Gesetzgeber an der bisherigen Rechtslage festhielte.

Insofern kann nicht bloß von einem Nichtausschöpfen der Möglichkeiten der Datenschutz-Richtlinie oder der DSGVO gesprochen werden,[791] da die dortigen Regelungen einen klaren Regelungsauftrag dafür enthalten, in den erforderlichen Fällen Ausnahmen und Abweichungen vorzusehen. Dass eine solche Erforderlichkeit zum Ausgleich der Grundrechte außerhalb von Unternehmen oder Hilfsunternehmen der Presse oder der sonstigen Medien nie gegeben sein könnte, ist nicht nachvollziehbar. In der Praxis wird dem durch eine weite, richtlinienkonforme Auslegung des Begriffs „Unternehmen" Rechnung getragen, sodass auch selbständige, nicht in redaktionelle Strukturen eingebundene Journalisten einbezogen werden.[792] Daran ist unter der DSGVO unbedingt festzuhalten, da diese in Erwägungsgrund 153 S. 7 zusätzlich verlangt, dass der Bedeutung des Rechts auf freie Meinungsäußerung in einer demokratischen Gesellschaft dadurch Rechnung getragen wird,

---

789 *Lauber-Rönsberg,* ZD 2014, 177, 180; *Gola/Klug/Körffer,* in: Gola/Schomerus, BDSG, § 41 Rn. 7.

790 *Schulz/Heilmann,* in: Löffler, Presserecht, Kap. Mediendatenschutz BT Rn. 4; für Presse und Rundfunk *Mann/Smid,* in: Spindler/Schuster, Siebter Teil Rn. 109.

791 So aber *Schulz/Heilmann,* in: Löffler, Presserecht, Kap. Mediendatenschutz BT Rn. 19.

792 *BVerwG,* Beschl. v. 29.10.2015 – 1 B 32.15, ZD 2016, 193, 193; *Buchner,* in: BeckOK DSR, § 41 BDSG Rn. 21; *Dix,* in: Simitis, BDSG, § 41 Rn. 11; *Westphal,* in: Taeger/Gabel, BDSG, § 41 Rn. 23; *Schulz/Heilmann,* in: Löffler, Presserecht, Kap. Mediendatenschutz BT Rn. 28.

dass Begriffe wie Journalismus, die sich auf diese Freiheit beziehen, weit ausgelegt werden. Schon allein deshalb muss es für die Möglichkeit der Einschränkung des Datenschutzrechts ausreichen, dass jemand beabsichtigt, mit einer Verarbeitung einen Beitrag zur öffentlichen Meinungsbildung zu leisten.

5. Inhalt der bisherigen nationalen Regelungen

Die datenschutzrechtliche Regulierung des Medienbereichs auf Länderebene[793] ist minimalistisch gehalten und geht vielfach nicht weit darüber hinaus, diejenigen Vorschriften des BDSG a.F. zur Anwendung zu berufen, für die § 41 Abs. 1 BDSG a.F. bestimmt, dass die Länder entsprechende Vorkehrungen vorsehen müssen.[794]

a) Befreiungen für die Presse

Dies gilt beispielsweise für die Verarbeitung ausschließlich zu eigenen journalistisch-redaktionellen oder literarischen Zwecken durch Unternehmen oder Hilfsunternehmen der Presse gemäß § 12 PresseG NRW. Unter den Pressebegriff soll dabei auch die elektronische Presse fallen, sodass Telemedien vom Medienprivileg erfasst sein können.[795]

Dies deckt sich zunächst mit § 57 RStV, der explizit eine dem § 12 PresseG NRW vergleichbare Regelung für Unternehmen oder Hilfsunternehmen der Presse als Anbieter von Telemedien vorsieht, wobei § 57 Abs. 2 und 3 RStV noch Sonderregelungen, insbesondere zu Auskunftsansprüchen des Betroffenen, enthält. Allerdings wird die von der Rechtsprechung vorgenommene Einbeziehung elektronischer Presse weiter zu verstehen sein, sodass selbst Betreiber reiner Online-Angebote vom Medienprivileg profitieren können, die gar keine analogen Druckwerke mehr produzieren und somit keine Presseunternehmen im Sinne des § 57 Abs. 1 RStV darstellen.[796]

b) Journalistisch-redaktionelle Gestaltung

Eine eigene journalistisch-redaktionelle Gestaltung erfordert, dass der jeweilige Beitrag, in dessen Rahmen die Verarbeitung erfolgt, durch die meinungsbildende Wirkung für die Allgemeinheit geprägt und dieser Effekt nicht nur „schmückendes

793 Für eine Übersicht der verschiedenen Normen s. *Schulz/Heilmann,* in: Löffler, Presserecht, § 12 LPG.

794 *Führ,* in: Auernhammer, BDSG, § 41 Rn. 6; *Klöpfer,* AfP 2005, 118, 118.

795 *BGH,* MMR 2009, 608, 610 m. Anm. *Greve/Schärdel; BVerwG,* Beschl. v. 29.10.2015 – 1 B 32.15, ZD 2016, 193, 193; *LG Köln,* Urt. v. 13.1.2010 – 28 O 578/09, MMR 2010, 278, 279 m. Anm. *Greve/Schärdel; Mann/Smid,* in: Spindler/Schuster, Siebter Teil, Rn. 122; vgl. auch *EuGH,* Urt. v. 16.12.2008 – Rs. C-73/07, EuZW 2009, 108, 110 – Satamedia.

796 *Lauber-Rönsberg,* ZD 2014, 177, 180; s. auch *Dix,* in: Simitis, BDSG, § 41 Rn. 11; *Mann/Smid,* in: Spindler/Schuster, Siebter Teil Rn. 122; *Schulz/Heilmann,* in: Löffler, Presserecht, Kap. Mediendatenschutz BT Rn. 31, 50.

Beiwerk" ist.[797] Journalistische Tätigkeiten zeichnen sich gerade dadurch aus, dass sie den Zweck verfolgen, Informationen, Meinungen oder Ideen in der Öffentlichkeit zu verbreiten, wobei dem konkreten Übertragungsmittel keine hervorgehobene Rolle zukommt.[798] Es muss also stets das Ziel einer Veröffentlichung für einen unbestimmten Personenkreis verfolgt werden.[799]

Wiederum ähnliche Regelungen finden sich im Rundfunkbereich, so z.B. in § 49 WDR-Gesetz.

c) *Selbstregulierung als Korrektiv*

Festzuhalten ist somit, dass Medienunternehmen bei der Verarbeitung für eigene journalistisch-redaktionelle oder publizistische Zwecke bisher sehr weitgehend vom materiellen Datenschutzrecht befreit waren, ohne dass es nach den jeweiligen Rechtsvorschriften die Möglichkeit für eine Differenzierung nach der konkreten Erforderlichkeit zur Erreichung eines Gleichgewichts der betroffenen Grundrechte gegeben hätte. Dass dies dennoch den Vorgaben des Gemeinschaftsrechts entsprechen sollte, wird mit der Existenz eines Verhaltenskodex, nämlich des Pressekodex des Deutschen Presserats[800], begründet, welcher eine weitreichende Selbstregulierung enthält.[801] Unabhängig von dessen konkretem Inhalt ist jedoch fraglich, ob eine solche staatlich nicht durchsetzbare und kontrollierbare Form der Selbstregulierung ausreicht, um den Vorgaben des europäischen Datenschutzrechts zu genügen.[802] Erschwerend kommt hinzu, dass sich nicht alle Presseunternehmen diesem Kodex unterworfen haben, sodass für diese gar keine Regulierung besteht.[803]

Nicht nur die Auswahl der Adressaten in den nationalen Vorschriften, sondern auch der Umfang der Befreiung vom Datenschutzrecht sind also ungenügend, um den Vorgaben der Datenschutz-Richtlinie und der nachfolgenden DSGVO zu genügen. Insgesamt wäre der Gesetzgeber deshalb gut beraten, den Regelungsauftrag des Art. 85 Abs. 2 DSGVO als Anlass für eine Neuregelung des Mediendatenschutzrechts zu nehmen, welche dem Erforderlichkeitskriterium stärker Rechnung trägt.

---

797 *BGH*, Urt. v. 23.6.2009 – VI ZR 196/08, MMR 2009, 608, 610 m. Anm. *Greve/Schärdel* – spickmich.de; *Buchner*, in: BeckOK DSR, § 41 BDSG Rn. 26 f.

798 *EuGH*, Urt. v. 16.12.2008 – Rs. C-73/07, EuZW 2009, 108, 110 – Satamedia.

799 *BGH*, Urt. v. 9.2.2010 – VI ZR 243/08, NJW 2010, 2432, 2436 – Sedlmayr-Mord II; *Buchner*, in: BeckOK DSR, § 41 BDSG Rn. 24; *Weyhe*, in: Paschke/Berlit/Meyer, 37. Abschnitt Rn. 182.

800 Ausführliche Darstellung und Auseinandersetzung in *Klöpfer*, AfP 2005, 118–127.

801 BReg in BT-Drs. 14/4329 S. 46; *Gola/Klug/Körffer*, in: Gola/Schomerus, BDSG, § 41 Rn. 7; *Mann/Smid*, in: Spindler/Schuster, Siebter Teil, Rn. 114 ff.; darstellend *Dix*, in: Simitis, BDSG, § 41 Rn. 6; *Klöpfer*, AfP 2005, 118, 118 f.

802 Kritisch dazu *Buchner*, in: BeckOK DSR, § 41 BDSG Rn. 2.1; *Dix*, in: Simitis, BDSG, § 41 Rn. 6; *Benecke/Wagner*, DVBl 2016, 600, 603; befürwortend: *Mann/Smid*, in: Spindler/Schuster, Siebter Teil, Rn. 114 ff.

803 *Buchner*, in: BeckOK DSR, § 41 BDSG Rn. 8; *Dix*, in: Simitis, BDSG, § 41 Rn. 6; *Westphal*, in: Taeger/Gabel, BDSG, § 41 Rn. 9; *Klöpfer*, AfP 2005, 118, 124.

6. *Anwendung des KUG trotz Medienprivilegs*

Auffällig ist, dass bisher absolute Einigkeit bestand und nicht infrage gestellt wurde, dass das KUG in vollem Umfang im Presse-, Rundfunk- und sonstigen Medienbereich anwendbar ist.

a) Missachtung des Vorrangs des Gemeinschaftsrechts

Sieht man das KUG als spezialgesetzliches Datenschutzrecht an,[804] ist dies nicht selbstverständlich, da auch insoweit das Medienprivileg gelten müsste, welches die Anwendung des Datenschutzrechts weitgehend ausschließt. Die uneingeschränkte Anwendung des KUG wird jedoch darauf zurückzuführen sein, dass stets der persönlichkeitsrechtliche Charakter des KUG als Schutz des Rechts am eigenen Bild betrachtet wurde, während der gleichzeitig vorhandene datenschutzrechtliche Charakter, der letztlich ebenfalls Ausfluss des Persönlichkeitsrechts ist, übersehen oder vernachlässigt wurde.[805]

Dennoch geht es beim Umgang mit Personenbildern im Wesentlichen um informationelle Selbstbestimmung und damit um Handlungen mit datenschutzrechtlichem Bezug.[806] Deshalb muss mit Geltungsbeginn der DSGVO ihr Anwendungsvorrang berücksichtigt werden. Nationales Datenschutzrecht kann nur zur Anwendung kommen, soweit dies durch Öffnungsklauseln in der DSGVO gedeckt ist oder nicht in ihren Anwendungsbereich fällt. Sofern der Gesetzgeber nur ein allgemeines Medienprivileg im Stil von § 41 BDSG a.F. zur Ausfüllung von Art. 85 Abs. 2 DSGVO beibehält, ohne das KUG ebenfalls dafür zu berufen, dürfte das KUG nicht mehr herangezogen werden. Stattdessen könnte nur noch einschränkend auf das allgemeine Persönlichkeitsrecht zurückgegriffen werden. Nur wenn das KUG vom Gesetzgeber bewusst im Hinblick auf die Öffnungsklausel in der DSGVO erhalten wird, kann es als speziellere Regelung gegenüber einem allgemeinen Medienprivileg weiterhin den Beurteilungsmaßstab für Verarbeitungen von Bilddaten bilden.

b) Vergleichbare Ergebnisse bei Anwendung von KUG und Datenschutzrecht mit Medienprivileg

Auf den ersten Blick überrascht es, dass Medienunternehmen aufgrund des Medienprivilegs allgemein für personenbezogene Daten kaum datenschutzrechtliche Vorgaben einhalten müssen, während die in Personenbildern enthaltenen personenbezogenen Daten durch den Einwilligungsvorbehalt des § 22 S. 1 KUG sehr streng geschützt sind. Dieser Schutz relativiert sich aber gerade im Medienbereich durch die Ausnahmen des § 23 Abs. 1 KUG, die dort ihren größten Anwendungsbereich finden. Schon die Ausnahme für Bildnisse aus dem Bereich der Zeitgeschichte gemäß § 23 Abs. 1 Nr. 1 KUG ist wesentlich durch die Informations- und Pressefreiheit begründet.

---

804 So auch *Benecke/Groß,* NZA 2015, 833, 838; *Lorenz,* ZD 2012, 367, 369.

805 S. auch *Benecke/Groß,* NZA 2015, 833, 838; *Schnabel,* ZUM 2008, 657, 662.

806 *Steffen,* in: Löffler, Presserecht, § 6 LPG Rn. 119.

Deshalb richtet sie sich in ihrer Reichweite nach dem gesellschaftlichen Informationsinteresse, bei dessen Bestimmung die Medien eine wichtige Rolle spielen, da sie einen weiten eigenständigen Entscheidungsspielraum in der Frage haben, was berichtenswert ist.[807] Vorbehaltlich der Interessenabwägung des § 23 Abs. 2 KUG, welche allerdings für Fälle des § 23 Abs. 1 Nr. 1 KUG schon zuvor bei der Frage relevant wird, ob überhaupt ein zeitgeschichtliches Ereignis vorliegt,[808] sind Medien deshalb im Umgang mit Bildnissen relativ frei, soweit es sich um ein Bildnis handelt, dessen Veröffentlichung dem öffentlichen Informationsinteresse dient. Darauf zielt letztlich auch das Medienprivileg ab, weshalb selbst bei einem Nebeneinander von allgemeinem Datenschutzrecht und KUG in diesem Bereich häufig ein Gleichlauf der Ergebnisse erzielt werden kann.[809]

c) *Differenzierungsmöglichkeiten im KUG*

Im Gegensatz zu den aus gemeinschaftsrechtlicher Sicht fragwürdigen pauschalen Freistellungen vom materiellen Datenschutzrecht durch § 41 Abs. 1 BDSG a.F. und entsprechende landesrechtliche Regelungen enthält das KUG jedoch durchaus differenzierende Regelungen für Abweichungen und Ausnahmen, die sich im Sinne des Art. 85 Abs. 2 DSGVO an der Erforderlichkeit für ein Gleichgewicht zwischen den betroffenen Grundrechten orientieren. Diese Funktion nimmt insbesondere § 23 Abs. 2 KUG wahr, der mit dem Erfordernis der Interessenabwägung dafür sorgt, dass die Erforderlichkeit stets gewährleistet ist, da anderenfalls die schutzwürdigen Interessen des Betroffenen verletzt würden. Gleiches gilt für die Interessenabwägung, die bereits innerhalb des Tatbestandes von § 23 Abs. 1 Nr. 1 KUG vorgenommen werden muss.

Dass die §§ 23, 24 KUG teilweise über die allgemeinen Grundsätze der Rechtmäßigkeit der Verarbeitung nach Art. 6 DSGVO hinausgehen und teilweise hinter ihnen zurückbleiben, ist mit der DSGVO vereinbar, da Art. 85 Abs. 2 DSGVO ausdrücklich Abweichungen und Ausnahmen von Kapitel II der DSGVO zulässt. Insofern schützt das KUG Bildnisse aufgrund ihres hohen Aussagegehalts und Informationswerts einerseits besser, wobei die Unterschiede im praktischen Ergebnis gar nicht so groß sind, wie noch am Beispiel der Abweichungen von Kapitel V zu zeigen sein wird. Andererseits sieht es großzügigere Ausnahmen vor, die den speziellen Bedürfnissen von Journalismus, Literatur, Kunst und Wissenschaft Rechnung tragen.

---

807 *BVerfG,* Urt. v. 15.12.1999 – 1 BvR 653/96, NJW 2000, 1021, 1024 f. – Caroline von Monaco; *BGH,* Urt. v. 6.3.2007 – VI ZR 51/06, NJW 2007, 1977, 1979 – Winterurlaub; *Specht,* in: Dreier/Schulze, § 23 KUG Rn. 11; *Kröner,* in: Paschke/Berlit/Mayer, 32. Abschnitt Rn. 44, 48; *Fricke,* in: Wandtke/Bullinger, § 23 KUG Rn. 4; *Steffen,* in: Löffler, Presserecht, § 6 LPG Rn. 130 f.

808 Jeweils m.w.N. *BGH,* Urt. v. 27.9.2016 – VI ZR 310/14, K&R 2017, 42, 43; *BGH,* Urt. v. 28.10.2008 – VI ZR 307/07, NJW 2009, 757, 758 m. Anm. *Wanckel* – Karsten Speck; *BGH,* Urt. v. 19.6.2007 – VI ZR 12/06, NJW 2007, 3440, 3441 f. – Grönemeyer; *Specht,* in: Dreier/Schulze, § 23 KUG Rn. 10.

809 So z.B. aufgrund von § 57 RStV in *BGH,* Urt. v. 9.2.2010 – VI ZR 243/08, NJW 2010, 2432, 2435 ff. – Sedlmayr-Mord II.

d) Ergebnis

Das KUG hat bisher in den meisten Fällen einer Verbreitung und Veröffentlichung von Bildnissen zu journalistischen Zwecken zu sachgerechten Ergebnissen geführt. Dennoch ist seine Anwendung angesichts des weitreichenden Ausschlusses des materiellen Datenschutzrechts durch die jeweiligen Medienprivilegien im Landesrecht nicht selbstverständlich. Zwar bietet es Differenzierungsmöglichkeiten und ist deshalb nicht von vornherein ungeeignet zur Ausfüllung der vom Gemeinschaftsgesetzgeber eingeräumten Spielräume zum Schutz der Meinungs- und Informationsfreiheit. Allerdings gibt es keine eindeutigen Anzeichen dafür, dass der Gesetzgeber eine solche Ausfüllung mittels des KUG bezweckt hat. Spätestens mit Geltungsbeginn der DSGVO wird ein solches Zeichen jedoch erforderlich sein, um das KUG gegen deren allgemeinen Anwendungsvorrang bestehen zu lassen.

7. Notwendige Schritte zum Erhalt des KUG im Rahmen von Art. 85 Abs. 2 DSGVO

Vorbehaltlich einer genaueren Prüfung kommt das KUG inhaltlich damit den Anforderungen des Art. 85 Abs. 2 DSGVO zum Teil sogar näher als die bisherigen Medienprivilegien, die lange Geltung hatten. Deshalb stellt sich die Frage, was der Gesetzgeber konkret tun müsste, um das KUG im Medienbereich weiterhin zur Anwendung zu bringen. Angesichts der verschiedenen Regelungsbereiche und Kompetenzverteilungen eröffnet sich an dieser Stelle ein komplexes Geflecht aus Zuständigkeitsregelungen und Handlungsmöglichkeiten.

a) Gesetzgebungskompetenzen

An erster Stelle steht die Frage, wer dafür zuständig ist, den Regelungsauftrag des Art. 85 Abs. 2 DSGVO zu erfüllen und potenziell das KUG anzupassen oder in der bisherigen Form zu erhalten. Art. 85 DSGVO will die Freiheit der Meinungsäußerung und die Informationsfreiheit schützen und ordnet deshalb Sonderregelungen für Verarbeitungen zu journalistischen, wissenschaftlichen, künstlerischen oder literarischen Zwecken an. Ein wichtiger, wenn auch nicht der einzige Anwendungsbereich der Norm liegt deshalb im Medienbereich.

aa) Landeskompetenz im Medienbereich

Nach Wegfall der Rahmengesetzgebungskompetenz des Bundes für die Presse gemäß Art. 75 Abs. 1 S. 1 Nr. 2 GG a.F. im Zuge der Föderalismusreform sind für den Pressebereich ausschließlich die Länder zuständig.[810] Eine solche ausschließliche Gesetzgebungskompetenz der Länder besteht auch für den inhaltlichen und

810 BR-Drs. 110/17, S. 73 [Gesetzentwurf der Bundesregierung: Entwurf eines Gesetzes zur Anpassung des Datenschutzrechts an die Verordnung (EU) 2016/679 und zur Umsetzung der Richtlinie (EU) 2016/680].

organisatorischen Teil des Rundfunks, welcher der Kulturhoheit der Länder unterfällt.[811] Damit besitzen in Deutschland die Länder für wesentliche Teile des Medienbereichs die Gesetzgebungskompetenz.

Allerdings sieht Art. 125a Abs. 1 S. 1 GG vor, dass Recht, das als Bundesrecht erlassen worden ist und unter anderem wegen der Aufhebung des Art. 75 GG nicht mehr als Bundesrecht erlassen werden könnte, als Bundesrecht fortgilt. Es kann jedoch gemäß Art. 125a Abs. 1 S. 2 GG durch Landesrecht ersetzt werden. Dies betrifft insbesondere § 41 Abs. 1 BDSG a.F., der noch aufgrund der Rahmengesetzgebungskompetenz des Bundes in Art. 75 Abs. 1 S. 1 Nr. 2 GG erlassen wurde.[812] Soweit § 41 Abs. 1 BDSG a.F. dem Regelungsauftrag des Art. 85 Abs. 2 DSGVO gerecht wird, was zu bezweifeln ist,[813] könnte er als bundesrechtliche Regelung fortgelten, die aber jederzeit von den Ländern ersetzt werden kann.[814]

bb) Anpassungsrecht des Bundes für bestehende Regelungen

Ob der Bund den aufgrund von Art. 125a Abs. 1 S. 1 GG zunächst fortgeltenden § 41 BDSG a.F. an die Vorgaben der DSGVO anpassen dürfte, ist umstritten. Teilweise wird ähnlich wie bei Art. 125a Abs. 2 GG eine Anpassungsbefugnis angenommen, um einer Versteinerung des Rechts vorzubeugen, wobei diese nicht strukturelle Änderungen oder institutionelle Neuerungen umfassen soll.[815] Dagegen werden systematische Gründe angebracht und darauf hingewiesen, dass eine Versteinerung des Rechts nicht zu befürchten sei, weil die Länder in dieser Konstellation ohne weiteres zur Ersetzung des (potenziell veralteten) Bundesrechts befugt seien.[816]

Allein schon weil Art. 85 Abs. 2 DSGVO eine deutlich stärkere Differenzierung der jeweiligen Regelungen verlangt, in denen die konkrete Erforderlichkeit der Einschränkung des Datenschutzes zugunsten der Meinungs- und Informationsfreiheit Niederschlag finden muss, sollte das Presseprivileg auf Landesebene umfassend nachgebessert werden. Ob eine solche Anpassung noch unter die ohnehin umstrittene Anpassungsbefugnis des Bundes fällt und deshalb auch von diesem vorgenommen werden könnte, ist zweifelhaft, da es sich insoweit schon eher um unzulässige strukturelle Neuerungen handelt.[817]

---

811 *Gersdorf*, in: BeckOK InfoMedienR, Art. 70 GG Rn. 3; *Ladeur*, in: Paschke/Berlit/Meyer, 4. Abschnitt Rn. 85; s. auch *BVerfG*, Urt. v. 28.2.1961 – 2 BvG 1 u. 2/60, NJW 1961, 547, 550.

812 BT-Drs. 14/4329, S. 46.

813 *Benecke/Wagner*, DVBl 2016, 600, 603; *Buchner*, DuD 2016, 155, 161.

814 S. auch *Dix*, in: Simitis, BDSG, § 41 Rn. 20.

815 *Stettner*, in: Dreier, GG, Band III, Art. 125a Rn. 10; *Uhle*, in: Maunz/Dürig, GG, Art. 125a Rn. 27; *Wolff*, in: v. Mangoldt/Klein/Starck, GG, Art. 125a Rn. 23.

816 *Degenhart*, in: Sachs, GG, Art. 125a Rn. 7; *Kirn*, in: v. Münch/Kunig, GG, Art. 125a Rn. 3 f.; *Degenhart*, NVwZ 2006, 1209, 125; ohne Begründung *Dix*, in: Simitis, BDSG, § 41 Rn. 20.

817 Auch die Bundesregierung geht nicht von einem Anpassungsrecht aus, vgl. BR-Drs. 110/17, S. 73 f. [Gesetzentwurf der Bundesregierung: Entwurf eines Gesetzes

cc) Handlungsmöglichkeiten der Länder

Deshalb sollte eine Nachfolgeregelung des § 41 BDSG a.F. oder eine gänzliche Neuregelung des medienspezifischen Datenschutzes und damit eine (partielle Umsetzung) des Auftrags des Art. 85 Abs. 2 DSGVO auf Landesebene erfolgen. Eine Sonderregelung für Bildnisse muss darin nicht zwingend enthalten sein, sodass die Länder beschließen könnten, dem KUG für den Medienbereich jegliche Geltung zu entziehen und Personenbilder den übrigen mediendatenschutzrechtlichen Regelungen zu unterwerfen, um eine einheitliche Behandlung personenbezogener Daten zu erreichen.

dd) Möglichkeit der Überführung des KUG in Landesrecht

Zu prüfen ist jedoch, ob die Länder in Ausübung ihrer Gesetzgebungskompetenzen für Presse und Rundfunk alternativ das (unveränderte) KUG als bildnisspezifische Regelung ihres Mediendatenschutzes implementieren könnten.

(1) Entwicklung des KUG von vor- zu nachkonstitutioneller Regelung

Das KUG hat im Medienbereich zwar eine erhebliche praktische Bedeutung, ist aber nicht auf ihn beschränkt. Es ist und war nach wie vor Inkrafttreten der DSGVO keine Regelung, die aufgrund der Rahmengesetzgebungskompetenz für die Presse gemäß Art. 75 Abs. 1 S. 1 Nr. 2 GG erlassen wurde, sodass Art. 125a Abs. 1 GG auf das KUG nicht anwendbar ist. Demnach haben die Länder im Hinblick auf das KUG nicht unmittelbar die Ersetzungsbefugnis, die Art. 125a Abs. 1 S. 2 GG ihnen einräumt.

Stattdessen war das KUG ursprünglich eine vorkonstitutionelle Regelung aus dem Jahr 1907, die gemäß Art. 123 Abs. 1 GG als Bundesrecht fortgalt. Es ist jedoch zu berücksichtigen, dass wesentliche Inhalte des KUG im Jahr 1965 in das UrhG überführt worden sind und § 150 Nr. 5 UrhG 1965[818] (entspricht § 141 Nr. 5 UrhG in der aktuellen Fassung) eine weitgehende Aufhebung des KUG vorsah. Von der Aufhebung ausgenommen waren allerdings die Vorschriften über den Schutz von Bildnissen, sodass diese unverändert Bestand hatten. Mit diesem Gesetzgebungsakt und der ausdrücklichen Beibehaltung der hier erörterten Vorschriften des KUG zum Schutz von Bildnissen hat der Gesetzgeber sich die §§ 22 ff. KUG angeeignet und seinen bestätigenden Willen zum Ausdruck gebracht.[819] Der Gesetzesbegründung lässt sich entnehmen, dass auf eine isolierte Neuregelung des Bildnisschutzes zunächst verzichtet werden sollte, weil eine spätere (bis heute jedoch nicht erfolgte[820])

zur Anpassung des Datenschutzrechts an die Verordnung (EU) 2016/679 und zur Umsetzung der Richtlinie (EU) 2016/680].

818 BT-Drs. IV/270 S. 26.

819 *Seiler,* in: BeckOK GG, Art. 123 Rn. 4; *Meyer,* in: v. Münch/Kunig, GG, Art. 100 Rn. 18.

820 *BAG,* Urt. v. 11.12.2014 – 8 AZR 1010/13, NJW 2015, 2140, 2141 m. Anm. *Spielberger*; *Specht,* in: Dreier/Schulze, Vorbemerkung §§ 22 ff. KUG Rn. 2; *Kolb,* Anmerkung zu *BAG,* Urt. v. 11.12.2014 – 8 AZR 1010/13, in: GRUR 2015, 925, 926.

Gesamtkodifikation des Persönlichkeitsrechts geplant war.[821] Eine ersatzlose Streichung der Bestimmungen des KUG über den Bildnisschutz wurde aber geradezu als „verfehlt“ angesehen, weshalb sie ihre Geltung behalten sollten.[822] Somit ist ein Rückgriff auf Art. 123 GG seit dieser Gesetzesreform nicht mehr angezeigt. Stattdessen ist das KUG wie sonstiges nachkonstitutionelles Recht zu behandeln.[823]

(2) Konsequenzen für Änderungsbefugnisse des Bundes und der Länder

Dies bedeutet zunächst, dass nur der Bund, nicht aber die Länder zu dessen Änderung berechtigt sind. Es ist den Ländern jedoch unbenommen, in ihren mediendatenschutzrechtlichen Regelungen die Anwendung des KUG für die ihren Kompetenzen unterliegenden Sachbereiche vorzusehen. Dies wäre regelungstechnisch den bisherigen landesrechtlichen Regelungen vergleichbar, die vorsehen, dass bestimmte Paragraphen des BDSG (a.F.) direkt oder zumindest entsprechend gelten. Die Landesgesetzgeber haben also wie in Fällen der Ersetzung früheren Bundesrechts, für das die Gesetzgebungskompetenz des Bundes zwischenzeitlich weggefallen ist, die Möglichkeit, Landesrecht zu erlassen, das bisherigem Bundesrecht gleichlautet, oder aber bisheriges Bundesrecht „en block“ zu übernehmen.[824] Ein Wiederholungsverbot gibt es im Gegensatz zu gemeinschaftsrechtlichen Regelungen nicht.

Insoweit ist auch die Vergleichbarkeit der Ausgangslage bei § 41 BDSG a.F. auf der einen und dem KUG auf der anderen Seite zu betrachten: das KUG beruht zwar nicht auf der Rahmengesetzgebungskompetenz für die Presse, weil es zum einen schon viel älter ist und zum anderen in seinem Anwendungsbereich nicht auf die Presse beschränkt ist. Dennoch fand es in diesem Bereich ebenso wie § 41 BDSG a.F. stets Anwendung, obwohl der datenschutzrechtliche Charakter des KUG dabei verkannt wurde. Nunmehr sind jedoch die Länder für den Medienbereich in vollem Umfang zuständig, sodass sie in spezifisch die Medien betreffenden Bereichen, wozu die Zulässigkeit der Verwendung von Bildnissen durch Medien gezählt werden kann, eigene Regelungen treffen können, die bundesrechtliche Regelungen verdrängen beziehungsweise ersetzen. Sieht man davon ab, dass das KUG als Bundesrecht von landesrechtlichen Regelungen nur medienspezifisch verdrängt und nicht vollständig ersetzt werden kann, bestehen keine wesentlichen Unterschiede zur Ersetzung von Bundesrecht gemäß Art. 125a Abs. 1 S. 2 GG. Kommt es in entsprechenden Fällen aufgrund einer landesrechtlichen Anordnung zur Anwendung des KUG, ist es jedoch nicht mehr wie Bundesrecht zu behandeln, sondern muss in allen Fragen, in denen die Qualifizierung relevant ist, als Landesrecht betrachtet werden.[825]

---

821 BT-Drs. IV/270, S. 35, 116.

822 BT-Drs. IV/270, S. 35.

823 Vgl. *Meyer*, in: v. Münch/Kunig, GG, Art. 100 Rn. 18; *Detterbeck*, in: Sachs, GG, Art. 100 Rn. 9.

824 Vgl. *BVerwG*, Beschl. v. 9.8.2002 – 9 B 35/02, NVwZ 2002, 1505, 1505; *Wolff*, in: v. Mangoldt/Klein/Starck, GG, Art. 125a Rn. 26.

825 Vgl. *BVerwG*, Beschl. v. 9.8.2002 – 9 B 35/02, NVwZ 2002, 1505, 1505.

ee) Ergebnis

Will der Landesgesetzgeber erreichen, dass das KUG in unveränderter Form für die Medien fortgilt, sollte er dies bestenfalls in den jeweiligen Normen (z. B. LPresseG, RStV) zum Ausdruck bringen. Hierfür kommt ein Verweis auf das KUG in Betracht (ähnlich dem Verweis auf die Normen des BDSG a.F. in vielen Landespressegesetzen) oder aber der Erlass wortgleicher Regelungen im Landesrecht. Entgegen seines weitreichenden Wortlauts dürfte das KUG dann aber nur für den Bereich gelten, der von der Gesetzgebungskompetenz der Länder abgedeckt ist. Die Geltung des KUG als Bundesrecht in allen darüber hinausgehenden Bereichen würde dadurch nicht berührt, da insoweit weiterhin Kompetenzen des Bundes betroffen sind.

Ferner können die Länder entscheiden, das KUG nur in modifizierter Form für den Medienbereich zu übernehmen, um es stärker an die Anforderungen von Art. 85 Abs. 2 DSGVO oder geänderte Risikoabwägungen anzupassen. Wenn dieser Weg eingeschlagen wird, geht dies sinnvollerweise mit einer Neuregelung im Landesrecht einher, aus der deutlich hervorgeht, dass es sich um medienspezifisches Datenschutzrecht handelt, sodass keine Abgrenzungs- oder Kompetenzfragen mehr offen bleiben. Diese Variante ist vorzugswürdig, weil dadurch die nötigen Anpassungen an die Vorgaben der DSGVO vorgenommen und die Adressaten der Regelung klar bestimmt werden können.

b) Defizite bei Übernahme des KUG

Steht damit fest, dass die Länder aus kompetenzieller Sicht das KUG für den Medienbereich übernehmen könnten, bedeutet dies nicht automatisch, dass das KUG den übrigen, insbesondere den materiellen Anforderungen des Art. 85 Abs. 2 DSGVO gerecht wird. Stattdessen ist festzustellen, dass die bloße Übernahme des KUG noch kein optimaler Weg ist, um dem Regelungsauftrag des Art. 85 Abs. 2 DSGVO gerecht zu werden.

Zu berücksichtigen ist diesbezüglich, dass Art. 85 Abs. 2 DSGVO zwar im Medienbereich den größten praktischen Anwendungsbereich hat, darauf aber bei weitem nicht beschränkt ist. Er orientiert sich an den Zwecken, die bei einer Verarbeitung verfolgt werden, und stellt nicht darauf ab, in welchem Bereich (z. B. Museen, Presse, Hochschulen) eine Verarbeitung erfolgt. Gerade wissenschaftliche und künstlerische Zwecke werden vielfach von Personen außerhalb der Medien verfolgt, aber auch literarische und journalistische Zwecke können dort eine Rolle spielen. Um den Regelungsauftrag des Art. 85 Abs. 2 DSGVO vollständig zu erfüllen, muss der nationale Gesetzgeber diese Situationen bedenken und im Rahmen seiner Kompetenzen entsprechende Regelungen vorsehen. Die bloße Beschränkung auf ein Medienprivileg reicht deshalb nicht aus. Das KUG wird dem insofern gerecht, als es keine Beschränkung auf die Verwendung von Bildnissen in bestimmten Bereichen vornimmt. Allerdings knüpft es seine Ausnahmen genauso wenig an die Verfolgung der privilegierten Zwecke und überschreitet damit die Grenzen der Öffnungsklausel.

c) *Erforderlichkeit einer Zweckbeschränkung im KUG auf Landes- und Bundesebene*

Sofern also überhaupt eine bildnisspezifische Regelung getroffen werden soll, die dem KUG ähnelt, müsste diese eine Beschränkung auf Verarbeitungen zu journalistischen, literarischen, künstlerischen oder wissenschaftlichen Zwecken vorsehen. Eine entsprechende Anpassung der Vorschriften des KUG bei Übernahme in Landesrecht wäre in den Grenzen der jeweiligen Kompetenzen ohne Schwierigkeiten möglich.

Insbesondere für den Wissenschaftsbetrieb an Hochschulen besteht ebenfalls eine umfassende Gesetzgebungskompetenz der Länder. Nur in Randbereichen bestehen konkurrierende Gesetzgebungskompetenzen, so z. B. für die Hochschulzulassung und die Hochschulabschlüsse gemäß Art. 74 Abs. 1 Nr. 33 GG, wofür wiederum Art. 72 Abs. 3 S. 1 Nr. 6 GG eine Abweichungsmöglichkeit der Länder vorsieht, oder für die Förderung der wissenschaftlichen Forschung gemäß Art. 74 Abs. 1 Nr. 13 GG. Sofern Wissenschaft und Forschung jedoch in Unternehmen betrieben werden, können davon Bereiche betroffen sein, die einer Bundeskompetenz unterliegen wie z. B. für das Recht der Wirtschaft gemäß Art. 74 Abs. 1 Nr. 11 GG.

In ähnlicher Weise kommt es auch für künstlerische Aktivitäten darauf an, in welchem Zusammenhang diese betrieben werden. Deshalb ist neben den Ländern der Bundesgesetzgeber gefordert, sich zu überlegen, in welchen Bereichen er das KUG zu welchen Zwecken erhalten möchte, um dadurch zumindest teilweise den Regelungsauftrag von Art. 85 Abs. 2 DSGVO zu erfüllen. Gerade unter Berücksichtigung der Tatsache, dass die privilegierten Zwecke im Einzelfall von Personen verfolgt werden können, ohne dass eine entsprechend institutionalisierte Tätigkeit im Bereich des Journalismus, der Wissenschaft, der Literatur oder der Kunst ausgeübt werden muss, müssen Bildnisverwendungen nicht immer kompetenziell diesen Sonderbereichen zugeordnet werden. Stattdessen könnte der Bund wie bisher im BDSG a.F. für nicht-öffentliche Stellen allgemeine datenschutzrechtliche Regelungen für solche Personen treffen, die auch Sonderregelungen für Bildnisse wie das KUG umfassen. Dabei wäre eine Beschränkung auf die privilegierten Zwecke notwendig, um nicht in Konflikt mit der DSGVO zu geraten. Diese allgemeinen Regelungen würden dann zwar vom Landesrecht verdrängt, soweit es um Verarbeitungen geht, die im Kompetenzbereich der Länder stattfinden, wie z. B. bei Verarbeitungen durch die Presse. Sobald aber nicht spezifisch und institutionalisiert die Sonderbereiche betroffen sind, können die Vorschriften des Bundes eine Auffangfunktion wahrnehmen, welche sich insbesondere auf die Kompetenzen für das Recht der Wirtschaft oder auch für das bürgerliche Recht gemäß Art. 74 Abs. 1 Nr. 1 GG stützen können. Diese Verflechtung verschiedener Kompetenzen, welche die Umsetzung von Art. 85 Abs. 2 DSGVO sehr umständlich macht, ist letztlich der Preis des Föderalismus.

d) *Anpassungsbedarf und Grenzen der Auslegungsmöglichkeiten*

In materieller Hinsicht ist zu klären, ob dies eine Änderung des KUG erforderlich macht oder ob die nötigen Beschränkungen durch bloße Auslegung erzielt werden können.

aa) Ausdrückliche Zweckbestimmung in § 23 Abs. 1 KUG

§ 23 KUG dient zwar insbesondere journalistischen und künstlerischen Zwecken, aber er enthält keine Einschränkungen, die seine Geltung strikt auf Verarbeitungen zu diesen datenschutzrechtlich privilegierbaren Zwecken beschränken. Dazu kommt, dass § 22 S. 1 KUG ohnehin jede Verbreitung und öffentliche Zurschaustellung unabhängig von den verfolgten Zwecken dem Einwilligungsvorbehalt unterstellt.

Eine Ausnahme bildet § 23 Abs. 1 Nr. 4 KUG, welcher ausdrücklich einfordert, dass die Verbreitung oder Schaustellung einem höheren Interesse der Kunst dient, und der somit auf Verarbeitungen zu künstlerischen Zwecken beschränkt ist. Entsprechendes gilt, sofern § 23 Abs. 1 Nr. 4 KUG analog auf Verbreitungen und Schaustellungen zu wissenschaftlichen Zwecken angewendet wird, was vielfach gefordert wird.[826] Insoweit ginge es ausschließlich um privilegierte Zwecke im Sinne des Art. 85 Abs. 2 DSGVO. Für § 23 Abs. 1 Nr. 1 KUG, dessen Reichweite sich nach dem öffentlichen Informationsinteresse bestimmt, kann zumindest bei großzügiger Auslegung davon ausgegangen werden, dass er stets journalistische Zwecke verkörpert und somit mit Art. 85 Abs. 2 DSGVO konform ist.

bb) Einschränkende Auslegung des Wortlauts

Darüber hinaus müsste § 23 KUG jedoch ohne jeden Anhaltspunkt im Wortlaut einschränkend ausgelegt werden, um von dem Regelungsspielraum des Art. 85 Abs. 2 DSGVO erfasst zu werden. Dies könnte unproblematisch sein, wenn es letztlich nur als Konsequenz des Konflikts mit der DSGVO eingestuft würde. Auch in anderen Fällen kann das KUG nämlich aufgrund des Anwendungsvorrangs der DSGVO nur noch sehr eingeschränkt herangezogen werden, ohne dass der Gesetzeswortlaut des KUG dies so vorsieht. So bleibt ein Anwendungsbereich zum Beispiel nur noch für die Verwendung analoger Bilder, die nicht in einem Dateisystem gespeichert sind, oder für Verbreitungen zu ausschließlich persönlichen oder familiären Zwecken.

Insoweit darf jedoch nicht der Unterschied zwischen dem Anwendungsvorrang der DSGVO und ihren Öffnungsklauseln verkannt werden. In den soeben genannten Beispielsfällen beansprucht das KUG gemäß seinem Wortlaut weiterhin unbeschränkte Geltung. Dies kann sich jedoch gegen den Anwendungsvorrang des

826 *LG Hannover*, Urt. v. 30.3.2000 – 6 O 941/00(56), ZUM 2000, 970, 971 f. m. Anm. *Bobisch*; *Specht*, in: Dreier/Schulze, § 23 KUG Rn. 45; *v. Gamm*, UrhG, Einf. Rn. 124; *Fricke*, in: Wandtke/Bullinger, § 23 KUG Rn. 27; *Ricker*, in: Ricker/Weberling, Handbuch des Presserechts, 43. Kapitel Rn. 35; *Helle*, S. 169; *Maaßen*, ZUM 2003, 830, 840.

Gemeinschaftsrechts schlicht nicht durchsetzen, sodass zwar eine unbeschränkte Geltung gegeben ist, aber nur eine sehr eingeschränkte Anwendung.

cc) Besonderheiten von Öffnungsklauseln gegenüber Normkollisionen

Öffnungsklauseln ermöglichen es hingegen, unmittelbar den Anwendungsbereich der DSGVO zu beschränken und nationalem Recht volle Geltung zu verleihen, auch wenn es Abweichungen von den Regeln der DSGVO enthält. Sie vermitteln also einen Gestaltungsauftrag beziehungsweise eine entsprechende Befugnis. Von diesem Spielraum muss der nationale Gesetzgeber jedoch erst Gebrauch machen, wobei von ihm zu verlangen ist, dass er sein Tätigwerden auf den Anwendungsbereich der Öffnungsklausel beschränkt. Schon der europarechtliche Grundsatz des *effet utile* gebietet es, dass der Gesetzgeber keine Regelungen erlässt, die mit höherrangigem Gemeinschaftsrecht in Konflikt geraten und dessen volle praktische Wirksamkeit behindern könnten, was jedoch der Fall wäre, wenn der von den Öffnungsklauseln gesetzte Rahmen überschritten wird.[827] Es spricht zwar nichts dagegen, dass zur Ausfüllung dieses Rahmens bereits bestehende Regelungen beibehalten werden, wie dies beispielsweise Art. 6 Abs. 2 DSGVO ausdrücklich vorsieht.[828] Allerdings muss dafür Sorge getragen werden, dass diese den Anforderungen der DSGVO entsprechen. Deshalb ist eine solche einschränkende Auslegung nicht möglich.

dd) Ausfüllung der Öffnungsklausel durch § 23 KUG

Im Hinblick darauf begegnet § 23 KUG Bedenken, da er nicht ausschließt, dass von der Einwilligungsfreiheit Fälle erfasst werden, in denen die Verbreitung oder öffentliche Zurschaustellung rein privaten oder unterhaltenden Zwecken und damit nicht-privilegierten Zwecken dient. Nahezu mustergültig ist insofern nur der bereits erwähnte § 23 Abs. 1 Nr. 4 KUG. Damit würden jedoch die Grenzen des Art. 85 Abs. 2 DSGVO überschritten, der Abweichungen und Ausnahmen nur zulässt, wenn ausschließlich die genannten Zwecke verfolgt werden.[829] Dass es ausschließlich um journalistische, wissenschaftliche, künstlerische oder literarische Zwecke gehen muss, ergibt sich zwar nicht unmittelbar aus dem Gesetzeswortlaut, steht jedoch ausdrücklich in Erwägungsgrund 153 S. 2 DSGVO. Der Gesetzgeber müsste also den Anwendungsbereich des KUG modifizieren und ihn den Anforderungen des Art. 85 Abs. 2 DSGVO anpassen, um insbesondere § 23 KUG in dem für die Meinungs- und Informationsfreiheit erforderlichen Maß beizubehalten.

In diesem Sinne könnte bereits der Einwilligungsvorbehalt in § 22 S. 1 KUG schon davon abhängig gemacht werden, dass die Verbreitung oder öffentliche Zurschaustellung zu den genannten Zwecken erfolgt, da im Übrigen ohnehin weitgehend der Vorrang der DSGVO besteht und eine Fortgeltung im Beschäftigtenkontext nicht zu

827 Vgl. *Calliess/Kahl/Puttler*, in: Calliess/Ruffert, EUV/AEUV, Art. 4 EUV Rn. 55.
828 *Grages*, in: Plath, BDSG/DSGVO, Art. 85 DSGVO Rn. 11.
829 *Kühling/Martini et al.*, S. 294.

empfehlen ist. Soweit ohne die nötige Beschränkung Verarbeitungen zu anderen Zwecken einbezogen werden, könnten die Ausnahmen des § 23 KUG dazu führen, dass die Grundsätze der DSGVO ausgehebelt werden. Sobald dies der Fall wäre, müsste jedoch wieder der Anwendungsvorrang der DSGVO beachtet werden, weshalb die Regelung von vornherein auf das zulässige Maß beschränkt sein sollte. Ferner lässt sich nicht argumentieren, dass durch die allgemeine Anwendung von § 23 KUG in der Regel keine Verarbeitungen erlaubt würden, die nicht auch nach der DSGVO zulässig wären, weil es sich stets um Fälle handelte, in denen der Erlaubnistatbestand des Art. 6 Abs. 1 UAbs. 1 lit. f DSGVO einschlägig wäre. Eine Abweichungs- oder Konkretisierungsbefugnis hat der nationale Gesetzgeber dafür gerade nicht, sodass Art. 6 Abs. 1 UAbs. 1 lit. f DSGVO nicht spezifisch durch § 23 KUG „umgesetzt" werden darf, sofern es dafür keinen Rückhalt in einer Öffnungsklausel gibt.

ee) Ergebnis

Bundes- und Landesgesetzgeber sind deshalb dazu aufgerufen, bei geplanter Fortführung des KUG dieses ausdrücklich im Rahmen ihrer jeweiligen Gesetzgebungskompetenzen auf die in Art. 85 Abs. 2 DSGVO benannten Zwecke zu beschränken. Eine unveränderte Übernahme kann nicht als ausreichend angesehen werden. Sofern nur der Bund Änderungen am KUG vornimmt und sich die Länder damit begnügen, allgemein das Datenschutzrecht für die Medien zu bestimmen, müssten Bildnisverwendungen durch Presse und Rundfunk zukünftig allein anhand dieser landesrechtlichen Normen gemessen werden, während ein Rückgriff auf das KUG mangels Kompetenz des Bundes in diesen Bereichen nicht zulässig wäre.

Darüber hinaus ist zu beachten, dass Abweichungen und Ausnahmen von der DSGVO nur im Rahmen der Erforderlichkeit für einen Ausgleich der in Art. 85 Abs. 2 DSGVO benannten Grundrechte zulässig sind. Ein solches Ergebnis lässt sich noch durch eine entsprechende Auslegung des § 23 Abs. 2 KUG erreichen, der mit seiner Interessenabwägung ohnehin auf einen Ausgleich der verschiedenen Rechte der Beteiligten abzielt.

e) Pflicht zur Mitteilung an die Kommission

Ein weiteres Hindernis für die Ausfüllung der echten Öffnungsklausel des Art. 85 Abs. 2 DSGVO durch das KUG ist die Mitteilungspflicht, die schon aus Art. 88 DSGVO bekannt ist. Gemäß Art. 85 Abs. 3 DSGVO müsste der Kommission mitgeteilt werden, dass das KUG als Rechtsvorschrift gelten soll, die aufgrund von Art. 85 Abs. 2 DSGVO erlassen wurde. Diese Mitteilung muss sowohl vom Bund als auch von den Ländern initiiert werden, soweit sie das KUG im Rahmen ihrer Kompetenzen erhalten wollen. Auch hier ist die Mitteilungspflicht ein Indiz dafür, dass die Ausfüllung des Regelungsauftrags des Art. 85 Abs. 2 DSGVO einer bewussten Handlung des Gesetzgebers bedarf.

Zu erwägen wäre, möglicherweise schon allein diese Mitteilung ausreichen zu lassen und auf eine ausdrückliche gesetzliche Regelung zu verzichten, wenn die

Länder das KUG übernehmen wollen, um ihnen unnötige Förmeleien zu ersparen.[830] Dieser Überlegung ist aber eine Absage zu erteilen, da der Formalismus gerade nicht unnötig ist. Die Landesgesetzgeber haben verschiedene Optionen zur Umsetzung des Regelungsauftrags der DSGVO und können sich genauso gut dafür entscheiden, Bildnisse keiner gesonderten Regelung zu unterziehen. Außerdem ist das KUG gerade keine Regelung, die zuvor vom Landesgesetzgeber erlassen wurde. Aus diesem Grund ist zu fordern, dass der Gesetzgeber auf Landesebene nach den vorgeschriebenen formellen Regelungen darüber entscheidet, welchen Weg er einschlagen möchte. Dazu kommt, dass die Mitteilung aufgrund einer Entscheidung der Landesregierung zu einer Umgehung der Befugnisse des Landtags führen würde. Schließlich wurde bereits aufgezeigt, dass das KUG in unveränderter Form ohnehin materiell ungeeignet ist, um den Anforderungen des Art. 85 Abs. 2 DSGVO gerecht zu werden.

f) Rechtsfolgen bei Verstößen gegen die Mitteilungspflicht

Unklar ist jedoch, welche Rechtsfolge eine unterbliebene Mitteilung an die Kommission hat. Bei strikter Betrachtung könnte angenommen werden, dass die Mitteilung für die Wirksamkeit der nationalen Vorschriften konstitutiv ist, sodass sie erst nach Mitteilung tatsächlich angewandt werden dürften. Dagegen spricht, dass der Hauptzweck dieser Mitteilung darin liegt, dass sich die Kommission leicht einen Überblick darüber verschaffen kann, durch welche nationalen Normen das von der DSGVO festgelegte Schutzniveau in welchem Maße abgeändert wird und inwieweit dadurch von dem einheitlichen Rechtsrahmen abgewichen wird.[831]

Folgt man dieser Argumentation, könnte das KUG grundsätzlich ohne Meldung zumindest für die in Art. 85 Abs. 2 DSGVO genannten Zwecke herangezogen werden.[832] Denn Art. 85 Abs. 2 DSGVO eröffnet nicht nur einen fakultativen Spielraum, sondern enthält einen obligatorischen Regelungsauftrag.[833] Die Mitgliedstaaten müssen Vorschriften vorsehen, um Verarbeitungen zu bestimmten Zwecken unter erleichterten Voraussetzungen zu erlauben. Dadurch soll ein Gleichgewicht zwischen den betroffenen Grundrechten hergestellt werden. Die Meinungsfreiheit hat nicht nur im Gefüge des GG, wo sie als schlechthin demokratiekonstituierendes Grundrecht angesehen wird,[834] eine sehr hohe Bedeutung, sondern auch in der

830 Vgl. zur Mitteilungspflicht des Art. 88 Abs. 3 DSGVO *Wybitul/Sörup/Pötters*, ZD 2015, 559, 561.

831 *Pauly*, in: Paal/Pauly, DSGVO, Art. 85 Rn. 11; zur vergleichbaren Regelung in Art. 88 Abs. 3 DSGVO *Körner*, NZA 2016, 1383, 1386.

832 Zum Fehlen jeglicher Rechtsfolgen bei Verstoß gegen die Mitteilungspflicht des Art. 88 Abs. 3 DSGVO *Körner*, NZA 2016, 1383, 1386.

833 *Pauly*, in: Paal/Pauly, DSGVO, Art. 85 Rn. 2; *Kühling/Martini et al.*, S. 293; *Benecke/Wagner*, DVBl 2016, 600, 602; *Kühling/Martini*, EuZW 2016, 448, 448.

834 *BVerfG*, 15.1.1958 – 1 BvR 400/57, NJW 1958, 257, 258.

EU-GRCh, welche für die Auslegung der DSGVO maßgeblich ist. Insofern geht der *EuGH* davon aus, dass die Meinungsfreiheit des Art. 11 EU-GRCh eine der wesentlichen Grundlagen einer demokratischen Gesellschaft darstellt.[835]

Deshalb wäre zumindest für eine knappe Übergangszeit eine einschränkende, verordnungskonforme Auslegung der §§ 22 ff. KUG denkbar, die sie zumindest für journalistische, künstlerische, wissenschaftliche oder literarische Zwecke zur Anwendung beruft, auch wenn dadurch die nationale Kompetenzordnung unterlaufen wird. Damit könnte die Zeit überbrückt werden, die der deutsche Gesetzgeber benötigt, um sich selbst mit der Angelegenheit zu befassen. An der Mitteilungspflicht ändert dies jedoch nichts. In materieller Hinsicht wäre dies angesichts der obligatorischen Interessenabwägung in § 23 Abs. 2 KUG gerade noch vertretbar, zumal im deutschen Recht generell eine Abwägung und ein Ausgleich der betroffenen Grundrechte vorzunehmen ist, was insbesondere durch die Auslegung unbestimmter Rechtsbegriffe im Lichte der Grundrechte erfolgt.[836]

Problematisch ist zusätzlich aber, dass die Interessenabwägungsklausel des § 23 Abs. 2 KUG nur zur Anwendung kommt, wenn überhaupt ein Fall des § 23 Abs. 1 KUG vorliegt. In allen anderen Fällen bleibt es ohne Abweichungsmöglichkeit beim Grundsatz des Einwilligungsvorbehalts gemäß § 22 S. 1 KUG. In § 23 Abs. 1 KUG hat der Gesetzgeber typische Konstellationen festgelegt, in denen in der Regel ein überwiegendes Interesse für die Verwendung eines Bildnisses besteht. Damit ist aber nicht gewährleistet, dass eine Verarbeitung ohne Einwilligung des Abgebildeten immer zulässig ist, wenn das Recht der Meinungs- und Informationsfreiheit das Recht auf Schutz der personenbezogenen Daten überwiegt. Vielmehr soll es sich bei § 23 KUG um eine abschließende Regelung der Ausnahmetatbestände handeln.[837] Über den relativ weitreichenden § 23 Abs. 1 Nr. 1 KUG kann zwar eine Vielzahl solcher Konstellationen erfasst werden, dennoch wäre die Einfügung eines spezifischen Auffangtatbestandes vorteilhaft.[838] Aufgrund der vielen Defizite sollte das KUG ohne irgendein gesetzgeberisches Handeln nicht als abweichendes Gesetz im Sinne des Art. 85 Abs. 2 DSGVO herangezogen werden.

Insgesamt ist bei sämtlichen Ausnahmen nach § 23 KUG zu berücksichtigen, dass diese Art. 85 Abs. 2 DSGVO nur dann ausfüllen können, wenn einer der genannten privilegierten Zwecke verfolgt wird und zusätzlich die Meinungs- oder Informationsfreiheit im Sinne des Art. 11 EU-GRCh betroffen ist.

---

835 *EuGH*, Urt. v. 12.6.2003 – Rs. C-112/00, NJW 2003, 3185, 3188; *EuGH*, Urt. v. 13.12.2001 – Rs. C-340/00, BeckRS 2004, 76563, Rn. 18; *Jarass*, in: Jarass, EU-GRCh, Art. 11 Rn. 4.

836 S. auch *Kühling/Martini et al.*, S. 290 f.

837 *BGH*, Urt. v. 26. 6. 1979 – VI ZR 108/78, NJW 1979, 2205, 2206 – Fußballtor; *Helle*, S. 170; a.A. *OLG Frankfurt*, Urt. v. 24. 9. 1970 – 6 U 41/70, NJW 1971, 47, 49.

838 S. auch *Spindler*, Persönlichkeitsschutz im Internet, S. F 110 f.; *Ohly*, AfP 2011, 428, 431.

g) *Abweichungen von Vorschriften des Kapitels V der DSGVO*

Unter der Prämisse, dass der Gesetzgeber das KUG mit möglichst wenigen Veränderungen erhalten möchte, ist noch zu prüfen, in welchem Maße das KUG überhaupt Abweichungen und Ausnahmen von der DSGVO vorsieht und dadurch dem Regelungsauftrag des Art. 85 Abs. 2 DSGVO nachkommt. Sofern es nämlich nur den Vorgaben der DSGVO entspricht und keine Abweichungen oder Ausnahmen von ihren Regelungen enthält, rechtfertigt dies nicht die Anwendung nationaler Normen, die letztlich nur den Gemeinschaftsrechtscharakter verschleiern. Eine solche Situation, bei der zwar eine nationale Regelung vorliegt, welche die Öffnungsklausel aber gar nicht ausfüllt, da keinerlei Spielräume genutzt werden, ist von der Interessenlage derjenigen vergleichbar, die dem Normwiederholungsverbot zugrunde liegt.

aa) Anwendbarkeit des KUG unabhängig vom Schutzniveau

Neben den bereits erwähnten Abweichungen von Kapitel II der DSGVO ließe sich dem Regelungsgehalt von § 23 KUG mit entsprechenden Anpassungen außerdem entnehmen, dass er Abweichungen und Ausnahmen von Kapitel V der DSGVO und damit Sonderregelungen für Übermittlungen personenbezogener Daten an Drittländer enthält, soweit die jeweilige Verbreitung oder öffentliche Zurschaustellung eine solche Übermittlung darstellt. Dies kann der Fall sein, wenn Fotos im Internet veröffentlicht, elektronisch versendet oder in Zeitungen, die auch in Drittländern on- und offline vertrieben werden, abgedruckt werden.

Im Gegensatz zur DSGVO unterscheidet das KUG nicht nach dem Standort des Empfängers oder Adressaten und verlangt kein angemessenes Datenschutzniveau. Dies hat zur Folge, dass bei Vorliegen einer Ausnahme nach § 23 KUG kein angemessenes Datenschutzniveau in dem empfangenden Drittstaat gegeben sein muss, um Bilddaten verarbeiten zu dürfen.

bb) Erforderlichkeit der Abweichung für die privilegierten Zwecke

Für die journalistische Tätigkeit mit internationalem Bezug ist dies eine nahezu unverzichtbare Erleichterung. Im Interesse der Meinungsbildung sollen die in den Medien genutzten Bilder einen möglichst großen Personenkreis erreichen und sich nicht zwingend auf einzelne Regionen oder Länder beschränken. Eine entsprechende geographische Einschränkung ist häufig weder intendiert noch mit zumutbaren Mitteln umsetzbar.

Ähnliches gilt für literarische und künstlerische Tätigkeiten. Müsste stets dafür Sorge getragen werden, dass Personenbilder nicht außerhalb der Gemeinschaft empfangen werden können, wären Journalisten, Künstler und Literaten erheblich in ihrem Tun eingeschränkt und müssten im Zweifel sogar ganz auf die jeweilige Bildnisverwendung verzichten. Anders als bei einer bilateralen Datenübertragung besteht gerade ein unüberschaubarer Empfängerkreis, sodass schon gar nicht zuverlässig kontrollierbar ist, wo die Daten eingesehen werden. Vorbehaltlich der Interessenabwägung nach § 23 Abs. 2 KUG müssen die Interessen der Betroffenen jedoch hinter der Meinungs- und Informationsfreiheit zurückstehen. Der Verzicht auf ein angemessenes Datenschutzniveau ist in den Fällen des § 23 KUG deshalb eine angemessene Lösung.

Für wissenschaftliche Zwecke gilt dies zumindest eingeschränkt, allerdings geht es dabei seltener um Verarbeitungen von personenbezogenen Bilddaten. Doch selbst wenn dies der Fall ist, wird der Schutz der DSGVO dadurch nicht unzumutbar ausgehebelt. Es ist zu beachten, dass Verarbeitungen zu wissenschaftlichen Zwecken einer abweichenden Regelung im Rahmen des Art. 85 Abs. 2 DSGVO ohnehin nur zugänglich sind, soweit dies im Interesse der Informations- und Meinungsfreiheit im Sinne des Art. 11 EU-GRCh geschieht. Dies trifft aber nicht auf jede Verarbeitung zu wissenschaftlichen Zwecken zu, sodass in den nicht erfassten Fällen die Grundsätze der DSGVO weiterhin zur Anwendung kommen müssen. Sofern die Verarbeitung jedoch zur Ausübung der Meinungs- und Informationsfreiheit erforderlich ist, entspricht die Interessenlage eher derjenigen einer journalistischen Verarbeitung, sodass ein Abweichen vom Datenschutzniveau der DSGVO zumutbar sein kann. Das Erforderlichkeitskriterium ist insoweit also gewahrt. In den übrigen Fällen einer Verarbeitung zu wissenschaftlichen Zwecken kommt nicht Art. 85 Abs. 2 DSGVO zur Anwendung, sondern nur Art. 89 DSGVO, der jedoch deutlich geringere Abweichungsmöglichkeiten von der DSGVO für den nationalen Gesetzgeber vorsieht. Somit ist gewährleistet, dass der Datenschutz nach der DSGVO – auch bei der Verarbeitung von Bilddaten – im Wissenschaftsbereich hinreichende Beachtung findet und nicht sämtliche Verarbeitungen ohne Weiteres privilegiert oder zumindest abweichend geregelt sind. Diese Situation ist vergleichbar mit der der Presse zu Zeiten des Medienprivilegs des § 41 BDSG a.F., welches nach einhelliger Auffassung nur auf redaktionelle Datenverarbeitungen anwendbar war, die sonstigen Datenverarbeitungen eines Presseunternehmens jedoch nicht betraf.[839]

(1) Abweichende Erlaubnistatbestände nach Art. 49 DSGVO und §§ 23, 24 KUG

Die (alleinige) Anwendung des KUG ist aber nicht durchweg eine Besserstellung der jeweiligen verarbeitenden Stelle. So ist zu berücksichtigen, dass Art. 49 DSGVO Ausnahmen vorsieht, bei deren Vorliegen die Datenübermittlung in Drittstaaten zulässig ist, obwohl ein angemessenes Schutzniveau dort nicht gewährleistet ist.

(2) Keine ausschließliche Lockerung des Schutzes

Diese Ausnahmen gehen zum Teil über die des KUG hinaus, sodass eine Anwendung des KUG im Vergleich zur DSGVO nicht nur zu einer großzügigeren Regelung, sondern zum Teil auch zu einer strengeren Regelung für die Übermittlung in Drittstaaten führt. Solange nämlich keine Ausnahme nach §§ 23, 24 KUG einschlägig ist, muss der

---

839 *Gola/Klug/Körffer,* in: Gola/Schomerus, BDSG, § 41 Rn. 11 ff.; *Dix,* in: Simitis, BDSG, § 41 Rn. 15 ff.; *Westphal,* in: Taeger/Gabel, BDSG, § 41 Rn. 24 ff.; *Hoidn,* in: Roßnagel, Europäische DS-GVO, § 4 Rn. 167.

Grundsatz des § 22 S. 1 KUG gelten, dass eine Verbreitung oder öffentliche Zurschaustellung nur mit Einwilligung des Abgebildeten zulässig ist. Beispielsweise enthält das KUG keine Ausnahme, die Art. 49 Abs. 1 lit. b und c DSGVO (Erfüllung eines Vertrages mit der betroffenen Person oder eines in ihrem Interesse abgeschlossenen Vertrages) entspricht. Da Art. 85 Abs. 2 DSGVO ausdrücklich Abweichungen und Ausnahmen zulässt, erscheint dies im Hinblick auf die harmonisierende Wirkung der DSGVO jedoch unbedenklich, sofern das KUG überhaupt unverändert in Ausfüllung des Regelungsauftrags des Art. 85 Abs. 2 DSGVO fortgelten soll.

(3) Ermessen des Gesetzgebers

Es obliegt dem nationalen Gesetzgeber in den Grenzen der Erforderlichkeit zu entscheiden, inwieweit die Grundsätze der DSGVO noch neben dem KUG zur Anwendung kommen sollen. Deshalb hat er genauso gut die Möglichkeit, eine Ergänzung oder Anpassung des KUG an die jeweiligen Ausnahmen des Art. 49 DSGVO vorzunehmen. Zwar hätte dies zur Konsequenz, dass der Schutz von Bilddaten im Vergleich zu anderen personenbezogenen Daten sogar gelockert würde, da die Ausnahmen des KUG und des Art. 49 DSGVO kumulativ gelten würden. Allerdings wäre dies vertretbar, weil die Ausnahmen des KUG spezifische Konstellationen für Bildnisse betreffen, in denen eine freie Verwendbarkeit der Daten erforderlich ist, während die Ausnahmen des Art. 49 DSGVO so beschaffen sind, dass sie die Interessen des Betroffenen ohnehin kaum noch tangieren oder zumindest hinter deutlich gewichtigeren Interessen zurücktreten müssen.

(4) Überschneidungen der Ausnahmetatbestände nach KUG und DSGVO

Bei genauer Betrachtung wäre eine entsprechende Anpassung jedoch aus zweierlei Gründen überwiegend verzichtbar: zum einen betreffen die Ausnahmen des Art. 49 Abs.1 DSGVO Fälle, in denen Verarbeitungen im Sinne des Art. 85 Abs. 2 DSGVO kaum praktische Bedeutung haben. So ist beispielsweise schwierig vorstellbar, wann eine Bildnisveröffentlichung zu journalistischen Zwecken für die Erfüllung eines Vertrages zwischen dem Betroffenen und dem veröffentlichenden Journalisten erforderlich sein sollte. Öffentliche Register im Sinne des Art. 49 Abs. 1 lit. g DSGVO hingegen enthalten in der Regel keine Personenbilder.

Zum anderen geht es um Situationen, die durch das KUG und die begleitenden Regelungen bereits abgedeckt sind, sodass unterschiedliche Ergebnisse häufig gar nicht entstehen. Die Einwilligung als Erlaubnis findet sich sowohl in § 22 S. 1 KUG als auch in Art. 49 Abs. 1 lit. a DSGVO.

Sofern Fälle des Art. 49 Abs. 1 lit. b DSGVO doch einmal praktisch relevant werden sollten, wird man häufig von einer konkludenten Einwilligung im Sinne des KUG ausgehen können.[840] Eine mutmaßliche Einwilligung kommt nach dem KUG

840 Vgl. dazu z.B. *BGH,* Urt. v. 11.11.2014 – VI ZR 9/14, GRUR 2015, 295, 296 – Hostess auf Eventportal.

jedoch nicht in Betracht.[841] Übermittlungen von Bilddaten aus wichtigen Gründen des öffentlichen Interesses im Sinne des Art. 49 Abs. 1 lit. d DSGVO fallen zumindest bei öffentlichen Stellen teilweise unter § 24 KUG. Es kommt jedoch auch eine Freistellung nach § 23 Abs. 1 Nr. 1 KUG in Betracht, wenn die wichtigen Gründe des öffentlichen Interesses gleichzeitig dafür sorgen, dass ein Bildnis aus dem Bereich der Zeitgeschichte vorliegt.

Bei einer Übermittlung zur Geltendmachung, Ausübung oder Verteidigung von Rechtsansprüchen gemäß Art. 49 Abs. 1 lit. e DSGVO greift für Behörden und Gerichte wiederum § 24 KUG.[842] Auch für Privatpersonen soll dies mit dem KUG vereinbar sein, sei es, weil der Begriff der Verbreitung mangels eines Risikos einer nicht mehr zu kontrollierenden Kenntnisnahme durch Dritte teleologisch reduziert wird oder weil dies als Wahrnehmung berechtigter Interessen entsprechend der Freistellung von Äußerungen im Kontext der Verfolgung von Rechtsansprüchen (vgl. § 193 StGB) gerechtfertigt ist.[843]

Schließlich wird in den Fällen des Art. 49 Abs. 1 lit. f DSGVO, in denen die Übermittlung zum Schutz lebenswichtiger Interessen der betroffenen Person oder anderer Personen erforderlich ist, die nach dem KUG an sich unzulässige Bildnisverwendung häufig durch Notstand gemäß § 34 StGB gerechtfertigt sein.[844]

cc) Ergebnis

Somit wirken sich die Unterschiede in den Erlaubnistatbeständen des Art. 49 DSGVO und des KUG nur marginal aus, sodass zumindest in dieser Hinsicht eine Berücksichtigung durch den Gesetzgeber verzichtbar ist. Es bleibt jedoch dabei, dass die Anwendung des KUG zur Ausfüllung des Art. 85 Abs. 2 DSGVO auch zu einer abweichenden Regelung im Hinblick auf die Übermittlung von Daten in Drittstaaten führt. Durch die Berufung des KUG als eine die Öffnungsklausel ausfüllende Vorschrift würde jedenfalls von den Vorschriften des Kapitels V DSGVO abgewichen.

h) Sonstige Abweichungen und Ausnahmen

Soweit das KUG keine speziellen Regelungen zum Beispiel zu Aufsichtsbehörden oder Verantwortlichen und Auftragsverarbeitern enthält, kann dies einen Rückgriff auf die Grundsätze der DSGVO erforderlich machen. Dabei müssten jedoch die erleichterten Voraussetzungen einer zulässigen Datenverarbeitung nach dem KUG berücksichtigt werden. Außerdem wären andere nationale Regelungen, die

---

841 *Libertus,* ZUM 2007, 621, 624.

842 *LG Oldenburg,* Urt. v. 22.3.1990 – 5 O 3328/89, AfP 1991, 652, 653; *Helle,* S. 205.

843 *LG Köln,* Beschl. v. 21.8.2013 – 34 T 179/13, ZD 2014, 477, 480; *LG Oldenburg,* Urt. v. 22.3.1990 – 5 O 3328/89, AfP 1991, 652, 653; *Specht,* in: Dreier/Schulze, § 22 KUG Rn. 9; *Dreyer,* in: Dreyer/Kotthoff/Meckel, § 24 KUG Rn. 4; *Helle,* S. 127 f., 170; vgl. auch *AG Bonn,* Urt. v. 28.01.2014 – 109 C 228/13, BeckRS 2014, 06752; *OLG Frankfurt,* Urt. v. 24. 9. 1970 – 6 U 41/70, NJW 1971, 47, 49.

844 Vgl. *AG Bonn,* Urt. v. 28.01.2014 – 109 C 228/13, BeckRS 2014, 06752; *Helle,* S. 170.

zur Ausfüllung von Art. 85 Abs. 2 DSGVO erlassen werden, noch vor der DSGVO heranzuziehen. Denkbar wäre deshalb insbesondere, dass beispielsweise dem Deutschen Presserat eine Aufsichtsfunktion für die journalistische Datenverarbeitung zukommt, die derjenigen der allgemeinen Aufsichtsbehörden für den Bereich des Datenschutzes vorgehen. Hier wird es aber im Einzelnen auf den Umfang nationaler Regelungen ankommen.

i) Abweichungen von den Betroffenenrechten

Erhebliche Abweichungen finden sich im KUG und generell im Medienbereich schließlich noch im Hinblick auf die datenschutzrechtlichen Betroffenenrechte des Kapitels III der DSGVO. Dies liegt zuvorderst daran, dass zahlreiche Betroffenenrechte ein erhebliches Hindernis für die schnelllebige Arbeit der Journalisten sind, sodass sie im Interesse von Presse- und Informationsfreiheit eingeschränkt werden müssen.[845] Deshalb sahen die entsprechenden Gesetze bisher keine Anwendung der §§ 33–35 BDSG a.F. vor, sodass dem Betroffenen zumindest datenschutzrechtlich weder Auskunfts- noch Benachrichtigungs-, Sperrungs- oder Löschungsansprüche zustanden.[846] Stattdessen gab es die presse-/rundfunkrechtlichen Ansprüche auf Richtigstellung, Widerruf und Gegendarstellung[847] (z.B. § 47 Abs. 2 S. 3 RStV, § 11 LPresseG NRW) und einen beschränkten Auskunftsanspruch[848] nach dem Pressekodex oder spezialgesetzlichen Regelungen (z.B. § 47 Abs. 2 RStV).

Neben diese treten bei der Verbreitung oder öffentlichen Zurschaustellung von Bildnissen die Betroffenenrechte des KUG. Diese sind insbesondere auf Vernichtung oder Übernahme gemäß §§ 37 ff. KUG[849] gerichtet und können durch einen aus den Grundsätzen von Treu und Glauben nach § 242 BGB hergeleiteten Auskunftsanspruch eskortiert werden, der jedoch nur Hilfsanspruch ist und als solcher einen

845 *Keber,* in: Schwartmann, Praxishandbuch Medien-, IT- und UrhR, 20. Kapitel Rn. 47.

846 *Dix,* in: Simitis, BDSG, § 41 Rn. 29; *Schulz/Heilmann,* in: Löffler, Presserecht, Kap. Mediendatenschutz BT Rn. 40; *Keber,* in: Schwartmann, Praxishandbuch Medien-, IT- und UrhR, 20. Kapitel Rn. 48; *Klöpfer,* AfP 2005, 118, 118; a.A. *Fechner,* Medienrecht, 6. Kapitel Rn. 34.

847 *Meyer,* in: Paschke/Berlit/Meyer, 41. Abschnitt Rn. 10 ff.; *Dix,* in: Simitis, BDSG, § 41 Rn. 29; *Fechner,* Medienrecht, 4. Kapitel Rn. 110 ff., 120 ff., 131 ff.; *Klöpfer,* AfP 2005, 118, 118.

848 *Buchner,* in: BeckOK DSR, § 41 BDSG Rn. 5, 5.1; *Schulz/Heilmann,* in: Löffler, Presserecht, Kap. Mediendatenschutz BT Rn. 45; *Keber,* in: Schwartmann, Praxishandbuch Medien-, IT- und UrhR, 20. Kapitel Rn. 49; *Klöpfer,* AfP 2005, 118, 120.

849 *BGH,* Urt. v. 24.6.2008 – VI ZR 156/06; NJW 2008, 3134, 3136 f.; *LG Oldenburg,* Beschl. v. 21.04.1988 – 5 S 1656/87, GRUR 1988, 694, 695 f.; *Specht,* in: Dreier/Schulze, § 50 KUG Rn. 10; *Götting,* in: Schricker/Loewenheim, §§ 33–50 KUG/§ 60 Rn. 2, 6; *Helle,* S. 222 ff.; *Wanckel,* Rn. 299 ff.

anderen dem Grunde nach berechtigten Anspruch erfordert.[850] Praktisch sehr relevant ist außerdem der quasinegatorische Unterlassungs- und Beseitigungsanspruch, der in seinen Rechtsfolgen zumindest partiell einem Löschungsanspruch ähnelt.[851] In seltenen Fällen kommt auch ein Gegendarstellungsanspruch in Betracht.[852] Benachrichtigungs- oder Informationspflichten, Widerspruchsrechte oder ein Recht auf Datenportabilität finden sich dagegen nicht.

Eine entsprechende Beschränkung der Betroffenenrechte der DSGVO darf der nationale Gesetzgeber aufgrund seiner Ermächtigung zum Erlass abweichender Vorschriften vornehmen, sofern die jeweilige Verarbeitung zu einem der privilegierten Zwecke erfolgt und die Erforderlichkeit des Ausgleichs der betroffenen Grundrechte dies im Sinne des Art. 85 Abs. 2 DSGVO gebietet. Auch hier geht damit aber in gleicher Weise das Recht des Gesetzgebers einher, das KUG oder das spezifische Mediendatenschutzrecht um entsprechende Betroffenenrechte zu erweitern, wenn er dieses zur Ausfüllung des Regelungsauftrags des Art. 85 Abs. 2 DSGVO einsetzt. Soweit dies nicht geschieht, dürften die Betroffenenrechte des KUG, gegebenenfalls in Verbindung mit Betroffenenrechten aus anderen bereichsspezifischen Vorschriften (z.B. dem Presserecht), als abschließend zu betrachten sein. Geht es dagegen um Verarbeitungen in Bereichen, die der Kompetenz des Bundes unterliegen und fehlt es für einzelne Betroffenenrechte an Regelungen im KUG, ohne dass aus diesem Fehlen auf einen bewussten Ausschluss des entsprechenden Rechts geschlossen werden kann, wird im Sinne der Subsidiaritätsklausel in § 1 Abs. 2 S.1 BDSG-E auf die jeweiligen Regelungen im BDSG-E zurückzugreifen sein.

j) Ergebnis

Insgesamt ist festzustellen, dass das KUG zwar in seinen Grundzügen nicht völlig ungeeignet ist, den Regelungsauftrag des Art. 85 Abs. 2 DSGVO für personenbezogene Daten in Personenbildern zu erfüllen. Denn bei der Entscheidung über die Zulässigkeit einer Bildnisverwendung ohne Einwilligung des Betroffenen fordert es stets eine Interessenabwägung, innerhalb derer die Erforderlichkeit einer Verarbeitung aus Gründen der Meinungs- und Informationsfreiheit geprüft werden muss. Es

---

850 *BGH,* Urt. v. 24.6.2008 – VI ZR 156/06; NJW 2008, 3134, 3136; *BGH,* Urt. v. 1.12.1999 – I ZR 226/97, NJW 2000, 2201, 2201 – Der blaue Engel; *LG Oldenburg,* Urt. v. 22.3.1990 – 5 O 3328/89, AfP 1991, 652, 654; *Specht,* in: Dreier/Schulze, § 50 KUG Rn. 29; *Götting,* in: Schricker/Loewenheim, §§ 33–50 KUG/§ 60 Rn. 2; *Fricke,* in: Wandtke/Bullinger, § 22 KUG Rn. 39; *Wanckel,* Rn. 295 ff.

851 *Specht,* in: Dreier/Schulze, § 50 KUG Rn. 6 ff.; *Götting,* in: Schricker/Loewenheim, §§ 33–50 KUG/§ 60 Rn. 4 ff.; *Fricke,* in: Wandtke/Bullinger, § 22 KUG Rn. 23 f.; *Helle,* S. 213 f.; *Wanckel,* Rn. 260 ff., 268, 298.

852 *OLG Karlsruhe,* Urt. v. 11.3.2011 – 14 U 186/10, ZUM-RD 2011, 488, 489; *Specht,* in: Dreier/Schulze, § 50 KUG Rn. 12; *Fricke,* in: Wandtke/Bullinger, § 22 KUG Rn. 25; *Helle,* S. 224 f.; *Wanckel,* Rn. 291 ff.

ist aber nicht nur eine ausdrückliche Einschränkung auf die privilegierten Zwecke und damit eine Anpassung an die DSGVO angezeigt, sondern es müssen auch die verschiedenen Gesetzgebungskompetenzen beachtet werden, die ein Handeln auf Landes- und Bundesebene erforderlich machen, um die verschiedenen Bereiche abzudecken. Außerdem sollte ein zusätzlicher Auffangtatbestand in § 23 KUG aufgenommen werden, der den abschließenden Charakter der Norm relativiert und ihn damit für Konstellationen öffnet, die nicht von einer Ausnahme nach § 23 Abs. 1 Nr. 1–4 KUG erfasst sind, in denen aber eine freie Verwertbarkeit von Bildnissen im Sinne der Meinungs- und Informationsfreiheit geboten ist.

Da das KUG selbst primär nur über die Zulässigkeit einer Verarbeitung von Bilddaten entscheidet, ohne detaillierte Anforderungen an das Umfeld der Datenverarbeitung zu stellen, sollte außerdem klargestellt werden, welche sonstigen datenschutzrechtlichen Regelungen zur Anwendung kommen und von welchen Regelungen im Interesse der Meinungs- und Informationsfreiheit bei einer Verarbeitung für einen der privilegierten Zwecke Abweichungen und Ausnahmen gelten sollen. Schließlich darf die Mitteilung an die Kommission nicht vergessen werden.

Eine unveränderte Fortgeltung des KUG ist angesichts der im September 2017 stattfindenden Bundestagswahlen und der damit faktisch verbundenen vorübergehenden Einschränkung der Handlungsfähigkeit der Legislative zu erwarten. Dennoch sollte spätestens mit Beginn der Überarbeitung des spezialgesetzlichen Datenschutzes in der neuen Legislaturperiode auch das KUG einer Anpassung an die neuen Gegebenheiten unterzogen werden. Außerdem ist ein Tätigwerden der einzelnen Bundesländer gefordert, die für wesentliche Bereiche, die von Art. 85 Abs. 2 DSGVO betroffen sind, die Gesetzgebungskompetenz besitzen.

8. *Sinnhaftigkeit der Beibehaltung des KUG*

Neben der Möglichkeit der Beibehaltung eines Gesetzes stellt sich bei Öffnungsklauseln der DSGVO stets die Frage nach der Sinnhaftigkeit dieser Beibehaltung. Obwohl Art. 85 Abs. 2 DSGVO nicht nur fakultativen Rechtssetzungsspielraum einräumt, sondern eine nationale Regelung einfordert, können geänderte Umstände dazu führen, dass eine Neuregelung erhebliche Vorteile gegenüber der Fortführung alten Rechts aufweist.

a) Notwendigkeit der Verwendung von Personenbildern in den Medien

Dies gilt für das KUG jedoch nicht ohne Weiteres. Insbesondere ist eine Fortgeltung des KUG für den Bereich der journalistischen Tätigkeiten von Vorteil, da sich hierzu über Jahrzehnte eine gefestigte Rechtsprechung entwickelt hat und die Presse sowie die sonstigen Medien mit den Maßstäben vertraut sind. Die Bildberichterstattung ist unverzichtbar und ein wesentlicher Bestandteil im Rahmen der Meinungsbildung und Information. Die Abbildung von Personen ist nicht nur von der Pressefreiheit erfasst, sondern die damit einhergehende personalisierende

Wirkung ist ein bedeutendes publizistisches Mittel, um Aufmerksamkeit zu erregen.[853] Bilder können viel schneller rezipiert werden und Emotionen auslösen, bleiben besser in Erinnerung und werden häufig als glaubwürdiger empfunden.[854] Damit sind sie zugleich ein wichtiges Wettbewerbsmittel im Werben um die Gunst der Leser oder Zuschauer.[855] Nicht nur sprichwörtlich sagt ein Bild oft mehr als 1000 Worte.[856] Deshalb umfasst das Recht auf Meinungsäußerung gemäß Art. 10 EMRK auch die Veröffentlichung von Fotoaufnahmen.[857] Müssten bei jeder journalistischen Berichterstattung sämtliche Vorschriften des Datenschutzrechts eingehalten werden, wären die jeweiligen Medien erheblich beeinträchtigt; insbesondere muss eine Berichterstattung ohne Einwilligung des Betroffenen grundsätzlich möglich sein.[858] Die Ausnahmen des § 23 KUG haben insoweit eine erhebliche praktische Bedeutung für die Veröffentlichung von Bildnissen ohne Einwilligung der Abgebildeten.

b) Vorteil typisierender Fallgruppen

Zwar könnte jedenfalls im Hinblick auf die Rechtmäßigkeit der Verarbeitung in den meisten Fällen ein identisches Ergebnis über die Erlaubnis des Art. 6 Abs. 1 UAbs. 1 lit. f DSGVO erzielt werden, der die Zulässigkeit der Datenverarbeitung von einer Interessenabwägung abhängig macht. Gewichtet man Presse-, Meinungs- und Informationsfreiheit im ausreichenden Maß, erscheint § 23 KUG mit seiner nach Absatz 2 ebenfalls zwingend anzustellenden Interessenabwägung im Einzelfall nur noch als Konkretisierung bestimmter typischer Fälle, in denen die Betroffeneninteressen in der Regel hinter den Interessen des Veröffentlichenden zurücktreten. Doch gerade in dieser Typisierung liegt der Wert des KUG für die Medien, die sich an den genannten Fallgruppen orientieren können und somit eine deutlichere Richtlinie vor sich haben als bei der allgemeinen Verpflichtung zur Vornahme einer Interessenabwägung. Außerdem ist die Beweis- und Darlegungslast bei dieser rechtlichen Gestaltung für sie etwas günstiger, da die Verletzung berechtigter Interessen des Abgebildeten im Sinne von § 23 Abs. 2 KUG vom Abgebildeten zu beweisen ist und den Bildnisverwender nur die Beweislast für das Vorliegen einer Ausnahme nach § 23 Abs. 1 KUG trifft,[859] auch wenn sich die zu beweisenden Umstände erheblich

---

853 *BVerfG,* Urt. v. 15.12.1999 – 1 BvR 653/96, NJW 2000, 1021, 1024 – Caroline von Monaco.

854 *Beater,* AfP 2005, 133, 133; *Boehme-Neßler,* K&R 2003, 530, 531; *Rose,* ZD 2017, 64, 66.

855 *Beater,* AfP 2005, 133, 134.

856 *Kröner,* in: Paschke/Berlit/Mayer, 32. Abschnitt Rn. 3.

857 *EGMR,* Urt. v. 16.1.2014 – 13258/09, NJW 2014, 3291, 3292; *EGMR,* Urt. v. 24.6.2004 – 59320/00, NJW 2004, 2647, 2649 – Caroline von Hannover/Deutschland.

858 *BGH,* Urt. v. 23.6.2009 – VI ZR 196/08, MMR 2009, 608, 610 m. Anm. *Greve/Schärdel* – spickmich.de; *LG Köln,* Urt. v. 13.1.2010 – 28 O 578/09, MMR 2010, 278, 279 m. Anm. *Greve/Schärdel.*

859 *RG,* Urt. v. 26.6.1929 – I 97/29, RGZ 125, 80, 82 – Tull Harder; *Dreyer,* in: Dreyer/Kotthoff/Meckel, § 23 KUG Rn. 4; *v. Gamm,* UrhG, Einf. Rn. 113; *Helle,* S. 173.

vermehrt haben, seit nach der Rechtsprechung des *BGH* zum abgestuften Schutzkonzept eine Interessenabwägung bereits bei der Bestimmung des Bereichs der Zeitgeschichte vorzunehmen ist.[860] Bei einer Erlaubnis nach Art. 6 Abs. 1 UAbs. 1 lit. f DSGVO muss hingegen der Verantwortliche beweisen, dass die Verarbeitung zur Wahrung seiner berechtigten Interessen erforderlich ist.

c) Berücksichtigung der Risiken durch Gesichtserkennung im Rahmen des KUG

Dass die technischen Fortschritte und insbesondere das Vordringen der Gesichtserkennung gerade bei Bildnisveröffentlichungen in den Medien, die mit einer besonders großen Reichweite und Aufmerksamkeit einhergehen, zu neuen individuellen Gefährdungen des Rechts auf Datenschutz und Achtung des Privatlebens führen können, kann und muss auch im journalistischen Bereich beachtet werden. Eine Abschaffung des § 23 KUG ist dafür nicht erforderlich, allerdings sollte ein stärkerer Fokus auf die Interessenabwägung des § 23 Abs. 2 KUG gelegt werden, bei der solche Gefahren miteinbezogen werden müssen. Dies ist aber nur ein kleiner und damit zumutbarer Aspekt bei der Ausübung der journalistischen Sorgfalt. Folge kann sein, dass Personen in bestimmten Situationen häufiger unkenntlich zu machen sind.

Darüber hinaus profitieren auch die betroffenen abgebildeten Personen von der Existenz eines klaren judikativen Rahmens, der ihnen die Einschätzung erleichtert, wann erfolgreich gegen eine Bildnisveröffentlichung vorgegangen werden kann. Durch das Erfordernis der Interessenabwägung in § 23 Abs. 2 KUG und den Einwilligungsvorbehalt außerhalb der Fälle des § 23 Abs. 1 KUG sind ihre Interessen angemessen geschützt. Zwar sind ihre Betroffenenrechte im Vergleich zur DSGVO eingeschränkt, allerdings ist dies für die effektive Ausübung insbesondere journalistischer Tätigkeiten, die auf Aktualität angewiesen sind, notwendig und stellt zugleich keine völlige Entrechtung der Betroffenen dar. Außerdem profitieren sie zumindest auf abstrakter Ebene ebenfalls von diesen Privilegien, da der Wert einer freien Presse kaum hoch genug geschätzt werden kann und sie dadurch zugleich ihre eigene Meinungs- und Informationsfreiheit leichter ausüben können.

d) Notwendigkeit einer eingeschränkten Widerruflichkeit

Schließlich erweist sich für den von Art. 85 Abs. 2 DSGVO privilegierbaren Bereich die oben dargestellte erschwerte Widerruflichkeit der Einwilligung nach dem KUG als wertvoll. Anders als im Beschäftigungsverhältnis ist es für Akteure in diesem Bereich aufgrund der losen bis gar nicht existenten Verbindung zu den Abgebildeten deutlich schwieriger und aufwändiger, eine Einwilligung zur Bildnisveröffentlichung vertraglich einzuholen und damit größere Rechtssicherheit zu schaffen. So erfolgen beispielsweise Interviews und andere kurze Befragungen, die im Fernsehen

860 *Dreyer*, in: Dreyer/Kotthoff/Meckel, § 23 KUG Rn. 3, 39; *Götting*, in: Schricker/Loewenheim, § 60/§ 23 KUG Rn. 110 f.

und Internet verbreitet werden sollen, häufig nur aufgrund einer einseitig erteilten Einwilligung, für die auch kein Entgelt gezahlt wird.

Im Massengeschäft der Medien müssen die Verantwortlichen sich darauf verlassen können, dass solche Einwilligungen nicht einfach willkürlich widerrufen werden können, weil sonst etliche Mediatheken-Beiträge im Internet nachträglich bearbeitet oder gelöscht werden müssten. Der damit verbundene Aufwand und die Risiken einer fahrlässigen Rechtsverletzung mangels umfassender Löschung würden nicht nur die Informationsbasis für die Öffentlichkeit erheblich beschränken, sondern auch die Arbeit von Journalisten, Künstlern und Wissenschaftlern erschweren und einer umfassenden Bildberichterstattung im Wege stehen. Dass es dennoch Situationen gibt, in denen ein Widerruf zum Schutz der Persönlichkeit und Selbstbestimmung des Abgebildeten möglich sein muss, wird durch die Zulassung des Widerrufs bei Vorliegen eines wichtigen Grundes berücksichtigt. Dadurch treffen sich beide Seiten gewissermaßen in der Mitte und jeder muss zugunsten des anderen geringe Einschränkungen hinnehmen. Damit ist in dieser speziellen Interessenlage ein hinreichender Ausgleich von Informations- und Meinungsfreiheit einerseits und Recht auf Schutz der personenbezogenen Daten andererseits gewährleistet, was bei einer freien Widerruflichkeit kaum unterstellt werden könnte. Eine Abweichung von Art. 7 Abs. 3 S. 1 DSGVO ist deshalb angezeigt, sodass sich in dieser Hinsicht ein Festhalten am KUG anbietet.

e) Ergebnis

Die Nachteile gegenüber einer einheitlichen Anwendung der DSGVO und ihres Schutzstandards werden also durch die Vorteile der Sonderregelung des KUG in diesem speziellen Bereich überwogen. Schließlich ist die erhebliche Wirkung und Bedeutung von Bildern ein besonderes Charakteristikum des Medienbereichs, das in dieser Reichweite nicht einfach auf andere Bereiche übertragen werden kann. Deshalb geht die Angemessenheit einer Sonderregelung für Bildnisse im Medienbereich nicht automatisch mit einer Angemessenheit in anderen Bereichen, wie z. B. im Beschäftigungskontext, einher.

Somit sollte der Gesetzgeber von der Möglichkeit Gebrauch machen, das KUG mit den nötigen Veränderungen und damit in den Grenzen des Art. 85 Abs. 2 DSGVO zu erhalten.

9. Ergebnis

Die Öffnungsklausel für Verarbeitungen, die in den Schutzbereich der Meinungs- und Informationsfreiheit fallen, hat vielschichtige Auswirkungen auf das nationale Datenschutzrecht und das KUG. Ist die bisherige Rechtslage schon unter der Datenschutz-Richtlinie unzureichend gewesen, müssen nunmehr endlich Maßnahmen ergriffen werden, um dem Regelungsauftrag des Art. 85 Abs. 2 DSGVO gerecht zu werden. Dies gebietet zunächst die Abkehr von der ausschließlichen Anknüpfung der datenschutzrechtlichen Befreiungen an institutionalisierte Tätigkeiten im Medienbereich. Da dies aus kompetenzrechtlichen Gründen auf Landesebene kaum möglich ist, müssen sich bundes- und landesrechtliche Regelungen ergänzen, um zu gewährleisten, dass bei Verarbeitungen zu journalistischen, wissenschaftlichen, künstlerischen oder literarischen Zwecken abweichende Regelungen gelten, die für einen Ausgleich zwischen der Meinungsfreiheit und dem Recht auf Schutz personenbezogener Daten sorgen. Sofern der Erhalt eines bildnisspezifischen Schutzes politisch gewollt ist, sollten die Länder das KUG mit den nötigen inhaltlichen Änderungen in ihr jeweiliges bereichsspezifisches Landesrecht überführen, um damit bundesrechtliche Regelungen zu verdrängen. Doch auch der Bund ist berufen, das KUG quasi als Auffangtatbestand für privilegierbare Verarbeitungen zu erhalten und es an die Anforderungen des Art. 85 Abs. 2 DSGVO, die insbesondere eine konkrete Zweckbestimmung der Verarbeitung erfordern, anzupassen. Anders als in den zuvor erörterten Bereichen, in denen Öffnungsklauseln bestehen, ist eine Fortgeltung des KUG ausnahmsweise sinnvoll, um bei Bildnisverwendungen im Journalismus, in Literatur, Wissenschaft und Kunst die bewährten Maßstäbe zu erhalten und Rechtssicherheit für alle Beteiligten zu schaffen. Eine Missachtung der Interessen der Betroffenen droht dadurch nicht.

In formeller Hinsicht ist insbesondere die Mitteilungspflicht gegenüber der Kommission zu beachten, die eine rechtzeitige Meldung des KUG erfordert, in der zum Ausdruck kommt, dass das KUG bewusst als datenschutzrechtliche Regelung zur Anwendung kommen und die DSGVO verdrängen soll. Fehlt es an dieser Mitteilung und einer sonstigen eindeutigen Willensäußerung des Gesetzgebers, dürften Gerichte zukünftig das KUG in weiten Teilen nicht mehr zur Anwendung bringen, selbst wenn es um Bildnisveröffentlichungen in Medien geht. Vielmehr müssten die vorrangige DSGVO oder sonstige nationale Normen, die ausdrücklich in Umsetzung der Öffnungsklauseln der DSGVO erlassen werden, Bewertungsmaßstab sein. Kann dadurch kein Ausgleich zwischen Informations- und Meinungsfreiheit einerseits und Recht auf Schutz personenbezogener Daten andererseits erzielt werden, liegt eine unzureichende Umsetzung von Art. 85 Abs. 2 DSGVO vor, der ein Handeln der Mitgliedstaaten fordert. Dies könnte wiederum in einem Vertragsverletzungsverfahren vor dem *EuGH* beanstandet werden.

VI. Öffnungsklausel für Sanktionen

Ferner verdient mit Blick auf § 33 KUG noch die Öffnungsklausel des Art. 84 DSGVO Erwähnung. Gemäß dessen Absatz 1 legen die Mitgliedstaaten die Vorschriften über andere Sanktionen für Verstöße gegen die DSGVO, insbesondere für Verstöße, die keiner Geldbuße gemäß Art. 83 DSGVO unterliegen, fest und treffen alle zu deren Anwendung erforderlichen Maßnahmen. Solche Sanktionen müssen gemäß Art. 84 Abs. 1 S. 2 DSGVO zudem wirksam, verhältnismäßig und abschreckend sein. Dies erlaubt insbesondere die Anordnung von strafrechtlichen Sanktionen im nationalen Recht.[861] Primär soll es um Verstöße gehen, die nicht bereits durch Art. 83 DSGVO geahndet

861 *Holländer,* in: BeckOK DSR, Art. 84 DSGVO Rn. 2 f.; *Frenzel,* in: Paal/Pauly, DSGVO, Art. 84 Rn. 1; *Becker,* in: Plath, BDSG/DSGVO, Art. 84 DSGVO Rn. 1; *Hohmann,* in: Roßnagel, Europäische DS-GVO, § 3 Rn. 335.

werden, was insbesondere für Verstöße gegen Vorschriften gilt, die aufgrund der Öffnungsklauseln in den Mitgliedstaaten erlassen werden.[862]

§ 33 KUG stellt jeden (vorsätzlichen) Verstoß gegen die Regelungen der §§ 22, 23 KUG unter Strafe. Eine solche Regelung kann der deutsche Gesetzgeber in Umsetzung von Art. 84 DSGVO erhalten, müsste jedoch dafür Sorge tragen, dass sie sich auf die Bereiche beschränkt, in denen das KUG trotz Geltung der DSGVO noch zur Anwendung kommen kann. Da Art. 83 Abs. 5 lit. a DSGVO Verstöße gegen die Grundsätze für die Verarbeitung, wozu insbesondere die Grundsätze über die Rechtmäßigkeit der Verarbeitung gemäß Art. 6 DSGVO gehören, der Verhängung von Geldbußen unterstellt, bleibt kein großer Spielraum mehr für andere Sanktionen. Soweit jedoch eine Anwendung des KUG möglich bleibt, verdrängt dies die Grundsätze der DSGVO, sodass Verstöße in Übereinstimmung mit Art. 84 DSGVO strafrechtlich sanktioniert werden können. Dies betrifft insbesondere die Verarbeitungen in den Grenzen des Art. 85 DSGVO, für die das KUG erhalten werden sollte. Sieht man ohnehin eine Änderung der §§ 22, 23 KUG als erforderlich an, eröffnet sich für § 33 KUG kein wesentlicher zwingender Änderungsbedarf. Dennoch könnte eine Anpassung an die übrigen Maßstäbe für Strafbestimmungen sinnvoll sein, um ein möglichst einheitliches Sanktionssystem zu erreichen. Hier bietet sich eine Orientierung an § 42 BDSG-E an. Schließlich ist noch zu beachten, dass gemäß Art. 84 Abs. 2 DSGVO wiederum eine Mitteilungspflicht gegenüber der Kommission besteht, sodass sich der Gesetzgeber auch hier darüber klar werden müsste, ob und in welchem Umfang er an § 33 KUG festhalten möchte.

VII. Öffnungsklauseln für die Verarbeitung besonderer Kategorien personenbezogener Daten

Schließlich finden sich vereinzelt in Art. 9 DSGVO Öffnungsklauseln im Hinblick auf die Verarbeitung besonderer Kategorien personenbezogener Daten. Für Personenbilder wird diese Norm relevant, sobald eine Gesichtserkennungssoftware appliziert und damit biometrische Daten gewonnen werden. Zu prüfen ist deshalb, ob hierfür das KUG als nationale ausfüllende Regelung in Betracht kommt.

1. Gefahren der Gesichtserkennung

Die besondere datenschutzrechtliche Bedeutung von biometrischen Identifizierungs- oder Authentifikationsverfahren mittels Gesichtserkennung liegt unter anderem darin, dass diese ohne aktive Mitwirkung des Betroffenen durchgeführt werden können.[863] Obwohl die Technik heutzutage noch Schwachstellen aufweist, ist es grundsätzlich möglich, mittels Foto- oder Videoaufnahmen aus einer

862 *Holländer*, in: BeckOK DSR, Art. 84 DSGVO Rn. 3; *Becker*, in: Plath, BDSG/DSGVO, Art. 84 DSGVO Rn. 1; *Hohmann*, in: Roßnagel, Europäische DS-GVO, § 3 Rn. 334.

863 *Gundermann/Probst*, in: Roßnagel, Handbuch Datenschutzrecht, Kap. 9.6. Rn. 43; *Art.-29-Datenschutzgruppe*, WP 193, S. 5.

gewissen Entfernung die biometrischen Merkmale der Gesichter von Personen im Aufnahmebereich zu analysieren und diese für die Erstellung von Templates oder zum Abgleich mit vorhandenen Templates zu verwenden. In vielen Fällen wird der Betroffene davon gar nichts merken und kann sich ihnen deshalb kaum entziehen.[864] Gerade beim Einsatz von Videokameras ist es zur Zeit noch nicht allgemein üblich, diese mit dem Einsatz einer Gesichtserkennungssoftware zu verknüpfen. Deshalb muss sich dies einem Betroffenen nicht schon dann aufdrängen, wenn er von der Existenz einer Kamera weiß. Problematisch ist außerdem, dass die Daten, die von einer Gesichtserkennungssoftware erfasst werden, sich während des Lebens kaum verändern.[865]

Insbesondere in sozialen Netzwerken besteht die Gefahr, dass Bilder, die anhand einer Gesichtserkennung einer bestimmten Person zugeordnet werden können, mit deren Nutzerprofil verknüpft werden und dadurch umfangreiche Datenbanken mit Fotos und Nutzerinformationen entstehen.

2. *Rechtliche Maßstäbe*

Die technischen Abläufe, die im Rahmen einer Gesichtserkennung ausgeführt werden, führen in aller Regel nicht zu einer Verbreitung oder öffentlichen Zurschaustellung der jeweiligen Bildnisse, sodass das KUG diese Art der Bildanalyse und -auswertung gar nicht erfasst. Deshalb kann es davor keinen Schutz gewähren. Da die Gesichtserkennung jedoch eine besondere Form der Datenverarbeitung ist, unterfällt sie dem Datenschutzrecht der DSGVO. Dies illustriert wiederum, dass das Datenschutzrecht in der Lage ist, alle Phasen der Verwendung von Bildnissen zu erfassen und damit ein umfassendes und einheitliches Schutzkonzept zu bieten. Zugleich beugt dies Wertungswidersprüchen vor, die entstehen könnten, wenn verschiedene Verwendungsarten verschiedenen Gesetzen unterlägen, die nicht aufeinander abgestimmt sind.

Zudem erkennt das Datenschutzrecht das besondere Gefahrenpotenzial der Gesichtserkennung, da Art. 9 Abs. 1 DSGVO die Verarbeitung besonderer Kategorien personenbezogener Daten, zu denen die biometrischen Daten gehören, grundsätzlich verbietet und sich nur in Art. 9 Abs. 2 DSGVO eine abschließende Aufzählung von Ausnahmetatbeständen findet. Eine Gesichtserkennungssoftware erstellt bei der Analyse von Lichtbildern unter Einsatz spezieller technischer Verfahren Templates, in denen die individuellen Merkmale der Person niedergelegt sind, und damit biometrische Daten. Deshalb unterfällt jeglicher Einsatz von Gesichtserkennungstechnologien den strengen Anforderungen des Art. 9 DSGVO.[866] Für sonstige Nutzungen von Personenbildern gilt dies jedoch nicht ohne Weiteres, sodass das Datenschutzrecht hier die nötige Abstufung nach der Sensitivität der Daten vornimmt. Eine

---

864 *Art.-29-Datenschutzgruppe,* WP 193, S. 26; *Voigt,* K&R 2016, 456, 457.

865 *Art.-29-Datenschutzgruppe,* WP 193, S. 28; *Voigt,* K&R 2016, 456, 457.

866 *Plath,* in: Plath, BDSG/DSGVO, Art. 9 DSGVO Rn. 8; *Ernst,* in: Paal/Pauly, DSGVO, Art. 4 Rn. 103.

solche Differenzierung enthält das KUG nicht. Dieses unterscheidet nur nach Verwendungsarten und lässt die jeweilige Datensensitivität nur allgemein im Rahmen der Interessenabwägung gemäß § 23 Abs. 2 KUG einfließen.

3. *KUG als nationale Sonderregelung*

Fraglich ist jedoch, ob das KUG auch für diese besonderen Kategorien personenbezogener Daten einen nationalen Einfluss behalten kann.

Zu berücksichtigen ist, dass Art. 9 DSGVO in zahlreichen Ausnahmetatbeständen (Art. 9 Abs. 2 lit. a, b, g-j DSGVO) die Heranziehung des Rechts eines Mitgliedstaats vorsieht, wodurch den Mitgliedstaaten erneut ein gewisser Spielraum für konkretisierende nationale Rechtsetzung im Hinblick auf datenschutzrechtliche Erlaubnistatbestände eingeräumt wird. Am weitesteten reicht Art. 9 Abs. 2 lit. g DSGVO, der Verarbeitungen auf Grundlage des Rechts eines Mitgliedstaats zulässt, die aus Gründen eines erheblichen öffentlichen Interesses erforderlich sind.

Im Fall des Art. 9 DSGVO ist das KUG jedoch trotz der Existenz dieser Spielräume nicht geeignet, sie auszufüllen und damit als nationale Norm für die Verarbeitung besonderer Kategorien personenbezogener Daten herangezogen zu werden. Für die nationalen Vorschriften bestehen enge Grenzen. Stets ist der Rahmen der Ausnahme schon durch Art. 9 Abs. 2 DSGVO selbst vorgegeben und zum Teil werden zusätzlich strenge Anforderungen an die jeweiligen Vorschriften im Recht der Mitgliedstaaten gestellt (wie z. B. die Wahrung des Wesensgehalts des Rechts auf Datenschutz und die Implementierung angemessener und spezifischer Maßnahmen zur Wahrung der Grundrechte und Interessen der betroffenen Person, vgl. Art. 9 Abs. 2 lit. g, i, j DSGVO).[867] Schon diesen Anforderungen wird das KUG kaum gerecht. Beispielsweise regelt es nicht spezifisch Fragen des Arbeitsrechts oder des Rechts der sozialen Sicherheit, wie es gemäß Art. 9 Abs. 2 lit. b DSGVO erforderlich wäre oder aber Zwecke der Gesundheitsvorsorge oder der Arbeitsmedizin, die Gegenstand der Ausnahme des Art. 9 Abs. 2 lit. h DSGVO sind.

Dazu kommt ganz entscheidend, dass das KUG nur die Bildnisse als solche regelt, nicht aber die biometrischen Daten, die mittels technischer Verfahren aus ihnen gewonnen werden, oder die sonstigen Daten, die als besondere Kategorie im Sinne von Art. 9 Abs. 1 DSGVO eingestuft werden. Außerdem setzt es erst in der Phase der Verbreitung oder öffentlichen Zurschaustellung ein, während Art. 9 DSGVO jede Datenverarbeitungsphase betrifft. Insoweit fehlt es schon von vornherein an einer Überschneidung der Anwendungsbereiche. Dies ändert sich auch nicht durch den weniger eng begrenzten Art. 9 Abs. 4 DSGVO, demzufolge die Mitgliedstaaten zusätzliche Bedingungen, einschließlich Beschränkungen, einführen oder aufrechterhalten können, soweit die Verarbeitung von genetischen, biometrischen oder Gesundheitsdaten betroffen ist. Solche zusätzlichen Bedingungen

---

867 Zu Art. 9 Abs. 2 lit. j DSGVO *Albrecht/Jotzo*, Das neue Datenschutzrecht der EU, Teil 3 Rn. 76.

oder Einschränkungen sieht das KUG nämlich nicht vor. Zwar sind die Ausnahmen vom generellen Einwilligungsvorbehalt in §§ 23, 24 KUG mitunter enger als der Ausnahmekatalog des Art. 9 Abs. 2 DSGVO, allerdings fehlt es weiterhin an einer spezifischen Regelung biometrischer Daten durch das KUG.

4. Ergebnis

Es bleibt somit dabei, dass weder die Gesichtserkennung im Speziellen noch besondere Kategorien personenbezogener Daten im Allgemeinen vom KUG spezifisch geregelt werden, sodass es nicht als konkretisierende nationale Norm angewendet werden kann. Stattdessen ist originär die Regelung der DSGVO mit ihrem Anwendungsvorrang zu beachten. Eine Überschneidung verschiedener Normen und Wertungen droht hier deshalb nicht.

G. Adäquanz der Rechtsfolgen bei Vorrang der DSGVO

Soweit der Anwendungsvorrang der DSGVO reicht, ist ein Rückgriff auf das KUG unabhängig von der Adäquanz der damit einhergehenden Rechtsfolgen nicht möglich. Anhand des Beispiels der Auskunftsansprüche soll jedoch aufgezeigt werden, dass die Anwendung des Datenschutzrechts nicht nur lästige Konsequenz der Normenhierarchie ist, sondern durchaus auch beim Umgang mit Personenbildern zu praktisch umsetzbaren Ergebnissen führt.

Allgemein hat die Anwendung der DSGVO den Vorteil, dass sie den Umgang mit Bildnissen umfassend in allen Phasen regelt und viel differenziertere Lösungen parat hält. Außerdem kann mit ihr neuen Risiken besser begegnet werden, wozu insbesondere der Eingriff in das Persönlichkeitsrecht durch Gesichtserkennungstechnologien[868] gehört. Damit einher gehen komplexe Interessenkollisionen bei der Nutzung von Cloud-Diensten und Veröffentlichungen von Bildern im Internet, auf die gerade die Ausnahmen des § 23 KUG nicht mehr zugeschnitten sind, sodass die Interessenabwägung gemäß § 23 Abs. 2 KUG immer stärker in den Vordergrund rücken müsste.

Fällt der Umgang mit Personenbildern in den Anwendungsbereich der DSGVO, gibt es neben den grundsätzlichen Verarbeitungsverboten, die zumindest noch ansatzweise mit dem grundsätzlichen Verbot der Verbreitung und der öffentlichen Zurschaustellung nach § 22 S. 1 KUG vergleichbar sind, eine Reihe weiterer Rechtsfolgen, die keinerlei Entsprechung im KUG finden. So statuieren Art. 13–22 DSGVO eine Vielzahl von Betroffenenrechten, zu denen unter anderem ein Anspruch auf Auskunft gemäß Art. 15 DSGVO gehört.

868 Umfangreiche Darstellung der Risikoszenarien in *Wagner,* 11 J. on Telecomm. & High Tech. L. 477 2013, p. 488 ff.

I. Faktische Unmöglichkeit der Erfüllung von Auskunftsansprüchen in Bezug auf Personenbilder

Das hier vertretene weite Verständnis des Personenbezugs von Bildern, welches eine Identifizierbarkeit anhand der Gesichtszüge ohne das Erfordernis einer Namenszuordnung bejaht, führt dazu, dass die Erfüllung dieser Betroffenenrechte praktisch schwierig bis nahezu unmöglich ist. Sofern ein für die Verarbeitung Verantwortlicher Personenbilder digital speichert, ohne die abgebildeten Personen zu kennen und ihnen Namen oder sonstige Kennnummern zuordnen zu können, würde die korrekte Erfüllung des Anspruchs auf Auskunft über die verarbeiteten Daten eines Betroffenen den – gegebenenfalls sogar manuellen – Abgleich der gespeicherten Bilder mit einem Referenzbild erfordern. Will also eine natürliche Person erfahren, ob und welche Daten, insbesondere welche Fotos, jemand anderes von ihm verarbeitet, hat der Verantwortliche nicht die Möglichkeit, einen Namen in sein EDV-System einzugeben und sämtliche dazu gespeicherten Daten übersichtlich zusammenzustellen. Ein manueller Abgleich ist insoweit mit einem erheblichen, häufig sicherlich unverhältnismäßigen personellen Aufwand verbunden, während ein automatischer Abgleich nur unter Einsatz einer Gesichtserkennungssoftware möglich ist. In beiden Fällen ist die Bereitstellung eines Referenzbildes unumgänglich, was häufig nicht im Interesse des Betroffenen liegen wird, der dem Verarbeiter nicht noch weitere Daten/Bilder aushändigen möchte.

II. Vertiefung des Eingriffs durch Geltendmachung der Betroffenenrechte

Im Falle eines automatischen Abgleichs mittels einer Gesichtserkennungssoftware käme noch hinzu, dass damit ein ungleich schwererer Eingriff in die Rechte des Betroffenen einherginge, der andernfalls potenziell gar nicht stattgefunden hätte, da nicht jeder Verantwortliche im Rahmen seiner Datenverarbeitungstätigkeiten eine Gesichtserkennungssoftware einsetzt. Eine solche Situation ist jedoch nicht neu. Vielmehr gab es vergleichbare Schwierigkeiten bereits bei der Geltendmachung von Auskunftsansprüchen gemäß § 13 Abs. 8 S. 1 TMG, sofern sich diese auf unter einem Pseudonym gespeicherte Daten bezogen. Insofern verpflichtete § 13 Abs. 4 Nr. 6 TMG den Diensteanbieter nämlich dazu sicherzustellen, dass die unter dem Pseudonym gespeicherten Daten nicht mit den zur Identifikation erforderlichen Angaben zusammengeführt werden konnten, was eine Auskunft unmöglich machte. Eine Lösung sollte darin bestehen, dass der Nutzer bei Geltendmachung des Auskunftsanspruchs über die Notwendigkeit der Zusammenführung der entsprechenden Daten informiert wird, sodass eine ungeachtet dieser Konsequenzen erfolgende weitere Verfolgung des Anspruchs als Einwilligung verstanden werden konnte.[869] Dementsprechend könnte man auch bei Personenbildern die Geltendmachung

869 *Spindler/Nink,* in: Spindler/Schuster, § 13 TMG Rn. 29.

eines Auskunftsanspruchs nach entsprechender Aufklärung als Einwilligung in die weitere Datenverarbeitung sehen, die im Zuge der Erfüllung des Anspruchs erforderlich wäre.[870]

Zusätzlich würden bei Anwendung eines Gesichtserkennungsprogramms die besonders geschützten biometrischen Daten entstehen, weil Gesichtsbilder mit speziellen technischen Verfahren analysiert werden, was den Eingriff abermals intensiviert. Dazu wäre auf Seiten des Verantwortlichen zu berücksichtigen, dass er so eine Software häufig überhaupt erst beschaffen müsste, was eine zusätzliche wirtschaftliche Belastung darstellt. Diese Schwierigkeiten im Umgang mit Betroffenenrechten, die auch im Hinblick auf Personenbilder handhabbar sein sollten, gründen darin, dass die gängigen Datenverarbeitungssysteme allesamt auf den Umgang mit textlichen Identifizierungsmerkmalen ausgerichtet sind. Dies kann jedoch kein Grund sein, Personenbilder nicht als personenbezogene Daten einzustufen.

III. Schwierigkeiten mit Betroffenenrechten bei maschinenlesbaren Daten

Denn vergleichbare Probleme gibt es im Umgang mit den Betroffenenrechten auch bei personenbezogenen Daten, die ein gängiges maschinenlesbares Format aufweisen. Würden beispielsweise dynamische IP-Adressen auf Basis einer objektiven Bestimmung der Identifizierbarkeit per se als personenbezogene Daten eingestuft, müsste eine verantwortliche Stelle auf ein Auskunftsersuchen einer betroffenen Person die zu seiner Person gespeicherten dynamischen IP-Adressen mitsamt der übrigen Verkehrs-/Nutzungsdaten herausgeben. Dynamischen IP-Adressen ist es jedoch wesensimmanent, dass sie die Inhaber wechseln und einer Person nur vorübergehend zugewiesen sind. Eine entsprechende Auskunft könnte deshalb nur erteilt werden, wenn der Betroffene, der die Auskunft begehrt, selbst protokolliert, mit welcher IP-Adresse er zu welchem Zeitpunkt im Internet verkehrt, und diese Daten dem Verantwortlichen zwecks Auskunftserteilung zur Verfügung stellt.

Alternativ müsste der Verantwortliche versuchen, sich an den Internetzugangsanbieter des Betroffenen zu wenden und von diesem Auskunft darüber zu erlangen, welche IP-Adressen ihm wann zugewiesen waren. Diese Daten darf der Internetzugangsanbieter seinerseits aber überhaupt nicht herausgeben. Insofern gibt es nur wenige gesetzliche Ausnahmefälle, die eine Auskunft zu Zwecken der Strafverfolgung (z.B. § 100g StPO, § 100j StPO i.V.m. § 113 Abs. 1 S. 3 TKG) und der Gefahrenabwehr an bestimmte Ermittlungs-/Sicherheitsbehörden und zum Zwecke der Geltendmachung von Urheberrechten an die Rechteinhaber (§ 101 Abs. 2 S. 1 Nr. 3 UrhG) erlauben, sodass sich eine verantwortliche Stelle darauf in aller Regel nicht berufen kann. Deshalb steckt der Verantwortliche in diesem Fall ebenfalls in dem Dilemma, sämtliche gespeicherte Daten zu dem Betroffenen herausgeben zu

---

870 Vgl. *Frenzel*, in: Paal/Pauly, Art. 11 DSGVO Rn. 8.

müssen, während er die Bestimmung, welche Daten sich auf ihn beziehen, gar nicht oder nur mit erheblichem Aufwand vornehmen kann.

IV. Betroffenenrechte bei Personenbezug aufgrund bloßer Identifizierbarkeit

Dieses Problem lässt sich verallgemeinern und betrifft insbesondere bei Anlegung des hier abgelehnten objektiven Maßstabs der Identifizierbarkeit letztlich alle Informationen, die sich nicht auf eine identifizierte, sondern nur auf eine identifizierbare Person beziehen und bei denen die tatsächliche Identifizierung nur mithilfe eines erheblichen Aufwands oder eines Dritten, von dem eine Datenherausgabe nicht oder kaum zu erreichen ist, erfolgen kann.

V. Lösung durch Artikel 11 DSGVO

Der Unionsgesetzgeber hat dieses Problem erkannt und in Art. 11 DSGVO Abhilfe geschaffen, was durch Erwägungsgrund 57 DSGVO untermauert wird.

1. Keine Verpflichtung zur Identifizierung

Dort wird der Fall erfasst, dass der Verantwortliche personenbezogene Daten zu einem Zweck verarbeitet, für den eine Identifizierung nicht oder nicht mehr erforderlich ist. Dies können also insbesondere Fälle sein, in denen ein Personenbezug aufgrund der Identifizierbarkeit der betroffenen Person zu bejahen ist, in denen aber eine tatsächliche Identifizierung nicht erfolgt.[871] Genau so liegt es häufig beim Umgang mit Abbildungen fremder Personen. Sofern eine Identifizierung also für die Verarbeitung nicht erforderlich ist, sieht Art. 11 Abs. 1 DSGVO vor, dass der Verantwortliche gerade nicht verpflichtet ist, zur bloßen Einhaltung der DSGVO zusätzliche Informationen aufzubewahren, einzuholen oder zu verarbeiten, um die betroffene Person zu identifizieren.

2. Ausschluss von Betroffenenrechten

Gemäß Art. 11 Abs. 2 S. 2 DSGVO finden in diesen Fällen, in denen der Verantwortliche nicht in der Lage ist, die betroffene Person zu identifizieren, die Artikel 15 bis 20 keine Anwendung, es sei denn, die betroffene Person stellt zur Ausübung ihrer dort niedergelegten Rechte zusätzliche Informationen bereit, die ihre Identifizierung ermöglichen. Bei Personenbildern ist eine abstrakte Identifizierung abgebildeter fremder Personen nicht möglich. Sofern eine Identifizierbarkeit zu bejahen ist, weil eine Person anhand der Abbildung wiedererkannt werden könnte, erfordert eine tatsächliche Identifizierung in jedem Fall entweder ein Referenzbild oder eine

871 *Wolff*, in: BeckOK DSR, Art. 11 DSGVO Rn. 12.

Begegnung mit der Person. Deshalb stellen Personenbilder bei dem Verantwortlichen zwar personenbezogene Daten dar, dennoch ist der Verantwortliche nicht ohne Weiteres in der Lage, die betroffenen Personen tatsächlich zu identifizieren. Art. 11 Abs. 2 S. 2 DSGVO entbindet ihn somit von der Pflicht, die in Artikel 15 bis 20 genannten Betroffenenrechte zu erfüllen. Dies umfasst neben dem Auskunftsrecht (Art. 15) das Recht auf Berichtigung (Art. 16), das Recht auf Löschung („Recht auf Vergessenwerden", Art. 17), das Recht auf Einschränkung der Verarbeitung (Art. 18), das Recht auf Datenübertragbarkeit (Art. 20) und die Mitteilungspflicht im Zusammenhang mit der Berichtigung oder Löschung personenbezogener Daten oder der Einschränkung der Verarbeitung (Art. 19).

3. Einsatz von Gesichtserkennung zur Auskunftserteilung

Außerdem lässt sich aus Art. 11 Abs. 1 DSGVO ableiten, dass der Verantwortliche nicht verpflichtet ist, die von ihm verarbeiteten Bilder mittels einer Gesichtserkennungssoftware zu analysieren, um sie einer leichteren Auswertung zugänglich zu machen und eine Maschinenlesbarkeit zu schaffen. Dafür spricht ebenfalls Erwägungsgrund 64, demzufolge ein Verantwortlicher personenbezogene Daten nicht allein zu dem Zweck speichern sollte, auf mögliche Auskunftsersuchen reagieren zu können. Vorrangig ist stets die Datenminimierung, was auch Art. 5 Abs. 1 lit. c DSGVO verlangt.

Diese Lösung ist insgesamt interessengerecht, da sie zwar die Betroffenenrechte einschränkt, aber letztlich dazu führt, dass die Risiken für die informationelle Selbstbestimmung der Betroffenen deutlich abgemildert sind. Erst die Möglichkeit, mittels einer Gesichtserkennungssoftware maschinell Personen auf Bildern zu suchen, steigert die Wahrscheinlichkeit einer tatsächlichen Identifizierung und Verknüpfung mit weiteren Informationen erheblich. Sofern der Verantwortliche selbst keinerlei Interesse an einer solchen intensiveren Art der Verarbeitung der in Bildern enthaltenen Informationen hat, wäre es insbesondere vor dem Hintergrund der Datensparsamkeit unangemessen, ihn dazu zu verpflichten.

Im Übrigen steht der Betroffene nicht völlig schutzlos da, weil er gemäß Art. 11 Abs. 2 S. 2 DSGVO die Wahl hat, ob er dem Verantwortlichen zusätzliche Informationen bereitstellt, die seine Identifizierung ermöglichen. Für die Geltendmachung von Auskunfts- oder sonstigen Betroffenenrechten im Hinblick auf Personenbilder würde dies zwingend die Vorlage eines Vergleichsbildes erfordern. Ist ein Betroffener dazu bereit, wird ein Verantwortlicher einen gewissen technischen, personellen und organisatorischen Aufwand betreiben müssen, um den Vorgaben der DSGVO zu entsprechen. Denn eine Einschränkung der Betroffenenrechte aus wirtschaftlichen Gründen sieht die DSGVO gerade nicht vor. Allenfalls Art. 12 Abs. 5 S. 2 DSGVO gestattet dem Verantwortlichen, bei exzessiven Anträgen einer betroffenen Person ein angemessenes Entgelt zu verlangen oder das Tätigwerden zu verweigern.

Im Übrigen statuiert Erwägungsgrund 57 DSGVO, dass der Verantwortliche sich nicht weigern soll, zusätzliche Informationen entgegenzunehmen, die von der betroffenen Person beigebracht werden, um ihre Rechte geltend zu machen. Die

Entscheidungskompetenz liegt also im Ergebnis beim Betroffenen und nicht beim Verantwortlichen. Ersterer darf wählen, ob ihm die jeweiligen Schutzrechte der Artikel 15 bis 20 DSGVO wichtiger sind als ein möglichst zurückhaltender Umgang des jeweiligen Verantwortlichen mit seinen Daten. Aus deutscher Sicht ist dies sehr zu begrüßen, da der Datenschutz immer noch Ausfluss des (Grund-)Rechts auf informationelle Selbstbestimmung ist und der Betroffene somit selbst bestimmen können soll, wer welche Daten über ihn in welcher Art verwendet.

VI. Ergebnis

Die datenschutzrechtlichen Auskunftsansprüche lassen sich in der Praxis somit auch im Hinblick auf Personenbilder und die darin verkörperten personenbezogenen Daten angemessen handhaben. Das Fehlen einer tatsächlichen Identifizierung lässt zahlreiche Betroffenenrechte im Sinne aller Beteiligten entfallen. Erst wenn der Betroffene auf der Wahrnehmung seiner Rechte besteht und die nötigen Zusatzinformationen bereitstellt, ist der Verarbeiter zu weiteren Schritten gezwungen. Dadurch wird verhindert, dass bei jedem Umgang mit Personenbildern von vornherein eine automatische oder gar manuelle Identifizierung erfolgen muss, um auf Auskunftsersuchen von Betroffenen reagieren zu können.

5. Kapitel: Schlussbetrachtungen

In diesem abschließenden fünften Kapitel werden die Ergebnisse der Arbeit zusammengefasst. Außerdem erfolgt ein Ausblick auf die Zukunft des Kunsturhebergesetzes unter Berücksichtigung der vorstehenden Erarbeitungen.

A. Ergebnisse

I. Zur datenschutzrechtlichen Einordnung der Verwendung von Personenbildern

Im 2. Kapitel konnte gezeigt werden, dass der Umgang mit Personenbildern einen erheblichen datenschutzrechtlichen Einschlag aufweist.

Wirklichkeitsgetreue Bilder wie Fotos und Videos, in denen Personen hinreichend deutlich abgebildet sind, enthalten stets personenbezogene Daten. Dies gilt unabhängig davon, ob für den Personenbezug ein relatives oder ein absolutes Begriffsverständnis zugrunde gelegt wird. Die erforderliche Identifizierbarkeit ergibt sich schon allein aus einer solchen Abbildung, da sie es jedem Betrachter grundsätzlich ermöglicht, eine Person anhand des Bildes wiederzuerkennen und zu identifizieren. Dass die Zuordnung zu einem Namen häufig nicht möglich ist, steht dieser Einordnung nicht im Wege, da Art. 4 Nr. 1 DSGVO auch eine Identifizierung durch Zuordnung zu anderen Merkmalen zulässt. Das Aussehen einer Person gewährleistet hierfür eine hinreichende Individualisierbarkeit.

Sofern Personenbilder mit einer Gesichtserkennungssoftware analysiert werden, liegt darin sogar eine Erhebung biometrischer Daten, für die Art. 9 DSGVO strengere Voraussetzungen vorsieht. Ebenfalls werden besondere Kategorien personenbezogener Daten verarbeitet, wenn Personenbilder gezielt genutzt werden, um daraus Rückschlüsse auf die in Art. 9 DSGVO genannten Arten von Daten zu ziehen. Darüber hinaus können jedoch selbst Gesichtsbilder nur als einfache personenbezogene Daten eingestuft werden.

Schwierigkeiten verursacht im Einzelfall das Erfordernis einer automatisierten Verarbeitung oder einer nichtautomatisierten Verarbeitung von Daten, die in einem Dateisystem gespeichert sind oder gespeichert werden sollen. Es konnte jedoch gezeigt werden, dass bei der gebotenen großzügigen Auslegung jedenfalls digitale Bilder stets unter den Begriff der automatisierten Verarbeitung fallen und hilfsweise eine Einordnung als Verarbeitung mit Bezug zu einem Dateisystem möglich ist. Analoge Bilder unterliegen dafür in vielen Fällen nicht dem sachlichen Anwendungsbereich der DSGVO.

Der zentrale Begriff der Verarbeitung, der in Art. 4 Nr. 2 DSGVO eine denkbar weite Definition enthält, führt wiederum dazu, dass im Prinzip jeder Umgang mit Personenbildern eine Verarbeitung darstellt, sodass sich hieraus keine Einschränkungen ergeben. Insbesondere konnte erarbeitet werden, dass eine Veröffentlichung von Bildern im Internet entgegen der Ansicht des *EuGH* eine Übermittlung darstellt, die aufgrund ihres Drittlandbezuges erhöhten Anforderungen unterliegt.

Die Haushaltsausnahme des Art. 2 Abs. 2 lit. c DSGVO bringt eine weitere Einschränkung der Anwendung der DSGVO auf den Umgang mit Personenbildern mit sich, ist aber insbesondere im Online-Bereich restriktiv auszulegen. Nur wenn gewährleistet ist, dass der Empfängerkreis eines Bildnisses eng begrenzt ist, kann dies noch als Verarbeitung zur Ausübung einer ausschließlich persönlichen oder familiären Tätigkeit angesehen werden. Jedwede Veröffentlichung von Personenbildern überschreitet die Grenzen dieser Ausnahme und unterliegt somit den Regelungen der DSGVO.

Weitere Einschränkungen des sachlichen Anwendungsbereichs der DSGVO können zumindest in Bezug auf nicht-öffentliche Stellen vernachlässigt werden. In räumlicher Hinsicht hingegen beansprucht die DSGVO eine sehr weitreichende Geltung. Niederlassungs- und Marktortprinzip erfassen nicht nur sämtliche Verarbeiter, die innerhalb der Union ansässig sind, sondern auch zahlreiche Verarbeiter, die sich den europäischen Markt erschließen wollen. Die einzig bedenkliche Schutzlücke besteht in bestimmten Dreiecksverhältnissen, wenn beispielsweise ein EU-Bürger Personenbilder eines Dritten in einer Cloud eines ausschließlich in einem Drittstaat niedergelassenen Anbieters speichert, sodass der Betroffene nicht Rezipient des Dienstleistungsangebots ist. Ein Lösungsansatz besteht hier in einer weiten Auslegung des Art. 3 Abs. 2 lit. a DSGVO.

Somit konnte gezeigt werden, dass ein Großteil aller üblichen Verwendungen von Personenbildern dem Anwendungsbereich der DSGVO unterliegt.

II. Zur kunsturheberrechtlichen Einordnung der Verwendung von Personenbildern

Dass das KUG mit seinem sehr weitreichenden Bildnisbegriff nahezu alle Personenbilder erfasst, ist angesichts seines Verständnisses als Regelung des Rechts am eigenen Bild nicht überraschend. Eine massive Einschränkung ergibt sich jedoch daraus, dass das KUG nur Verbreitungen und öffentliche Zurschaustellungen seinem Einwilligungsvorbehalt unterwirft. Bei der Einwilligung im Sinne des KUG handelt es sich (nach umstrittener Ansicht) um eine rechtsgeschäftliche Willenserklärung, für die keine besonderen Formerfordernisse bestehen, während ein Widerruf nur aus wichtigem Grund zulässig ist. Von erheblicher praktischer Relevanz ist die Ausnahmeregelung in § 23 KUG, die eine einwilligungsfreie Verbreitung und öffentliche Zurschaustellung von Bildnissen in Situationen ermöglicht, in denen Informations-, Meinungs-, Presse-, Kunst- oder Abbildungsfreiheit dies üblicherweise gebieten.

Auch das KUG erhebt somit den Anspruch, den Umgang mit Personenbildern zu regeln, solange er einen gewissen Drittbezug aufweist.

III. Zum Verhältnis von KUG und DSGVO

Dies legte die Entstehung einer auflösungsbedürftigen Normkollision nahe. Da dem Gemeinschaftsrecht in solchen Situationen ein nicht dispositiver Anwendungsvorrang zusteht, wurden Tatbestandskongruenzen ermittelt, die zwangsläufig zur Verdrängung des KUG führen müssen. Eine Anwendung des KUG ist in diesem Umfang nicht mehr zulässig, während ein Geltungsvorrang nicht besteht, sodass das KUG ohne ein Handeln des deutschen Gesetzgebers nicht unwirksam wird. Deshalb bleibt es zunächst in den Situationen anwendbar, die vom Datenschutzrecht nicht erfasst werden.[872] Im Sinne einer Tatbestandskongruenz liegt eine große Überschneidung des Bildnisbegriffs mit dem Begriff des personenbezogenen Datums vor, während die Tathandlungen des KUG vollständig in dem Kriterium der Verarbeitung der DSGVO aufgehen.

Erst die Einschränkungen des Anwendungsbereichs der DSGVO hinterlassen Lücken, die ein Einspringen des KUG ermöglichen. Dies betrifft die Haushaltsausnahme, aufgrund derer die DSGVO im Gegensatz zum KUG Verbreitungen im Privatbereich nicht erfasst, aber auch nichtautomatisierte Verarbeitungen analoger Personenbilder, weil das KUG keine Anforderungen an die Art der Bildnisse und die Art der Verbreitung oder öffentlichen Zurschaustellung stellt. Ebenfalls unterliegt der Ägide der DSGVO gemäß Erwägungsgrund 27 DSGVO nicht die Verarbeitung von Daten Verstorbener, sodass das KUG insoweit zur Anwendung kommen kann. Im Bereich der Strafverfolgung und Gefahrenabwehr gilt zwar nicht die DSGVO, dennoch gibt es eine gemeinschaftsrechtliche Regelung durch die RL 2016/680/EU. Da diese anders als die DSGVO aber ohnehin einer Umsetzung bedarf, konnte § 24 KUG als geeignet herausgestellt werden, um die Vorgaben zumindest partiell umzusetzen, auch wenn von einer solchen Möglichkeit kein Gebrauch gemacht werden sollte.

Bezüglich des räumlichen Anwendungsbereichs gibt es Unterschiede, die aber nur selten dazu führen, dass eine Lücke für das KUG verbleibt, das tendenziell weniger weit reicht als die DSGVO. Insbesondere kann die Anwendung des Deliktsstatuts bei Schadensersatzansprüchen zu keiner Verschiebung des Verhältnisses der Gesetze untereinander führen.

Nach Absteckung der Anwendungsbereichsgrenzen der beiden Gesetze musste noch eine Auseinandersetzung mit diversen Öffnungsklauseln der DSGVO erfolgen, die den Mitgliedstaaten Spielräume für eigene Regeln einräumen und damit dem Einsatz des KUG die Tür öffnen.

Im Bereich der Datenverarbeitung im Beschäftigungskontext (Art. 88 DSGVO) könnte der deutsche Gesetzgeber am KUG festhalten, sofern es durch Regelungen im BDSG-E eskortiert wird, die den nötigen Schutzstandard ergänzen. Im Einzelnen ist noch das Verhältnis zwischen § 26 BDSG-E und KUG zu klären, dessen Festlegung

872 Vgl. *BVerfG*, Beschl. v. 6.7.2010 – 2 BvR 2661/06, NJW 2010, 3422, 3423 – Fall Honeywell.

wesentlich in den Händen des Gesetzgebers liegt. Von einer Ausnutzung der Öffnungsklausel durch das KUG ist jedoch abzuraten, da es keine beschäftigungsspezifische Regelung aufweist und ein hinreichender Schutz vor der Verwendung von Personenbildern bereits durch die allgemeinen datenschutzrechtlichen Regelungen gewährleistet ist.

Die Öffnungsklausel zur Rechtmäßigkeit der Verarbeitung in Art. 6 Abs. 2 DSGVO kann im Hinblick auf Verarbeitungen zur Erfüllung rechtlicher Verpflichtungen nicht durch das KUG ausgefüllt werden, da es von vornherein keine Verpflichtung zur Verbreitung oder öffentlichen Zurschaustellung von Personenbildern begründet. Hinsichtlich der Erlaubnis für Verarbeitungen zur Wahrnehmung einer im öffentlichen Interesse liegenden Aufgabe war insbesondere zu erwägen, ob eine Konkretisierung durch § 23 KUG möglich ist, der vor allem die Medien betrifft, welche die Aufgabe der Information der Öffentlichkeit und der Meinungsbildung wahrnehmen. Dies war jedoch abzulehnen, da diese Öffnungsklausel Verarbeitungen durch öffentliche Stellen im Blick hat, denen Aufgaben durch formellen Akt zugewiesen und deren Zuständigkeiten bestimmt sind. § 24 KUG dagegen betrifft genau solche Situationen und ist deshalb eine geeignete Ausfüllungsnorm, auch wenn erneut nicht von dieser Option Gebrauch gemacht werden sollte, da § 24 KUG nur einen geringen eigenständigen Regelungsgehalt aufweist und andere fachgesetzliche Ermächtigungsgrundlagen für das jeweilige Handeln der Behörden unverzichtbar sind.

Als besonders diffizil erwies sich der Regelungsauftrag in Art. 85 Abs. 2 DSGVO im Hinblick auf Verarbeitungen von Daten zu journalistischen, wissenschaftlichen, künstlerischen oder literarischen Zwecken. Nachdem die Defizite der bisherigen nationalen Regelungen aufgezeigt und die bedenkenlose Anwendung des KUG trotz „Medienprivilegs“ in Frage gestellt worden sind, wurde erarbeitet, welche Schritte und Anpassungen des Gesetzgebers erforderlich sind, um mithilfe des KUG diese Öffnungsklausel auszufüllen. Neben der komplexen Verwebung verschiedener Gesetzgebungskompetenzen und der Mitteilungspflicht gegenüber der Kommission ist insofern zu beachten, dass die Regelungen des KUG auf die Verwendung von Bildnissen zu den von Art. 85 Abs. 2 DSGVO erfassten Zwecken beschränkt werden müssen. Schließlich ist die Interessenabwägung in § 23 Abs. 2 KUG so auszugestalten, dass die Grenze der Erforderlichkeit einer nationalen Sonderregelung zum Ausgleich der Meinungs- und Informationsfreiheit einerseits und dem Recht auf Schutz personenbezogener Daten andererseits eingehalten wird. Bei Einhaltung dieser Anforderungen kann das KUG jedoch in angepasster Form beibehalten und als abweichende Regelung im Sinne des Art. 85 Abs. 2 DSGVO eingestuft werden, die weiterhin zur Anwendung kommt.

B. Ausblick

Die Ergebnisse dieser Arbeit verdeutlichen, dass die Zeiten des KUG nun nach über 110 Jahren ihrem Ende zugehen. In weiten Teilen darf die Verbreitung und öffentliche Zurschaustellung nicht mehr am KUG gemessen werden, es müssen stattdessen die Maßstäbe der vorrangigen DSGVO angelegt werden. Dennoch verbleiben vereinzelt Spielräume aufgrund fehlender Tatbestandskongruenzen, die in der Praxis nicht vernachlässigt werden können. Analoge Bilder (ohne Speicherung in einem Dateisystem), Karikaturen und sonstige künstlerische Abbildungen sowie Verbreitungen im Privatbereich unterliegen bei unveränderter Gesetzeslage weiterhin dem KUG, da die DSGVO gerade nicht die Geltung des KUG beseitigt. Darüber hinaus hat der Gesetzgeber aufgrund der vorgestellten Öffnungsklauseln einen großen Spielraum für die Erhaltung des KUG in weiteren praktisch bedeutsamen Bereichen.

Es droht deshalb ein Nebeneinander von DSGVO und KUG, das zu einer Rechtsunsicherheit führen kann, wenn die Abgrenzung der verschiedenen Anwendungsbereiche im Einzelfall zweifelhaft ist. Letztlich ist hier der Gesetzgeber gefordert, zu entscheiden, ob das KUG in (zum Teil praktisch sehr bedeutsamen) Randbereichen weiterhin gelten soll oder ob die §§ 22 ff. KUG nunmehr aufgehoben werden. Eine Pflicht zur vollständigen Aufhebung besteht jedoch nicht, solange der Vorrang der DSGVO beachtet wird. Da die Mitgliedstaaten aber gehalten sind, die praktische Wirksamkeit des Gemeinschaftsrechts nicht zu gefährden, was bei Normkollisionen der Fall ist, wird man eine Pflicht des Gesetzgebers zur Anpassung des KUG an die erläuterten Umstände bejahen müssen.

Eine komplette Abschaffung des KUG hätte hingegen den Vorteil, dass bei der Rechtsanwendung nicht mehr vorschnell auf das KUG zurückgegriffen werden könnte. Der Rechtsanwender sollte sich stets bewusst machen, dass beim Umgang mit Personenbildern in der Regel ein Anwendungsvorrang der DSGVO besteht, sodass stets eine sorgfältige Prüfung angezeigt ist, ob in der jeweiligen Situation überhaupt eine Lücke im Anwendungsbereich der DSGVO vorhanden ist. Würde das KUG als spezialgesetzliche Regelung abgeschafft, müsste zukünftig in den Fällen, die nicht der DSGVO unterliegen, potenziell auf das allgemeine Persönlichkeitsrecht zurückgegriffen werden, da darauf letztlich auch das KUG zurückging. Zwar würde dies die Abgrenzung zwischen DSGVO und nationalem Persönlichkeitsrecht in keiner Weise vereinfachen, da weiterhin zu klären wäre, wie weit die DSGVO im konkreten Fall reicht und wann ein Spielraum für die Anwendung des allgemeinen Persönlichkeitsrechts bestünde. Dennoch ließe sich der über Jahrzehnte eingeübte Reflex des Rückgriffs auf das KUG unterbinden. Ohne auch nur über eine Anwendung des Datenschutzrechts nachzudenken, hat der *BGH* entsprechende Fälle meist anhand des KUG beurteilt. Erst das *BAG* hat kürzlich überhaupt einmal das Verhältnis von Datenschutzrecht und KUG thematisiert.[873] Die Abschaffung des KUG hätte deshalb eine wichtige Signalwirkung, die den Rechtsanwendern aufzeigt, dass primär eine Beurteilung nach der DSGVO erfolgen muss.

Dazu kommt, dass das KUG den Risiken der digitalisierten Welt nicht mehr im nötigen Umfang gerecht wird. Seine Beschränkung auf Verbreitungen und öffentliche Zurschaustellungen ist nicht mehr zeitgemäß. Das Datenschutzrecht

873 *BAG,* Urt. v. 11.12.2014 – 8 AZR 1010/13, NJW 2015, 2140, 2142 m. Anm. *Spielberger.*

ist dagegen auf alle Verarbeitungsstufen, insbesondere auch die Erhebung, von Bilddaten anwendbar und gewährleistet somit eine einheitliche rechtliche Beurteilung. Außerdem kann es persönlichkeitsrechtlichen Gefährdungen, z.B. durch Gesichtserkennungstechnologien, mit seinem weiten Verarbeitungsbegriff flexibler begegnen. Vor diesem Hintergrund sind insbesondere die Ausnahmevorschriften des § 23 Abs. 1 Nr. 2 und 3 KUG bedenklich. Bis zum Ende des 20. Jahrhunderts, als das World Wide Web noch in den Kinderschuhen steckte und Gesichtserkennungstechnologien außerhalb von Geheimdiensten wie Science-Fiction anmuteten, mag es noch vertretbar gewesen sein, Bilder frei veröffentlichen zu dürfen, auf denen Personen nur als Beiwerk oder als Teilnehmer einer öffentlichen Versammlung oder ähnlichen Veranstaltung abgebildet waren. Heutzutage aber ist die Gefahr real, dass große Unternehmen wie Facebook oder Google Mittel bereitstellen oder zumindest besitzen, um aus der unvorstellbaren Menge von Fotos mithilfe von Gesichtserkennungstechnik[874] Personen aus der vermeintlichen Anonymität herauszulösen und schlimmstenfalls sogar umfangreiche Bewegungsprofile zu erstellen.[875] Natürlich kann es auch weiterhin interessengerecht sein, dass solche Bilder verwendet werden dürfen, dennoch sollten solche neuen Risiken bei der Beurteilung der Rechtmäßigkeit einer Verarbeitung berücksichtigt werden. Dafür kann eine ergebnisoffene Interessenabwägung, wie sie Art. 6 Abs. 1 UAbs. 1 lit. f DSGVO vorsieht, besser geeignet sein als eine Norm, die wie § 23 Abs. 1 Nr. 2 und 3 KUG im Regelfall von einer Zulässigkeit ausgeht.

Schließlich führt die weitgehende Verdrängung oder auch die Abschaffung des KUG zugunsten der Anwendung der DSGVO nicht dazu, dass der wirtschaftlich höchst relevante Bereich der Vermarktung von Bildrechten ausgehebelt wird. Zahlreiche Sportler, Schauspieler oder sonstige Prominente erzielen erhebliche Einnahmen, indem sie als Werbeträger auftreten und in diesem Zuge mit ihrer Einwilligung mit Bildern von ihnen zusammen mit dem jeweiligen Produkt geworben wird.[876] Das Datenschutzrecht verschlechtert ihre Verhandlungsposition insoweit jedoch trotz der größeren Anzahl von Erlaubnistatbeständen nicht. Es ist undenkbar, dass die werbliche Verwendung von Personenbildern unter Art. 6 Abs. 1 UAbs. 1 lit. c-e DSGVO gefasst werden kann. Doch selbst wenn dies zur Wahrung berechtigter wirtschaftlicher Interessen eines Verantwortlichen erforderlich sein sollte, was schon regelmäßig zu verneinen sein wird, werden stets die Interessen oder Grundrechte und Grundfreiheiten der betroffenen Person überwiegen, sodass entsprechende Verarbeitungen zu Werbezwecken nicht durch Art. 6 Abs. 1 UAbs. 1 lit. f DSGVO legitimiert werden können. Damit verbleiben aber nur noch die Möglichkeiten einer Einwilligung beziehungsweise der Verarbeitung zur Erfüllung eines Vertrages (Art. 6 Abs. 1 UAbs. 1 lit. a und b DSGVO), welche von der Zustimmung des Betroffenen

874 Zum Fortschritt der Gesichtserkennungstechnik *Voigt,* K&R 2016, 456, 457.

875 S. auch *Wagner,* 11 J. on Telecomm. & High Tech. L. 477 2013, p. 488 ff.; allgemein zu Smart Cameras *Hornung/Desoi,* K&R 2011, 153, 155.

876 Ausführlich dazu *Schertz,* AfP 2000, 495–504.

abhängig sind, sodass er diese wiederum von der Zahlung einer in seinen Augen angemessenen Vergütung abhängig machen kann. Somit wird also die praktisch sehr bedeutsame kommerzielle Ebene des Rechts am eigenen Bild nach dem KUG durch die Anwendung der DSGVO nicht eingeschränkt, sodass auch unter diesem Gesichtspunkt kein praktisches Bedürfnis für ein Festhalten am KUG besteht.

Gegen eine vollständige Abschaffung des KUG spricht jedoch, dass sich über Jahrzehnte eine gefestigte Rechtsprechung gebildet hat, die gerade für den Medienbereich von Bedeutung ist. Das Recht am eigenen Bild nach dem KUG bietet hier Rechtssicherheit und trägt insbesondere mit seinen Ausnahmen in § 23 KUG dem Bedürfnis nach einer Bildberichterstattung Rechnung. Ein Wegfall dieser gefestigten Maßstäbe würde eine nicht unerhebliche Rechtsunsicherheit mit sich bringen und die Zulässigkeit des Umgangs mit Bildnissen stets vom unsicheren Ausgang einer Interessenabwägung abhängig machen. Gleichzeitig kommt der Presse-, Meinungs-, Informations-, Kunst- und Wissenschaftsfreiheit eine hohe Bedeutung innerhalb des GG zu, sodass es angemessen ist, im Rahmen des Regelungsauftrags des Art. 85 Abs. 2 DSGVO spezifisch auf diese Interessen zugeschnittene Ausnahmen vorzusehen. Aus diesem Grund sollte der Gesetzgeber von einer kompletten Abschaffung des KUG Abstand nehmen, es jedoch zugleich unter Beibehaltung der Ausnahmen des § 23 Abs. 1 KUG auf diesen engen Bereich beschränken. Durch die damit einhergehende Gesetzesänderung würde auch das nötige Signal dafür gesendet, dass im Übrigen ein Konflikt mit der DSGVO besteht, der ein Umdenken bei der Rechtsanwendung erfordert.

Darüber hinaus erscheint es nur unbedenklich, das KUG für Bildnisse Verstorbener und für die nicht als personenbezogene Daten einzustufenden Karikaturen und sonstige künstlerische Abbildungen fortgelten zu lassen, da insoweit keinerlei Konflikt mit der DSGVO besteht und sich die bekannten Maßstäbe des KUG als vorteilhaft erweisen können. Für den eng begrenzten Privatbereich und die Verwendung analoger Bilder dürfte dagegen die lückenfüllende Anwendung des Allgemeinen Persönlichkeitsrechts eine angemessene flexible Lösung darstellen. Allerdings wird auch die Anwendung des KUG insoweit zumindest nicht schädlich sein, sodass letztlich politisch über das Für und Wider entschieden werden muss. Der Gesetzgeber ist am Zug.

Schriftenreihe zum Urheber- und Kunstrecht

Herausgegeben von Thomas Hoeren

Band 1 Stefan Baufeld: Kulturgutbeschlagnahmen in bewaffneten Konflikten, ihre Rückabwicklung und der deutsch-russische Streit um die so genannte Beutekunst. 2005.

Band 2 Alexandra Kruczek: Die Bewertung der Kabelweitersenderechte der Sendeunternehmen in Deutschland und den USA. 2005.

Band 3 Larissa Marrder: Verwertung von Filmrechten in der Insolvenz. 2006.

Band 4 Felix Heinz Siegfried: Internationaler Kulturgüterschutz in der Schweiz. Das Bundesgesetz über den internationalen Kulturgütertransfer (Kulturgütertransfergesetz, KGTG). 2006.

Band 5 Karsten Lisch: Das Abstraktionsprinzip im deutschen Urheberrecht. 2007.

Band 6 Thomas Meschede: Der Schutz digitaler Musik- und Filmwerke vor privater Vervielfältigung nach den zwei Gesetzen zur Regelung des Urheberrechts in der Informationsgesellschaft. 2007.

Band 7 Thomas Hoeren / Bernd Holznagel / Thomas Ernstschneider (Hrsg.): Handbuch Kunst und Recht. 2008.

Band 8 Michael Nielen: Interessenausgleich in der Informationsgesellschaft. Die Anpassung der urheberrechtlichen Schrankenregelungen im digitalen Bereich. 2009.

Band 9 Urban von Detten: Kunstausstellung und das Urheberpersönlichkeitsrecht des bildenden Künstlers. 2010.

Band 10 Timo Prengel: Bildzitate von Kunstwerken als Schranke des Urheberrechts und des Eigentums mit Bezügen zum Internationalen Privatrecht. 2011.

Band 11 Christine Altemark: Wahrnehmung von Online-Musikrechten im Europäischen Wirtschaftsraum. Unter besonderer Berücksichtigung des Systems der Rechtewahrnehmung seit der Empfehlung der Kommission vom 18. Oktober 2005. 2011.

Band 12 Donata von Gruben: Das urheberrechtliche Entstellungsverbot im Umgang mit Originalwerken der bildenden Kunst. Unter besonderer Berücksichtigung der Eigenarten zeitgenössischer Kunst. 2013.

Band 13 Kathrin-Lena Kriesel: Einheitlicher europäischer Werkbegriff und Herabsenkung der Anforderungen an die Gestaltungshöhe bei Werken der angewandten Kunst. 2014.

Band 14 Nico Brunotte: Urheberrechtliche Bewertung der Streamingfilmportale. Unter besonderer Berücksichtigung der Schrankenbestimmung zu ephemeren Vervielfältigungen und des digitalen Werkgenusses. 2014.

Band 15 Tudor Vlah: Parodie, Pastiche und Karikatur – Urheberrechte und ihre Grenzen. Eine rechtsvergleichende Untersuchung des deutschen und spanischen Urheberrechts. 2015.

Band 16 Benjamin Wübbelt: Die Zukunft der kollektiven Rechtewahrnehmung im Online-Musikbereich. 2015.

Band 17 Theresa Uhlenhut: Panoramafreiheit und Eigentumsrecht. 2015.

Band 18 Johannes Franck: Smart Grids und Datenschutz. Verarbeitung von Energiedaten in intelligenten Stromnetzen aus datenschutzrechtlicher Perspektive. 2016.

Band 19 Silviya Yankova: Das Folgerecht und die Durchsetzung der folgerechtlichen Vergütungsansprüche. 2016.

Band 20 Florian Klein: Personenbilder im Spannungsfeld von Datenschutzgrundverordnung und Kunsturhebergesetz. 2017.

www.peterlang.com

www.ingramcontent.com/pod-product-compliance
Ingram Content Group UK Ltd.
Pitfield, Milton Keynes, MK11 3LW, UK
UKHW021841290926
8980IPUK00005B/572

9 783631 734513